Weiß | Fälle mit Lösungen aus dem
Europa- und Völkerrecht

FÄLLE MIT LÖSUNGEN AUS DEM EUROPA- UND VÖLKERRECHT

Examensfälle

Dr. Wolfgang Weiß

Privatdozent am Lehrstuhl für Völker- und Europarecht
der Universität Bayreuth

Zweite,
neu bearbeitete Auflage

Luchterhand

Bibliografische Information Der Deutschen Bibliothek
Die Deutsche Bibliothek verzeichnet diese Publikation in der Deutschen
Nationalbibliografie; detaillierte bibliografische Daten sind im Internet
über **http://dnb.ddb.de** abrufbar.

www.jura-ausbildungsshop.de

Umschlag: futurweiss kommunikationen, Wiesbaden
Satz: Satz-Offizin Hümmer GmbH, Waldbüttelbrunn
Druck und Verarbeitung: betz-druck, Darmstadt
Printed in Germany, Mai 2005

♾ Gedruckt auf säurefreiem, alterungsbeständigem
   und chlorfreiem Papier.

Vorwort

Nach der freundlichen Aufnahme der ersten Auflage wurde das Buch für die zweite Auflage grundlegend überarbeitet. Etliche Fälle wurden ausgetauscht. Das Buch enthält wie bisher Fälle aus dem Europa- und Völkerrecht auf dem Niveau des Ersten Juristischen Staatsexamens. Fall 4 zum Remailing ist ein von mir verfasster Originalfall aus dem Ersten Staatsexamen in Bayern. Für ihre Mitarbeit bei Fall 8 danke ich meiner früheren Mitarbeiterin Anne Thies, LLM.

Die Studenten können sich anhand der Fälle frühzeitig mit den Anforderungen vertraut machen, die das Examen in der Wahlfachgruppe Europa- und Völkerrecht oder im Schwerpunktbereich Internationales Recht an die Kandidaten stellt. Die Klausuren sind in Schwierigkeitsgrad und Umfang relativ anspruchsvoll gehalten. Das soll allerdings nicht abschrecken, sondern einer guten Prüfungsvorbereitung dienen. Die ausführlichen Lösungen sind im Klausurstil gehalten.

Studenten, die das Europarecht nur im Rahmen des Pflichtstoffes beherrschen müssen, dürften ebenfalls Gewinn aus den europarechtlichen Fällen ziehen. Ferner ist Fall 14 im Hinblick auf die staatrechtlichen Bezüge zum Völkerrecht für sie relevant.

Das Buch dient aber nicht nur der gezielten Examensvorbereitung. Die Themen der Klausuren sind so ausgewählt, dass mit ihrer Hilfe auch die wesentlichen Schwerpunkte des Stoffes der Wahlfachgruppe eingeübt und wiederholt werden können. Die Falllösungen eignen sich insofern als kleines Repetitorium. Daher sind in den Lösungen auch weiterführende Hinweise zu finden, die für die Lösung des Sachverhaltes nicht unmittelbar erforderlich sind.

Die europarechtlichen Fälle befinden sich auf dem Stand des Vertrags von Nizza. Die im Anhang abgedruckte Synopse zwischen der künftigen EU-Verfassung und den derzeit geltenden Verträgen macht das Buch aber nach Inkrafttreten des Verfassungsvertrages, die frühestens für 2007 zu erwarten sein dürfte, weiterhin nutzbar.

Für Hinweise, Anregungen und Kritik aus der Leserschaft bin ich jederzeit dankbar.

Adresse: Privatdozent Dr. Wolfgang Weiß
Fakultät für Rechts- und Wirtschaftswissenschaften
Universität Bayreuth
95440 Bayreuth
email: wolfgang.weiss@uni-bayreuth.de

Bayreuth, im März 2005

Wolfgang Weiß

Inhaltsverzeichnis

Abkürzungsverzeichnis

a. A.	anderer Ansicht
a. E.	am Ende
a. F.	alter Fassung
Abs.	Absatz
ABl.EG	Amtsblatt der EG
AG	Aktiengesellschaft
AJIL	American Journal of International Law
AöR	Archiv des öffentlichen Rechts
Art.	Artikel
AVR	Archiv des Völkerrechts
BAT	Bundesangestelltentarifvertrag
bay	bayerisch
BayVBl.	Bayerische Verwaltungsblätter
BB	Betriebsberater (Z.)
BerDGV	Berichte der Deutschen Gesellschaft für Völkerrecht
BGB	Bürgerliches Gesetzbuch
BGBl.	Bundesgesetzblatt
BGH	Bundesgerichtshof
BVerfG	Bundesverfassungsgericht
BVerfGE	Amtliche Sammlung der Entscheidungen des BVerfG
BVerfGG	Gesetz über das BVerfG
BVerwG	Bundesverwaltungsgericht
BVerwGE	Amtliche Sammlung der Entscheidungen des BVerwG
CMLRev.	Common Market Law Review
DB	Der Betrieb (Z.)
ders.	derselbe
d. h.	das heißt
Diss	Dissertation
DöV	Die öffentliche Verwaltung
DtZ	Deutsch-Deutsche Rechts-Zeitschrift
DVBl.	Deutsches Verwaltungsblatt
EA	Europaarchiv (Z.)
ebda.	ebenda
EG	Europäische Gemeinschaft
EGV	Vertrag zur Gründung der Europäischen Gemeinschaft
ELR	European Law Review (Z.)
EMRK	Europäische Konvention zum Schutz der Menschenrechte
EP	Europäisches Parlament
EU	Europäische Union
EuG	Europäisches Gericht erster Instanz
EuGH	Europäischer Gerichtshof
EuGMR	Europäischer Gerichtshof für Menschenrechte
EuGRZ	Europäische Grundrechte Zeitschrift

EuR	Europarecht (Z.)
EuZW	Europäische Zeitschrift für Wirtschaftsrecht
EUV	Vertrag über die Europäische Union
EWG	Europäische Wirtschaftsgemeinschaft
EWGV	Vertrag zur Gründung der Europäischen Wirtschaftsgemeinschaft
EWS	Europäisches Wirtschafts- und Steuerrecht (Z.)
Fa.	Firma
Fn.	Fußnote
FS	Festschrift
GA	Generalanwalt
GAD	Gesetz über den auswärtigen Dienst
GBl.	Gesetzblatt der Deutschen Demokratischen Republik
GeschO	Geschäftsordnung
GG	Grundgesetz
GmbH/Ges.m.b.H.	Gesellschaft mit beschränkter Haftung
GS	Gedächtnisschrift
GYIL	German Yearbook of International Law
Harv.Int. L. J.	Harvard International Law Journal
HbEGWirtR	Handbuch des EG-Wirtschaftsrechts
HbStR	Handbuch des Staatsrechts
HK-EUV/EGV	Handkommentar zum Vertrag über die EU
Hrsg.	Herausgeber
Hs.	Halbsatz
HZA	Hauptzollamt
ICJ Reports	Reports of the International Court of Justice
ICLQ	International Comparative Law Quarterly
IGH	Internationaler Gerichtshof
ILC	International Law Commission
ILM	International Legal Materials (Z.)
i. S. v.	im Sinne von
InfAuslR	Informationsbrief Ausländerrecht (Z.)
insb.	insbesondere
IPrax	Praxis des Internationalen Privatrechts (Z.)
i. V. m.	in Verbindung mit
Jura	Juristische Ausbildung (Z.)
JuS	Juristische Schulung
JZ	Juristenzeitung
LG	Landgericht
lit.	litera
m. w. N.	mit weiteren Nachweisen
NJ	Neue Justiz (Z.)
NJW	Neue Juristische Wochenschrift (Z.)
Nr.	Nummer

NuR	Natur und Recht
NVwZ	Neue Zeitschrift für Verwaltungsrecht
NZWehrR	Neue Zeitschrift für Wehrrecht
ÖZöRV	Österreichische Zeitschrift für öffentliches Recht und Völkerrecht
OLG	Oberlandesgericht
RabelsZ	Rabels Zeitung für ausländisches und internationales Privatrecht
Randelzhofer	Randelzhofer, Albrecht, Völkerrechtliche Verträge, 10. Auflage 2004
RdA	Recht der Arbeit
Res.	Resolution
RIW	Recht der Internationalen Wirtschaft (Z.)
RL	Richtlinie
Rn.	Randnummer
Rs.	Rechtssache
Rspr.	Rechtsprechung
Rz.	Randziffer
S.	Satz *oder* siehe
Sartorius II	Sartorius II, Internationale Verträge, Europarecht, Loseblattsammlung
Sec.	Section
Slg.	Amtliche Sammlung der Entscheidungen des EuGH
SpuRt	Sport und Recht (Z.)
SVN	Satzung der Vereinten Nationen
Tz.	Teilziffer
u. a.	und andere
UNO	United Nations' Organisation
UWG	Gesetz gegen den unlauteren Wettbewerb
VerfO	Verfahrensordnung
Vgl.	Vergleiche
VN	Vereinte Nationen *oder* Vereinte Nationen (Z.)
VO	Verordnung
VwGO	Verwaltungsgerichtsordnung
VwVfG	Verwaltungsverfahrensgesetz
wrp	Wettbewerb in Recht und Praxis
WSA	Wirtschafts- und Sozialausschuß
WÜD	Wiener Übereinkommen über diplomatische Beziehungen
WÜK	Wiener Übereinkommen über konsularische Beziehungen
YILC	Yearbook of the ILC
Z.	Zeitschrift
z. B.	zum Beispiel

ZaöRV	Zeitschrift für ausländisches öffentliches Recht und Völkerrecht
ZBR	Zeitschrift für Beamtenrecht
ZHR	Zeitschrift für das gesamte Handels- und Wirtschaftsrecht
ZIP	Zeitschrift für Insolvenzpraxis
ZPO	Zivilprozeßordnung
ZRP	Zeitschrift für Rechtspolitik
ZVglRWiss	Zeitschrift für vergleichende Rechtswissenschaft

Literaturverzeichnis

Calliess, Christian/Ruffert, Matthias (Hrsg.), Kommentar zu EUV und EGV, 2. Auflage 2002

Dahm, Georg/Delbrück, Jost/Wolfrum, Rüdiger, Völkerrecht, Band I/1, 2. Auflage 1989

Frowein, Jochen A., Das de facto-Regime im Völkerrecht, 1968

Grabitz, Eberhard/Hilf, Meinhard (Hrsg.), Das Recht der Europäischen Union, Loseblattsammlung

Graf Vitzthum, Wolfgang (Hrsg.), Völkerrecht, 3. Auflage 2004

von der Groeben, Hans/Thiesing, Jochen/Ehlermann, Claus-Dieter, Kommentar zum EU-/EG-Vertrag, 5. Auflage 1997

Herdegen, Matthias, Internationales Wirtschaftsrecht, 4. Auflage 2003

Ipsen, Knut, Völkerrecht, 5. Auflage 2004

Jarass, Hans/Pieroth, Bodo, GG, 7. Auflage 2004

Koenig, Christian/Pechstein, Matthias/Sander, Claude, EU-/EG-Prozessrecht, 2. Auflage 2002

Kopp, Ferdinand/Schenke, Wolf-Rüdiger, VwGO, 13. Auflage 2003

Kunig, Philip/Uerpmann, Robert, Übungen im Völkerrecht, 1998

Lenz, Carl Otto (Hrsg.), EU- und EG-Vertrag, 3. Auflage 2003

Maurer, Hartmut, Allgemeines Verwaltungsrecht, 15. Auflage 2004

von Münch, Ingo/Kunig, Philip, GG, Band I, 5. Auflage 2000

Neuhold, Hanspeter/Hummer, Waldemar/Schreuer, Christoph, Österreichisches Handbuch des Völkerrechts, Band 1, 3. Auflage 1997

Pestalozza, Christian, Verfassungsprozeßrecht, 3. Auflage 1991

Ruffert, Matthias, Subjektive Rechte im Umweltrecht der EG, 1996

Sachs, Michael (Hrsg.), GG, 3. Auflage 2003

Schwarze, Jürgen, Europäisches Verwaltungsrecht, 1988

Ders., EU-Kommentar, 2000

Seidl-Hohenveldern, Ignaz/Stein, Torsten, Völkerrecht, 10. Auflage 2000

Simma, Bruno (Hrsg.), Charta der Vereinten Nationen, 1991

Streinz, Rudolf, Europarecht, 6. Auflage 2003

Ders., (Hrsg.), EUV/EGV, 2003

Thun-Hohenstein, Christoph, Der Vertrag von Amsterdam, 1997

Verdross, Alfred/Simma, Bruno, Universelles Völkerrecht, 3. Auflage 1984

Weber, Albrecht/Gas, Tonio, Fälle zum Europarecht, 2. Auflage 2003

Weiß, Wolfgang/Herrmann, Christoph, Welthandelsrecht, 2003

Wolfrum, Rüdiger (Hrsg.), Handbuch Vereinte Nationen, 2. Auflage 1991.

Zacker, Christian/Wernicke, Stephan, Examinatorium Europarecht, 3. Auflage 2004

Zischg, Robert, Nicht-internationaler bewaffneter Konflikt und Völkerrecht, 1996

Fall 1: Importeur unter Beschuss

Die Euromed Ges. m. b. H. mit Sitz in Wien hat sich auf den EU-weiten Import von rezeptpflichtigen Arzneimitteln anderer Hersteller spezialisiert. Die Parallelimporte erfolgen regelmäßig dergestalt, dass die Euromed Arzneimittel in einem Mitgliedstaat aufkauft und sie in einem anderen Mitgliedstaat wieder verkauft, um die zwischen den Mitgliedstaaten bestehenden Preisniveauunterschiede auszunutzen. Seit Februar 2000 kauft die Euromed wiederholt Paletten des Medikaments Cellopan auf, das vom Hersteller Bingelheim KG, Berlin, der für den Namen Cellopan in allen Staaten der EU ein Markenrecht innehat, in Spanien in Packungsgrößen zu 50 und 100 Tabletten vertrieben wird. Euromed packt diese Arznei anschließend in Baden-Baden um, um sie in Österreich und in Deutschland in der dort handelsüblichen Packungsgröße von 30 Tabletten zu veräußern. Dabei erfolgt der Verkauf zu Preisen, die unter denen liegen, die Bingelheim fordert. Durch das Umpacken wird nur die äußere Packung geändert und ein deutschsprachiger Beipackzettel beigefügt. Die Tabletten werden nicht aus den Blisterstreifen herausgenommen. Euromed vertreibt das Arzneimittel unter dem Namen Cellopan und vermerkt deutlich sichtbar auf der Verpackung, dass das Medikament durch Euromed Ges. m. b. H., Wien, umgepackt wurde.

Euromed entschließt sich im Februar 2002, im deutschen und österreichischen Markt seinen Marktanteil wesentlich auszubauen und eröffnet dazu in Österreich eine eigene Apotheke, die über das Internet verschreibungspflichtige Arzneimittel unmittelbar an jeden Endverbraucher in Deutschland und Österreich gegen Übersendung der Rezepte vertreibt.

Dem Hersteller Bingelheim werden die Aktivitäten der Euromed in Deutschland zunehmend ein Ärgernis. Er wendet sich an die zuständigen deutschen Behörden und will erreichen, dass man der Euromed die Einfuhr der Arznei Cellopan untersagt. Bingelheim meint, die Behörden wären zu einem Einschreiten aus Gründen des Gesundheitsschutzes verpflichtet, weil das deutsche Arzneimittelrecht eine Einfuhrfreigabebescheinigung erfordert, die Euromed nur erhalten dürfe, wenn eine deutschsprachige Verpackung und ein deutschen Vorschriften entsprechender, deutschsprachiger Beipackzettel vorliegt. Euromed führe das in Spanien gekaufte Medikament Cellopan jedoch in der spanischen Vorschriften entsprechenden Verpackung mit einem Beipackzettel in Spanisch nach Deutschland ein. Beim Grenzübertritt entsprächen die Medikamente daher noch nicht deutschen Vorschriften. Die Einfuhrfreigabebescheinigung habe daher nicht erteilt werden dürfen.

Die Behörde schreitet daraufhin gegen Euromed ein und verbietet die Einfuhr. Die Euromed legt hiergegen Widerspruch ein und trägt vor, dass durch das Umpacken in Baden-Baden den deutschen Vorschriften noch rechtzeitig entsprochen würde. Schließlich erfolge dies noch, ehe die Medikamente an den Handel weitergegeben würden. Gesundheitliche Gefahren könnten daher erst gar nicht entstehen. Wollte man die Einfuhrfreigabe vom Erfüllen der Bestimmungen bereits bei Grenzübertritt abhängig machen, wäre die Einfuhr damit praktisch unmöglich; zumindest wäre die Euromed dann gezwungen, bereits im Ausland das Umpacken vorzunehmen.

Des weiteren klagt der Deutsche Apothekerverband gegen die Euromed mit dem Ziel, den Betrieb ihrer Internetapotheke in Deutschland zu verbieten. Nach den einschlägigen deutschen Bestimmungen darf eine Apotheke rezeptpflichtige Arzneien nicht im Versandhandelswege verkaufen. Dadurch soll ein persönlicher Kontakt mit Fachpersonal sichergestellt werden, so dass die Patienten im Interesse ihrer Gesundheit hinreichende Beratung erhalten. Euromed sieht darin jedoch eine Verletzung des innergemeinschaftlichen Warenverkehrs. Schließlich sei auch in Präsenzapotheken eine ordnungsgemäße Beratung nicht immer sichergestellt. Außerdem könnten Patienten mit ihrem Rezept ihr Medikament auch von einer Apotheke in einem anderen Mitgliedstaat holen und hätten dann sogar mit fremdsprachigem Personal und einem fremdsprachigen Beipackzettel zu tun. Eine Beratung sei bei der Euromed auch gesichert, da die Kunden bei Fragen jederzeit anrufen könnten. Der Apothekerverband hingegen meint, dass das EG-Recht auf dieses Verbot gar nicht erst anwendbar sei, da es wie bei Regelungen über Ladenschlusszeiten etwa nur um die Art und Weise des Vertriebs gehe. Die Euromed könne ja jederzeit eine Präsenzapotheke in Deutschland gründen und dadurch die Medikamente vertreiben.

Schließlich erhebt die Bingelheim KG beim zuständigen LG auch noch Klage auf Unterlassung des Vertriebs von Cellopan. Durch den Vertrieb der Arznei unter dieser Marke würden die Markenrechte Bingelheims verletzt, weil das Medikament von Euromed umgepackt und somit verändert wurde. Es liege daher die Voraussetzung nach § 24 Abs. 2 MarkenG vor. Euromed dürfe das Medikament nur so in Deutschland vertreiben, wie es in Spanien aufgekauft wurde. Nur insoweit wäre das Markenrecht der Bingelheim KG durch das Inverkehrbringen von Cellopan in Spanien erschöpft. Das Markenrecht diene dazu, dem Verbraucher die Garantie zu geben, dass das unter derselben Marke vertriebene Produkt vom selben Hersteller stamme. Hier sei aber in einer späteren Herstellungstufe ein Dritter, nämlich Euromed, dazwischengetreten. Der Bingelheim KG werde damit das Produkt zugerechnet, ohne dass sie sicher sein könne, dass das Umpacken sachgemäß erfolgte. Der Anwalt von Euromed macht dagegen geltend, ein solche weite Auslegung von § 24 Abs. 2 MarkenG verstoße gegen Art. 28 EGV, weil damit Hindernisse gegen den Warenverkehr aufgerichtet würden. Die Norm müsse europarechtkonform ausgelegt werden. Außerdem würden die Arzneitabletten selbst nicht verändert; sie würden während des gesamten Umpackens in den originalen Blisterstreifen bleiben.

Der Anwalt von Bingelheim erwidert, § 24 Abs. 2 MarkenG entspreche nahezu wörtlich Art. 7 der EG-Marken-Richtlinie. Art. 30 EGV sehe den Schutz des kommerziellen Eigentums als Schranke des freien Warenverkehrs vor. Ein Verstoß gegen Gemeinschaftsrecht sei daher nicht erkennbar.

Vermerk für den Bearbeiter:

In einem umfangreichen Gutachten sind folgende Fragen zu prüfen.

1. Wie ist das Einfuhrverbot der deutschen Behörde gegen die Euromed europarechtlich zu bewerten?

2. Verletzt das Verbot der Internetapotheke die Freiheit des Warenverkehrs im EGV?

3. Ist die Klage der Bingelheim KG aufgrund des Markenrechts begründet?

Art. 7 der EG-Markenrechtsrichtlinie 89/104/EWG lautet:

(1) Die Marke gewährt ihrem Inhaber nicht das Recht, einem Dritten zu verbieten, die Marke für Waren zu benutzen, die unter dieser Marke von ihm oder mit seiner Zustimmung in der Gemeinschaft in den Verkehr gebracht worden sind.

(2) Abs. 1 findet keine Anwendung, wenn berechtigte Gründe es rechtfertigen, dass der Inhaber sich dem weiteren Vertrieb der Waren widersetzt, insbesondere wenn der Zustand der Waren nach ihrem Inverkehrbringen verändert oder verschlechtert ist.

Das MarkenG erging in Umsetzung der EG-Markenrechtsrichtlinie

Lösung zu Fall 1: Importeur unter Beschuss

A. Frage 1

I. Verletzung des freien Warenverkehrs (Art. 28 EGV)

Das Einschreiten der Behörde gegen Euromed durch die Rücknahme der Einfuhrfreigabe für das Arzneimittel Cellopan könnte gegen EG-Recht, und zwar Art. 28 EGV verstoßen.

1. Anwendbarkeit des freien Warenverkehrs

a) Keine gemeinschaftsrechtliche lex specialis

Auf das Primärrecht als Maßstab für die Beurteilung nationaler Rechtsvorschriften kann nur zurückgegriffen werden, wenn keine gemeinschaftsrechtliche lex specialis besteht. Das Verbot der Einfuhr kann nämlich dann nicht, zumindest nicht sogleich, an Primärrecht gemessen werden, wenn insofern speziellere, sekundärrechtliche Vorschriften bestünden, die etwa das Ob und Wie von Einfuhrfreigaben bezüglich aus anderen Mitgliedstaaten eingeführter Arzneimittel näher regelte. Für das Bestehen einer solchen Vorschrift gibt es keine Anhaltspunkte.[1]

b) Unmittelbare Anwendbarkeit

Zunächst ist vorauszuschicken, dass die Warenverkehrsfreiheit wie alle Grundfreiheiten unmittelbar anwendbar ist. Denn nur dann haben die nationalen Behörden und Gerichte bei ihren Entscheidungen unmittelbar EG-Recht anzuwenden.[2] Die unmittelbare Anwendbarkeit von EG-Verordnungen ist explizit in Art. 249 Abs. 2 S. 2 EGV festgehalten. Für die übrigen Rechtsakte des Europarechts, insbesondere Primärrecht, kommt es darauf an, ob eine Norm hinreichend bestimmt und unbedingt ist. *Hinreichend bestimmt* ist die Norm, wenn ihr Regelungsinhalt aus ihr entnommen werden kann. *Unbedingt* ist sie, wenn sie von keinen weiteren Bedingungen mehr abhängt, die über ihren Inhalt erst noch entscheiden oder mitentscheiden. Die Notwendigkeit von Umsetzungsregeln steht der Unbedingtheit nicht entgegen, sofern diese Umsetzungsregeln keinen Spielraum mehr haben, Anwendbarkeit oder Inhalt der Norm erst noch festzulegen.

---

1 Sekundärrecht wie die Richtlinie 2001/83/EG zur Schaffung eines Gemeinschaftskodexes für Humanarzneimittel, ABl. EG 2001, Nr. L 311/67 bleibt außer Betracht. Es wäre auch nicht abschließend.
2 Normen völkerrechtlicher Abkommen binden nur die Vertragsparteien. Wirksamkeit im innerstaatlichen Raum erhalten sie durch Transformationsakte in Form von Gesetzen. Erst diese werden von den nationalen Stellen angewendet. Jedoch bedürfen *self-executing* Normen keines nationalen Transformationsaktes; sie gelten unmittelbar.

Nach diesen Kriterien ist Art. 28 EGV unmittelbar anwendbar. Denn die Norm ist hinreichend bestimmt, da sie durch Beseitigung aller Hemmnisse festlegt, dass jede Ware im Sinne des EGV innerhalb der EG frei zirkulieren kann. Sie ist unbedingt, da keine weiteren Umsetzungsschritte mehr vorgesehen sind. Der frühere, mit dem Amsterdamer Vertrag gestrichene Art. 7 EGV a. F. sah eine Übergangszeit von 12 Jahren vor, beginnend mit dem Inkrafttreten des EWGV am 1. 1. 1958. In dieser Zeit standen die Bestimmungen des EGV unter einem Vorbehalt. Mit Ablauf der Übergangszeit zum 31. 12. 1969 gilt das seit dem 1. 1. 1970 nicht mehr. Nach st. Rspr. des EuGH sind die Bestimmungen über den Warenverkehr wie auch die der Arbeitnehmer-, Dienstleistungs- und Niederlassungsfreiheit unmittelbar anwendbar. Dies ist heute für die Grundfreiheiten selbstverständlich; daher wird im weiteren in diesem Buch nicht mehr darauf hingewiesen werden.

c) Einschlägigkeit der Warenverkehrsfreiheit gemäß Art. 23 Abs. 2 EGV

Art. 28 EGV kann nur herangezogen werden, wenn es sich bei dem Medikament Cellopan um eine Ware im Sinne des EGV handelt. Die Anwendung des Art. 28 EGV, dass eine Ware nach Art. 23 Abs. 2 EGV vorliegt, weil nur für sie Kapitel 2, also Art. 28 ff. EGV, gilt.

Eine Ware ist ein körperlicher Gegenstand, der einen Geldwert hat und daher Gegenstand von Handelsgeschäften sein kann.[3] Das ist bei Medikamenten der Fall. Ferner muss es sich um eine Ware aus einem Mitgliedstaat[4] oder um eine im freien Verkehr befindliche Ware eines Drittlandes handeln. Die Medikamente stammen hier aus Spanien.

2. Vorliegen einer mengenmäßigen Beschränkung oder einer Maßnahme gleicher Wirkung

Das Verbot der Behörde erfolgte aufgrund des Umstandes, dass das deutsche Recht nach Auffassung der Behörden das Erteilen einer Einfuhrfreigabebescheinigung nur dann ermöglichte, wenn bereits bei Grenzübertritt die Bestimmungen des deutschen Arzneirechts befolgt worden sind. Diese nationale Regelung ist eine Maßnahme iSv. Art. 28 EGV und könnte als mengenmäßige Beschränkung oder Maßnahme gleicher Wirkung nach Art. 28 EGV unzulässig sein, so dass das hierauf gestützte Einschreiten der Behörde rechtswidrig wäre.

Eine mengenmäßige Beschränkung läge nur bei einer Kontingentierung vor. Eine solche besteht hier nicht. Jedoch könnte eine Maßnahme gleicher Wirkung gegeben sein. Eine Maßnahme gleicher Wirkung ist nach der Dassonville-Formel (be-

---

3 EuGH, Rs. 7/68, Slg. 1968, 634 (642) – Kunstschätze. Forderungen fallen auch darunter. Der Handel mit Lotterielosen wird demgegenüber von der Dienstleistungsfreiheit erfaßt, weil nicht die Übereignung des Loses im Vordergrund steht, sondern es geht um die Einräumung einer Gewinnchance, die eine Leistung darstellt, vgl. EuGH, Rs. C-275/92, Slg. 1994, I-1039 (1088 Rn. 23 ff.) – Schindler.

4 Die Waren werden dem Mitgliedstaat zugeordnet, in dem sie hergestellt wurden oder in den sie zumindest ihre letzte wesentliche wirtschaftlich gerechtfertigte Be- und Verarbeitung erfahren haben. Näher zu den Ursprungsregeln *Streinz*, Europarecht, Rn. 660.

nannt nach dem Urteil Dassonville, in der das erstmals formuliert wurde)[5] jede Maßnahme eines Mitgliedstaates, die geeignet ist, den innergemeinschaftlichen Handel unmittelbar oder mittelbar, tatsächlich oder potentiell zu behindern. Dies gilt aber nur, wenn es sich bei den nationalen Bestimmungen nicht um bloße *Verkaufsmodalitäten* handelt, die für alle betroffenen Wirtschaftsteilnehmer gelten, die ihre Tätigkeit im Inland ausüben und die den Absatz der inländischen Erzeugnisse und der Erzeugnisse aus anderen Mitgliedstaaten rechtlich wie tatsächlich in gleicher Weise berühren.[6] Verkaufsmodalitäten sind Regeln, die sich nur auf Vertrieb oder Vermarktung auswirken,[7] nicht jedoch auf das Produkt selbst.

Die Erteilung der Einfuhrfreigabebescheinigung vom Vorliegen einer Umverpakkung, die den deutschen Normen entspricht, und vom deutschsprachigen Beipackzettel abhängig zu machen, ist eine Maßnahme gleicher Wirkung, weil durch den dadurch ausgeübten Druck, das Umpacken schon im Ausfuhrstaat zu besorgen, der innergemeinschaftliche Handel möglicherweise beeinträchtigt wird. Schließlich könnte ein Importeur diese zusätzlichen Mühen scheuen. Nach der oben wiedergegebenen weiten Formel genügt jede noch so geringe Einwirkung bereits, die das Gebrauchmachen von der Grundfreiheit tatsächlich weniger attraktiv macht. Diese Maßnahme stellt auch keine Verkaufsmodalität im Sinne der Keck-Rechtsprechung dar, zumal sie auch nicht unterschiedslos, sondern nur für eingeführte Produkte gilt.

3. Immanente Schranken

Eine Maßnahme gleicher Wirkung anzunehmen, heißt aber nicht sogleich, einen Verstoß gegen den Art. 28 EGV festzustellen. Ein Verstoß liegt nämlich nur vor, wenn die immanenten Schranken von Art. 28 EGV verletzt sind. Die immanenten Schranken ergeben sich aus der Cassis-Rspr. Danach ist es nicht als Verstoß anzusehen, wenn in Ermangelung europäischer Vorschriften über Produktion und Handel aus den Unterschieden der diesbezüglichen nationalen Bestimmungen Hemmnisse für den innergemeinschaftlichen Warenverkehr folgen, die *insbesondere wegen* zwingender Erfordernisse der wirksamen steuerlichen Kontrolle, der Lauterkeit des Handelsverkehrs, des Umweltschutzes oder des Verbraucherschutzes oder anderer, im Lichte des Gemeinschaftsrechts legitimer Ziele gerechtfertigt

---

5　EuGH, Rs. 8/74, Slg. 1974, 837 (852 Rn. 5) – Dassonville.

6　Diese Unterausnahme zur Dassonville-Formel, die unterschiedslos geltende nationale Bestimmungen über Verkaufsmodalitäten aus dem Anwendungsbereich des Warenverkehrs herausnimmt, wurde erstmals im Urteil EuGH, verb. Rs. C-267/91 und C-268/91, Slg. 1993, I-6097 (6131 Rn. 16) – Keck und Mithouard, formuliert. Streitig ist seither nicht nur die Auslegung des Begriffs der Verkaufsmodalitäten, sondern auch die Frage, inwieweit die Keck-Rspr. auf *andere Grundfreiheiten* übertragbar ist. Manche Formulierung in neueren EuGH-Entscheidungen weist in diese Richtung. Unterschiedlose, d. h. nicht-diskriminierende Regelungen werden aber vom EGV erfasst, wenn sie den Zugang behindern, vgl. EuGH, Rs. C-415/93, Slg. 1995, I-4921 (5070 Rn. 102 f.) – Bosman; Rs. C-384/93, Slg. 1995, I-1141 (1177 f. Rn. 36–38) – Alpine-Investments.

7　Etwa: Regeln über Ladenschlusszeiten oder das Verbot zu Dumpingpreisen zu verkaufen (EuGH, Rs. C-63/94, Slg. 1995, I-2467 – Belgapom) oder das Verbot von Fernsehwerbung in einem bestimmten Sektor (EuGH, Rs. C-412/93, Slg. 1995, I-179 Rn. 22 – Leclerc-Siplec). Weitere Beispiele bei *Streinz*, Europarecht, Rn. 733.

sind. Solche – nicht abschließend aufzählbare – Erfordernisse dürfen jedoch nicht in unverhältnismäßiger Weise angestrebt werden und müssen nationale und eingeführte Waren rechtlich wie faktisch unterschiedslos betreffen.[8] Das bedeutet, dass nationale Vorschriften dann keinen Verstoß gegen Art. 28 EGV begründen, wenn sie dem Schutz zwingender Erfordernisse des Allgemeinwohls dienen, verhältnismäßig sind und unterschiedslos nationale und eingeführte Ware gleich betreffen, d. h. nicht diskriminieren.[9]

Zunächst könnte man argumentieren, immanente Schranken wären hier nicht anwendbar (so dass ein Verstoß gegen Art. 28 EGV festzustellen wäre), weil das nationale Erfordernis der Einfuhrfreigabe diskriminiert, da es nur einzuführende Waren trifft: Die in Deutschland hergestellten, also »nationalen« Produkte müssen nicht eingeführt werden und bedürfen daher keiner Einfuhrfreigabe. Jedoch will die Einfuhrfreigabe nur die Beachtung deutschen Arzneimittelrechts auch durch importierte Medikamente sicherstellen. Diese müssen genauso wie die nationalen Medikamente einen deutschsprachigen Beipackzettel haben und eine deutschen Vorschriften entsprechende Umverpackung. Zumindest insoweit, als die Einfuhrfreigabe von der Beachtung der auch für in Deutschland hergestellte Waren geltenden Regeln abhängig gemacht wird, kann man eine unterschiedslose Behandlung erkennen und von einer fehlenden Diskriminierungswirkung ausgehen (a. A. vertretbar; dann ist nur noch die Rechtfertigung nach Art. 30 EGV zu prüfen; dazu unten II.).

Zweite Voraussetzung nach der Cassis-Formel ist das Vorliegen eines zwingenden Erfordernisses des Allgemeinwohls. Das lässt sich hier mit dem Schutz des Verbrauchers leicht dartun. Denn dadurch, dass die importierten Medikamente frühzeitig auf die deutsche Sprache angepasst sein müssen, wird vermieden, dass

---

8 EuGH, Rs. 120/78, Slg. 1979, 649 (662 Rn. 8 ff.) – Cassis de Dijon. Hinsichtlich der Verhältnismäßigkeit wird manchmal argumentiert, der EuGH prüfe nur Geeignetheit und Erforderlichkeit, nicht aber Angemessenheit. Zwar gibt es Urteile, in denen der EuGH nur die Geeignetheit und Erforderlichkeit nennt. Jedoch finden sich auch Urteile, in denen er u. a. wegen fehlender Angemessenheit einen Verstoß gegen Art. 28 und Art. 30 EGV annimmt, vgl. EuGH, 23. 10. 1997, Rs. C-189/95, RIW 1998, 70 (72 Tz. 76) – Franzén.

9 Diese Erfordernisse sind funktionell den Rechtfertigungsgründen des Art. 30 EGV vergleichbar, werden aber regelmäßig als immanente Schranken angesehen, weil Art. 30 EGV – wie jede Ausnahme – eng interpretiert wird. Wichtig ist aber, dass die nationale Maßnahme sich nicht unterschiedlich auswirkt. Im Falle der Diskriminierung dürfen an sich nur die ausdrücklich im EGV enthaltenen Rechtfertigungsgründe geprüft werden. Allerdings lässt der EuGH bei Sachverhalten, bei denen sich eine unterschiedliche Behandlung erst im Ergebnis, als Auswirkung einer an sich nicht diskriminierenden Norm zeigt (sog. verdeckte Diskriminierung) eine Rechtfertigung über Allgemeinwohlbelange zu. In der Dienstleistungsfreiheit zieht der EuGH umgekehrt Art. 46 EGV, der explizit nur Diskriminierungen rechtfertigt, zur Rechtfertigung unterschiedsloser Beschränkungen heran, vgl. Rs. C-34–36/95, Slg. 1997, I-3843 (3893 Rn. 52) – De Agostini; Rs. C-36/02, 14. 10. 2004, Rn. 29 – Omega Spielhallen. Der EuGH ebnet zunehmend die Differenzierung zwischen unterschiedslosen und unterschiedlichen Maßnahmen im Rahmen der Rechtfertigung von Beschränkungen der Grundfreiheiten ein, *Weiß*, EuZW 1999, 493.

der Verbraucher Medikamente erhält, deren Gefährlichkeit er nicht erkennen kann.[10]

Dritte Voraussetzung ist, dass das Allgemeinwohlziel des Verbraucherschutzes in verhältnismäßiger Weise vom Mitgliedstaat verfolgt wird. Die nationale Maßnahme müsste daher geeignet sein, erforderlich und angemessen, um das Ziel zu erreichen. Problematisch ist die Erforderlichkeit. Es lässt sich ein weniger intensiver Eingriff in den innergemeinschaftlichen Warenverkehr vorstellen, nämlich die Anpassung der importierten Ware an die deutschen Bestimmungen erst zu verlangen, kurz bevor sie in den Handel kommt, und nicht bereits bei Grenzübertritt. Das genügt vollauf, weil beim bloßen Grenzübertritt noch nicht das Risiko besteht, dass ein Verbraucher ein Medikament in die Hand bekommt. Die Maßnahme ist daher unverhältnismäßig, so dass die immanente Rechtfertigung nach der Cassis-Rspr. nicht eingreift.

Ergebnis: Es verstößt gegen Art. 28 EGV, die Einfuhrfreigabe von der Anpassung der Medikamente an das deutsche Recht bereits bei Grenzübertritt abhängig zu machen. Hierauf gestützte Rücknahmen der erteilten Einfuhrfreigabe und Verbote der Einfuhr verstoßen ebenso gegen Art. 28 EGV.

II. Rechtfertigung des Verstoßes nach Art. 30 EGV

Ein Rechtfertigungsgrund nach Art. 30 S. 1 EGV liegt mit dem Gesundheitsschutz vor, da das frühzeitige Umpacken dem Gesundheitsschutz dienlich ist.[11] Jedoch darf dabei keine verschleierte Beschränkung oder willkürliche Diskriminierung erfolgen. Das läge vor, wenn die Maßnahme unverhältnismäßig wäre.[12] Wie oben dargelegt, genügt es dem Verbraucherschutz, wenn die Ware erst auf der Ebene des Inverkehrbringens deutschen Bestimmungen entspricht. Das gilt auch für den Gesundheitsschutz. Die nationale Maßnahme ist daher unverhältnismäßig.

Ergebnis: Das Einschreiten der Behörden gegen Euromed verletzt die Warenverkehrsfreiheit des EGV.

---

10 Man kann hier auch auf den Gesundheitsschutz abstellen, obgleich dieser ein Rechtfertigungsgrund nach Art. 30 EGV ist. Dogmatisch ist es vorzugswürdig, einen Verstoß gegen Art. 28 EGV anzunehmen und dann den Gesundheitsschutz als Rechtfertigungsgrund unter Art. 30 EGV zu prüfen.

11 Ein Mitgliedstaat kann sich nur solange auf die Rechtfertigungsgründe nach Art. 30 S. 1 EGV berufen, als und insoweit sie nicht einer vollständigen Harmonisierung zugeführt wurden, vgl. EuGH, Rs. 215/87, Slg. 1989, 617 (638 f. Rn. 15) – Schumacher/HZA Frankfurt; Rs. C-169/89, Slg. 1990, I-2143 (2163 Rn. 8) – Van den Burg. Würden die sekundärrechtlichen Bestimmungen über Herstellung von und Handel mit Arznei den Aspekt des Gesundheitsschutzes abschließend regeln, dann könnte der Mitgliedstaat sich nicht mehr auf Art. 30 EGV berufen, sondern nur noch auf Art. 95 Abs. 4 EGV, um eine Abweichung (dann von der Richtlinie) zu begründen.

12 Eine verschleierte Beschränkung kann auch gegeben sein bei protektionistischen Maßnahmen, vgl. EuGH, Rs. 40/82, Slg. 1982, 2793 (2825 f., Rn. 37, 40) – Kommission/Vereinigtes Königreich.

B. Frage 2

Dieses Verbot könnte gleichfalls gegen Art. 28 EGV verstoßen.

1. Anwendbarkeit der Warenverkehrsfreiheit

Insoweit bestehen keine Bedenken. Es kann sinngemäß nach oben A. verwiesen werden. Ein grenzüberschreitender Sachverhalt liegt darin, dass durch die Internetapotheke in Österreich Waren nach Deutschland verkauft werden. Eine spezielle sekundärrechtliche Regelung, die den Vertrieb mit rezeptpflichtiger Arznei abschließend regeln würde, besteht ebenfalls nicht. Die Richtlinie 97/7[13] regelt zwar allgemein den Fernabsatz von Erzeugnissen und damit auch den Internetvertrieb von Arznei, lässt aber in ihrem Art. 14 zu, dass die Mitgliedstaaten strengere Bestimmungen im Interesse eines höheren Schutzes für den Verbraucher beibehalten. Das Sekundärrecht ist daher nicht abschließend. Bei der Ausübung dieser Befugnis müssen die Mitgliedstaaten das Primärrecht beachten, so dass die Warenverkehrsfreiheit weiter einschlägig bleibt.[14]

2. Maßnahme gleicher Wirkung wie eine mengenmäßige Beschränkung?

Eine mengenmäßige Beschränkung liegt nicht vor. Wohl aber könnte eine Maßnahme gleicher Wirkung iSv. Art. 28 EGV bestehen. Denn die nationale Maßnahme führt zu einem Importverbot von Arzneimitteln im Versandhandelswege. Damit stellt sie eine den innergemeinschaftlichen Handel unmittelbar behindernde nationale Maßnahme dar. Jedoch könnte es sich bei dem Verbot um eine bloße Verkaufsmodalität im Sinne der Keck-Rspr. Handeln, denn untersagt wird nicht der Vertrieb der Arzneien als solcher, sondern nur die spezielle Art des Vertriebs durch eine Internetapotheke im Versandwege. Das Vertriebsverbot wirkt sich nicht derart aus, dass die Euromed Arzneimittel gar nicht oder nur in einem veränderten Zustand verkaufen dürfte, sondern es geht nur um die Beschneidung eines Absatzweges. Die Euromed kann die Arzneimittel uneingeschränkt durch eine Präsenzapotheke an den Endverbraucher abgeben. Verkaufsmodalitäten liegen jedenfalls dann nicht vor, wenn eine nationale Regelung sich auf das Produkt selbst bezieht und eine Veränderung des Produkts erfordert.[15] Das ist hier indes nicht der Fall, so dass hier grundsätzlich eine bloße Verkaufsmodalität gegeben ist.

Dennoch greift vorliegend die Ausnahme nach der Keck-Rspr nicht ein. Denn Verkaufsmodalitäten sind nur dann keine Maßnahme gleicher Wirkung, wenn sie unterschiedslos angewandt werden, also für alle betroffenen Wirtschaftsteilnehmer

---

13 ABl. EG 1997, Nr. L 144/19.
14 EuGH, Rs. C-322/01, EuZW 2004, 21 (23, Tz. 63–65) – DocMorris.
15 S. etwa EuGH, Rs. C-470/93, Slg. 1995, I-1923 (1941 Rn. 12) – Mars; Rs. C-368/95, Slg. 1997, I-3689 (3714 Rn. 11) – Familiapress. Es ist daher nicht als Verkaufsmodalität anzusehen, wenn eine nationale Vorschrift zu einer Veränderung der Ware oder ihrer Gestaltung, etwa Ausstattung, Etikettierung und Verpackung, zwingt. Solche Vorschriften werden als Maßnahme gleicher Wirkung von Art. 28 EGV erfasst. Die Abgrenzung »produktbezogen« (keine Verkaufsmodalität) oder »vertriebsbezogen« (dann Verkaufsmodalität) ist nicht völlig trennscharf und vom EuGH nicht abschließend geklärt.

gelten, die ihre Tätigkeit im Inland ausüben, und sie müssen zweitens den Absatz der inländischen Erzeugnisse und der Erzeugnisse aus anderen Mitgliedstaaten rechtlich wie tatsächlich in gleicher Weise berühren.[16] Sie dürfen sich somit auf ausländische Ware nicht anders auswirken als auf inländische Ware. Zwar besteht das Verbot einer Internetapotheke nicht nur spezifisch für den Verkauf von Arzneien aus dem Ausland, sondern bezieht sich auch auf rein inländische Geschäftsvorgänge. Auch Apotheker im Inland dürfen rezeptpflichtige Arzneimittel nicht im Versandwege veräußern. Die erstgenannte Voraussetzung ist damit erfüllt. Dennoch wirkt sich das vorliegende Verbot des Versandhandels für den grenzüberschreitenden Vertrieb von Arzneimitteln in spezifischer Weise nachteilig aus. Denn es ist zu berücksichtigen, dass der Absatz einer Ware auf dem nationalen Markt zwischen ihrer Herstellung und ihrem etwaigen Verkauf an den Endverbraucher mehrere Phasen umfassen kann. Um festzustellen, ob eine nationale Regelung den Absatz inländischer Erzeugnisse ebenso betrifft wie den von ausländischen, ist zu ermitteln, welche Reichweite die vorliegende beschränkende Regelung hat.[17] So hat der Gerichtshof festgestellt, dass das für Apotheker geltende Verbot, für apothekenübliche Produkte außerhalb der Apotheke zu werben, nicht die für andere Wirtschaftsteilnehmer als Apotheker bestehende Möglichkeit berührt, ihrerseits für diese Waren Werbung zu machen.[18] Ähnlich hatte auch das Verbot der Ausstrahlung von Werbemitteilungen keine große Reichweite, da es nur eine bestimmte Form der Förderung (Fernsehwerbung) einer wiederum nur bestimmten Methode des Absatzes (Vertrieb) von Erzeugnissen untersagte.[19] Dagegen folgte der Gerichtshof in einem anderen Fall dem von einem Wirtschaftsteilnehmer vorgetragenen Argument, dass ihm mit einem Verbot von Fernsehwerbung die einzige wirksame Form der Absatzförderung, um in einen nationalen Markt einzudringen, genommen werde.[20] Der Gerichtshof hat ferner festgestellt, dass bei Erzeugnissen wie alkoholischen Getränken, deren Genuss mit herkömmlichen gesellschaftlichen Gepflogenheiten und örtlichen Sitten und Gebräuchen verknüpft ist, ein Verbot jeder an die Verbraucher gerichteten Werbung geeignet ist, den Marktzugang für Erzeugnisse aus anderen Mitgliedstaaten stärker zu behindern als für inländische Erzeugnisse, mit denen der Verbraucher unwillkürlich besser vertraut ist (Rs. C-405/98, Gourmet International Products, Slg. 2001, I-1795, Rn. 21–24).

Hinsichtlich des Verbotes des Versandvertriebs ist unstreitig, dass nach dieser Bestimmung der Versandhandel mit Arzneimitteln unzulässig ist. Zwar kann das Versandhandelsverbot als bloße Konsequenz aus der Apothekenpflichtigkeit von Arzneimitteln angesehen werden. Das Aufkommen des Internets als Mittel des grenzüberschreitenden Verkaufs hat jedoch zur Folge, dass die Reichweite und damit die Wirkung dieses Verbotes in einem größeren Zusammenhang zu prüfen sind. Ein Verbot wie das im Ausgangsfall fragliche beeinträchtigt nämlich

---

16 EuGH, Rs. C-322/01, EuZW 2004, 21 (23, Tz. 68) – DocMorris.
17 Siehe hierzu und zum nachfolgenden EuGH, Rs. C-322/01, EuZW 2004, 21 (23, Tz. 71 ff) – DocMorris. Die nachfolgenden Ausführungen geben einen Urteilsauszug aus diesem grundlegenden Urteil wieder.
18 EuGH, Slg. 1993, I-6787, Rn. 19 – Hünermund.
19 EuGH, Slg. 1995, I-179, Rn. 22 – Urteil Leclerc-Siplec.
20 EuGH, Rs. C-34–36/95, Slg. 1997, I-3843, Rn. 43 - De Agostini und TV-Shop.

außerhalb Deutschlands ansässige Apotheken stärker als Apotheken in Deutschland. Auch wenn das Verbot den inländischen Apotheken unstreitig ein zusätzliches oder alternatives Mittel des Zugangs zum deutschen Markt der Endverbraucher von Arzneimitteln nimmt, bleibt ihnen doch die Möglichkeit, Arzneimittel in ihren Apotheken zu verkaufen. Dagegen könnte für Apotheken, die nicht im deutschen Hoheitsgebiet ansässig sind, im Internet ein Mittel liegen, das für den unmittelbaren Zugang zu diesem Markt eher geeignet ist. Ein Verbot, das sich auf außerhalb des deutschen Hoheitsgebiets ansässige Apotheken stärker auswirkt, könnte jedoch geeignet sein, den Marktzugang für Waren aus anderen Mitgliedstaaten stärker zu behindern als für inländische Erzeugnisse. Daher trifft das in Frage stehende Verbot den Verkauf inländischer Arzneimittel und den Verkauf von Arzneimitteln aus anderen Mitgliedstaaten nicht in gleicher Weise.

Der Fall beleuchtet, dass eine nationale Maßnahme nicht nur bloße Vertriebsmodalitäten regelt, wenn dadurch eine von einem Importeur beabsichtigte Marketingstrategie (hier: Vertrieb über Internet), die er einheitlich in allen Mitgliedstaaten anwenden möchte (sog. Euromarketing), vereitelt wird, wenn der Importeur insoweit je nach nationalen Vorschriften differenzieren muss. Der Zwang, die Vertriebswege zu diversifizieren, ist ein eigentlich mit einem Binnenmarkt nicht vereinbares Hindernis und kann daher nicht aus dem Anwendungsbereich des EG-Rechts herausfallen,[21] so das auch deswegen Art. 28 EGV für solche Fälle einschlägig bleiben muss.[22]

Daher ist ein nationales Verbot des Versandhandels mit rezeptpflichtigen Arzneimitteln eine Maßnahme gleicher Wirkung im Sinne von Artikel 28 EGV. Art. 28 EGV ist somit verletzt.

3. Immanente Schranken

Ein Verstoß gegen Art. 28 EGV lässt sich nur feststellen, wenn die Beschränkung des Warenverkehrs mit Arzneimitteln nicht durch immanente Schranken gerechtfertigt ist.

Zunächst ist festzuhalten, dass das Versandhandelsverbot faktisch die Erzeugnisse aus anderen Mitgliedstaaten – wie gesehen – anders betrifft als solche aus dem Inland. Das Versandhandelsverbot stellt daher eine diskriminierende

---

21 Vgl. *Kotthoff*, wrp 1996, 79 (80); EuGH, Rs. C-126/91, Slg. 1993, I-2361 (2388 Rn. 10) – Yves Rocher, führte noch aus: »Eine nationale Regelung, die verschiedene Formen der Werbung oder . . . Absatzförderung beschränkt oder verbietet, obwohl sie die Einfuhr nicht unmittelbar regelt, [kann] geeignet sein, das Einfuhrvolumen zu beschränken . . . Der für den Unternehmer bestehende Zwang, sich entweder für die einzelnen Mitgliedstaaten unterschiedlicher Systeme der Werbung und Absatzförderung zu bedienen oder ein System, das er für besonders wirkungsvoll hält, aufzugeben, kann selbst dann ein Einfuhrhindernis darstellen, wenn eine solche Regelung unterschiedslos . . . gilt.«

22 Daher sprechen sich *Reich*, ZIP 1993, 1815 (1818) und *Steindorff*, ZHR 1994, 149 (163 f.) für eine weiterhin bestehende Anwendung von Art. 28 EGV aus. Ein Beispiel für eine Regelung über Werbung, die sich unterschiedlich auswirkt und daher Art. 28 EGV nicht entzogen ist, gibt EuGH, Rs. C-320/93, Slg. 1994, I-5243 (5261 f. Rn. 9) – Ortscheit: Eine Regelung, die das Werben mit eingeführten, nicht von den zuständigen Stellen zugelassenen Medikamenten verbietet, richtet sich nur an eingeführte Ware.

Norm dar. Für diskriminierende Regelungen sind aber die immanenten Schranken nicht einschlägig. Daher kann das Versandhandelsverbot nicht durch zwingende Erfordernisse des Allgemeinwohls gerechtfertigt werden, sondern nur nach den ausdrücklichen Rechtfertigungsgründen nach Art. 30 EGV.

4. Zur Rechtfertigung nach Art. 30 EGV[23]

Eine Rechtfertigung ist hier dankbar unter dem Aspekt des Gesundheits- und Lebensschutzes. Nach ständiger Rechtsprechung nehmen unter den in Artikel 30 EGV geschützten Gütern und Interessen die Gesundheit und das Leben von Menschen den ersten Rang ein und ist es Sache der Mitgliedstaaten, in den durch den Vertrag gesetzten Grenzen zu bestimmen, auf welchem Niveau sie deren Schutz gewährleisten wollen und insbesondere wie streng die durchzuführenden Kontrollen sein sollen. Jedoch ist eine nationale Regelung oder Praxis, die eine die Einfuhren pharmazeutischer Erzeugnisse beschränkende Wirkung haben kann, mit dem Vertrag nur vereinbar, soweit sie für einen wirksamen Schutz der Gesundheit und des Lebens von Menschen notwendig ist. Die Verhältnismäßigkeit ist zu wahren. Eine nationale Regelung oder Praxis fällt daher nicht unter die Ausnahmebestimmungen des Artikels 30 EGV, wenn die Gesundheit oder das Leben von Menschen genauso wirksam durch Maßnahmen geschützt werden kann, die den innergemeinschaftlichen Handel weniger beschränken

Zwar steht die Internetapotheke der Euromed unter der Überwachung der österreichischen Behörden. Das ändert aber nichts an den Erfordernissen der individuellen Beratung des Kunden und seines Schutzes bei der Abgabe von Arzneimitteln sowie der Kontrolle der Echtheit von ärztlichen Verschreibungen und der Gewährleistung einer umfassenden und bedarfsgerechten Arzneimittelversorgung betreffen.

Allgemein betrachtet, liegen den meisten dieser Rechtfertigungsgründe die potenziellen Gefahren, die Arzneimittel bergen können, und damit die Sorgfaltsanforderungen zugrunde, die hinsichtlich aller Aspekte des Arzneimittelvertriebs gewahrt werden müssen. Diese Gefahren sind vor allem bei rezept- und damit verschreibungspflichtigen Arzneimitteln relativ hoch. Dass von verschreibungspflichtigen im Gegensatz zu nicht verschreibungspflichtigen Arzneien weitaus höhere Gefahren ausgehen, liegt nicht zuletzt auch den unterschiedlich strengen Anforderungen im Gemeinschaftsrecht zugrunde. Hier geht es gerade um den Vertrieb von rezeptpflichtigen Arzneimitteln im Versandhandelswege.[24]

Hinsichtlich verschreibungspflichtiger Arzneimittel erfordert die öffentliche Versorgung daher eine strengere Kontrolle wegen der größeren Gefahren, die von diesen Arzneimitteln ausgehen können.

Die Möglichkeit, dass Arzneimittel in den verschiedenen Mitgliedstaaten unterschiedlich eingestuft werden und damit ein bestimmtes Arzneimittel in einem

---

23 Dazu EuGH, Rs. C-322/01, EuZW 2004, 21 (23, Tz. 103 ff) – DocMorris.
24 Für nicht rezeptpflichtige Arzneimittel hat der EuGH das Verbot des Versandhandels als unverhältnismäßig gerügt, vgl. EuGH, Rs. C-322/01, EuZW 2004, 21 (23, Tz. 116) – DocMorris.

Mitgliedstaat verschreibungspflichtig, hingegen in einem anderen Mitgliedstaat rezeptfrei erhältlich ist, berührt nicht die Befugnis des erstgenannten Mitgliedstaats, Arzneimittel dieser Art strenger zu behandeln.

Angesichts der Gefahren, die mit der Verwendung dieser Arzneimittel verbunden sein können, könnte das Erfordernis, die Echtheit der ärztlichen Verschreibungen nachprüfen zu können und die Aushändigung des Arzneimittels an den Kunden selbst zu gewährleisten, ein Verbot des Versandhandels rechtfertigen. Die Zulassung einer Ausgabe verschreibungspflichtiger Arzneimittel ohne weitere Kontrolle könnte das Risiko erhöhen, dass ärztliche Verschreibungen missbräuchlich oder fehlerhaft verwendet werden. Im Übrigen kann die tatsächlich gegebene Möglichkeit, dass ein Arzneimittel, das ein in einem Mitgliedstaat wohnender Käufer bei einer Apotheke in einem anderen Mitgliedstaat erwirbt, in einer anderen Sprache etikettiert ist als in der Sprache des Heimatstaats des Käufers, im Fall von verschreibungspflichtigen Arzneimitteln gravierendere Folgen haben. Eine unmittelbare Beratung lässt sich bei Versandvertrieb auch nicht sicherstellen, was gleichfalls die Gefahren für die Gesundheit etwa aufgrund einer falschen Einnahme oder einer nicht hinreichenden Aufklärung über die konkreten Einnahmevorgaben des Arztes erhöht. Artikel 30 rechtfertigt somit ein nationales Verbot des Versandhandels mit verschreibungspflichtigen Arzneimitteln.

Ergebnis: Die im Verbot einer Internetapotheke zu sehende Maßnahme gleicher Wirkung ist daher gerechtfertigt und im Ergebnis nicht gemeinschaftswidrig.

C. Frage 3

Die Klage wäre begründet, wenn die Bingelheim KG aus ihrem Markenrecht einen Abwehranspruch gegen die Euromed hätte.

1. Das Markenrecht an dem Namen Cellopan steht der Klägerin zu.

2. Verletzung des Markenrechts

Es müsste eine das Markenrecht verletzende Handlung seitens der Beklagten vorliegen. Diese könnte darin liegen, dass die Beklagte von der Klägerin hergestellte Medikamente umpackt und auf den neuen Verpackungen wieder die Marke der Klägerin anbringt.

a) Umpacken als Markenrechtsverletzung?

Eine Verletzungshandlung könnte deswegen nicht vorliegen, weil hier eine Grenze des Markenschutzes eingreift. Nach § 24 Abs. 1 MarkenG kann ein Inhaber einer Marke einem Dritten die Verwendung für Waren nicht untersagen, die vom Inhaber oder mit seiner Zustimmung in der EG in Verkehr gebracht wurden. Das Markenrecht ist dann erschöpft. Bei den hier streitigen Medikamenten liegt das vor: Sie wurden von der Klägerin in Spanien in Verkehr gebracht; die Beklagte verkaufte sie unter Verwendung der Marke in Deutschland und Österreich.

Jedoch besteht hier eine Besonderheit: Die Beklagte Euromed packt die Medikamente um und bringt die Marke neu an. Die Ware wird mithin nicht so weiterverkauft, wie sie in Verkehr gebracht wurde. Fraglich ist, ob damit die Schranken-Schranke des Markenschutzes nach § 24 Abs. 2 MarkenG eingreift. Danach kann der Markeninhaber sich dem weiteren Vertrieb der Marke aus berechtigten Gründen widersetzen, insbesondere wenn der Zustand der Ware nach ihrem Inverkehrbringen verändert oder verschlechtert ist. Es kommt somit darauf an, ob hier eine Veränderung oder Verschlechterung der Ware im Sinne des § 24 Abs. 2 MarkenG vorliegt. Es kommt somit auf die Auslegung dieser Begriffe an.

b) Auslegung der Begriffe Veränderung oder Verschlechterung am Maßstab von Art. 30 EGV

Da § 24 MarkenG in Umsetzung der EG-Markenrechtsrichtlinie erging, ist § 24 MarkenG wie der entsprechende Art. 7 dieser Richtlinie (RL) auszulegen. Art. 7 der RL regelt die Frage der Erschöpfung des Markenrechts abschließend, so dass die nationalen Regeln nach dieser Bestimmung zu beurteilen sind.[25] Die Richtlinie wiederum harmonisierte die Maßnahmen, die zur Gewährleistung von in Art. 30 EGV genannten Belangen notwendig sind. Die Richtlinie ist damit ihrerseits im Lichte der Vertragsbestimmung über den freien Warenverkehr, insbesondere Art. 30 EGV auszulegen. Es ergibt sich somit im Ergebnis, dass § 24 Abs. 2 MarkenG im Sinne von Art. 30 EGV zu interpretieren ist.[26]

Markenrechte behindern den innergemeinschaftlichen Warenverkehr, weil Markeninhaber bezüglich ihrer Waren gegenüber Dritten besondere Rechte haben, die die Dritten beim Handel behindern können. Solche Rechte sind auch nationale, staatliche Maßnahmen, weil sie vom Staat durch seine Ausgestaltung des Markenrechts den Inhabern eingeräumt werden.[27] Sie sind somit Maßnahmen gleicher Wirkung nach Art. 28 EGV. Diese in der Anerkennung von Markenrechten liegende Behinderung des Warenverkehrs kann jedoch nach Art. 30 EGV wegen des Schutzes des gewerblichen und kommerziellen Eigentums gerechtfertigt sein.

Fraglich ist, ob die Rechtfertigung so weit geht, dass die Befugnis des Markeninhabers auch das Recht umfasst, das Umpacken und erneute Anbringen der Marke durch einen Dritten zu untersagen. Ist das der Fall, dann bedeutet das für die Auslegung der Richtlinie und des § 24 Abs. 2 MarkenG, dass in dem Umpacken und erneuten Anbringen der Marke eine Veränderung der Ware gesehen werden kann. Dies hätte zur Folge, dass der Markeninhaber das erneute Anbringen der Marke untersagen könnte und die Klage damit begründet wäre.

---

25 EuGH, Rs. 427, 429 und 436/93, Slg. 1996, I-3457 (3527 Rn. 27) – Bristol-Myers Squibb u. a.
26 Beachte: Die Mitgliedstaaten können sich bei einer Harmonisierung – wie sie im Markenrecht erfolgte – nicht mehr unmittelbar auf Art. 30 EGV berufen, um den Warenverkehr beschränkende Maßnahmen mit dem Markenrecht zu rechtfertigen. Das nationale Recht muss vielmehr an der harmonisierenden Richtlinie (und nicht unmittelbar an Art. 30 EGV) gemessen und in deren Sinne ausgelegt werden. Da die Richtlinie ihrerseits aber an höherrangigem Recht zu messen ist, ergibt sich über diesen Umweg doch wieder, dass für § 24 MarkenG (auch) Art. 30 EGV Maßstab ist.
27 Die Anwendung des nationalen Rechts durch Behörden oder Gerichte ist dann die nationale Maßnahme des Mitgliedstaats, EuGH, Rs. C-316/95, Slg. 1997, I-3929 (3961 Rn. 17)- Generics.

aa) Auslegung von Art. 30 S. 1 EGV

Entscheidend ist somit, wie der Begriff des gewerblichen und kommerziellen Eigentums in Art. 30 S. 1 EGV auszulegen ist.

Zunächst fällt unter das gewerbliche und kommerzielle Eigentum jede Art von Immaterialgüterrecht wie Warenzeichen- bzw. Markenrecht, Patentrechte, Urheber-, Geschmacksmuster- oder Sortenschutzrechte und dergleichen. Fraglich ist aber, in welchem Umfang die jeweils nationalen Rechte vom Gemeinschaftsrecht anerkannt werden. Denn wäre der Begriff »gewerbliches und kommerzielles Eigentum« eine bloße Verweisung auf die entsprechenden Regelungen der Mitgliedstaaten, dann könnten die Mitgliedstaaten darunter beliebige Hemmnisse für den innergemeinschaftlichen Warenverkehr verstecken. Bei dem Begriff muss es sich daher um einen gemeinschaftsrechtlichen, eigenständigen Begriff handeln. Dafür spricht auch die erforderliche einheitliche Anwendung und Auslegung des EG-Rechts in allen Mitgliedstaaten. Schließlich sprechen auch systematische Gründe für eine eigenständig gemeinschaftsrechtliche Auslegung: Auch die übrigen Begriffe des Art. 30 EGV sind gemeinschaftsrechtliche Begriffe.[28]

Bei der eigenständigen, europarechtlichen Begriffsbestimmung ist zunächst zugrunde zu legen, dass es sich bei Art. 30 EGV um eine Ausnahme vom fundamentalen Grundsatz des freien Warenverkehrs handelt. Damit ist eine enge, restriktive Auslegung angebracht. Ausnahmen vom freien Warenverkehr sind nur insoweit zuzulassen, soweit sie zur Wahrung der Rechte gerechtfertigt sind, die den spezifischen Gegenstand des jeweiligen gewerblichen Schutzrechts ausmachen.[29] Eine Rechtfertigung von Handelsbeschränkungen kann Art. 30 EGV nur in dem Maße bieten, wie es für den spezifischen Sinn und Schutzzweck, den das jeweilige Schutzrecht verfolgt, notwendig ist.

Es kommt also darauf an zu ermitteln, was der spezifische Gegenstand des Markenrechts ist: Die Marke ist die rechtlich geschützte Kennzeichnung einer Ware. Sie soll dem Verbraucher die Wiedererkennung der Ware, d. h. die Unterscheidung von ähnlichen Produkten anderer Hersteller ermöglichen. Der Hersteller, der eine Marke einsetzt, will die Kunden durch die Qualität seiner Ware an sich binden. Dies setzt voraus, dass die Marke Gewähr dafür bietet, dass alle Waren der Marke unter der Kontrolle desselben Herstellers entstanden sind. Es geht somit um die Ursprungsidentität. Der Kunde soll sich darauf verlassen können, dass die Sache vom Hersteller stammt und nicht auf einer früheren Vermarktungsstufe durch einen Dritten ein Eingriff vorgenommen wurde.[30] Aus diesem spezifischen Gegenstand fließt somit, dass das Recht des Markeninhabers anzuerkennen ist, sich jeder Benutzung oder Anbringung der Marke durch Dritte zu widersetzen, die diese Herkunftsgarantie verfälschen könnte. Das Umpacken und Beilegen eines neuen Beipackzettels und Vertreiben unter der alten Marke durch einen Dritten führt zur

---

28 So umfassen die Gründe der öffentlichen Sicherheit und Ordnung, dass grundlegende, wesentliche Interessen des Staates tatsächlich und hinreichend schwer gefährdet sind, *Streinz*, Europarecht, Rn. 693, 704.

29 EuGH, Rs. 427, 429 und 436/93, Slg. 1996, I-3457 (3531 Rn. 42) – Bristol-Myers Squibb u. a.

30 EuGH, Rs. 102/77, Slg. 1978, 1139 (1164 Rn. 7) – Hoffmann LaRoche; Rs. 427, 429 und 436/93, Slg. 1996, I-3457 (3532 f. Rn. 47) – Bristol-Myers Squibb u. a.

Veränderung der Ware. Der Begriff der Ware ist nicht nur auf die Tabletten selbst beschränkt. Außerdem kann nicht ausgeschlossen werden, dass im Laufe des Umpackens auf die Tabletten in einer Weise eingewirkt wird, die die Herkunftsgarantie negativ beeinträchtigt.

Ergebnis: Das Umpacken und erneute Anbringen der Marke kann vom Markeninhaber untersagt werden. Eine dadurch ausgelöste Beeinträchtigung des Warenverkehrs ist vom Schutz des gewerblichen und kommerziellen Eigentums nach Art. 30 S. 1 EGV erfasst und prinzipiell gerechtfertigt.

bb) Art. 30 S. 2 EGV

Die Befugnis des Klägers, das Umpacken und erneute Vertreiben unter der Marke Cellopan zu untersagen, darf allerdings weder eine verschleierte Beschränkung des Handels noch eine willkürliche Diskriminierung darstellen.

Eine verschleierte Beschränkung läge vor, wenn das Markenrecht dazu missbraucht würde, die nationalen Märkte künstlich zu separieren und wenn berechtigte Interessen des Markeninhabers nicht verletzt sein können.

Ersteres setzt den Nachweis voraus, dass die Geltendmachung der Marke unter Berücksichtigung des vom Inhaber angewandten Vermarktungssystems zur künstlichen Abschottung der Märkte zwischen den Mitgliedstaaten beitragen würde, etwa wenn unterschiedliche Packungsgrößen in den verschiedenen Mitgliedstaaten vorliegen, so dass das Umpacken notwendig ist.[31] Gegen ein erforderliches Umpacken kann der Rechtsinhaber sich nicht wehren. Erforderlich ist das Umpacken etwa, um nationalen Vorschriften für das Inverkehrbringen von Arzneien nachzukommen. Allerdings kann es genügen, dass der Parallelimporteur nur die Verpackung mit Etiketten überklebt, es sei denn der Widerstand des Verbrauchers gegen überklebte Verpackungen ist so erheblich, so dass der Absatz des Produkts eingeschränkt wäre.[32]

Die Wahrung der berechtigten Interessen des Markeninhabers setzt voraus, dass erstens das Umpacken sachgemäß und ohne Veränderung des Originalzustands der Tabletten erfolgt, etwa weil nur die Blisterstreifen der Arzneimittel umgepackt werden, dass zweitens die Verpackung klar angibt, von wem umgepackt worden ist, dass drittens der Importeur den Markeninhaber unterrichtet und ihm auf Verlangen ein Muster liefert und dass viertens die umgepackte Arznei nicht so aufgemacht ist, dass dadurch der Ruf der Marke und ihres Inhabers durch schadhafte, schlechte oder unordentliche Verpackung geschädigt wird. Bei Vorliegen dieser vier weiteren Voraussetzungen ist den Interessen des Markeninhabers genüge getan, weil eine nachteilige Veränderung der Ware unwahrscheinlich ist und im Falle eines Fehlers der Handelsweg zum Importeur zurückverfolgt werden kann.[33]

---

31 EuGH, Rs. 427, 429 und 436/93, Slg. 1996, I-3457 (3534 f. Rn. 52, 55) – Bristol-Myers Squibb u. a.
32 Dazu EuGH, Rs. C-443/99, Slg. 2002, I- 3703, Rn. 24–32 – Merck.
33 Diese Grundsätze gelten – mit geringen Abweichungen – auch für andere dem Markenschutz zugängliche Waren wie Pflanzenschutzmittel (EuGH, Rs. C-352/95, Slg. 1997, I-1729 – Phytheron International) oder Whisky (EuGH, 11. 11. 1997, Rs. C-349/95, EuZW

Für die hier vorliegende Klage bedeutet das folgendes: Aufgrund der unterschiedlichen Packungsgrößen ist eine künstliche Abschottung der Märkte gegeben. Dafür spricht als Indiz auch das unterschiedliche Preisniveau. Das Umpacken ist hier
auch erforderlich, damit ein übersetzter Beipackzettel beigefügt werden kann. Jedoch liegen die weiteren vier Voraussetzungen nicht alle vor: Zwar ist davon auszugehen, dass durch das Umpacken der Originalzustand unbeeinträchtigt bleibt,
da die Blisterstreifen unversehrt sind; auch vermerkt die Beklagte, dass das Medikament von ihr umgepackt wurde; und es deutet nichts darauf hin, dass das Arzneimittel schlecht verpackt wäre. Jedoch wurde der Vorgang dem Markeninhaber
nicht angezeigt.

Ergebnis: Die Klage der Bingelheim KG ist begründet. Das vom deutschen Gericht
stattzugebende Geltendmachen des markenrechtlichen Unterlassungsanspruchs
führt nicht zu einer verschleierten Beschränkung des Handels.

1998, 16 – Loendersloot) und für die Werbung mit der Marke (EuGH, Rs. C-337/95, 4. 11.
1997, EuZW 1998, 22 – Christian Dior).

Fall 2: Abfall auf Reisen

Die Moser GmbH in München ist spezialisiert auf die Entsorgung von Abfällen. Sie erhält im Dezember 1999 von einem großen Industrieunternehmen den Auftrag, schrottreife Altfahrzeuge zu entsorgen. Geplant ist, die Fahrzeuge ins europäische Ausland zu liefern und dort von einer Recyclingfirma die Fahrzeuge ausschlachten zu lassen. Im Januar 2001 schließt die Moser GmbH einen dahingehenden Vertrag mit einem in der Region Wallonien in Belgien ansässigen Unternehmen und holt alle erforderlichen Genehmigungen ein. Als die ersten Autowracks nach Belgien eingeführt werden sollen, fordern belgische Behörden die Zahlung einer Abgabe. Die Abgabe wird nach den belgischen Bestimmungen für alle Waren fällig, die nach Wallonien eingeführt werden, unabhängig vom Ursprungsort. Auch in den übrigen Teilen Belgiens hergestellte Waren unterliegen der Abgabe. Die Moser GmbH zahlt zunächst. Als sie nach einiger Zeit wieder Abgabebescheide für weitere Einfuhren erhält, klagt die GmbH dagegen und rügt im gerichtlichen Verfahren, dass das ein verbotener Zoll sei. Das mit dem Fall befasste belgische Gericht legt die Sache dem EuGH vor.

Da der Moser GmbH die gerichtliche Auseinandersetzung zu lange dauert, wendet sie sich hilfesuchend an die EG-Kommission und berichtet ihr von der Abgabe. Die Moser GmbH möchte, dass die Kommission ein Vertragsverletzungsverfahren gegen Belgien einleitet. Die Kommission sieht jedoch keinen Anlass für ein Vertragsverletzungsverfahren: Die Rechtsfrage würde durch die anhängige Vorlage bald geklärt werden. Die Fa. Moser fordert die Kommission sodann erneut auf, tätig zu werden. Als die Kommission darauf nach drei Monaten immer noch nicht reagiert, erhebt die Moser GmbH Klage gegen die Kommission wegen Untätigkeit.

Die belgischen Regionalbehörden erlassen nunmehr eine einheitliche Verwaltungsrichtlinie, in der sie die örtlichen Stellen anweisen, Abfälle aus anderen Ländern nicht mehr anzunehmen, um den Abfallimport ganz zum Erliegen zu bringen, weil die Aufnahmekapazität der Deponien und Müllanlagen bedrohlich zurückgeht. Diese Bestimmung soll am 1. 6. 2005 in Kraft treten. Da die Fa. Moser nun ihr Geschäft ernstlich gefährdet sieht, wendet sie sich erneut an die Kommission. Die Kommission ist nunmehr bereit einzuschreiten und leitet ein Vertragsverletzungsverfahren ein: Die Kommission informiert Belgien zunächst über den Vorwurf, legt die ermittelten Tatsachen dar und teilt mit, dass ein Verstoß gegen Art. 28 EGV zu erkennen sei. Belgien wird aufgefordert, binnen drei Monaten Stellung zu nehmen. Belgien gibt in seiner Gegendarstellung an, dass das Prinzip, Umweltgefahren am Ursprung zu bekämpfen, auch im EG-Recht gelte und daher das Aufnahmeverbot für Abfälle und der daraus folgende faktische Importstopp gerechtfertigt sei. Schließlich stellten nicht ordentlich gelagerte Abfälle erhebliche Umweltgefahren dar. Daraufhin sendet die Kommission ein zweites Schreiben, in dem sie ausführlich ihre Position erneut darlegt und begründet. Da Belgien auch nach Ablauf der in diesem Schreiben gesetzten Frist keine Abhilfe schafft und das Gesetz nicht aufhebt, erhebt die Kommission am 1. 4. 2005 Klage zum EuGH und beantragt eine einstweilige Anordnung, da das Inkrafttreten des faktischen Importverbots unmittelbar bevorsteht.

Vermerk für den Bearbeiter:

In einem Gutachten, das sich mit allen aufgeworfenen Rechtsfragen auseinandersetzt, sind die folgenden Fragen zu klären. Der Sachbericht ist jeweils erlassen.

1. Formulieren Sie die Vorlagefrage des belgischen Gerichts an den EuGH. Wie wird der EuGH auf die Vorlage hin entscheiden? Welche Folgen hat das für die von Fa. Moser und anderen Importeuren bereits bezahlten Abgaben?

2. Hat die Klage der Fa. Moser gegen die Weigerung der Kommission, ein Vertragsverletzungsverfahren gegen Belgien wegen der in Wallonien erhobenen Abgabe einzuleiten, Aussicht auf Erfolg?

3. Wird der EuGH die von der Kommission beantragte einstweilige Anordnung erlassen?

Bei der Bearbeitung ist davon auszugehen, dass die EG-Richtlinien über Abfälle die Altfahrzeuge nicht erfassen.

Lösung zu Fall 2: Abfall auf Reisen

A. Frage 1

I. Vorlagefrage

Die Vorlagefrage des belgischen Gerichts könnte lauten:»Ist eine nationale Regelung eines Mitgliedstaates mit Art. 25 EGV vereinbar, die bestimmt, dass auf alle Waren, die nicht aus einer bestimmten Region dieses Mitgliedstaates stammen, sondern anderswo hergestellt wurden, eine Abgabe fällig wird, sobald die Waren in dieser bestimmten Region in Verkehr gebracht werden, wobei nicht zwischen Waren aus anderen Regionen dieses Mitgliedstaates und solchen aus anderen Mitgliedstaaten differenziert wird?«

(Anmerkung: Wesentlich ist, dass die Vorlagefrage abstrakt formuliert wird. D. h. sie muss losgelöst vom konkreten Fall die abstrakte Rechtsfrage angeben. Ferner muss die nationale Maßnahme abstrakt umschrieben werden. Das bedeutet, dass die Vorlagefrage nicht lauten darf, ob eine bestimmte nationale Norm mit EG-Recht vereinbar ist. Denn der EuGH ist bei einer Vorlage nur zur Auslegung des europäischen Rechts befugt, nicht zur Auslegung nationalen Rechts, vgl. Art. 234 Abs. 1 lit. a) bis c) EGV.[1] Er darf daher nicht über die Vereinbarkeit einer bestimmten nationalen Norm mit Gemeinschaftsrecht entscheiden. Auch kann der EuGH nicht wissen, wie eine nationale Norm ausgelegt wird und wie sie sich daher auf den vor dem nationalen Gericht anhängigen Sachverhalt auswirkt. Allerdings behält sich der EuGH die Befugnis vor, aus einer falsch formulierten Frage die richtige herauszuschälen und weist die Vorlage nicht gleich als unzulässig ab.[2] Selbstverständlich ist keine abstrakte Umschreibung in diesem Sinne nötig, wenn es um die Vereinbarkeit von EG-Sekundärrecht mit EG-Primärrecht geht, weil der EuGH über die Geltung und Auslegung des Sekundärrechts entscheiden darf, s. die eben angegebenen Vorschriften. Dann muss die Vorlagefrage lauten:»Ist Art. X der Richtlinie Y mit Art. 28 EGV vereinbar?« oder »Ist Art. X der Richtlinie Y dahin auszulegen, dass . . .?«)

II. Entscheidung des EuGH auf die Vorlage

1. Zulässigkeit der Vorlage

Die Zulässigkeit begegnet keinen Bedenken. Daher wird der EuGH die Vorlage nicht schon als unzulässig zurückweisen.

a) Denn der EuGH ist nach wie vor ausschließlich *sachlich zuständig* für Vorlagen nach Art. 234 EGV, da eine Zuweisung an das EuG in der Satzung des EuGH[3] gemäß Art. 225 Abs. 3 EGV noch nicht erfolgt ist.

---

1 S. nur EuGH, Rs. 16/83, Slg. 1984, 1299 (1324 Rn. 10) – Prantl.
2 EuGH, Rs. C-15/96, 15. 1. 1998, EuZW 1998, 118 (119 Rn. 9) – Kougebetopoulou.
3 Protokoll über die Satzung des Gerichtshofs, abgedruckt im Sartorius II unter Nr. 245.

b) *Vorlagefähige Frage*: Auch von der Zulässigkeit der Vorlagefrage ist auszugehen. Es geht um die Vereinbarkeit einer nationalen Maßnahme mit dem EGV und somit um die Auslegung des Vertrages, Art. 234 Abs. 1 lit. a) EGV.[4]

c) *Vorlageberechtigung* liegt vor. Das belgische Gericht ist ein Gericht eines Mitgliedstaates. Als ein Gericht ist dabei zu verstehen: Jeder unabhängige, durch oder aufgrund eines Gesetzes eingerichtete Spruchkörper, der im Rahmen einer obligatorischen Zuständigkeit Rechtsstreite unter Anwendung von Rechtsnormen, also nicht nur nach Billigkeit, bindend durch Entscheidung mit Rechtsprechungscharakter entscheidet.[5] Diese Voraussetzungen liegen hier vor.

d) *Entscheidungserheblichkeit*: Das vorlegende Gericht hält die Frage für entscheidungserheblich. Die Entscheidungserheblichkeit ist gegeben, wenn die Beantwortung der Vorlagefrage wesentlich für die Entscheidung in der Sache ist. Grundsätzlich genügt, dass das vorlegende Gericht die Entscheidungserheblichkeit bejaht. Der EuGH prüft die Annahme der Entscheidungserheblichkeit durch das vorlegende Gericht regelmäßig mangels Einblick in die nationale Rechtsordnung nicht nach, außer es handelt sich um konstruierte Vorlagen oder rein hypothetische Fragen, die den EuGH als »Obergutachter« missbrauchen wollen.[6]

e) Fakultative oder obligatorische Vorlage: Das Gericht hat vorgelegt. Ob es dazu nach Art. 234 Abs. 3 EGV auch verpflichtet war, ist unerheblich. (Dieser Aspekt ist eigentlich keine Zulässigkeitsvoraussetzung, sollte aber angesprochen werden.)

2. Antwort des EuGH auf die Vorlagefrage

Die belgische Maßnahme, Waren von außerhalb der Region Wallonien unabhängig von ihrer Herkunft mit einer Abgabe zu belegen, könnte gegen Art. 25 EGV verstoßen. Dann würde der EuGH ihre Unvereinbarkeit mit dem EGV feststellen.

a) Anwendbarkeit des Art. 25 EGV

Nach Art. 23 Abs. 2 EGV gilt Art. 25 EGV für die aus den Mitgliedstaaten stammenden Waren sowie für Waren aus Drittstaaten, die in den Mitgliedstaaten im freien Verkehr sind.

---

4   Vorlagen, die die Geltung individueller Sekundärrechtsakte in Frage stellen, sind unzulässig, wenn der Kläger dagegen zulässigerweise eine Nichtigkeitsklage nach Art. 230 Abs. 4 EGV erheben hätte können, er die zweimonatige Klagefrist aber verstreichen ließ. Dann ist der Rechtsakt ihm gegenüber bestandskräftig, EuGH, Rs. C-178/95, Slg. 1997, I-585 (603 f, Rn. 21) – Wiljo. Das liegt hier nicht vor.

5   Wegen der obligatorischen Zuständigkeit ist ein Schiedsgericht nur dann ein Gericht; wenn die öffentliche Gewalt das Schiedsgericht vorschreibt, die Organisation unter staatlicher Aufsicht erfolgt und die öffentliche Hand von Amts wegen eingreifen könnte, EuGH, Rs. 246/80, Slg. 1981, 2311 (2328 Rn. 16 f.) – Broekmeulen; Rs. 102/81, Slg. 1982, 1095 (1110 f. Rn. 9 ff.) – Nordsee – Reederei Mond. Schließlich sind vorlageberechtigt nur Gerichte *eines* Mitgliedstaates, nicht: *in einem* Mitgliedstaat. Schiedsgerichte müssen daher in das mitgliedstaatliche Rechtsschutzsystem einbezogen sein, *Streinz*, Europarecht, Rn. 557, 568.

6   *Streinz*, Europarecht, Rn. 560.

Bei den von der Fa. Moser eingeführten Schrottautos müsste es sich daher um *Waren* in diesem Sinne handeln. Eine Ware ist jeder körperliche Gegenstand, der einen Geldwert hat und daher Gegenstand eines Handelsgeschäfts sein kann.[7] Das könnte zweifelhaft sein, weil es sich hier eher um Abfälle handelt; Abfälle haben regelmäßig keinen Wert und sind nicht Gegenstand von Handelsgeschäften. Doch kann man das Vorliegen einer Ware insoweit ohne weiteres bejahen, als es um rückführbare und wiederverwendbare Abfälle geht. Denn solche haben einen Handelswert und können Gegenstand eines Handelsgeschäfts sein.[8] Jedoch auch insoweit, als Abfälle nicht rückführbar und nicht wiederverwendbar sind, liegt eine Ware vor.[9] Denn es genügt, dass dieser Abfall Gegenstand eines Handelsgeschäftes ist und über eine Grenze verbracht wird. Eine Unterscheidung nach Wiederverwendbarkeit oder Rückführbarkeit lässt sich nur schwer treffen. Diese Kriterien verändern sich auch mit dem technischen Fortschritt und bieten daher keine zuverlässigen Anknüpfungspunkte für eine Einordnung. Ferner hängt die Rückführbarkeit auch von den Kosten der Rückführung und damit von der Rentabilität der beabsichtigten Wiederverwendung ab, so dass die Beurteilung vom Einzelfall abhängig würde.[10] Abfälle sind somit ohne Rücksicht auf ihre Wiederverwertbarkeit Waren.

Die Waren sind auch solche im Sinne des EGV, da die Abfälle aus dem Mitgliedstaat Deutschland stammen.

Eine gemeinschaftsrechtliche lex specialis, die den Rückgriff auf das Primärrecht ausschließt und die Prüfung der nationalen Maßnahme an dem einschlägigen Sekundärrecht erfordert, besteht nicht. Zwar gibt es Richtlinien der EG über Abfälle. Jedoch erfassen diese nicht die Frage, ob die Mitgliedstaaten Abgaben für Abfälle erheben können.

b) Vereinbarkeit der belgischen Maßnahme mit Art. 25 EGV

Nach Art. 25 EGV sind zwischen den Mitgliedstaaten Zölle und Abgaben gleicher Wirkung verboten.

aa) Auslegung der Begriffe Zoll und Abgabe zollgleicher Wirkung

Der Begriff des Zolls und der zollgleichen Abgabe ist in Abgrenzung zu den nach Art. 90 EGV zulässigen inländischen Abgaben zu gewinnen. Denn diesen inländischen Abgaben iSv Art. 90 EGV, wie etwa Verbrauchssteuern, unterliegen die importierten Waren in gleicher Weise wie die heimischen Erzeugnisse. Art. 90 will sicherstellen, dass inländische und eingeführte Erzeugnisse den gleichen indirekten Abgaben unterliegen, um insoweit Gleichheit der Wettbewerbssituation herzustellen. Die Abgaben iSv Art. 90 EGV werden bei importierten Waren bei Grenzübertritt fällig, so dass sie auf den ersten Anschein wie ein Zoll aussehen. Dennoch

---

7 Vgl. Fall 1, Fn. 3.
8 EuGH, Rs. C-2/90, Slg. 1992, I-4431 (4478 f. Rn. 23) – Kommission/Belgien.
9 Zur Einordnung von Abfällen zur Beseitigung als auch von Abfällen zur Verwertung als Ware im Sinne von Art. 28 ff. EGV s. auch *Jarass*, NuR 1998, 397 (404).
10 EuGH, Rs. C-2/90, Slg. 1992, I-4431 (4478 f. Rn. 24–27) – Kommission/Belgien.

sind sie davon klar zu unterscheiden. Zölle iSv. Art. 25 und Abgaben iSv. Art. 90 sind strikt auseinander zu halten. Entscheidend ist, dass die inländischen Abgaben nur deshalb fällig werden, weil auch heimische Erzeugnisse ihnen unterliegen, was bei Zöllen nicht der Fall ist. Zölle treffen nur eingeführte Produkte und belasten nur diese. Die zulässigen inländischen Abgaben nach Art. 90 EGV werden damit zwar *bei, d. h. anlässlich* des Grenzübertritts, aber nicht *wegen* des Grenzübertritts erhoben und sind daher keine Zölle.

Entscheidend für das Vorliegen eines Zolles ist somit, dass die Abgabe *wegen* des Grenzübertritts fällig wird. Ein *Zoll* liegt daher vor, wenn *wegen und bei* der Ein- oder Ausfuhr Abgaben erhoben werden, ohne dass eine entsprechende Abgabe für gleichartige inländische Erzeugnisse erhoben wird.[11] Eine *Abgabe gleicher Wirkung* wie ein Zoll ist eine finanzielle Belastung der importierten Ware *wegen* des Grenzübertritts, auch wenn die Abgabe nicht zugunsten des Staates erhoben wird,[12] keine diskriminierende oder protektionistische Wirkung hat und die eingeführte Ware nicht mit inländischen Erzeugnissen im Wettbewerb steht.[13] Eine zollgleiche Wirkung liegt auch vor, wenn die Abgabe zwar nicht unmittelbar bei Grenzübertritt erhoben wird, aber auf einer späteren Stufe der Vermarktung oder Verarbeitung.

Ein Zoll oder eine Abgabe zollgleicher Wirkung liegt jedoch *nicht* vor, wenn

1. sie eine angemessene Gegenleistung für einen tatsächlich geleisteten Dienst ist, der einen individuellen (!) Vorteil für den Importeur darstellt; das bedeutet, dass Gebühren für Dienste im Interesse der Allgemeinheit, wie etwa Gebühren für gesundheitspolizeiliche Untersuchungen, Abgaben gleicher Wirkung und somit rechtswidrig sind, selbst wenn das System individueller Einfuhrgenehmigungen, in dessen Rahmen sie erhoben werden, nach Art. 30 EGV gerechtfertigt ist,[14]

2. oder wenn die Kontrolle gemeinschaftsrechtlich vorgeschrieben und für alle betroffenen Erzeugnisse obligatorisch ist und den freien Warenverkehr durch Ersetzung der ansonsten gemäß Art. 30 EGV zulässigen einseitigen Kontrollen der Mitgliedstaaten begünstigt, und sie in Höhe der tatsächlichen Kosten erhoben wird,[15]

3. oder wenn eine erlaubte Abgabe im Sinne von Art. 90 EGV vorliegt.

Art 90 EVG ergänzt die Bestimmungen über die Abschaffung der Zölle und Maßnahmen zollgleicher Wirkung. Er soll den Warenverkehr unter normalen Wettbewerbsbedingungen dadurch gewährleisten, dass jede Form des Schutzes für heimische Produkte beseitigt wird, die aus einer eingeführte Waren[16] *diskriminieren-*

---

11 EuGH, Rs. 77/72, Slg. 1973, 611 (623 Rn. 12) – Capolongo Maya.

12 EuGH, Rs. 133/82, Slg. 1983, 1669 (1678 Rn. 9) – Kommission/Luxemburg.

13 EuGH, verb. Rs. 2 und 3/69, Slg. 1969, 211 (222 Rn. 15/18) – Sociall Fonds Diamantarbeiders.

14 EuGH, Rs. 251/78, Slg. 1979, 3369 (3393 f. Rn. 29 ff.) – Denkavit; Rs. 314/82, Slg. 1984, 1543 (1555 Rn. 12 f.) – Kommission/Belgien.

15 EuGH, Rs. 18/87, Slg. 1988, 5427 (5441 Rn. 8) – Kommission/Deutschland.

16 Art. 90 EGV verbietet auch die diskriminierende Belastung inländischer Waren bei der Ausfuhr, EuGH, Rs. 152/77, Slg. 1978, 1543 (1557 Rn. 21/27) – Statens Kontrol. Art. 90

den nationalen Besteuerung folgen könnte. Art. 90 EGV soll die Wettbewerbsneutralität der nationalen Besteuerung sichern.[17]

Eine Abgabe nach Art. 90 EGV liegt vor, wenn die Abgabe Teil eines allgemeinen, inländische wie eingeführte Produkte umfassenden nationalen Abgabensystems ist, das in vergleichbarer Lage sich befindende Erzeugnisse systematisch nach objektiven Kriterien unabhängig vom Ursprung erfasst. Liegen diese Voraussetzungen nicht vor, ist die Abgabe diskriminierend und durch Art. 90[18] oder, wenn es sich um eine einseitig wegen des Grenzübertritts erhobene Abgabe handelt, durch Art. 23 und 25 EGV verboten.[19]

Art. 90 Abs. 1 EGV sieht vor, dass gleichartige einheimische wie importierte Erzeugnisse die gleichen Abgaben tragen müssen. Bei vergleichbaren Waren genügt der Vergleich der Abgabenhöhe: Nur gleich hohe Abgaben sind nach Art. 90 Abs. 1 EGV zulässig. Die Vergleichbarkeit bestimmt sich danach, ob die Waren für den Verbraucher gleiche Eigenschaften haben oder gleichen Bedürfnissen dienen. Die Waren müssen in einem Wettbewerbsverhältnis zueinander stehen. Zu beachten ist außerdem, dass eine Abgabe gleicher Höhe, die auf einheimische wie auf eingeführte Waren erhoben wird, dann gegen den EGV verstößt, wenn der Ertrag der Abgabe nur den einheimischen Erzeugnissen zugute kommt, etwa wenn daraus ein Fonds gespeist wird, der den Absatz heimischer Erzeugnisse fördert oder die Grundlage für Beihilfen an heimische Produzenten ist: Eine solche sog. parafiskalische Abgabe verstößt gegen Art. 90 EGV, wenn die Belastung einheimischer Produkte zum Teil ausgeglichen wird. Denn dann ist die Belastung in Wirklichkeit unterschiedlich. Erfolgt für die heimischen Waren ein vollständiger Ausgleich der Belastung, dann liegt eine Abgabe zollgleicher Wirkung nach Art. 25 EGV vor (und keine Abgabe iSv. Art. 90 EGV), weil die Belastung dann letztlich nur eingeführte Produkte wegen des Grenzübertritts trifft.[20]

Art. 90 Abs. 2 EGV enthält Bestimmungen für *nicht* gleichartige Waren, die wenigstens teilweise, mittelbar oder potentiell im Wettbewerb stehen. Für das Vorliegen eines solchen Wettbewerbsverhältnisses ist nicht nur die momentane Situation, sondern es sind auch Entwicklungsmöglichkeiten und künftige Anreize zu berücksichtigten, da die nationale Steuerpolitik nicht zu einer Zementierung von Verbrauchergewohnheiten führen darf. Waren in dieser Art von Wettbewerbsverhältnis dürfen nicht mit Abgaben belastet werden, die geeignet sind, die einheimischen Erzeugnisse zu schützen. Klassisches Beispiel hierfür ist die stark unterschiedliche Besteuerung von Gütern, die nicht direkt austauschbar sind. So verstößt es gegen Art. 90 Abs. 2 EGV, Wein erheblich höher zu besteuern als Bier,

---

EGV gilt auch für Waren aus Drittländern, die sich in der EG in freiem Verkehr befinden, EuGH, Rs. 193/85, Slg. 1987, 2085 (2112 f. Rn. 26 ff.) – Co-Frutta. Art. 90 EGV gilt jedoch nicht, wenn eine Ware aus einem Drittstaat erstmals in die EU eingeführt wird.

17 EuGH, Rs. 168/78, Slg. 1980, 347 (359 Rn. 4) – Kommission/Frankreich.

18 Anzumerken ist, dass Art. 90 EGV seit dem 1. 1. 1962 unmittelbar anwendbar ist und der einzelne sich somit darauf berufen kann.

19 *Streinz*, Europarecht, Rn. 718.

20 EuGH, Rs. C 78–83/90, Slg. 1992, I-1847 (1881 f. Rn. 27) – Compaigne Commerciale de l'Ouest u. a.; Rs. C-72/92, Slg. 1993, I-5509 (5529 Rn. 10) – Scharbatke/Deutschland. Ob ein vollständiger oder teilweiser Ausgleich erfolgt, muss das vorlegende nationale Gericht feststellen.

wenn dadurch die heimische Bierproduktion geschützt wird. Das ist der Fall, wenn in diesem Staat gar keine Weinproduktion besteht. Die prohibitive Weinsteuer trifft damit nur Importe.[21]

bb) Anwendung auf vorliegenden Fall

Anhand der oben aufgezeigten Kriterien ist zu entscheiden, ob die hier von Belgien erhobene Abgabe ein Zoll oder eine zollgleiche Abgabe ist.

Zunächst kann man feststellen, dass die oben aufgezeigten Fallgruppen 1.-3. für das Nichtvorliegen eines Zolles bzw. einer Abgabe zollgleicher Wirkung nicht erfüllt sind: Es handelt sich bei der Abgabe weder um die Bezahlung für einen individuellen Vorteil noch um eine Gebühr für die Durchführung gemeinschaftsrechtlich vorgesehener Maßnahmen bei der Einfuhr. Schließlich liegt auch kein Fall des Art. 90 EGV vor. Denn ein allgemeines inländisches Abgabensystem darf die Erzeugnisse nur nach objektiven Kriterien erfassen; dazu zählt gerade nicht ihr Ursprung. Darauf wird aber abgestellt, da die Abgabe nicht fällig wird, wenn die Ware in Wallonien hergestellt wurde, wohl aber, wenn sie in anderen Teilen Belgiens hergestellt wurde. Die inländischen (belgischen) Erzeugnisse werden nicht alle in gleicher Weise erfasst, sondern abhängig vom Herstellungsort. Somit ist die Abgabe nicht Teil eines allgemeinen Abgabensystems.

Da die Abgabe nicht bei Grenzübertritt erhoben wird, liegt jedenfalls auch kein Zoll vor.

Die Abgabe könnte eine zollgleiche Abgabe im Sinne von Art. 25 EGV sein. Dazu müsste sie wegen des Grenzübertritts erhoben worden sein. Daran kann man Zweifel anmelden, weil die Abgabe auch für belgische Produkte mit Ursprung außerhalb Walloniens fällig wird. Es wird – wie gesehen – bei der Abgabe nicht auf das Überschreiten der Staatsgrenzen abgestellt, sondern auf den Ursprung der Ware. Andererseits führt diese Abgabe zu einer Separierung der Märkte in der EU. Es wird nicht auf die Staatsgrenze Belgiens, sondern auf die Grenze der Region Wallonien abgestellt. Wäre dieses erlaubt, dann könnte man den EG-Binnenmarkt, der die nationalen Grenzen aufgehoben hat, dadurch umgehen, dass man Regionalgrenzen wiederbelebt. Das ist unzulässig. Die – für den Warenverkehr – aufgehobenen Staatsgrenzen dürfen nicht nach innen verlagert werden. Eine Abgabe, die wegen des Überschreitens einer Binnengrenze fällig wird, stellt ebenso eine Behinderung dar wie eine an der Staatsgrenze erhobene. Art. 25 EGV will den freien Warenverkehr im gesamten Gebiet der Union sichern. Art. 23 ff. EGV implizieren das Verbot solcher Abgaben, weil die Freiheit von inneren Zollabgaben unabdingbare Voraussetzung ist für die Verwirklichung der Zollunion.[22] An dieser durch die Abgabe herbeigeführten Beeinträchtigung der Einheitlichkeit des Zollgebiets ändert sich auch dadurch nichts, dass die Abgabe auch Waren aus Belgien selbst betrifft.[23] Die Abgabe ist somit eine Abgabe zollgleicher Wirkung und mit dem Art. 25 EGV unvereinbar.

---

21 Vgl. EuGH, Rs. 170/78, Slg. 1983, 2265 (2291 f. Rn. 26 f.) – Kommission/Vereinigtes Königreich.
22 EuGH, verb. Rs. C-363, 407–411/93, Slg. 1994, I-3957 (3990 f. Rn. 28 f.) – Lancry u. a.
23 EuGH, Rs. C-163/90, Slg. 1992, I-4625 (4666 Rn. 17) – Legros u. a.

Ergebnis: Der EuGH wird die Unvereinbarkeit der belgischen Abgabe mit Art. 23, 25 EGV feststellen.

III. Folgerungen für die bereits von Belgien vereinnahmten Abgaben

Diese Frage wirft das Problem der Wirkungen einer Vorabentscheidung des EuGH nach Art. 234 EGV auf. Ferner stellt sich die Frage, welche Anforderungen nach nationalem Recht an eine Rückforderbarkeit EG-widriger nationaler Abgaben gestellt werden können, insbesondere, ob der Rückforderung EG-widriger Abgaben die Bestandkraft nationaler Abgabenbescheide entgegengehalten werden kann.

1. Zu den Wirkungen einer Vorabentscheidung

Die Wirkungen einer Vorabentscheidung sind im EGV nicht explizit geregelt, im Gegensatz etwa zu der Lage bei der Nichtigkeitsklage nach Art. 230 EGV, vgl. Art. 231 EGV. Hinsichtlich der Wirkungen ist zwischen der zeitlichen Wirkung (Unanwendbarkeit einer mit dem EGV unvereinbaren nationalen Regelung von Anfang an [ex tunc] oder erst ab dem Zeitpunkt der Entscheidung des EuGH [ex nunc]?) und der persönlichen Wirkung (nur zwischen den Parteien [inter partes] oder gegenüber allen [erga omnes]?) zu differenzieren.

a) Persönliche Wirkung

Die Vorabentscheidung des EuGH ergeht auf Ersuchen eines nationalen Gerichtes vor dem Hintergrund eines bestimmten Ausgangsfalles. Dafür gibt der EuGH eine allgemein gehaltene Auslegung des EGV oder des Sekundärrechts, da die Fragen – wie gesehen – abstrakt formuliert werden. Die Antworten des EuGH reichen daher über den vorliegenden Einzelfall hinaus. Sie binden daher nicht nur die am Verfahren Beteiligten (inter-partes-Wirkung), sondern sind für jedes andere Gericht und jede Behörde Anlass, die für unvereinbar erklärte nationale Maßnahme nicht weiter anzuwenden. Eine recht eindeutige erga-omnes-Wirkung besteht jedenfalls, wenn der EuGH bei Vorabentscheidungen über die Geltung von Sekundärrecht zu einer Nichtigerklärung gelangt. Die Feststellung der Ungültigkeit eines Gemeinschaftsrechtsaktes ist für jede andere Stelle ein ausreichender Grund dafür, diese Handlung als ungültig anzusehen.[24] Im vorliegenden Fall geht es jedoch um die Vereinbarkeit einer nationalen Maßnahme mit dem EGV. Hier gilt indes dasselbe. Auch die in der Vorabentscheidung zum Ausdruck gelangende Auslegung des Vertrages und die Auffassung des EuGH über die Vereinbarkeit der vorgelegten nationalen Maßnahme mit dem EGV ist – bei Feststellung der Unvereinbarkeit – Anlass genug für jede nationale Stelle, die nationalen Normen nicht weiter anzuwenden. Insoweit liegt eine faktische erga-omnes Wirkung vor.

Damit können sich auch andere und nicht nur die Parteien des Ausgangsrechtsstreits auf die hier vom EuGH festgestellte Unvereinbarkeit berufen.

---

24 EuGH, Rs. 66/80, Slg. 1981, 1191 (1215 Rn. 11 ff.) – ICC. Für die Gleichstellung mit einer Nichtigkeitsklage GA Reischl, Slg. 1981, 1224 (1227 ff.).

Befindet der EuGH hingegen, dass der EGV einer bestimmten nationalen Maßnahme nicht entgegensteht oder dass ein Sekundärakt wirksam ist, bindet das andere nicht. Denn es können erneute Zweifel unter anderen Aspekten auftreten, die der EuGH noch nicht geprüft hatte, weil er in jedem Verfahren nur im Umfange des Vorlagebeschlusses prüft.

b) Zeitliche Wirkung

Vorabentscheidungen dienen der Auslegung des Gemeinschaftsrechts oder der Entscheidung über Geltung und Auslegung des Sekundärrechts, vgl. Art. 234 Abs. 1 EGV. Damit werden Normen des EGV oder eines Sekundärakts so ausgelegt, wie sie seit Inkrafttreten der Norm des EGV bzw seit Verabschiedung des Rechtsakts gelten. Die Auslegung einer Vorschrift des Gemeinschaftsrechts durch den EuGH erläutert und verdeutlicht, in welchem Sinn und mit welcher Tragweite diese Vorschrift seit ihrem Inkrafttreten zu verstehen und anzuwenden ist oder gewesen wäre. Die in den Vorabentscheidungen vom EuGH angenommenen Rechtsauffassungen gelten daher nicht erst ab Ergehen der Entscheidung des EuGH, sondern ex tunc, d. h. die gegebene Auslegung gilt von Anfang an, also auch für frühere Sachverhalte.[25] Dafür spricht nicht nur der Begriff Auslegung, sondern auch das Fehlen einer die zeitliche Wirkung regelnden Norm wie Art. 231 EGV. Die Feststellung, dass die vorliegende Abgabe unter Verletzung des EGV erhoben wurde, bezieht sich daher auf alle von der Fa. Moser auch schon vor Anfechtung der Abgabenbescheide bezahlten Abgaben.

Dies hätte hier zur Folge, dass Belgien alle bisher erhaltenen Einnahmen aus dieser Abgabe zurückzuzahlen hätte.

Jedoch sind dabei die erheblichen Auswirkungen und die Anforderungen des auch dem Gemeinschaftsrecht innewohnenden Grundsatzes der Rechtssicherheit zu bedenken. Der EuGH hat wiederholt die ex tunc-Wirkung seiner Vorabentscheidungen eingeschränkt, und zwar dahingehend, dass nur solche Bürger sich auf eine vom EuGH gegebene Auslegung berufen konnten, die bereits die nationale Maßnahme zum Zeitpunkt der Entscheidung des EuGH angefochten hatten. Ansonsten galt die Entscheidung nur ex nunc, d. h. ab dem Tag, an dem der EuGH über die Vorlagefrage entschieden hatte. Wenn es um die Vereinbarkeit nationaler Maßnahmen mit dem EGV geht, kann die Befugnis zur Einschränkung der zeitlichen Wirkung nicht aus Art. 231 EGV abgeleitet werden, sondern nur aus zwingenden Erwägungen der Rechtssicherheit.[26] Doch kann dieser Streit über die Verankerung der Kompetenz des EuGH zur Einschränkung der zeitlichen Wirkungen hier dahinstehen. Wesentlich sind die Kriterien, die der EuGH heranzieht. Er fordert für die Einschränkbarkeit der zeitlichen Wirkungen von Voraben-

---

25 EuGH, Rs. 309/85, Slg. 1988, 355 (375 Rn. 11) – Barra; Rs. 24/86, Slg. 1988, 379 (406 Rn. 27) – Blaizot. Näher *Weiß*, EuR 1995, 377 (378).

26 Vgl. näher *Weiß*, EuR 1995, 377 (383 ff.). Wie eine genauere Analyse zeigt, darf man auf Art. 231 Abs. 2 EGV analog nur abstellen, wenn der EuGH über Geltung und Auslegung von Sekundärrecht entscheidet, nicht aber wenn es um die Vereinbarkeit nationaler Maßnahmen mit EGV geht. Dann ist der verfassungsrechtliche Grundsatz der Rechtssicherheit einschlägig und nicht die Analogie zu einer Norm, die die Anordnung der Fortgeltung von nichtigem Sekundärrecht ermöglicht.

tscheidungen über die Vereinbarkeit von nationalem Recht mit dem EGV, wie es hier vorliegt, zweierlei kumulativ:[27] Zum einen erhebliche Auswirkungen für den Mitgliedstaat (das können insbesondere erhebliche finanzielle Auswirkungen sein),[28] zum anderen prüft der EuGH, ob er mit seiner Auslegung des EGV eine neue Entwicklung initiiert. Es kommt auf die Voraussehbarkeit des Ergebnisses bzw. die Klarheit der Rspr. des EuGH an.[29]

Vorliegend hat der EuGH mit der Feststellung der Unvereinbarkeit der Abgabe dem EGV keine neue Auslegung gegeben. Belgien hätte wissen müssen und können, dass ein Verstoß gegen Art. 25 EGV vorlag.[30] Daher fehlt hier zumindest die zweite Voraussetzung für eine Einschränkung der zeitlichen Wirkung. Es bleibt damit bei der Wirkung ex tunc.

Ergebnis: Infolge der ex tunc Wirkung der Vorabentscheidung erläutert die vom EuGH gegebene Auslegung, in welchem Sinne eine Bestimmung ab ihrem Inkrafttreten anzuwenden gewesen wäre. Eine so ausgelegte Bestimmung des Gemeinschaftsrechts ist von einer nationalen Stelle auch auf Rechtsbeziehungen anzuwenden, die vor Erlaß der Vorabentscheidung des EuGH entstanden waren. Das spricht dafür, dass Belgien die mit EGV unvereinbaren Abgaben zurückzahlen muss. Der Mitgliedstaat ist somit grundsätzlich verpflichtet, die unter Verstoß gegen das Gemeinschaftsrecht erhobenen Gebühren zu erstatten.[31]

2. Einschränkungen nach nationalem Recht

Aus der Wirkung der Vorabentscheidung folgt, dass nationale Stellen die Bestimmung des EG-Rechts in dieser Auslegung auch auf Rechtsverhältnisse, die vor Erlass der Vorabentscheidung des EuGH entstanden waren, anwenden müssen. Dies steht allerdings unter dem Vorbehalt, dass alle sonstigen Voraussetzungen für die Anrufung der zuständigen nationalen Gerichte oder Behörden in einem die Anwendung dieser EG-Vorschrift betreffenden Streit vorliegen. Denn mangels einer gemeinschaftsrechtlichen Regelung auf diesem Gebiet kann die Rückzahlung nur im Rahmen der materiell- und verfahrensrechtlichen Voraussetzungen gemäß den verschiedenen nationalen Rechtsvorschriften verfolgt werden. Denn die Rückforderung und Rückzahlung der gemeinschaftsrechtswidrigen Abgaben erfolgt mangels einschlägigem EG-Recht, das diese Fragen regelt, nach nationalem Recht. Daher stellt sich hier die Frage, ob die Bestandskraft der Abgabenbescheide nach nationalem Recht der Rückforderung entgegensteht. Denn die Fa. Moser hat den Abgabenbescheide, der erstmals diese Abgabe forderte, nicht angefochten, sondern gezahlt. Erst in bezug auf spätere Bescheide erfolgte die Anfechtung, in

---

27 *Weiß*, EuR 1995, 377 (389).
28 Dass die Abgabe 4% der Staatseinnahmen ausmacht, genügt dem EuGH alleine nicht, vgl. EuGH EuZW 1992, 420 (422 Tz. 21 f.) – Denkavit; EuZW 1995, 707 (711 Tz. 48) – Roders.
29 In einem Fall hatte der EuGH noch darauf abgestellt, dass die Staaten durch eine Äußerung der EG-Organe in ihrem Irrtum hinsichtlich der Vereinbarkeit mit dem EGV bestärkt worden sind und hat dann die zeitliche Wirkung eingeschränkt, vgl. Rs. C-163/90, Slg. 1992, I-4625 (4670 Rn. 31) – Legros u. a.
30 EuGH, Rs. C-431/92, EuZW 1995, 741 (743 Tz. 33) – Kommission/Deutschland.
31 EuGH, Rs. C-188/95, Slg. 1997, I-6783, Rn. 38 – Fantask.

deren Rahmen dann die Vorabentscheidung durch den EuGH zu einer Klärung der EG-rechtlichen Rechtslage führte (s. oben zu A. II.). Daher ist fraglich, ob der Rückzahlung der ersten Abgabe die unterbliebene Anfechtung entgegen gehalten werden kann. Schließlich sind die nationalen Anfechtungsfristen dafür mittlerweile längst abgelaufen; die Abgabenbescheide mögen EG-rechtswidrig sein; sie sind aber existent.

Grundsätzlich bestimmt sich der Vollzug des EG-Rechts wie auch das Rückgängigmachen bzw die Aufhebung EG-widriger nationaler Maßnahmen nach nationalem Recht. Die Mitgliedstaaten genießen dafür eine institutionelle und verfahrensmäßige Autonomie. Doch dürfen die Voraussetzungen dafür, die das nationale Recht formuliert, nicht ungünstiger gestaltet sein als bei entsprechenden Klagen (Äquivalenzgebot), die nur innerstaatliches Recht betreffen, und sie dürfen die Ausübung der durch die Gemeinschaftsrechtsordnung verliehenen Rechte nicht praktisch unmöglich machen oder übermäßig erschweren (Effizienzgebot). In diesem Rahmen anerkennt der EuGH auch die Zuständigkeit der Mitgliedstaaten zur Festlegung von Anfechtungsfristen, Verjährungsfristen, Ausschlussfristen und dergleichen mehr, deren Anwendung dazu führen kann, dass eine EG-widrige Beihilfe nicht mehr zurückgefordert werden kann. Denn solche Fristen führen zwar zu Einschränkungen hinsichtlich der Rückforderbarkeit von gemeinschaftswidrigen Abgaben, sind grundsätzlich aber wegen der Notwendigkeit von Rechtsfrieden und Rechtssicherheit beachtlich. Allerdings steht die Kompetenz der Mitgliedstaaten unter dem Vorbehalt des Effizienzgebots. Wenn die Regelungen die Geltendmachung des Rückforderungsanspruchs in einer Weise vereiteln würden, die mit Mindestanforderungen an die Effizienz des EG-Rechts nicht vereinbar wären, dann wären sie nicht beachtlich. Für letzteres bestehen hier keine Anhaltspunkte. Daher könnten nationale Regelungen für die Geltendmachung von Ansprüchen die Rückforderbarkeit einschränken. Solche Fristen können nämlich nicht als so geartet angesehen werden, dass sie die Ausübung der durch die Gemeinschaftsrechtsordnung verliehenen Rechte praktisch unmöglich machen oder übermäßig erschweren, selbst wenn ihr Ablauf per definitionem zur vollständigen oder teilweisen Abweisung der Klage führt, weil sie dem auch im EG-Recht als Rechtsgrundsätze anerkannten Zielen der Rechtssicherheit und des Rechtsfriedens dienen.[32] Soweit das nationale Recht die Aufhebung von bestandskräftigen Verwaltungsakten ermöglicht, sind solche Regeln wegen des Äquivalenzgebots auch für Fälle mit Bezug zum Gemeinschaftsrecht in gleicher Weise anzuwenden. Die Effektivität des Gemeinschaftsrechts als solche gebietet aber nicht die Aufhebung bestandskräftiger Verwaltungsakte.

Eine Ausnahme hat der EuGH etwa dann gemacht, wenn das nationale Recht ermöglicht, nachfolgende Gerichtsurteile zum Anlass für eine Überprüfung der getroffenen Verwaltungsentscheidung zu nehmen und diese Entscheidung zuvor durch ein nationales Gericht als rechtmäßig bestätigt hatte, dabei aber Gemein-

---

32 Vgl. EuGH, Slg. 1997, I-6783, Rn. 47 ff – Fantask; EuGH, Rs. C-453/00, 13. 1. 2004, Rn. 24 – Kühne und Heitz. Beweisvorschriften verletzt aber das Effektivitätsgebot wegen übermäßiger Erschwerung der Erstattung, wenn der Antragsteller beweisen muss, dass die Abgabe nicht auf Dritte abgewälzt wurde, s. EuGH, Rs. C-129/00, 9. 12. 2003, Rn. 5, 26 – Kommission/Italien.

schaftsrecht falsch angewandt hatte. In diesem Fall beruht die Bestandskraft des rechtswidrigen Abgabenbescheids auf der fehlerhaften Anwendung des Gemeinschaftsrechts, so dass infolge Art. 10 EGV die nationale Behörde auf Antrag des Betroffenen ihre bestandskräftige Entscheidung im Lichte der EuGH-Entscheidung überprüfen muss.[33] Dieser Ausnahmefall liegt hier nicht vor. Denn Fa. Moser hatte den ersten Abgabenbescheid nicht angefochten, ebenso wenig wie die anderen Anspruchsteller.

Ergebnis: Belgien muss die Abgaben nicht zurückzahlen, soweit die Anfechtungsfristen abgelaufen sind und die Abgabenbescheide dadurch bestandskräftig wurden.

B. Frage 2

Die Klage hätte Aussicht auf Erfolg, wenn sie zulässig und begründet wäre.

I. Zulässigkeit

1. Der EuGH ist für Klagen von juristischen Personen[34] gegen Organe wegen Untätigkeit zuständig nach Art. 232 EGV. Sachlich zuständig ist nach Art. 225 Abs. 1 EGV das EuG. Da es sich um eine Individualklage handelt, ist die Klage nicht gemäß Art. 51 Satzung des EuGH dem EuGH vorbehalten.[35]

2. Aktivlegitimation/aktive Parteifähigkeit

Klageberechtigt sind nach Art. 232 Abs. 3 EGV natürliche und juristische Personen. Die Fa. Moser erfüllt als GmbH letztere Voraussetzung.

3. Passivlegitimation

Richtiger Beklagter ist das Organ, dem ein Unterlassen vorgeworfen wird, hier die Kommission. Diese ist passiv parteifähig.

4. Vorverfahren

a) Aufforderung: Nach Art. 232 Abs. 3 i. V. m. Abs. 2 S. 1 EGV ist die Klage nur zulässig, wenn das Organ zuvor aufgefordert wurde, tätig zu werden. Dies erfolgte hier.

b) Fehlende Stellungnahme: Ferner setzt die Zulässigkeit nach S. 2 voraus, dass das Organ binnen zwei Monaten nicht Stellung genommen hat. Der Kläger muss somit mindestens zwei Monate abwarten. Auch das geschah hier: Fa. Moser hat die Klage drei Monate nach der Aufforderung erhoben. Die Kommission hatte bis dahin überhaupt nicht reagiert. Nimmt die Beklagte die begehrte Handlung

---

33 EuGH, Rs. C-453/00, 13. 1. 2004, Rn. 26 f – Kühne und Heitz.
34 Dieser Begriff verweist auf die nationale Rechtsordnung.
35 Protokoll über die Satzung des Gerichtshofs, abgedruckt im Sartorius II unter Nr. 245.

nach Ablauf der zwei Monate, aber vor Klageerhebung vor, lässt das das Rechts-schutzinteresse entfallen, so dass die Klage unzulässig ist. Eine Vornahme der be-gehrten Handlung nach Klageerhebung führt zu einer Erledigung des Rechts-streits.[36]

Reagiert das Organ binnen dieser zwei Monate durch einen Beschluss in der Sa-che, führt das zur Unzulässigkeit der Untätigkeitsklage. Vielmehr ist dann eine Nichtigkeitsklage gegen die Stellungnahme (die eine Entscheidung im Sinne von Art. 249 Abs. 4 ist, nicht eine Stellungnahme im Sinne von Art. 249 Abs. 5 EGV) möglich.[37]

Reagiert das Organ nur durch einen Verfahrensbeschluss, z. B. mit der Mitteilung, etwas erneut prüfen zu wollen, oder beschränkt sich die Aussage des Organs auf den Hinweis, nicht tätig werden zu wollen, dann wird dadurch die Untätigkeit grundsätzlich nicht beendet:[38] Die Untätigkeitsklage bleibt zulässig.

Da die Kommission hier überhaupt nicht reagiert hat, ist die Untätigkeitsklage in-soweit zweifelsfrei zulässig.

5. Klagefrist und Klageform

Die Klagefrist von zwei Monaten wurde beachtet. Sie läuft mit Ablauf der zweimo-natigen Stellungnahmefrist an. Hier hatte die Klägerin binnen eines Monats ge-klagt. Die Klageschrift muss Art. 21 der Satzung des EuGH, die gemäß Art. 53 der Satzung des EuGH insoweit auch für das EuG gilt, und Art. 44 VerfO EuG ge-nügen.

6. Klagegegenstand: Unterlassen eines Aktes, der an den Kläger zu richten ist

Bei Individualklagen nach Art. 232 Abs. 3 EGV ist Klagegegenstand das Unterlas-sen des Organs, einen anderen Akt als eine Empfehlung oder eine Stellungnahme an den Kläger zu richten.

a) Der Akt, dessen Unterlassung vorgeworfen wird, darf daher weder Stellung-nahme noch Empfehlung sein. Es muss sich daher, weil diese beiden Handlungs-formen der rechtlichen Verbindlichkeit entbehren, um rechtsverbindliche Maß-nahmen handeln, die unterlassen worden sind. Wegen der gegenüber Art. 232 Abs. 1 EGV engeren Zulässigkeitsvoraussetzung[39] spricht man bei natürlichen und juristischen Personen von nicht-privilegiert Klagebefugten.

---

36 Der EuGH bzw. das EuG entscheidet dann nur noch über die Kosten nach Art. 69 § 6 VerfO EuGH bzw. Art. 87 § 6 VerfO EuG.

37 *Streinz*, Europarecht, Rn. 544.

38 S. etwa EuGH, Rs. 302/87, Slg. 1988, 5615 (5641 Rn. 17) – Parlament / Rat. Näher *Koenig/ Pechstein/Sander*, EU- / EG-Prozessrecht, Rn. 583 ff. Ausnahmsweise kann die Untätigkeit eines Organs infolge Sekundärrecht einen bestimmten rechterheblichen Erklärungsin-halt haben, vgl. EuGH, Rs. C-76/01 P, Slg. 2003, I–10091, Rn. 31 ff – Eurocoton u. a. / Rat.

39 Demgegenüber ist der Begriff des »Beschlusses« in Art. 232 Abs. 1 EGV weiter, weil dort unverbindliche Stellungnahmen und Empfehlungen nicht ausgeschlossen werden. Ein Beschluss in diesem Sinne ist wegen der Urteilswirkung nach Art. 233 Abs. 1 EGV eine Maßnahme, deren Tragweite sich hinreichend bestimmen lässt, so dass sie konkretisier-

Hier wird der Beklagten vorgeworfen, kein Vertragsverletzungsverfahren eingeleitet zu haben. Die von der Kommission unterlassenen Handlungen ist die Einleitung eines Vertragsverletzungsverfahren, d. h. zunächst das Versenden eines
Mahnschreibens, dann die mit Gründen versehende Stellungnahme. Diese Verfahrensschritte sind wesentliche Voraussetzung und Bestandteile des Vertragsverletzungsverfahrens und daher rechtsverbindlich.

b) Zweite Voraussetzung ist, dass es sich bei dem unterlassenen Akt um einen handelt, den die Kommission an den Kläger zu richten hatte. Die Auslegung dieses
Tatbestandsmerkmals ist streitig: Die engere Auffassung fordert, dass der Kläger
unmittelbar Adressat des unterlassenen Aktes hätte sein müssen. Das liegt hier
nicht vor, weil ein Vertragsverletzungsverfahren sich nur an den Mitgliedstaat
richtet. Die weitere Auffassung lässt es demgegenüber genügen, dass der an einen
Dritten gerichtete Akt den Kläger individuell und unmittelbar betrifft; diese Meinung überträgt somit die Kriterien der Klagebefugnis der Nichtigkeitsklage nach
Art. 230 Abs. 4 EGV auf die Untätigkeitsklage. Zur Vermeidung von Rechtsschutz-
defiziten im Vergleich zur Nichtigkeitsklage und um des auch im Gemeinschaftsrecht als Grundrecht anerkannten effektiven Rechtsschutzes willen ist letzterer
Ansicht zu folgen,[40] zu der sich auch der EuGH bekennt.[41] Die Rechtsprechung
des EuGH anerkennt als Klagegegenstände Akte, die entweder an den Kläger
selbst oder an andere zu richten sind, wenn letztere den Kläger individuell und
unmittelbar betreffen, da die Möglichkeit des einzelnen zu Rechtsschutz nicht davon abhängen dürfe, ob ein EG-Organ tätig geworden oder untätig geblieben ist.

Doch auch nach der letztgenannten Ansicht bleibt die Klage unzulässig. Denn mit
der Aufforderung, ein Vertragsverletzungsverfahren einzuleiten, begehrt die Klägerin Handlungen, die sie nicht unmittelbar und individuell betreffen.[42] Es fehlt
ihr dann insoweit die Klagebefugnis. Denn die Einleitung eines Vertragsverletzungsverfahrens gegen einen Mitgliedstaat entfaltet keine Rechtswirkungen für
ein Unternehmen, so dass dieses weder individuell noch unmittelbar davon betroffen ist.

Die Klage ist somit unzulässig.

---

bar und Gegenstand eines Vollzuges sein kann, EuGH, Rs. 13/83, Slg. 1985, 1513 (1592 f.)
– Parlament/Rat.

40 *Streinz*, Europarecht, Rn. 546; EuG, Rs. T-3/93, Slg. 1994, II-121 (123 f., 3. Leitsatz) – Air
France. Dieser Streit wird relevant bei der positiven Konkurrentenklage. Die Praxis erkennt einem Unternehmen eine Möglichkeit zur Nichtigkeitsklage nach Art. 230 Abs. 4
EGV gegen die von der Kommission unterlassene Rüge einer staatlichen Beihilfe an
einen Konkurrenten zu. Denn dann liegt eine implizite Entscheidung über die Vereinbarkeit der Beihilfe mit dem EGV vor, vgl. *Sinnaeve*, EuZW 1998, 268 (273); EuG, Rs. T-
178/94, Slg. 1997, II-2529 (2546 Rn. 51 ff.) – ATM/Kommission.

41 EuGH, Rs. C-68/95, Slg. 1996, I-6065, Rn. 59 – T-Port. Ein Beispiel für u. U. zulässige
Untätigkeitsklagen sind die positiven Konkurrentenklagen, mit denen ein Unternehmer
das Ziel verfolgt, ein Einschreiten der EG-Organe gegen einen Konkurrenten zu erreichen, vgl. *Koenig/Pechstein/Sander*, EU-/EG-Prozessrecht, Rn. 603 f, 622 ff.

42 EuGH, Rs. 247/87, Slg. 1989, 291 (301 Rn. 13) – Star Fruit.

II. Hilfsgutachten: Begründetheit der Klage

Die Klage könnte ferner unbegründet sein. Sie wäre nur dann begründet, wenn das Organ unter Verletzung einer primär- oder sekundärrechtlichen Handlungspflicht den Akt unterlassen hätte. Denn ein Unterlassen ist allein dann rechtswidrig, wenn eine Pflicht zum Tätigwerden besteht. Erforderlich ist daher, dass Art. 226 EGV der Kommission eine Verpflichtung auferlegt, ein Vertragsverletzungsverfahren einzuleiten.

Dafür könnte sprechen, dass die Kommission nach Art. 211 1. Spiegelstrich EGV für die Anwendung dieses Vertrags zu sorgen hat und das Vertragsverletzungsverfahren ein ihr dazu an die Hand gegebenes Mittel ist, von dem sie dann auch Gebrauch zu machen hat. Für eine Verpflichtung zur Einleitung eines Vertragsverletzungsverfahrens streitet die Erklärung Nr. 19 in der Schlussakte zum EUV zur Anwendung des Gemeinschaftsrechts, wonach die Konferenz der Mitgliedstaaten die Kommission auffordert, in Wahrnehmung ihrer Zuständigkeit nach Art. 211 EGV darauf zu achten, dass die Mitgliedstaaten ihren Verpflichtungen nachkommen. Ferner spricht der Wortlaut des Art. 226 Abs. 2 EGV insoweit dafür, als er nur für die Klageerhebung die Formulierung »kann« verwendet, so dass man für das Vorverfahren eine Verpflichtung annehmen könnte.[43] Jedoch besteht insoweit ebenfalls eine einschränkende Formulierung, nämlich »nach Auffassung der Kommission«. Während die eine Meinung somit eine Pflicht der Kommission bejaht und nur bei Zeitpunkt und Bedingungen der Verfolgung und dann bei der späteren Klageerhebung der Kommission ein Ermessen einräumt,[44] will die andere Meinung der Kommission auch bei der Frage, ob überhaupt ein Verfahren eingeleitet wird, ein Ermessen zuerkennen.[45] Letzterer Meinung ist zu folgen. Denn Sinn und Wesen des Art. 226 EGV erfordern, dass die Kommission ein Ermessen hat, wie sie im Falle der Vertragsverletzung vorgeht. Die Achtung mitgliedstaatlicher Empfindlichkeiten führt eher zu einer Beachtung des EGV; letzteres fordert aber, der Kommission die Kompetenz zu einer flexiblen Handhabung einzuräumen und ihr ein umfassendes Ermessen zu gewähren. Schließlich soll auch nach h. M. die Kommission über ein besonders großes Ermessen verfügen, wenn ein Vertragsverstoß von einem mitgliedstaatlichen Gericht ausgeht oder wenn eine grundlegende Krise der Gemeinschaft besteht oder droht, etwa weil es um hochpolitische oder die Souveränität der Mitgliedstaaten stark berührende Fragen geht. Eine Flexibilität aber nur in diesen engen Fällen anzuerkennen kann gerade eine solche Krise heraufbeschwören. Auch die h. M. betont, dass bei sog. Bagatellfällen eine Verpflichtung ausscheiden müsse. Das zeigt, welches praktische Bedürfnis nach einer flexiblen Handhabung besteht. Das sollte man nicht

---

43 Vgl. *Streinz*, Europarecht, Rn. 296.
44 Vgl. *Karpenstein/Karpenstein*, in: Grabitz/Hilf, EUV/EGV, Art. 226, Rn. 41 ff; *Krück*, in: Groeben/Thiesing/Ehlermann, EUV, EGV, Art. 169 Rn. 67. In Richtung einer Verpflichtung zur Einleitung auch EuGH, Rs. 337/82, Slg. 1984, 1051 (1064 Rn. 18) – St-Nikolaus Brennerei/HZA Krefeld.
45 So EuGH, Rs. 247/87, Slg. 1989, 291 (301 Rn. 11) – Star Fruit; EuG, Rs. T-479 und 559/93, Slg. 1994, II-1115 (1128 Rn. 31) – Bernardi/Kommission. EuGH, Rs. C-217/93, Slg. 1994, I-2039 (2057 Rz. 4) – Kommission/Deutschland, betont das Ermessen der Kommission für die Wahl des Zeitpunkts der Verfahrenseinleitung; das schließt aber nicht aus, dass auch für die Frage des Ob ein Ermessen besteht.

ohne Not durch eine Festlegung auf eine Verpflichtung der Kommission zur Verfahrenseinleitung vereiteln.

Das Ermessen über das Ob der Verfahrenseinleitung wurde hier von der Kommission sachgerecht und pflichtgemäß wahrgenommen, da sie die Verfahrenseinleitung unter Hinweis auf das bereits anhängige Vorlageverfahren verweigerte. Das ist ein sachlicher Grund. Auch wenn man entgegen der hier vertretenen Auffassung eine Verpflichtung der Kommission zur Einleitung eines Vertragsverletzungsverfahrens annähme, etwa mit dem Argument, dass die Flexibilität gerade durch das in Art. 226 vorgesehene Vorverfahren zum Ausdruck gebracht sei, stellte sich kein anderes Ergebnis ein, weil die Kommission dann ihr Ermessen hinsichtlich des Zeitpunkts der Verfahrenseinleitung ermessensgerecht ausgeübt hat, wenn sie sich zu einem Abwarten auf die Vorlageentscheidung entschließt.

Ergebnis: Die Klage ist unbegründet.

C. Frage 3

Die einstweilige Anordnung wird ergehen, wenn der diesbezügliche Antrag zulässig und begründet ist.

I. Zulässigkeit eines Antrags auf Erlass einer einstweiligen Anordnung nach Art. 243 EGV

1. Zuständigkeit des EuGH

Die sachliche Zuständigkeit richtet sich nach der für das Hauptsacheverfahren. Für Vertragsverletzungsverfahren ist der EuGH, nicht das EuG zuständig, arg ex. Art. 225 Abs. 1 EGV; s. auch Art. 51 EuGH Satzung. Für die bei ihm anhängigen Sachen kann der EuGH einstweilige Anordnungen treffen nach Art. 243 EGV.

2. Anhängigkeit der Hauptsache

Der Antrag muss gleichzeitig mit der Klageschrift in der Hauptsache oder später eingereicht werden, weil Art. 243 EGV bereits anhängige Hauptsachen fordert. Diese Voraussetzung ist hier gegeben.

Fraglich ist, ob die Zulässigkeit des Antrags auf einstweiligen Rechtsschutz auch noch die Zulässigkeit (und nicht nur die Anhängigkeit) der Hauptsache voraussetzt. Eindeutig ist, dass eine bereits erfolgte Abweisung der Hauptsacheklage als unzulässig auch zur Unzulässigkeit eines insoweit gestellten Antrags auf einstweiligen Rechtsschutz führt.[46] Im übrigen beschränkt der EuGH seine Prüfung auf die offensichtliche Unzulässigkeit der Hauptsacheklage. Angesichts der Dringlichkeit einstweiligen Rechtsschutzes kann eine summarische Prüfung der Zulässigkeit der Hauptsache genügen. Da der EuGH einer Entscheidung in der Haupt-

---

46 S. EuGH, Rs. C-286/93R, EuZW 1993, 487 (488 Tz. 4) – Atlanta.

sache nicht vorgreifen darf, beschränkt sich die Prüfung auf offensichtliche Zulässigkeitsmängel der Hauptsacheklage.[47]

Auf offensichtliche Zulässigkeitsmängel der Vertragsverletzungsklage in der Hauptsache deutet hier nichts hin. Insbesondere das Vorverfahren vor Klageerhebung wurde beachtet: Zunächst sandte die Kommission ein Mahnschreiben[48] und übergab dann nach Ablauf der gesetzten Äußerungsfrist eine mit Gründen versehene Stellungnahme gemäß Art. 226 EGV.[49]

3. Antragsteller dürfen nur die Parteien des anhängigen Rechtsstreits sein, Art. 83 § 1 Abs. 2 VerfO EuGH.[50]

4. Antragsgegenstand

a) Abgrenzung Art. 243 von Art. 242 EGV

Es muss den Klägern um eine einstweilige Anordnung gehen, nicht aber um die Anordnung aufschiebender Wirkung. Die Durchführung angefochtener Handlungen auszusetzen, ist dem EuGH nur möglich, soweit die Handlungen seiner Jurisdiktion unterliegen. Diese ist nur gegeben bei Handlungen der EG selbst. Hier geht es jedoch um eine nationale Maßnahme, die mit Bestimmungen des EGV unvereinbar sein soll. Die Durchführung nationaler Maßnahmen kann vom EuGH nicht ausgesetzt werden, da er hierfür keine Kompetenz hat. Der EuGH kann nur eine einstweilige Anordnung erlassen, etwa Belgien aufgeben, die belgische Maßnahme bis zum Erlass einer Hauptsacheentscheidung durch den EuGH nicht anzuwenden. Er zielt damit auf die vorläufige Regelung oder Gestaltung eines streitigen Rechtsverhältnisses, hier: auf die vorläufige Aussetzung im Hauptverfahren beanstandeter Maßnahmen.[51] Der Antrag auf Erlass einer einstweiligen Anordnung gemäß Art. 243 EGV ist daher der richtige Antrag.

b) Konnexität mit der Hauptsache

Art. 83 § 1 Abs. 2 a. E. VerfO EuGH setzt voraus, dass sich der Antrag auf den beim EuGH anhängigen Rechtsstreit in der Hauptsache beziehen muss. Das liegt vor, wenn mit dem Streitgegenstand der Hauptsache ein unmittelbarer Zusammenhang besteht.[52] Das ist hier gegeben, denn der Antrag zielt auf Erlass einer

---

47 Vgl. *Koenig/Pechstein/Sander,* EU-/EG-Prozessrecht, Rn. 852; B. Wägenbaur, EuZW 1996, 327 (329).

48 Das muss dreierlei enthalten: die Ankündigung über die Einleitung des formalen Anhörungsverfahrens, die Mitteilung der Tatsachen und die Angabe der verletzten Norm des Gemeinschaftsrechts und schließlich die Aufforderung zur Äußerung binnen einer gesetzten Frist.

49 Dass eine Gegendarstellung des Mitgliedstaates erfolgt, ist keine Zulässigkeitsvoraussetzung, weil der Mitgliedstaat sonst durch sein Schweigen leicht die Klage verhindern könnte.

50 Verfahrensordnung des Gerichtshofs der EG, Sartorius II, Nr. 250.

51 EuGH, Rs. C-195/90R, Slg. 1990, I-3351 (3363 Rn. 47) – Kommission/Deutschland.

52 *Koenig/Pechstein/Sander,* EU-/EG-Prozessrecht, Rn. 853.

einstweiligen Anordnung hinsichtlich der nationalen Maßnahme, die den Gegenstand des Vertragsverletzungsverfahrens bildet. Der Antrag auf einstweiligen Rechtsschutz ist auch nicht mit der Hauptsache identisch noch geht er über sie hinaus.[53]

5. Antragsbefugnis

a) Geltendmachen der Dringlichkeit

Den Antragstellern muss es darum gehen, unumkehrbare Nachteile zu vermeiden, die durch ein Abwarten bis zum Ergehen der Hauptsacheentscheidung des EuGH eintreten würden. Denn Art. 83 § 2 VerfO EuGH fordert, dass die Anträge die Umstände anführen, aus denen sich die Dringlichkeit ergibt. Der Antrag ist dringlich und somit zulässig, wenn der Antragsteller geltend macht,[54] nicht auf die Hauptsacheentscheidung warten zu können.[55] Dabei dürfen hier nur solche unumkehrbaren Nachteile berücksichtigt werden, die im Zeitraum bis zum Ergehen der Hauptsacheentscheidung eintreten, weil die Hauptsache nicht vorweggenommen werden darf und nur vorläufige Regelungen angestrebt werden dürfen.

Solche Nachteile können in schweren, nicht wieder gut zu machenden Schäden bestehen. Diese werden hier von der Kommission dadurch geltend gemacht, dass sie auf den Verlust von Marktanteilen für eingeführte Waren verweist. Die Kommission als privilegiert Klagebefugte kann sich dabei auch auf die bei anderen, nämlich den Marktteilnehmern eintretenden Nachteile berufen, während die nach Art. 230 Abs. 4 und Art. 232 Abs. 3 EGV nicht-privilegiert Klagebefugten, also natürliche und juristische Personen, nur den Schutz eigener Interessen verfolgen dürfen.

b) Geltendmachen der Notwendigkeit

Art. 83 § 2 VerfO EuGH sieht vor, dass die Anträge die Notwendigkeit in tatsächlicher wie rechtlicher Hinsicht glaubhaft machen müssen. Für die Zulässigkeitsprüfung genügt, dass die Anträge die Notwendigkeit geltend machen. Die Notwendigkeit besteht, wenn der Richter der Klage eine hinreichende Erfolgsaussicht beimisst. Es geht somit um die Erfolgsaussicht in der Hauptsache. Insoweit reicht im Rahmen der Zulässigkeitsprüfung für das Geltendmachen, dass der Antragsteller das Vorliegen eines Verstoßes gegen Gemeinschaftsrecht behauptet. Das hat die Kommission hier getan. Die Kommission hat zum Ausdruck gebracht, dass sie die nationale Maßnahme für unvereinbar mit dem EGV ansieht.

6. Antragsform: Es bedarf nach Art. 83 § 3 VerfO EuGH eines besonderen Schriftsatzes.

---

53 Dazu, dass dies zur Unzulässigkeit führen würde, *Wägenbaur*, EuZW 1996, 327 (329).
54 Die Glaubhaftmachung des geltend Gemachten ist im Rahmen der Begründetheit zu prüfen.
55 Das entspricht dem Antragsgrund.

7. Rechtsschutzbedürfnis: Letzteres fehlt, wenn die Anordnung zur Wahrung der vom Antragsteller geltend gemachten Rechtsposition weder geeignet[56] noch erforderlich[57] ist. Anzeichen dafür bestehen nicht.

Ergebnis: Der Antrag ist zulässig.

II. Begründetheit

Der EuGH erlässt eine einstweilige Anordnung, wenn sowohl die Dringlichkeit als auch die Notwendigkeit glaubhaft gemacht werden konnte.

1. Dringlichkeit

Die Dringlichkeit erfordert die Feststellung eines schweren und nicht wieder gut zu machenden Schadens. Dabei sind die Interessen und Belange auf Seiten des Antragstellers und -gegners und die Dritter abzuwägen. Die Belange des Antragstellers setzen sich durch, wenn ein schwerer Schaden entstünde, der auch durch einen Erfolg in der Hauptsache nicht wieder gut gemacht werden könnte.

Die geltend gemachten unumkehrbaren Nachteile liegen hier vor: Denn das demnächst in Kraft tretende Importverbot führt zu einem Ausschluss von Waren aus anderen Mitgliedstaaten. Damit verlieren diese vollständig ihre Marktanteile, z. B. auf Recyclingmärkten. Dies bringt erhebliche Wettbewerbsnachteile mit sich. Denn selbst wenn eine Hauptsacheentscheidung die Unvereinbarkeit der belgischen Maßnahme mit Gemeinschaftsrecht feststellt, lässt sich der Verlust der Marktposition nicht einfach umkehren. Schadensersatzleistungen könnten auch nur unzureichend den Schaden ausgleichen. Demgegenüber sind die Interessen des Antragsgegners Belgien gering: Durch ein einstweiliges Aufschieben der Maßnahme würde nur der derzeitige Rechtszustand für einige Zeit prolongiert.

2. Notwendigkeit

Notwendigkeit liegt vor, wenn die Hauptsacheklage dem ersten Anschein nach als begründet erscheint.[58] Dies erfordert, dass der Importstopp für eingeführten Abfall mit Art. 28 EGV unvereinbar ist.

a) Für die Anwendbarkeit des Kapitels über den Warenverkehr kann nach oben A. II. 2. a) verwiesen werden. Die Sekundärrechtsakte der EG über Abfälle regeln zwar die Abfallbeseitigung. Doch ist davon auszugehen, dass die vorliegenden Abfälle nicht von den Richtlinien betroffen werden.

---

56 An der Eignung fehlt es, wenn der angefochtene Akt nunmehr aufgehoben ist.
57 Daran fehlt es, wen die Hauptsacheentscheidung unmittelbar bevorsteht oder wenn gar eine Hauptsacheentscheidung vorliegt, etwa dadurch, dass in dieser Sache bereits ein Vertragsverletzungsverfahren durch Urteil abgeschlossen wurde, das der Mitgliedstaat nicht befolgte.
58 *Wägenbaur*, EuZW 1996, 327 (333). Der EuGH spricht in neueren Entscheidungen vom fumus boni juris (Geruch guten Rechts) und meint damit, dass die Rechtsansicht des Antragstellers vertretbar, ja auf ersten Anschein hin richtig sein muss.

b) Maßnahme gleicher Wirkung

Eine Maßnahme gleicher Wirkung liegt vor, wenn durch eine nationale Maßnahme mittelbar oder unmittelbar, aktuell oder potentiell der innergemeinschaftliche Warenverkehr behindert wird (sog. Dassonville-Formel).

Fraglich ist zunächst, ob überhaupt eine *nationale* Maßnahme eines Mitgliedstaats vorliegt. Denn gehandelt haben hier die örtlichen Stellen infolge einer Anweisung der Regionen, nicht der Staat Belgien. Doch macht dies keinen Unterschied. Schließlich kann die Geltung des EGV nicht je nach nationalem Staatsaufbau unterschiedlich sein. Für eine nationale Maßnahme genügt, dass die öffentliche Hand gehandelt hat.

Ferner könnte fraglich sein, ob überhaupt eine *Maßnahme* vorliegt, weil eine Verwaltungsanweisung keine Außenwirkung für oder gegen den Bürger entfaltet. Darauf kommt es aber auch nicht an. Unmittelbare Rechtswirkungen muss die Maßnahme nicht haben. Dies legt die eingangs zitierte Weite der Definition nahe. Es kommt nicht auf rechtliche Qualifikationen, sondern auf die praktischen Auswirkungen an. Auch unverbindliche öffentliche Akte beeinflussen das Verhalten der Marktbürger und können das Erreichen des Binnenmarktes vereiteln.[59]

Der Importstopp ist eine unmittelbare *Behinderung* des innergemeinschaftlichen Warenverkehrs. Eine Maßnahme gleicher Wirkung liegt somit nur dann nicht vor, wenn die immanenten Schranken von Art. 28 EGV eingreifen, also die nationale Maßnahme unterschiedslos für heimische wie eingeführte Erzeugnisse gilt und ein zwingendes Erfordernis in verhältnismäßiger Weise verfolgt. Als zwingendes Erfordernis kann man den Umweltschutz heranziehen. Abfälle sind wegen beschränkter Aufnahmekapazitäten der Aufnahmestellen eine Umweltgefährdung. Der Importstopp richtet sich aber nur gegen eingeführte Ware und gilt damit an sich nicht unterschiedslos, so dass die erste der drei Voraussetzungen für das Vorliegen einer immanenten Schranke gemäß der Cassis-Rspr. (dazu näher bereits oben Fall 1) nicht vorzuliegen scheint. Denn zwingende Erfordernisse sind nur zu berücksichtigen, wenn es sich um unterschiedslose Maßnahmen handelt. Dies ist aber nicht der Fall, da die heimischen Erzeugnisse dem Importstopp nicht unterfallen. Der Importstopp richtet sich spezifisch gegen die Einfuhren. Jedoch besteht hier zwischen einheimischem und eingeführtem Abfall ein Ansatzpunkt für eine sachlich gerechtfertigte Differenzierung: Die Gemeinschaft bekennt sich dazu, dass Umweltbeeinträchtigungen am Ursprung zu bekämpfen sind, Art. 174 Abs. 2 S. 2 EGV. Die jeweils eigenen Abfälle sollen von der zuständigen Region behandelt und beseitigt werden. Daraus ergibt sich, dass die beanstandeten Maßnahmen unter Berücksichtigung der zwischen den Abfällen je nach dem Ort ihrer Erzeugung bestehenden Unterschiede und ihres Zusammenhangs mit dem Ort ihrer Erzeugung nicht als diskriminierend angesehen werden.[60] Das gilt sowohl für Abfälle zur Verwertung als auch Abfälle zur Beseitigung.[61]

---

59 EuGH, Rs. 249/81, Slg. 1982, 4005 (4023 Rn. 28) – Buy Irish.
60 EuGH, Rs. C-2/90, Slg. 1992, I-4431 (4480 Rn. 36) – Kommission/Belgien.
61 *Jarass*, NuR 1998, 397 (404).

Der Einfuhrstopp ist auch eine verhältnismäßige Maßnahme, weil auf diesem Weg die ursprungsnahe Entsorgung sichergestellt werden kann. Die immanenten Schranken greifen somit dennoch ein, obwohl der Einfuhrstopp sich spezifisch zu lasten der Einfuhren auswirkt. Hier bietet jedoch das Ursprungsprinzip eine sachliche Rechtfertigung, so dass sich nach Ansicht des EuGH die Maßnahme im Ergebnis doch nicht unterschiedlich auswirkt (A. A. vertretbar; dann muss man noch eine Rechtfertigung nach Art. 30 EGV ansprechen, und zwar unter dem Aspekt, dass der Umweltschutz auch dem Gesundheitsschutz dient.)

Ergebnis: Ein Verstoß gegen den EGV liegt im Ergebnis nicht vor. Damit fehlt es für den einstweiligen Rechtsschutz an der Notwendigkeit, da die Klage in der Hauptsache keine Erfolgsaussicht hat. Der EuGH wird keine einstweilige Anordnung erlassen.

Fall 3: Auslandsbeschäftigung

Herr Brioche, ein französischer Staatsangehöriger, arbeitet als Paßstellenhilfskraft in der deutschen Botschaft in Tunesien. Er ist dort seit dem 1. 10. 1990 beschäftigt. Zuvor war er in einer entsprechenden Position in der französischen Botschaft in Tunesien tätig. Herr Brioche beschwert sich wiederholt, dass er im Vergleich zu seinen Kollegen deutscher Staatsangehörigkeit, die – wie auch Herr Brioche – nicht speziell für diese Tätigkeit aus Deutschland entsandt werden mussten, sog. Ortskräfte, erheblich weniger an Bezahlung bekommt. § 33 des Gesetzes über den auswärtigen Dienst (GAD) regelt, dass die Arbeitsverhältnisse nicht-deutscher Ortskräfte unter Berücksichtigung des Rechts des Gastlandes nach dem Ortsüblichen ausgestaltet werden, während gemäß § 32 GAD für deutsche Ortskräfte die deutschen Tarifverträge und Bestimmungen gelten. Herr Brioche begehrt die gleiche Bezahlung wie seine deutschen Kollegen. Er stützt sich für diese Forderung auf das Diskriminierungsverbot des Art. 12 Abs. 1 EGV. Die deutschen Stellen wenden ein, dass sein Vertrag gar nicht dem Gemeinschaftsrecht unterliege. Schließlich sei das Arbeitsverhältnis in Tunesien begründet worden, wo Herr Brioche auch zuvor bereits ansässig war. Herr Brioche habe seinen ständigen Aufenthalt in Tunesien und sei – abgesehen von Schulzeit und Wehrdienstzeit – nie in Europa gewesen. Doch selbst wenn Gemeinschaftsrecht gelte, fände es hier keine Anwendung wegen der Beschäftigung im öffentlichen Dienst. Jedenfalls sei die Ausnahme durch Erwägungen der öffentlichen Ordnung gerechtfertigt: Schließlich könne der Bundesrepublik aus finanziellen Gründen nicht zugemutet werden, dass ausländisches Botschaftspersonal so hoch bezahlt würde wie deutsches. Das beschränke nämlich die Repräsentation Deutschlands im Ausland, was eine staatliche Aufgabe par excellence sei. Brioche weist demgegenüber darauf hin, dass für den Arbeitsvertrag deutsches Recht gelte, dass der Gerichtsstand Berlin sei, dass er dem deutschen Rentenversicherungssystem angehöre und dass das tunesische Recht für die nähere Ausgestaltung des Arbeitsverhältnisses nur kraft einer Verweisungsnorm des deutschen Rechts, nämlich § 33 GAD gelte.

Herr Brioche bekommt vor dem Arbeitsgericht Berlin recht. Die deutschen Stellen gruppieren ihn daraufhin in eine Lohn- und Gehaltsgruppe nach dem Bundesangestelltentarifvertrag (BAT) ein und bezahlen ihn dementsprechend.

Doch Herr Brioche fühlt sich nun wegen seiner Eingruppierung benachteiligt. Denn dabei sei erstens die Wehrdienstzeit, die er in der französischen Armee abgeleistet habe, nicht mit eingeflossen, obgleich dies im BAT für deutsche Arbeitnehmer, die in Deutschland Wehrdienst geleistet haben, vorgesehen ist. Zweitens seien die entsprechenden Beschäftigungszeiten im öffentlichen Dienst Frankreichs gar nicht berücksichtigt worden. Der BAT lässt entsprechende Beschäftigungszeiten im öffentlichen Dienst eines anderen Mitgliedstaates generell, d. h. unabhängig von der Staatsangehörigkeit des Angestellten, unberücksichtigt.

Außerdem will Herr Brioche erreichen, dass die Bundesrepublik für ihn Beiträge in die zusätzliche Altersversorgung für den Zeitraum von März 1993 bis März 1994 nachzahlt. Brioche hatte in dieser Zeit in Frankreich seinen Wehrdienst abgeleistet und war danach auf seine Arbeitsstelle in Tunesien zurückgekehrt. Die Bundesrepublik hatte wegen des ruhenden Beschäftigungsverhältnisses die Zahlung der Beiträge für die zusätzliche Altersversorgung unterbrochen, obgleich für deutsche Beschäftigte des öffentlichen Dienstes bei Ableisten ihres Wehrdienstes in Deutschland entsprechende Zahlungen erfolgen.

Brioche erhebt deswegen erneut Klage beim Arbeitsgericht Berlin und fordert die entsprechende Eingruppierung und Nachzahlungen in die zusätzliche Rentenversicherung. Die Bundesrepublik weist im Verfahren darauf hin, dass eine Gleichbehandlung deutscher Angestellter, die in der Bundeswehr Wehrdienst leisteten, mit ungedienten Angestellten von Verfassung wegen notwendig wäre. Daher sei die unterschiedliche Handhabung bei Auslandsfällen aufgrund der verfassungsrechtlichen Vorgabe, also aus Gründen der öffentlichen Sicherheit und Ordnung, gerechtfertigt. Die fehlende Berücksichtigung von Dienstzeiten im öffentlichen Dienst anderer Mitgliedstaaten sei keine Diskriminierung. Schließlich gelte dies auch für deutsche Angestellte; eine unterschiedliche Behandlung finde nicht statt. Außerdem seien die durch die Beschäftigungen erworbenen Erfahrungen nicht vergleichbar, weil die Beschäftigung im öffentlichen Dienst anderer Staaten sich nach anderen Gesetzen bestimme und deren Rechtsvorschriften zum Gegenstand habe. Der Anwalt von Brioche räumt ein, dass die Regelung unterschiedslos gelte, hält aber dennoch an einer Diskriminierung fest: Denn die Regelung treffe typischerweise gerade Angestellte aus anderen EU-Mitgliedstaaten. Deutsche Angestellte hätten regelmäßig Dienstzeiten im deutschen öffentlichen Dienst aufzuweisen.

Hinsichtlich der Nachzahlungsansprüche trägt Deutschland vor, dass das Weiterzahlen von Zusatzversorgungen durch den Arbeitgeber für die Zeit der Wehrpflicht eine Leistung sei, die der Arbeitgeber nur vorstrecke. Er erhalte sie gemäß ArbeitsplatzschutzG vom Verteidigungsministerium wieder; im Endergebnis sei das also eine Sozialleistung des Staates für seine Wehrpflichtigen, die mit der Arbeitnehmerfreizügigkeit nichts zu tun habe. Der Anwalt von Brioche wendet ein, dass nur der etwas bekäme, der bereits Arbeitnehmer sei. Das belege den Zusammenhang mit der Arbeitnehmerstellung.

Das Arbeitsgericht Berlin möchte der Klage wieder stattgeben, weil es Ungleichbehandlungen erkennt. Doch sieht es sich diesmal aufgrund der klaren Regelung im Tarifvertrag daran gehindert. Schließlich könne die Diskriminierung auch dadurch beseitigt werden, dass die entsprechenden Vergünstigungen für deutsche Arbeitnehmer gestrichen würden.

Vermerk für den Bearbeiter:

1. Prüfen Sie in einem umfassenden Gutachten, ob die Bezahlung nach dem deutschen BAT und die gleiche Eingruppierung von Herrn Brioche wie bei seinen deutschen Kollegen vom Gemeinschaftsrecht gefordert wird.

2. Muss die Bundesrepublik Deutschland die Beiträge zur zusätzlichen Altersversorgung für den Zeitraum März 1993 bis März 1994 nachzahlen?

Lösung zu Fall 3: Auslandsbeschäftigung

A. Frage 1

I. Gleichbehandlung hinsichtlich der Entlohnung

1. Anwendbarkeit des EGV

Die ungleiche Bezahlung und die abweichende Eingruppierung könnten gegen Art. 39 Abs. 2 EGV verstoßen. Diese Norm verbietet jede auf der Staatsangehörigkeit beruhende unterschiedliche Behandlung der Arbeitnehmer der Mitgliedstaaten in Bezug auf Beschäftigung, Entlohnung und sonstige Arbeitsbedingungen.

a) Zunächst ist festzustellen, dass Art. 39 EGV lex specialis zu Art. 12 EGV ist, soweit die Arbeitnehmerfreizügigkeit betroffen ist.[1] Das arbeitsrechtliche Diskriminierungsverbot des Art. 39 EGV geht insoweit vor, sofern diese Bestimmung tatbestandlich einschlägig ist, was unter 2. noch näher dargelegt wird.

b) Fraglich ist, ob auf den vorliegenden Sachverhalt überhaupt der EGV anwendbar ist. Das Gemeinschaftsrecht gilt gemäß Art. 299 EGV für die dort aufgezählten Gebiete. Herr Brioche arbeitet hier aber als Arbeitnehmer nicht in einem anderen Mitgliedstaat der EU. Zwar ist er in der exterritorialen deutschen Botschaft tätig. Exterritorialität bedeutet indes nicht, dass die Botschaft deutsches Territorium im Ausland wäre, sondern dass das Botschaftsgelände nicht der Hoheitsgewalt Tunesiens unterliegt. Ein Bezug zum Territorium eines anderen EU-Mitgliedstaats fehlt somit.

Das grenzüberschreitende Element besteht jedoch nicht nur dann, wenn ein hinreichend enger Bezug zum *Gemeinschaftsgebiet*[2] vorliegt. Vielmehr ist es auch dann gegeben, wenn ein hinreichend enger Bezug zum *Recht* eines Mitgliedstaats und damit zu den einschlägigen Regeln des Gemeinschaftsrechts besteht.[3] Denn Art. 299 EGV schließt nicht aus, dass die Regeln des Gemeinschaftsrechts auch außerhalb des Gemeinschaftsgebiets Wirkungen entfalten können. Ein hinreichend enger Bezug zum Recht eines Mitgliedstaats ist vorliegend gegeben, weil das deutsche Recht für mehrere Teilfragen des Arbeitsverhältnisses des Herrn Brioche gilt: Zum einen wurde der Arbeitsvertrag nach deutschem Recht abgeschlossen; Gerichtsstand ist Berlin; Herr Brioche gehört der deutschen Rentenversicherung

---

1 Vgl. EuGH, Rs. 8/77, Slg. 1977, 1495 (1506 Rn. 11) – Sagulo. Näher zur Abgrenzung des Art. 12 EGV von den besonderen Diskriminierungsverboten der Grundfreiheiten *Streinz/Leible*, IPrax 1998, 162 (165 f.).

2 Weitere Fälle eines hinreichend engen Bezugs zum Gemeinschaftsgebiet: Arbeitnehmer arbeitet auf einem Schiff unter der Flagge eines Mitgliedstaates, EuGH, Rs. 9/88, Slg. 1989, 2989 (3010 Rn. 16) – Lopes da Veiga; Arbeitnehmer ist im Inland bei einem Unternehmen eines anderen Mitgliedstaats beschäftigt *und* gehört dem System der sozialen Sicherheit jenes Mitgliedstaates an, Rs. C-60/93, Slg. 1994, I-2992 (3003 Rn. 14) – Aldewereld.

3 EuGH, Rs. C-214/94, Slg. 1996, I-2253 (2278 Rn. 15) – Boukhalfa.

an. Das tunesische Recht kommt nur aufgrund einer Verweisung durch das deutsche Recht, nämlich § 33 GAD, zur Anwendung, um deren Vereinbarkeit mit Europarecht es geht. Diese Anknüpfungspunkte führen zur Anwendung des Gemeinschaftsrechts. Dass Herr Brioche seinen Wohnsitz bereits in Tunesien hatte und sowohl der Abschluss als auch die Erfüllung des Vertrages in Tunesien erfolgen, steht dem nicht entgegen.[4] Wenn für gewisse Aspekte das Recht eines Mitgliedstaates zur Anwendung kommt, dann greifen die Anforderungen des EGV ein. Dem kann man nicht dadurch entgehen, dass man andere Aspekte dem Recht eines Drittstaates unterstellt. Denn dann hätte der Mitgliedstaat die Anwendbarkeit des Gemeinschaftsrechts in der Hand. Der EGV ist damit anwendbar. Seine Anwendung wäre allenfalls zu vermeiden gewesen, wenn das Rechtsverhältnis ganz oder weit überwiegend tunesischem Recht unterstellt worden wäre. Aber selbst dann wäre diese Unterstellung unter tunesisches Recht die Folge einer Ausübung deutscher staatlicher Betätigung gewesen.

c) Unmittelbare Anwendbarkeit: Die Bestimmungen über die Arbeitnehmerfreizügigkeit sind seit Ablauf des 31. 12. 1969 unmittelbar anwendbar und verleihen dem einzelnen unmittelbar subjektive Rechte.[5] Denn die Norm ist hinreichend bestimmt und seit diesem Zeitpunkt, dem Ablauf der Übergangsfrist, auch unbedingt. Der Vorbehalt der öffentlichen Sicherheit und Ordnung nach Art. 39 Abs. 3 EGV steht nicht entgegen. Zwar können damit wenig vorhersehbare und unbestimmte Fälle von Diskriminierungen gerechtfertigt werden. Jedoch ist diese Norm nur eine Ausnahmevorschrift und unterliegt in ihrer Anwendung der Nachprüfung durch den EuGH, vgl. Art. 220 EGV.

2. Anwendbarkeit des Art. 39 EGV über die Arbeitnehmerfreizügigkeit

a) Nichtvorliegen der Bereichsausnahme öffentliche Verwaltung

Der Abschnitt über die Arbeitnehmerfreizügigkeit findet keine Anwendung, wenn jemand in der öffentlichen Verwaltung beschäftigt wird, Art. 39 Abs. 4 EGV. Dies könnte hier vorliegen, weil Herr Brioche in der Paßstelle einer deutschen Botschaft arbeitet. Damit arbeitet er in der öffentlichen Verwaltung. Jedoch ist fraglich, wie der Begriff auszulegen ist. Zunächst gilt es zu beachten, dass der Begriff ein gemeinschaftsrechtlicher ist. Öffentliche Verwaltung im Sinne des EGV ist nicht identisch mit der jeweiligen nationalen Definition. Denn sonst hätte der Mitgliedstaat die Definitionsgewalt für diesen Begriff und könnte die Anwendung des EGV durch eine enge Definition einschränken. Das Gemeinschaftsrecht soll aber in den Mitgliedstaaten einheitlich wirken und einheitlich angewendet werden. Ferner ist Art. 39 Abs. 4 EGV als Ausnahme von einer gemeinschaftsrechtlichen Grundfreiheit eng auszulegen.

Als öffentliche Verwaltung kann daher nicht jede Stelle in einem öffentlich-rechtlichen Dienstverhältnis angesehen werden. Es muss sich bei diesen Stellen vielmehr um solche handeln, bei denen es gerade auf die Staatsangehörigkeit ankommt. Damit ist nicht nur ein formales Kriterium gemeint, sondern entscheidend

---

4 EuGH, Rs. C-214/94, Slg. 1996, I-2253 (2279 Rn. 21) – Boukhalfa.
5 EuGH, Rs. 41/74, Slg. 1974, 1337 (1347 Rn. 5/7) – van Duyn.

ist das in der Staatsangehörigkeit zum Ausdruck kommende spezifische Verhältnis sowohl der besonderen Verbundenheit und Treue als auch der Gegenseitigkeit.[6] Diese ist notwendige Voraussetzung für die verantwortungsbewusste Ausübung hoheitlicher Tätigkeit. Zum anderen besteht dieses Interesse an unparteiischer und gewissenhafter Aufgabenerfüllung vor allem in den Kernbereichen hoheitlicher Tätigkeit, in denen sich Staatlichkeit in besonderer Weise manifestiert, etwa im Bereich der Polizei und des Militärs, ferner im Justizwesen. Unter öffentliche Verwaltung im Sinne von Art. 39 Abs. 4 EGV fallen daher nur die mittelbare oder unmittelbare Teilhabe an der *Ausübung hoheitlicher Befugnisse* und an der Wahrnehmung solcher Aufgaben, die auf die *Wahrung der allgemeinen Belange des Staates* oder anderer öffentlicher Körperschaften gerichtet sind. Diese Stellen setzen nämlich eine besondere Verbundenheit des Stelleninhabers mit dem Staat voraus. Bei der Beurteilung ist dabei die konkrete Position zu betrachten und es ist darauf abzustellen, welche Bedeutung der spezifisch obrigkeitlich-hoheitlichen Tätigkeit, etwa bei Lehrern die Notenerteilung, im Vergleich zum übrigen Teil der Tätigkeit zukommt.[7] Bei nur untergeordneter Bedeutung des spezifisch hoheitlichen Teils der Aufgabe liegt insgesamt bei dieser Stelle keine öffentliche Verwaltung im Sinne von Art. 39 Abs. 4 EGV vor.

Hier geht es um eine Passstellenhilfskraft. Auch wenn deren Tätigkeitsfeld nicht weiter beschrieben ist, darf man doch davon ausgehen, dass sie als bloße Hilfskraft nicht an der Ausübung hoheitlicher Befugnisse teilhat. Auch wenn die Passerteilung selbst eine hoheitliche Betätigung ist, dürften Hilfstätigkeiten zur Vorbereitung, die selbst keinen Anteil am Setzen des Verwaltungsaktes haben, nicht darunter fallen.[8]

b) Arbeitnehmereigenschaft im Sinne des EGV

Herr Brioche müsste ein Arbeitnehmer im Sinne des EGV sein. Er ist Staatsangehöriger eines EU-Mitgliedstaates und sein Beschäftigungsverhältnis weist einen hinreichenden Bezug zur Rechtsordnung eines anderen Mitgliedstaates auf. Das hier vorliegende Beschäftigungsverhältnis ist auch ein Arbeitnehmerverhältnis im Sinne des EGV. Der Arbeitnehmerbegriff des EGV ist aufgrund der einheitlichen Wirkung und Anwendung des EGV in den Mitgliedstaaten ein gemeinschaftsrechtlicher. Ein Arbeitnehmer im Sinne des EGV liegt vor, wenn eine echte wirtschaftliche Tätigkeit für einen anderen nach dessen Weisung gegen Ent-

---

6 EuGH, Rs. 149/79, Slg. 1982, 1845 (1852 Rn. 10) – Kommission/Belgien.

7 Vgl. GA Lenz, EuGRZ 1992, 102 (103 f. Tz. 20). Keine öffentliche Verwaltung übt ein Lehrer, ein Fremdsprachenlektor (EuGH, Rs. 473/93, Slg. 1996, I-3207 (3257 f. Rn. 33 f.) – Kommission/Luxemburg) oder ein Rechts- oder Studienreferendar aus (EuGH, Rs. 66/85, Slg. 1986, 2121 (2147 Rn. 27 ff.) – Lawrie Blum). Anders aber, wenn ein Lehrer mit der Beurteilung anderer, mit der pädagogischen Orientierung des Unterrichts, seiner allgemeinen Ausgestaltung oder mit der Aufstellung von Grundsätzen über Noten und Zeugnisse betraut ist, vgl. EuGH, Rs. 225/85, Slg. 1987, 2625 (2626 Leitsatz 2) – Kommission/Italien.

8 Die Bundesrepublik hatte sich im Verfahren Rs. C-214/94, Slg. 1994, I-2253 – Boukhalfa beim Fall einer belgischen Passstellenhilfsbediensteten gar nicht erst auf Art. 39 Abs. 4 EGV berufen.

gelt[9] ausgeübt wird, die keinen so geringen Umfang hat, dass sie als völlig untergeordnet und unwesentlich einzustufen wäre.[10] Art. 1 Abs. 1 VO 1612/68[11] spricht
insoweit von einer Tätigkeit im Lohn- oder Gehaltsverhältnis. Das ist zwar keine
authentische Interpretation des Art. 39 EGV, weil das Sekundärrecht nicht das Primärrecht einschränken kann. Unbezahlt Arbeitende fallen aber nicht unter Art. 39
EGV, da diese Norm explizit die Entlohnung erwähnt. Im vorliegenden Fall ist die
Arbeitnehmereigenschaft des Herrn Brioche demnach gegeben.

3. Verstoß gegen die Arbeitnehmerfreizügigkeit

Nach Art. 39 Abs. 2 EGV umfasst die Arbeitnehmerfreizügigkeit die Abschaffung
jeder auf der Staatsangehörigkeit beruhenden unterschiedlichen Bezahlung. Das
bedeutet, dass jede Diskriminierung verboten ist. Eine solche besteht hier, da
§ 33 GAD im Unterschied zu § 32 GAD gerade wegen der Staatsangehörigkeit
der Ortskräfte eine unterschiedliche Behandlung vorsieht. Während die deutschen Ortskräfte nach deutschen Regeln bezahlt werden, sollen die ausländischen
(wozu auch Herr Brioche als Franzose gehört) nach dem Ortsüblichen geringer bezahlt werden. Ein Verstoß gegen Art. 39 Abs. 2 EGV liegt somit vor.

4. Rechtfertigung durch Art. 39 Abs. 3 EGV

Diese Norm enthält eine Rechtfertigung für Diskriminierungen, nämlich aus
Gründen der öffentlichen Ordnung, Sicherheit und Gesundheit. Diese Rechtfertigung gilt nicht nur für die in Art. 39 Abs. 3 EGV explizit benannten Rechte, sondern für die Regelungen der Arbeitnehmerfreizügigkeit insgesamt.

Die Auslegung dieser Begriffe hat wiederum zu beachten, dass es sich um einen
gemeinschaftsrechtlichen Begriff handelt, der – da Ausnahme von einer Grundfreiheit – eng auszulegen ist. Öffentliche Ordnung umfasst daher nicht schon jeden
Verstoß gegen eine nationale Rechtsnorm, sondern nur eine tatsächliche und hinreichend schwerwiegende Gefährdung eines Grundinteresses der Gesellschaft.[12]
Der Begriff ist daher viel enger als der Ordnungsbegriff im deutschen Polizeirecht.
Der EuGH gesteht den nationalen Stellen einen gewissen Beurteilungsspielraum
zu, da die besonderen Umstände »von Land zu Land und im zeitlichen Wechsel«
verschieden sein können.[13] Die vom Mitgliedstaat geltend gemachten Gründe un-

---

9 Die Höhe der Bezahlung ist unerheblich. Es ist daher unschädlich, dass das Entgelt nicht
   das Existenzminimum erreicht oder dass es sich nur um eine Teilzeitbeschäftigung handelt. Studenten und Auszubildende sind nur dann Arbeitnehmer, wenn sie in einem
   Arbeitsverhältnis, etwa als Praktikanten, stehen.
10 EuGH, Rs. 53/81, Slg. 1982, 1035 (1050 Rn. 17) – Levin.
11 Abgedruckt in Sartorius II unter Nr. 180.
12 EuGH, Rs. 36/75, Slg. 1975, 1219 (1231 Rn. 26/28) – Rutili. Die Wahrung der nationalen
   Identität kann zwar ein Grund der öffentlichen Sicherheit und Ordnung sein, vgl. Art. 6
   Abs. 1 EUV. Jedoch kann damit ein Einstellungsverbot für Lehrer aus anderen Mitgliedstaaten nicht begründet werden, weil es weniger einschränkende Mittel gibt, nämlich die
   gleiche Ausbildung, Erfahrung und Sprachkenntnisse zu verlangen, vgl. EuGH, Rs. 473/
   93, Slg. 1996, I-3207 (3258 Rn. 35) – Kommission/Luxemburg, allerdings zu Art. 39
   Abs. 4 EGV.
13 EuGH, Rs. 41/74, Slg. 1974, 1337 (1350 Rn. 18/19) – Van Duyn.

terliegen einer Nachprüfung durch den EuGH: Die staatlichen Wertungen müssen nachvollziehbar sein. Ferner dürfen die vom Mitgliedstaat getroffenen Maßnahmen nicht unverhältnismäßig sein, da die Beschränkungen »gerechtfertigt« sein müssen, vgl. Art. 39 Abs. 3 EGV.[14] Nach Art. 3 Abs. 1 der Richtlinie 64/221/ EWG[15] dürfen nur Gründe herangezogen werden, die ausschließlich im persönlichen Verhalten des Arbeitnehmers liegen, um eine Maßnahme als aufgrund der öffentlichen Sicherheit und Ordnung getroffen anzusehen. Insoweit ist die Richtlinie auch unmittelbar anwendbar.[16] Generalpräventive Erwägungen scheiden daher aus. Die Darlegungs- und Beweislast für das Eingreifen der Rechtfertigung obliegt dem Staat. Die Staaten haben auch die gemeinschaftsrechtliche Bedeutung der Freizügigkeit und anderer damit verbundener Grundrechte zu beachten.[17]

Deutschland beruft sich hier auf Finanzaspekte. Das kann eine unterschiedliche Behandlung nicht rechtfertigen, weil die Zahlung eines höheren Lohnes an Herrn Brioche keine hinreichend schwerwiegende Beeinträchtigung eines staatlichen Grundinteresses darstellt. Die Bundesrepublik könnte außerdem die Diskriminierung dadurch beseitigen, dass sie auch die Bezahlung der deutschen Ortskräfte reduziert. Die Repräsentation der Bundesrepublik im Ausland ist zwar ein wesentliches Grundinteresse. Doch dessen schwerwiegende Gefährdung kann bei der gleichen Bezahlung für Ortskräfte aus anderen EU-Mitgliedstaaten nicht angenommen werden. Die Rechtfertigung schlägt daher fehl.[18]

Ergebnis: Das Gemeinschaftsrecht erfordert die gleiche Bezahlung des Herrn Brioche wie seiner deutschen Kollegen. Eine geringere Bezahlung nach dem Ortsüblichen ist mit Art. 39 EGV unvereinbar.

II. Gleichbehandlung hinsichtlich der Eingruppierung

Herr Brioche erhielt nach dem arbeitsgerichtlichen Urteil die Bezahlung nach deutschen Vorschriften; bei der Eingruppierung wurden aber seine in Frankreich abgeleistete Wehrdienstzeit und seine Berufserfahrung im französischen öffentlichen Dienst nicht berücksichtigt. Dies könnte ein weiterer Verstoß gegen das Diskriminierungsverbot hinsichtlich der Bezahlung nach Art. 39 Abs. 1 EGV sein.

---

14 Daher ist eine Rechtfertigung ausgeschlossen, wenn der Mitgliedstaat bei gleichem Verhalten eigener Staatsangehöriger keine Maßnahmen ergreift, EuGH, Rs. 115 und 116/81, Slg. 1982, 1665 (1707 f. Rn. 8) – Adoui und Cornuaille. Die diesbezüglich noch andere Entscheidung EuGH, Rs. 41/74, Slg. 1974, 1337 (1351 Rn. 21/23) – Van Duyn hat der EuGH implizit aufgegeben, T. C. Hartley, CMLRev. 1983, 141 (141 f.); *Wölker*, in: *Groeben/Thiesing/Ehlermann*, EUV/EGV, Art. 48 Rn. 96.

15 Abgedruckt in Sartorius II, Nr. 180b.

16 EuGH, Rs. 41/74, Slg. 1974, 1337 (1349 Rn. 15) – Van Duyn; Rs. 36/75, Slg. 1975, 1219 (1229 Rn. 16/18) – Rutili.

17 Nationale Grundrechte können ein unterbliebenes Einschreiten gegen eine Verletzung von EG-Grundfreiheiten durch Private rechtfertigen, EuGH, Rs. C-112/00, JuS 2004, 429 – Schmidberger/Österreich.

18 Man könnte auch argumentieren, dass der sog. ordre-public-Vorbehalt des Art. 39 Abs. 3 EGV nicht für die Gleichstellung bezüglich der Bezahlung gilt, weil diese im Abs. 2, der Vorbehalt im Abs. 3 geregelt ist, so dass insoweit eine Differenzierung gar nicht rechtfertigbar wäre.

1. Die Nichtanerkennung der Wehrdienstzeit

a) Für die Anwendbarkeit der Arbeitnehmerfreizügigkeit kann nach oben verwiesen werden.

b) Verstoß gegen Art. 39 Abs. 2 EGV

Die Arbeitnehmerfreizügigkeit umfasst gemäß Art. 39 Abs. 2 EGV die völlige Abschaffung jeder Diskriminierung aufgrund der Staatsangehörigkeit hinsichtlich Entlohnung und Arbeitbedingungen. Die Anrechnung von Wehrdienstzeiten auf Zeiten der Zugehörigkeiten und damit auf die Dienstalterseingruppierung ist eine Frage der Entlohnung. Zwar zählt Art. 7 Abs. 1 VO 1612/68 als Beschäftigungs- und Arbeitsbedingungen die Entlohnung, Kündigung und die beruflichen Wiedereingliederungshilfen auf. Doch ist dies nur ein Beispielskatalog (»insbesondere«). Mit den Arbeitsbedingungen sind alle das Beschäftigungsverhältnis berührenden Umstände gemeint: Freiwillige Leistungen der Arbeitgeber, Arbeitsschutzbestimmungen, Arbeitszeit- und Mutterschutznormen fallen ebenso darunter wie tarifvertragliche Bestimmungen, die die Anerkennung der Wehrdienstzeit regeln und somit Einfluss auf die Entlohnung haben.

Eine unterschiedliche Behandlung liegt vor, weil für deutsche Ortskräfte der deutsche Wehrdienst anerkannt wird, für Ortskräfte aus den anderen EU-Staaten deren Wehrdienst jedoch nicht, obgleich sie gerade wegen ihrer anderen Staatsangehörigkeit den Wehrdienst gerade dort ableisten müssen. Man kann daher das Vorliegen einer unterschiedlichen Behandlung nicht mit dem Argument ablehnen, dass bei Angehörigen anderer EU-Staaten das Ableisten ihres Wehrdienstes in Deutschland auch zur Anerkennung von Betriebszugehörigkeitszeiten führe. Denn Bürger anderer Staaten leisten ihren Wehrdienst dort, nicht in Deutschland.

Es handelt sich ferner auch um eine nationale Maßnahme, die die Diskriminierung herbeiführt. Zwar geht die unterschiedliche Behandlung auf einen Tarifvertrag zurück, nämlich den BAT, und nicht auf ein nationales Gesetz. Jedoch muss der Staat sich diesen Tarifvertrag, da er ihn als Arbeitgeber des öffentlichen Dienstes ausgehandelt hat, zurechnen lassen. Nationale Maßnahmen, die mit dem EGV unvereinbar sein können, sind nicht nur beim Erlass von staatlichen Gesetzen gegeben. Schließlich soll durch die Wahl zivilrechtlicher Mittel nicht die effektive Anwendung des EGV umgangen werden können; es gibt auch im Gemeinschaftsrecht keine Möglichkeit zur Flucht aus EG-rechtlichen Bindungen durch zivilrechtliche staatliche Handlungsformen (dazu näher Fall 4). Denn in manchen Mitgliedstaaten mag eine arbeitsrelevante Regelung gesetzlich vorgegeben, in anderen nur in Tarifverträge aufgenommen worden sein. Solche nationalen Unterschiede dürfen nicht zu einem unterschiedlichen Anwendungsbereich des EGV führen.

Ferner ist zu sehen, dass die Arbeitnehmerfreizügigkeit des EGV sogar unmittelbare Drittwirkung zwischen Privaten entfaltet[19] und daher auch bei rein privaten

---

19 EuGH, Rs. 36/74, Slg. 1974, 1405 (1419 Rn. 16/19) – Walrave; Rs. C-415/93, Slg. 1995, I-4921 (5066 Rn. 82) – Bosman.

Tarifverträgen gilt. Umso mehr gilt das dann für vom Staat ausgehandelte Tarifverträge wie den BAT.

Ergebnis: Die Nichtberücksichtigung der Wehrdienstzeiten des Herrn Brioche verstößt gegen Art. 39 Abs. 2 EGV.

c) Rechtfertigung

Deutschland beruft sich zur Rechtfertigung auf Gründe der öffentlichen Sicherheit und Ordnung nach Art. 39 Abs. 3 EGV. Die Gleichbehandlung zwischen deutschen Gedienten und Ungedienten sei verfassungsrechtlich gefordert, so dass die Anrechnung von Wehrdienstzeiten als Zeiten der Betriebs- oder Amtszugehörigkeit aus verfassungsrechtlichen Gründen notwendig wäre.

Zu prüfen ist, ob diese Argumentation sich zu Recht auf den Vorbehalt der öffentlichen Ordnung berufen kann. Zunächst bestehen bereits Zweifel, ob ein verfassungsrechtliches Gebot als Anforderung der öffentlichen Ordnung eine unterschiedliche Behandlung rechtfertigen kann. Denn das Gemeinschaftsrecht geht aufgrund seines Anwendungsvorrangs auch nationalem Verfassungsrecht vor. Entscheidend ist hier aber eine andere Überlegung: Der postulierte Rechtfertigungsgrund der öffentlichen Ordnung müsste gerade die unterschiedliche Behandlung zwischen Inländern und Angehörigen anderer EU-Mitgliedstaaten fordern. Das ist aber nicht der Fall. Der von Deutschland angeführte Verfassungsrechtssatz bezieht sich nur auf die Gleichbehandlung deutscher Bürger. Er verbietet nicht, den EU-Bürgern auch die Gleichbehandlung zu gewähren. Art. 39 EGV erstreckt durch das Diskriminierungsverbot nur den den deutschen Gedienten eingeräumten Anspruch auf EU-Bürger und zwingt Deutschland nicht, gegen seine Verfassung zu verstoßen. *Ein Grund der öffentlichen Ordnung läge nur dann vor, wenn eine unterschiedliche Behandlung von Inländern und EU-Bürgern gerade nötig wäre, um einer Gefährdung eines staatlichen Grundinteresses entgegenzuwirken.* Der Verfassungsrechtssatz hat mit der Diskriminierung von EU-Bürgern aber nichts zu tun, sondern fordert (nur) die Gleichbehandlung deutscher Gedienter und Ungedienter. Die Argumentation Deutschlands geht daher fehl.

Ergebnis: Die Nichtberücksichtigung der Wehrdienstzeit ist ein Verstoß gegen Art. 39 Abs. 2 EGV, Art. 7 Abs. 1 VO 1612/68.

d) Auswirkung auf das nationale Verfahren

Fraglich ist noch, wie sich diese Feststellung auf das nationale Verfahren auswirkt. Denn Verstöße gegen ein Gleichbehandlungsgebot lassen sich auf zweierlei Weise beheben. Zum einen dadurch, dass die Vergünstigung (hier: Anrechnung der Wehrdienstzeit als Zeit der Betriebs-/Amtszugehörigkeit) für die begünstigte Gruppe gestrichen wird.[20] Zum anderen durch Erstreckung der Vergünstigung auf die bislang benachteiligte Gruppe. Daher belassen es viele Gerichte bei der bloßen Feststellung der Ungleichbehandlung und einer Aufforderung an den Gesetz-

---

20 Das dürfte hier aus verfassungsrechtlichen Erwägungen ohnehin nicht in Betracht kommen. Diese Überlegung soll hier jedoch unberücksichtigt bleiben.

geber bzw. die Tarifparteien, in der einen oder anderen Weise tätig zu werden. Aus diesem Grunde ist zweifelhaft, ob das Arbeitsgericht als Folge eines Verstoßes gegen Art. 39 Abs. 1 EGV die begehrte Begünstigung, nämlich die Berücksichtigung der Wehrdienstzeit, einfach zusprechen darf. Art. 7 Abs. 4 VO 1612/68 sieht vor, dass Bestimmungen, soweit sie Diskriminierungen enthalten, nichtig sind. Das bedeutet, dass die Bestimmung insoweit nichtig ist, als sie die Diskriminierung zulässt. Das nationale Gericht hat daher der benachteiligten Person die begehrte Vergünstigung zuzusprechen.[21] Das ist letztlich Folge der unmittelbaren Anwendbarkeit des Art. 39 Abs. 2 EGV, Art. 7 Abs. 1, 4 VO 1612/68 und der Effektivität des EG-Rechts. Die Rüge der Verletzung gemeinschaftsrechtlicher Rechte muss mit effektiven Sanktionen ausgestattet sein.

2. Die Nichtanrechnung der vorherigen Beschäftigung im öffentlichen Dienst Frankreichs

Nach den einschlägigen Regelungen des BAT sind nur Vorbeschäftigungen im deutschen öffentlichen Dienst zu berücksichtigen. Auch das könnte einen Verstoß gegen die Gleichheit der Arbeitsbedingungen und Entlohnung nach Art. 39 Abs. 2 EGV, Art. 7 Abs. 1, 4 VO 1612/68 darstellen.

a) Zur Anwendbarkeit der Arbeitnehmerfreizügigkeit siehe oben.

b) Verstoß gegen Art. 39 Abs. 2 EGV

Dass mit den Regeln über die Anrechnung von früheren Beschäftigungszeiten, die die Eingruppierung und damit die Gehaltshöhe beeinflussen, eine Regelung über die Entlohnung oder sonstige Arbeitsbedingungen vorliegt, bedarf nach dem oben Ausgeführten keiner weiteren Begründung.

aa) Vorliegen einer Diskriminierung

Ein Verstoß gegen Art. 39 EGV läge vor, wenn diese Regeln nach der Staatsangehörigkeit differenzierten. Daran könnte es hier fehlen. Denn das Gebot der Berücksichtigung von Beschäftigungszeiten (nur) im deutschen öffentlichen Dienst gilt unabhängig von der Staatsangehörigkeit. So würde eine vorherige Beschäftigungszeit im deutschen öffentlichen Dienst auch bei Herrn Brioche anerkannt werden und umgekehrt die Anerkennung von Beschäftigungszeiten im französischen öffentlichen Dienst auch bei einem deutschen Angestellten verweigert werden. Die Regelung differenziert daher nicht nach Staatsangehörigkeit oder nach mit der Staatsangehörigkeit zusammenhängenden Merkmalen, wie es bei dem Abstellen auf das Ableisten des deutschen Wehrdienstes (oben 1.) der Fall war. Vielmehr stellt sie auf die Beschäftigungsorte ab.

---

21 Vgl. EuGH, Rs. C-15/96, Slg. 1998, I-47, Rn. 35 – Kougebetopoulou. Dasselbe geschieht im Rahmen z. B. von Art. 141 I EGV: Die benachteiligten Frauen haben einen unmittelbaren Anspruch auf gleichen Lohn. Dazu Fall 7.

bb) Versteckte Diskriminierung

Jedoch könnte darin eine versteckte oder mittelbare Diskriminierung zu sehen sein, weil sich die Regelung typischerweise auf Wanderarbeitnehmer nachteilig auswirkt. Solche mittelbaren Diskriminierungen liegen vor, wenn das nationale Recht auf Voraussetzungen abstellt, die zwar unabhängig von der Staatsangehörigkeit gelten (unterschiedslose Regeln), die aber im wesentlichen oder ganz überwiegend Wanderarbeitnehmer betreffen *oder* die von inländischen Arbeitnehmern leichter zu erfüllen sind als von Wanderarbeitnehmern.[22] Bei solchen zwar unterschiedslos formulierten, aber sich in der Praxis doch unterschiedlich auswirkenden Regelungen muss man eine mittelbare Diskriminierung feststellen. Die vorliegend zu betrachtenden Regelungen wirken sich in der Praxis unterschiedlich aus, weil deutsche Angestellte im Gegensatz zu Wanderarbeitnehmern regelmäßig keine Vorzeiten im öffentlichen Dienst anderer Staaten aufzuweisen haben.

cc) Rechtfertigung durch implizite Schranken

Ein Verstoß gegen Art. 39 Abs. 2 EGV liegt jedoch nur dann vor, wenn diese durch *unterschiedslose Regeln* hervorgerufene mittelbare Diskriminierung nicht durch *objektive*, nicht mit der Staatsangehörigkeit der betroffenen Arbeitnehmer zusammenhängende *Erwägungen* gerechtfertigt ist. Ferner kann Art. 39 EGV verletzt sein, wenn die Maßnahme nicht in einem *angemessenen Verhältnis* zu dem Zweck steht, der mit den nationalen Rechtsvorschriften zulässigerweise verfolgt wird.[23] Es ist somit eine zweistufige Rechtfertigungsprüfung notwendig: Die Regelung muss aus Gründen des Allgemeinwohls gerechtfertigt werden können. Ferner muss die Verhältnismäßigkeit zwischen diesem Ziel und dem eingesetzten Mittel gewahrt sein.[24] Diese Prüfung findet in der Arbeitnehmerfreizügigkeit bereits bei der Feststellung statt, ob eine mittelbare Diskriminierung vorliegt.[25]

Hinsichtlich des Rechtfertigungsgrundes kann nicht darauf abgestellt werden, dass es sich um eine Beschäftigung in der deutschen öffentlichen Verwaltung handelt, so dass die Besonderheiten des deutschen öffentlichen Dienstes ein Rechtfertigungsgrund wären. Denn Art. 39 Abs. 4 EGV greift nicht ein (s. oben). Daher kann diese Erwägung nicht als Rechtfertigungsgrund dienen.

---

22 EuGH, Rs. C-237/94, Slg. 1996, I-2617 (2638 Rn. 18) – O'Flynn.
23 S. dazu EuGH, Rs. C-237/94, Slg. 1996, I-2617 (2638 Rn. 19) – O'Flynn; Rs. C- 15/96, Slg. 1998, I-47, Rn. 21 – Kougebetopoulou.
24 Diese Prüfung entspricht der für immanente Schranken gemäß der Cassis-Rspr. Auch dort wird auf die Unterschiedslosigkeit der Maßnahme, auf zwingende Erfordernisse und die Verhältnismäßigkeit abgestellt (näher Fall 1). Die Konvergenz aller Grundfreiheiten, ihre Entwicklung zum Beschränkungsverbot und ihre im Grundsatz parallele Dogmatik sind mittlerweile nahezu unbestritten.
25 Man könnte auch eine nur mittelbare Diskriminierung bejahen und eine Rechtfertigung durch implizite Schranken ablehnen. Dann wäre sogleich Art. 39 Abs. 3 EGV als Rechtfertigung zu prüfen. Der EuGH berücksichtigt die implizite Rechtfertigung durch Allgemeinwohlerwägungen immer wieder bereits auf Tatbestandsebene: Mittelbare Diskriminierung besteht nicht, wenn ein Erfordernis auf objektiven, von der Staatsangehörigkeit unabhängigen Erwägungen beruht, die in einem angemessenen Verhältnis zum verfolgten Zweck stehen. S. etwa EuGH, Rs. C- 350/96, Slg. 1998, I-2521, Rn. 31 – Clean Car.

Dennoch wäre denkbar, die unterschiedliche Behandlung zu rechtfertigen, indem man auf die Unterschiedlichkeit der Kenntnisse und Erfahrungen abstellt. So könnte man überlegen, dass durch die Berufserfahrung im öffentlichen Dienst eines anderen Landes sich keine Fachkenntnisse gewinnen lassen, die im deutschen öffentlichen Dienst unmittelbar von Nutzen wären. Die Anrechnung von früheren Beschäftigungen im öffentlichen Dienst mag dazu dienen, die dadurch verstärkte Berufserfahrung des Beschäftigten zu honorieren. Andererseits wird dabei nicht auf einen fachlichen Bezug geachtet. Auch die Beschäftigung in völlig anderen Bereichen im öffentlichen Dienst in Deutschland würde zu einer höheren Eingruppierung einer deutschen Ortskraft führen. Daher kann man nicht argumentieren, dass eine Beschäftigung im öffentlichen Dienst Frankreichs anders betrachtet werden dürfte, weil der Angestellte dort mit einem anderen Recht befasst war. Die Beschäftigung ist im Grundsatz durchaus vergleichbar, so dass man das Vorliegen einer Diskriminierung nicht deswegen ablehnen könnte, weil die Betätigung unterschiedlich und nicht vergleichbar sei.

Ein Rechtfertigungsgrund, der die in der getroffenen Regelung ausgedrückte Beschränkung der Anrechenbarkeit von früheren Beschäftigungen auf den öffentlichen Dienst Deutschlands rechtfertigte, ist somit nicht erkennbar.

Die deutschen Regeln verletzen somit die Arbeitnehmerfreizügigkeit

c) Rechtfertigung durch Art. 39 Abs. 3 EGV

Für eine Rechtfertigung durch Erwägungen der öffentlichen Sicherheit und Ordnung oder Gesundheit gibt es keinerlei Anhaltspunkte.

Ergebnis: Die Nichtberücksichtigung der vorherigen Beschäftigungszeiten im öffentlichen Dienst Frankreichs benachteiligt Herrn Brioche und verletzt daher Art. 39 EGV, Art. 7 Abs. 1 VO 1612/68. Das nationale Gericht hat Herrn Brioche die entsprechende, gleichbehandlungsgerechte Eingruppierung zuzubilligen (s. oben 1. d).

Gesamtergebnis zu 1: Das Gemeinschaftsrecht fordert die Bezahlung nach deutschen Vorschriften und die gleiche Eingruppierung wie bei den deutschen Kollegen.

B. Frage 2

Die Weigerung der Bundesrepublik, die Beiträge zur Zusatzaltersversorgung für den Zeitraum der Ableistung des Wehrdienstes im Gegensatz zu der Lage eines vergleichbaren Arbeitnehmers deutscher Staatsangehörigkeit weiterzuzahlen, könnte ebenfalls einen Verstoß gegen die Arbeitnehmerfreizügigkeit des EGV darstellen. Denn zur Gleichbehandlung zählt auch, dass den Wanderarbeitnehmern die gleichen Arbeitsbedingungen, so Art. 7 Abs. 1 VO 1612/68, und die gleichen steuerlichen und sozialen Vergünstigungen wie den inländischen Arbeitnehmern gewährt werden, so Art. 7 Abs. 2 VO 1612/68 in Konkretisierung von Art. 39 Abs. 3 lit. c) EGV.

1. Anspruch aus Art. 7 Abs. 1 VO 1612/68

Fraglich ist, ob es sich bei der besagten Vergünstigung um eine Beschäftigungs- und Arbeitsbedingung im Sinne von Art. 7 Abs. 1 VO 1612/68 handelt. Dazu müsste die deutsche Regelung, die die Weiterzahlung der Beiträge während des Wehrdienstes gewährleistet, einen Zusammenhang mit den Beschäftigungs- und Arbeitsbedingungen von Herrn Brioche aufweisen. Zwar sind Zahlungen des Arbeitgebers an Zusatzversorgungen Leistungen im Rahmen des Arbeitsvertrages und somit Entgelt. Jedoch ruht das Arbeitsverhältnis für den Zeitraum der Ableistung des Wehrdienstes. Die Verpflichtung zur Weiterzahlung in die Zusatzversorgung für diesen Zeitraum knüpft nicht an das Arbeitsverhältnis an, sondern an das Ableisten des Wehrdienstes: Der Arbeitgeber erhält vom Bundesministerium für Verteidigung die bezahlten Beiträge zurück. Der Arbeitgeber wird daher nur zur Verwaltungsvereinfachung tätig. Er streckt die Beiträge nur vor, die der Staat dann erstattet. Entrichtet werden die Leistungen somit im Ergebnis vom Staat, und zwar als Vergünstigung, die der Staat den Wehrpflichtigen zum Ausgleich der durch den Wehrdienst sich ergebenden Nachteile gewährt. Es handelt sich nicht um eine Verpflichtung, die dem Arbeitgeber im Zusammenhang mit dem Beschäftigungsverhältnis obliegt.[26]

Der Anspruch auf Nachzahlung in die zusätzliche Altersversorgung ergibt sich daher nicht aus Art. 7 Abs. 1 VO 1612/68.

2. Anspruch aus Art. 7 Abs. 2 VO 1612/68

Der Anspruch ergäbe sich aus Art. 7 Abs. 2 VO 1612/68, sofern es sich bei der Vergünstigung um eine soziale Vergünstigung im Sinne von Art. 7 Abs. 2 VO 1612/68 handelte. Unter sozialen Vergünstigungen in diesem Sinne sind – aufgrund des notwendigen Bezugs zur Arbeitnehmerfreiheit – alle nationalen Vergünstigungen zu verstehen, die den inländischen Arbeitnehmern gerade wegen ihrer objektiven Arbeitnehmereigenschaft oder wegen ihres Wohnorts im Inland gewährt werden und deren Ausdehnung auf die Arbeitnehmer aus einem anderen Mitgliedstaat daher geeignet ist, ihre Mobilität zu erhöhen.[27] Der Wanderarbeitnehmer, der sein Recht auf Freizügigkeit in Anspruch genommen hat, hat den gleichen Anspruch wie die inländischen Arbeitnehmer in Bezug auf alle Vergünstigungen, die ihre berufliche Qualifikation und ihren sozialen Aufstieg erleichtern.

Die vorliegend zu beurteilende Vergünstigung will die Nachteile ausgleichen, die den Wehrpflichtigen aufgrund ihrer Wehrpflicht entstehen. Diese Vergünstigung knüpft im wesentlichen an die Ableistung des Wehrdienstes an und wird dem Inländer nicht wegen seiner Arbeitnehmereigenschaft oder wegen seines Wohnortes im Inland gewährt.[28] Sie ist daher keine soziale Leistung im Sinne von Art. 7 Abs. 2 VO 1612/68.[29]

---

26 EuGH, Rs. C-315/94, Slg. 1996, I-1417 (1440 Rn. 17 ff.) – De Vos.
27 EuGH, Rs. C-315/94, Slg. 1996, I-1417 (1440 Rn. 20) – De Vos.
28 EuGH, Rs. C-315/94, Slg. 1996, I-1417 (1441 Rn. 22) – De Vos.
29 Soziale Leistungen nach Art. 7 Abs. 2 VO 1612/68 sind zB. zinslose Geburtsdarlehen für einkommensschwache Familien; Garantie eines Altersmindesteinkommens; Sozialhilfe; Überbrückungsgeld für Arbeitslose; BAFöG für ein Studium mit berufsqualifizierendem

3. Ergebnis: Herr Brioche hat keinen Anspruch auf Nachzahlung der Beiträge für die Zusatzversorgung für den Zeitraum seines Wehrdienstes in Frankreich.

Abschluss, das – außer bei unfreiwilliger Arbeitslosigkeit – im Zusammenhang mit dem Arbeitsverhältnis steht; Mutterschaftsbeihilfen; Leistungen an Behinderte, dazu GA Colomer, Slg. 1996, I-1419, Tz. 38.

Fall 4: Remailing[1]

Der EU-Mitgliedstaaten Arkadia und Belonia sind seit 1880 Vertragsstaaten des Weltpostvertrags. Nach dem Weltpostvertrag sind die Postdienste der Vertragsstaaten verpflichtet, an Empfänger im Inland gerichtete Briefe aus dem Ausland, die den Postdiensten von den Postdiensten anderer Vertragsstaaten übersandt werden, zuzustellen. Für die Zustellung der Auslandspost erhalten die Postdienste gemäß dem Weltpostvertrag eine pauschal festgelegte Vergütung vom Postdienst des Vertragsstaats, in dem die Sendung aufgegeben wurde. Diese pauschal festgelegte Vergütung ist auf Betreiben der Entwicklungsländer recht niedrig.

In Arkadia hat die Arkada Post AG aufgrund arkadischer Gesetzesbestimmungen das Monopol für Briefsendungen bis 100g, zu deren Beförderung im ganzen Staatsgebiet die Arkada Post AG auch gesetzlich verpflichtet ist. Die Arkada Post AG ist eine Aktiengesellschaft nach arkadischem Recht. Sie steht zu 80% im Eigentum des Staates Arkadia.

Die Gesellschaft für Servicedienste (GfS), eine private Gesellschaft, die in Arkadia ansässig ist, hat sich darauf spezialisiert, die Postbearbeitung von Massensendungen von in- oder ausländischen Großunternehmen zu übernehmen. Sie läßt sich dafür per elektronischem Datentransfer von ihren Auftraggebern aus dem In- und Ausland den Inhalt der Briefpost und die Empfängeradressen an ihre Zentrale in Arkadia übermitteln und versendet die Daten dann an ihre rechtlich unselbständigen ausländischen Zweigniederlassungen zur Weiterbearbeitung. Schwerpunkt ihrer Geschäftätigkeit sind Großkunden aus Arkadia, deren Daten die GfS an ihre Zweigniederlassung in dem benachbarten EU-Mitgliedstaat Belonia schickt. Dort werden die Briefe ausgedruckt, kuvertiert und die Kuverts mit der Adresse des Empfängers und dem Auftraggeber als Absender versehen. Jedes Kuvert erhält noch den Vermerk »versandt durch die GfS« und wird dann an die belonische Post AG übergeben. Diese übersendet die Briefe der Arkada Post AG zur Zustellung an die Empfänger, die in Arkadia wohnen. Das Porto für Massensendungen ins Inland oder ins EG-Ausland beträgt in Belonia 0,17 €, während dieses Porto in Arkadia 0,23 € betragen würde. Die Arkada-Post AG erhält von der belonischen Post für jede in Arkadia zuzustellende Sendung eine pauschale Vergütung von 0,14 €.

Da die GfS ihre Dienste wegen des Preisgefälles günstig anbietet, nehmen immer mehr Unternehmen gerade aus Arkadia den Service der GfS in Anspruch. Die Arkada Post AG stößt sich zunehmend an der Geschäftätigkeit der GfS. Denn die der Arkada Post AG von der belonischen Post bezahlte pauschale Vergütung von 0,14 € deckt nicht die tatsächlichen Kosten der Bearbeitung und Zustellung. Die Arkada Post AG beruft sich schließlich auf Artikel 25 des Weltpostvertrags,

---

1 Dieser Fall wurde in der Ersten Juristischen Staatsprüfung in Bayern im Termin 2002 / II als Wahlfachklausur zum Völker- und Europarecht gestellt. Die nachfolgenden Lösungshinweise geben die geringfügig modifizierten Originalhinweise wieder, ergänzt um die Problematik des Art. 82 EGV.

der in das arkadische Postgesetz übernommen wurde, und belegt die von der GfS versandfertig gemachten Sendungen, die ihr von der belonischen Post übergeben werden, mit dem Inlandsporto. Sie fordert die GfS und ihre Kunden als Gesamtschuldner zu entsprechenden Portozahlungen auf.

Die GfS sieht darin eine Behinderung ihrer Erwerbstätigkeit und macht geltend, sie könne ihre Geschäfte für Kunden aus Arkadia nicht mehr wirtschaftlich betreiben, wenn sie oder ihre Kunden für jede Sendung noch zusätzlich das Inlandsporto bezahlen müssten. Ihre Zweigniederlassung in Belonia müsse sie dann schließen; die Dienste der belonischen Post könne sie nicht mehr in Anspruch nehmen. Das verstoße gegen Artikel 28, 43 und 49 EGV und könne auch keinesfalls gerechtfertigt sein, da es nur um Fragen der Wirtschaftlichkeit gehe. Die Arkada Post AG habe genug Gewinne, um die Defizite aus den umstrittenen Sendungen aufzufangen. Ohnehin könne es nicht angehen, dass die Arkada Post AG zusätzlich das volle Inlandsporto verlange. Das wäre für die Vermeidung eines Defizits absolut unnötig und nicht erforderlich. Ferner würde Art. 82 EGV dadurch verletzt.

Die Arkada-Post AG verweist demgegenüber auf ihre rechtlichen Möglichkeiten gemäß dem Weltpostvertrag. Sie erbringe kraft gesetzlichen Auftrags im Interesse der Allgemeinheit mit der Briefbeförderung eine wichtige Leistung der Daseinsvorsorge, deren Funktionsfähigkeit die Staaten durch die Möglichkeit zur Portoerhebung gemäß Art. 25 Weltpostvertrag hinsichtlich grenzüberschreitender Sendungen abgesichert hätten. Das respektiere auch die EG, wie Art. 16 und 86 EGV zeigten. Eine defizitäre Leistungserbringung könne ihr nicht zugemutet werden. Die Berufung der GfS auf die Grundfreiheiten sei außerdem von vornherein zwecklos, da der Weltpostvertrag als älterer völkerrechtlicher Vertrag dem EGV vorgehe. Schließlich seien die Mitgliedstaaten Verpflichtungen auch gegenüber Drittstaaten eingegangen. Die GfS könne sich ferner nicht auf die Grundfreiheiten berufen, da es um einen rein inländischen Sachverhalt gehe. Außerdem verpflichteten die Grundfreiheiten nur die Mitgliedstaaten, nicht aber Unternehmen wie die Arkada Post AG. Zumindest wäre ein eventueller Verstoß gegen den EGV auf jeden Fall infolge der Verpflichtung der Arkada Post AG zur Daseinsvorsorge nach Art. 86 gerechtfertigt.

Vermerk für die Bearbeiter:

In einem Gutachten, das auf alle aufgeworfenen Rechtsfragen eingeht, ist zu untersuchen, ob das EG-Recht dem Verlangen der Arkada Post AG entgegensteht.

Bei der Bearbeitung ist davon auszugehen, dass die Monopolstellung der Arkada Post AG mit dem EG-Recht vereinbar ist und die Geschäftstätigkeit der GfS nicht gegen das Monopol der Arkada Post AG verstößt.

Artikel 25 des Weltpostvertrags lautet:

(1) Kein Postdienst ist verpflichtet, Briefsendungen zu befördern oder den Empfängern zuzustellen, die auf seinem Gebiet ansässige Absender im Ausland einliefern oder einliefern lassen, um aus den dort geltenden niedrigeren Gebühren Nutzen zu ziehen. Dies gilt auch für in großer Zahl eingelieferte Sendungen dieser Art, und selbst dann, wenn nicht die Absicht besteht, die niedrigeren Gebühren auszunutzen.

(2) Abs. 1 gilt ohne Unterschied sowohl für Sendungen, die in dem Land, in dem der Absender wohnt, vorbereitet und anschließend über die Grenze gebracht werden, als auch für Sendungen, die in einem fremden Land versandfertig gemacht worden sind.

(3) Der betreffende Postdienst ist berechtigt, die Sendungen an den Einlieferungsort zurückzusenden oder sie mit ihren Inlandsgebühren zu belegen. Wenn sich der Absender weigert, diese Gebühren zu bezahlen, kann sie nach ihren Inlandsvorschriften über die Sendungen verfügen.

Lösung zu Fall 4: Remailing

Vorbemerkung:

Die Klausur befasst sich schwerpunktmäßig mit den Grundfreiheiten und damit mit einem zentralen Thema der Wahlfachgruppe, das den Kandidaten gut vertraut sein sollte. Sie enthält aber spezifische Schwierigkeiten durch dem Umstand, dass es um öffentliche Daseinsvorsorge geht.

Der Fall stellt die Bearbeiter zunächst vor die Anforderung, den recht umfangreichen Sachverhalt richtig zu erfassen und die für die Anwendbarkeit der verschiedenen Grundfreiheiten des EGV relevanten Beziehungen zu unterscheiden. Die für die Falllösung entscheidenden Normen werden mit den wesentlichen zugehörigen Argumenten im Sachverhalt genannt. Spezialwissen zu einzelnen Normen, gar die Kenntnis des EuGH-Urteils vom 10. 2. 2000, Rs. C-147 und C-148/97, Slg. 2000, I-825 zum Remailing ist nicht erforderlich und auch gar nicht sonderlich hilfreich, weil der EuGH sich weitgehend nur mit Art. 86 Abs. 2 iVm Art. 82 befasste, während Schwerpunkt der Prüfung hier die Grundfreiheiten sind. Für die Falllösung ist weitgehend nur erforderlich, das Zusammenspiel der genannten Normen zu erkennen und sie ordentlich zu subsumieren. Dabei darf erwartet werden, dass die Kandidaten die Funktion des Art. 86 Abs. 2 als Rechtfertigungsgrund verstehen. Die Schwerpunkte des Falles liegen in der Prüfung der Anwendung der Grundfreiheiten und in der Anwendung und Subsumtion des den Studenten sicher weitgehend unbekannten Art. 86 EGV.

Grundlage der Portonachforderung der Arkada Post AG ist die in nationales Recht Arkadias umgesetzte Bestimmung des Art. 25 Abs. 3 Weltpostvertrags (WPV). Denn diese Norm berechtigt explizit nicht nur zur Zurückweisung, sondern auch dazu, die Sendungen mit Inlandsgebühren zu belegen. Dabei muss es sich um Sendungen iSv Art. 25 Abs. 1 WPV handeln. Das bedeutet, dass der Absender im Gebiet des betroffenen Postdienstes, hier der Arkada Post AG, ansässig sein muss und die Sendungen im Ausland einliefern lässt. Als Absender können hier entweder die GfS oder aber deren Kunden angesehen werden. In beiden Fällen liegt der Absender in Arkadia. Die Sendungen der Kunden werden von der GfS im Ausland, nämlich dem Nachbarland Belonia eingeliefert. Ein Fall des vom Art. 25 WPV erfassten Remailings liegt somit vor.

Ausweislich Art. 25 Abs. 1 am Ende WPV kommt es auf eine Absicht, das Portogefälle auszunutzen, nicht an. Die Motive des Absenders sind also irrelevant, so dass hier nicht problematisiert zu werden braucht, ob die Kunden der GfS die Dienste der GfS etwa wegen erfolgten Outsourcings der Postbearbeitung ohnehin in Anspruch genommen hätten und für sie der Gebührenunterschied keine Bedeutung hat.

Die Gebühren nach Art. 25 Abs. 3 WPV dürfen vom Absender erhoben werden. Formell sind das die die Sendungen durch ihre Zweigniederlassung bei der belonischen Post einliefernde GfS, materiell die Kunden der GfS, die ebenfalls als Absender auf den Kuverts erscheinen. Eine gesamtschuldnerische Heranziehung beider ist somit von Art. 25 Abs. 3 WPV gedeckt.

I. Vorrang des Weltpostvertrags gegenüber dem EGV?

Die Nachforderung von Porto für das sogenannte Remailing könnte bereits deshalb nicht vom EGV erfaßt sein, weil das EG-Recht wegen Vorrangs des völkerrechtlichen Weltpostvertrags gar nicht anwendbar ist oder im Rang zurücktreten muss.

Beim Weltpostvertrag handelt es sich um einen völkerrechtlichen Vertrag, den die Mitgliedstaaten abgeschlossen haben, und zwar zu einem Zeitpunkt (1880), der vor dem Inkrafttreten des E(W)GV lag (1958). Das gilt nach der Sachverhaltsgestaltung auch für die Regel des Art. 25 WPV, die Grundlage des Nachforderungsverlangens ist.

Verträge, die zwischen den Mitgliedstaaten der EU abgeschossen sind, können dem EGV aber nicht vorgehen.

Das folgt bereits aus dem Vorrang des Gemeinschaftsrechts gegenüber jedem früheren oder späteren nationalen Recht. Von den Mitgliedstaaten abgeschlossene völkerrechtliche Abkommen sind insoweit nicht anders als innerstaatliches Recht zu behandeln. Das gilt auch dann, wenn es sich um völkerrechtliche Verträge handelt, die nicht ausschließlich mit EG-Mitgliedstaaten, sondern zumindest auch mit Drittstaaten abgeschlossen wurden. Denn insoweit es um die Rechtswirkungen solcher völkerrechtlicher Verträge im Verhältnis zwischen den Mitgliedstaaten geht, gilt der Vorrang des EG-Rechts.

Bestätigt wird diese grundlegende, aus dem Vorrang des EG-Rechts folgende Überlegung durch die Regel des Art. 307 EGV. Gemäß Art. 307 Abs. 1 EGV bleiben die Rechte und Pflichten aus Verträgen, die vor dem 1.1.58, dem Inkrafttreten des E(W)GV zwischen einem oder mehreren Mitgliedstaaten und Drittstaaten geschlossen wurden, durch den EGV unberührt. Ein solcher Vertrag liegt hier mit dem WPV durchaus vor. Diese Norm bringt indes selbst die Beschränkung zum Ausdruck, dass der Respekt vor den völkerrechtlichen Pflichten nur gilt, soweit es um die Beziehung zu Drittstaaten geht. Darum geht es hier nicht. Im Umkehrschluss lässt sich Art. 307 Abs. 1 EGV – entsprechend der Überlegung aus dem Anwendungsvorrang des EG-Rechts – ferner entnehmen, dass für die Beziehung der Mitgliedstaaten untereinander der Respekt vor älteren völkerrechtlichen Verpflichtungen nicht gilt. Schließlich haben die Mitgliedstaaten insoweit durch den späteren Abschluss des EGV eindeutig ihren Willen zur abweichenden Rechtssetzung bekundet. Das lässt sich auch mit einem Hinweis auf Art. 30 Abs. 4 der Wiener Vertragsrechtskonvention (WVRK) belegen: Für den Fall, dass nicht alle Vertragsparteien des früheren Vertrags (WPV) zu den Parteien des späteren Vertrags (hier E(W)GV) gehören, trifft Art. 30 Abs. 4 WVRK die Regelung, dass für die, die dem späteren angehören, der frühere Vertrag nur insoweit Anwendung findet, als er mit dem späteren vereinbar ist. Also: im Verhältnis der EU-Mitgliedstaaten geht der E(W)GV vor. Im Verhältnis nur zu den Parteien, die nur dem früheren Vertrag angehören, ist der frühere Vertrag maßgeblich.

Somit treten Anforderungen aus dem EGV nicht schon von vornherein hinter dem WPV zurück. Nachfolgend kann daher die Vereinbarkeit der Portonachforderung aus Art. 25 Nr. 3 WPV mit dem EGV geprüft werden.

II. Vereinbarkeit mit den Grundfreiheiten

1. Warenverkehr, Art. 28

Die GfS macht geltend, die Portonachforderung verletze sie in ihren Grundfreiheiten und führt neben der Dienstleistungs- und Niederlassungsfreiheit auch Art. 28, die Freiheit des Warenverkehrs an.

Der Warenverkehr kann aber nur eine Schranke für Art. 25 WPV sein, wenn er hier überhaupt einschlägig ist. Art. 28 EGV ist nur anwendbar, wenn es um innergemeinschaftlichen Warenverkehr geht, s. Art. 23 Abs. 2 EGV. Es müsste also um Warenströme gehen.

Waren sind alle körperlichen, geldwerten Gegenstände, die Gegenstand eines Handelsgeschäfts sein können.[1] Bei den Briefen, die die GfS versendet, handelt es sich zwar um verkörperte Gegenstände. Doch sind die Briefe nicht Gegenstand eines Handelsgeschäfts. Die Briefe sollen nicht von der GfS im Auftrag der Kunden veräußert oder übertragen werden, sondern sie sollen von ihr versandt werden. Die einzigen Geschäfte, um das es hier geht, sind die internationale Briefbeförderung durch die belonische Post und die Postbearbeitung und Postabsendung durch die GfS. Das sind selbst keine Handelsgeschäfte, die auf Übertragung des Eigentums an körperlichen Gegenständen zielten, sondern Dienstleistungen.[2]

Die Portonachforderung durch die Arkada Post AG bezieht sich somit auf ein Dienstleistungsgeschäft. Der Warenverkehr nach Art. 28 ist gegenständlich nicht einschlägig.

2. Dienstleistungsfreiheit, Art. 49 EGV

a) Anwendbarkeit der Dienstleistungsfreiheit

Als Dienstleistung ist jede Leistung, die in der Regel gegen Entgelt erbracht wird, einzuordnen, soweit sie nicht von der Freiheit des Waren- und Kapitalverkehrs oder des Personenverkehrs erfasst wird, s. Art. 50 EGV. Ausgenommen sind nach Art. 55 iVm Art. 45 EGV Tätigkeiten, die mit der Ausübung öffentlicher Gewalt verbunden sind.

Hier kann man auf *zwei* Dienstleistungen abstellen:

aa) Die Dienste der GfS

Die von der GfS über ihre Zweigniederlassung in Belonia an Kunden in Arkadia erbrachte Leistung stellt eine Dienstleistung dar, die sie gegen Entgelt erbringt. Dass der Warenverkehr hier nicht eingreift, wurde bereits gezeigt. Die Kapital- und Zahlungsverkehrsfreiheit ist nicht einschlägig.

---

1 Vgl. EuGH, Slg. 1968, 634; Slg. 1992, I-4431, Rn. 26; Slg. 1995, I-563, Rn. 20.
2 S. auch GA LaPergola, Slg. 2000, I-827, Tz. 22 – Post AG / GZS.

Der vorliegende Sachverhalt könnte aber von der Niederlassungsfreiheit nach Art. 43 EGV erfasst sein. Denn die GfS will ihre Leistungen dauerhaft und nicht nur vorübergehend anbieten und über ihre Zweigniederlassung in Belonia abwickeln. Das Abgrenzungsmerkmal zwischen der Dienstleistung und der Niederlassung besteht, wie Art. 50 EGV deutlich macht, in dem Kriterium, dass Leistungen nur vorübergehend erbracht werden. Da die GfS aber ihre Geschäftstätigkeit dauerhaft ausüben will und dazu auch auf Dauer eine Zweigniederlassung in Belonia betreibt, greift die Niederlassungsfreiheit ein.

Weiterhin ist die Anwendbarkeit der Dienstleistungsfreiheit auf die Leistungen der GfS unter dem Aspekt des grenzüberschreitenden Sachverhalts zweifelhaft. Denn das Unternehmen GfS sitzt in Arkadia und erbringt seine Leistungen an Kunden aus Arkadia. Nach Art. 49 EGV sind die Beschränkungen abzubauen für Angehörige der Mitgliedstaaten (dazu zählen nicht nur natürliche, sondern auch juristische Personen, Art. 55 iVm Art. 48), die in einem anderen Staat als dem des Leistungsempfängers ansässig sind. Für reine Inlandssachverhalte gelten die Grundfreiheiten anerkanntermaßen nicht. Vorliegend sind sowohl die Kunden der GfS als Leistungsempfänger als auch die GfS als Leistungserbringer im selben Mitgliedstaat ansässig. Zwar hat die GfS lt. Sachverhalt auch noch Kunden aus anderen Mitgliedstaaten, so dass insoweit ihre Geschäftstätigkeit eindeutig von Art. 49 EGV erfasst ist. Jedoch darf darauf hier nicht abgestellt werden. Denn es geht um die Beurteilung der Vereinbarkeit der Portoforderung nach Art. 25 Nr. 3 WPV mit Art. 49 EGV. Diese Frage wird nur relevant, wenn der Absender im selben Land wie der Postdienstleister (Arkada Post AG) liegt (vgl. Art. 25 Nr. 1 WPV), so dass dann stets die Identität der Mitgliedstaaten gegeben ist.

Zwar genügt es für die Anwendbarkeit des Art. 49 EGV, wenn die Leistung selbst nur die Grenze überschreitet (sog. Korrespondenzdienstleistung). Die Leistung der GfS liegt im Sammeln der Daten, in ihrer Verarbeitung und in der Postaufgabe. Diese Leistungen werden zwar teilweise noch in Arkadia, überwiegend aber in Belonia erbracht. Von dort wird die Post indes wieder in den Ausgangsmitgliedstaat zurückgeschickt. Die Leistung, genauer: ihr Ergebnis, soll damit letztlich wieder im selben Mitgliedstaat eintreffen; die Grenzüberschreitung geschah nur als Teil des Produktionsprozesses und hat mit der Leistung selbst nichts zu tun. Auch aus diesem Grund ist Art. 49 für die Leistung der GfS selbst nicht anwendbar.

Aus diesen zwei Gründen greift hier für die Geschäftstätigkeit der GfS über ihre rechtlich unselbständige Zweigniederlassung nicht Art. 49, sondern Art. 43 EGV ein. (A. A. indes vertretbar, da man schon einen Teil des Produktionsprozesses im Ausland als für die Grenzüberschreitung genügend ansehen kann und die Leistungen an die Kunden der GfS isoliert betrachtet als Dienstleistung angesehen werden können. Dann sind die im folgenden ab cc) angesprochenen Probleme in gleicher Weise zu erörtern.)).

bb) Dienste der belonischen Post

Die GfS nimmt zur Abwicklung ihrer Aufträge durch ihre Zweigniederlassung in Belonia die Dienste der belonischen Post in Anspruch. Insoweit kann die GfS sich als Nachfragerin von Diensten auch auf die Dienstleistungsfreiheit nach Art. 49

EGV berufen. Die GfS als juristische Person nach arkadischem Recht ist nach Art. 55 iVm Art. 48 EGV auch als Angehörige eines Mitgliedstaats anzusehen und daher berechtigt, sich auf die Grundfreiheit zu berufen. Die in Anspruch genommenen Dienste der belonischen Post sind Beförderungsleistungen, die letztere gegen Entgelt für die GfS erbringt und erfüllen damit den Dienstleistungsbegriff nach Art. 50 EGV.

Ein grenzüberschreitendes Geschäft liegt bei der Inanspruchnahme der Leistungen der belonischen Post auch vor. Denn die belonische Post AG ist in einem anderen Mitgliedstaat als dem des Auftraggebers GfS, die über ihre unselbständige Tochtergesellschaft handelt, ansässig. Sie betreibt außerdem grenzüberschreitende Geschäfte, weil sie an in Arkadia ansässige Empfänger adressierte Briefsendungen zur Beförderung entgegennimmt. Die Grenzüberschreitung erfolgt vorliegend somit einmal dadurch, dass die Leistung selbst (konkret: die Briefbeförderung) die Grenze überschreitet, zum anderen dadurch, dass der Auftraggeber GfS in einem anderen Mitgliedstaat sitzt. Beide Aspekte begründen je für sich das erforderliche grenzüberschreitende Moment. Gegen den ersten Aspekt mag zwar eingewandt werden, die belonische Post liefere die Postsendungen nur bis zur Staatsgrenze Belonias und übergebe sie dort der Arkada Post AG, die die Zustellung in Arkadia vornimmt, so dass die eigentlich grenzüberschreitende Betätigung gerade nicht durch die belonische Post erfolge.[3] Doch vermag dieser Einwand nicht zu überzeugen, weil er erstens nichts an der Tatsache ändert, dass sich die belonische Post der GfS gegenüber (über deren rechtlich unselbständige Zweigniederlassung) zur Beförderung an den Empfänger verpflichtet hat und damit ein von der Dienstleistungsfreiheit erfaßter Sachverhalt vorliegt. Zweitens ändert der Umstand, dass Unternehmen für die tatsächliche Leistungserbringung weitere Unternehmer als Beauftragte einschalten, nichts an der Grenzüberschreitung. (Doch selbst wenn man hier anders entscheiden wollte und der Meinung von Everling folgend die Anwendung der Dienstleistungsfreiheit ablehnte, müsste man die im folgenden ab cc) angesprochenen Probleme in gleicher Weise bei der Prüfung der Niederlassungsfreiheit der GfS (s. unten 3.) erörtern.)

Insoweit greift auch keine andere Grundfreiheit ein. Denn hinsichtlich der belonischen Post kann man nicht auf die Niederlassungsfreiheit abstellen, da diese sich nicht in Arkadia niedergelassen hat. Die grenzüberschreitenden Geschäfte der belonischen Post sind vorübergehend, weil sie jeweils nur aus Anlass einer ins Ausland adressierten Sendung erfolgen.[4]

Art. 49 EGV ist somit hier nur insoweit anwendbar, als die GfS die Dienste der belonischen Post in Anspruch nimmt. Die weitere Prüfung beschränkt sich auf diesen Aspekt.

Die Leistungen der belonischen Post sind wirtschaftlicher Art und fallen nicht unter den Ausnahmebereich der Ausübung öffentlicher Gewalt nach Art. 45 EGV.

---

3 So *Everling*, EuR 1996, 58 (68).
4 S. wiederum GA LaPergola, Slg. 2000, I-827, Tz. 22 – Post AG / GZS. Diese Vorstellung liegt auch EuGH, Rs. C-147 und C-148/97, Slg. 2000, I-825, Tz. 35 ff – Post AG / GZS zugrunde, da er Auslandsbriefsendungen als »grenzüberschreitende Leistungen« einordnet und dann in diesem Zusammenhang auf Art. 86 iVm 49 EGV abstellt.

Gegen die Anwendung des Art. 49 kann man hier auch nicht geltend machen, es liege eine künstliche Verlagerung von Verkehrsströmen[5] oder ein Umgehungssachverhalt vor. Denn die GfS nimmt sehr real die Leistungen der belonischen Post in Anspruch. Diese Gestaltung ihrer Geschäftstätigkeit erfolgt gerade in Nutzung der durch den Gemeinsamen Markt ihr gegebenen Möglichkeiten. Eine Umgehung des Monopols der Arkadia-Post AG liegt nicht vor (s. Hinweis im Bearbeitervermerk) und kann auch nicht gegen die Geltendmachung der Dienstleistungsfreiheit durch die GfS eingewandt werden. Zwar gelten die Grundfreiheiten nicht für Umgehungen. So verwehrt es Art. 49, sich durch Niederlassung im Ausland den nationalen Regelungen zu entziehen, die Anwendung fänden, wenn die Ansässigkeit im Inland gegeben wäre.[6] Doch ist die GfS gerade weiterhin im Inland ansässig.[7]

cc) Die Anwendbarkeit der Dienstleistungsfreiheit gegenüber der Arkada Post AG

Die Anwendbarkeit von Art. 49 muss nicht nur zugunsten des Berechtigten, sondern auch hinsichtlich des *Verpflichteten* gegeben sein. Die GfS beruft sich auf Art. 49 EGV gegenüber der Arkada Post AG.

Die Grundfreiheiten verpflichten die Mitgliedstaaten. Sie sind gegen staatliche Maßnahmen gerichtet. Hier handelt es sich aber um ein privates Unternehmen, die Arkada Post AG. Die Maßnahme geht von ihr aus.

Dennoch ist Art. 49 anwendbar. Zum einen läßt sich dies damit begründen, dass die Arkada Post AG nur deshalb Porto nachverlangen kann, weil der Staat Arkadia ihr die Möglichkeit dazu verschafft hat, indem er den WPV ratifizierte und die entsprechenden Umsetzungsbestimmungen im nationalen Recht erlassen hat. Insofern liegt unmittelbar eine nationale Maßnahme des Staates Arkadia vor.

(Die Bearbeiter können es für die Annahme einer nationalen Maßnahmen nicht mit diesem Argument bewenden lassen, der Staat habe der Arkada Post AG die Möglichkeit zur Portonachforderung verliehen. Denn die GfS wendet sich nicht unmittelbar gegen den Staat Arkadia, sondern gegen das Verhalten des Unternehmens Arkada Post AG).

Zum anderen handelt es sich hier eben nur um ein der Form nach privates Unternehmen. Denn die AG ist zu 80% in staatlicher Hand und wird damit vom Staat Arkadia beherrscht. Ein Unternehmen, auf das die öffentliche Hand einen beherr-

---

5 Das wird zum Teil gegen die Anwendung der Grundfreiheiten auf das Remailing geltend gemacht, s. etwa *Barden*, EWS 2000, 387.
6 EuGH, Rs. C-148/91, Slg. 1993, I – 487 (519, Rn. 12) – Omroep.
7 Außerdem hat der EuGH, Rs. 33/74, Slg. 1974, 1299 (1309, Rn. 13) – Binsbergen dann die Anwendbarkeit zumindest der Niederlassungsfreiheit erwogen, so dass dieselben Probleme bei Art. 43 zu prüfen wären. Größte Vorsicht ist geboten, wenn man die Grundfreiheiten wegen Missbrauchs versagen will. Denn die Nutzung der Möglichkeiten des EGV auch durch Inländer dient dem Binnenmarkt. So hat der EuGH in Rs. C-212/97, Slg. 1999, I-1459 – Centros die Nutzung der Möglichkeiten des EGV zum Unterlaufen nationaler Beschränkungen zugelassen.

schenden Einfluss[8] hat, ist somit ein öffentliches. Ebenso wenig wie der Staat sich durch die Verwendung privatrechtlicher Formen den Verpflichtungen des staatlichen öffentlichen Rechts entbinden kann (keine Flucht ins Privatrecht), soll der Staat sich durch Auslagerung von Aufgaben auf öffentliche Unternehmen sich den Verpflichtungen des EGV entwinden können. Das lässt sich eindeutig Art. 86 Abs. 1 EGV entnehmen, der die Mitgliedstaaten verpflichtet, in bezug auf öffentliche Unternehmen, keine diesem Vertrag widersprechende Maßnahme zu treffen. Die Art. 12 und 81 ff sind eindeutig nach dem Wortlaut des Norm nur beispielshalber genannt (»insbesondere«), so dass die Mitgliedstaaten, wenn sie durch ihre öffentlichen Unternehmen handeln, auch Art. 49 EGV respektieren müssen. Die Verpflichtung aus Art. 86 Abs. 1 nimmt nicht nur die Mitgliedstaaten in die Pflicht, sondern auch das Verhalten der öffentlichen Unternehmen selbst.

Die gleiche Regel findet sich in Art. 86 Abs. 2 1. Halbsatz EGV, der ausdrücklich die Geltung der Normen des EGV und damit auch die Bindung der dort benannten Unternehmen an die Grundfreiheiten anordnet. (Es genügt, wenn die Bearbeiter insoweit eine der beiden Normen anführen.)[9]

Die Arkada Post AG ist auch ein öffentliches Unternehmen iSv. Art. 86 Abs. 1 EGV. Öffentliche Unternehmen iSv. Art. 86 Abs. 1 liegen vor, wenn es sich um eine *wirtschaftlich tätige Einheit* handelt, die *vom Staat beherrscht* wird. Letzteres wurde bereits festgestellt. Dass die Arkada Post AG wirtschaftlich tätig ist, ist auch gegeben, weil sie Leistungen der Postbeförderung auf dem Markt anbietet.[10]

Schließlich ist es nicht unvertretbar, wenn Bearbeiter meinen, die Grundfreiheiten würden unmittelbare Drittwirkung auch zwischen Privaten entfalten und deshalb zwischen der GfS und Arkada Post AG Anwendung finden. Der Text des EGV steht dem nicht von vornherein entgegen. Entsprechende Urteile des EuGH lassen sich im Bereich der Arbeitnehmerfreiheit und auch der Dienstleistungsfreiheit finden. So begründet das der EuGH etwa damit, dass kollektive arbeitsrechtliche Regelungen anderswo in Gesetzesform ergehen.[11] Allerdings sollten die Bearbeiter dies gut begründen und nicht nur behaupten.

b) Verletzung der Dienstleistungsfreiheit

Die Maßnahme, um die es geht, ist die Nachforderung von Porto für die von der GfS erstellten Postsendungen, die sie bei der Post von Belonia aufgab.

---

8 Für die Kriterien kann man auf Art. 2 der Transparenzrichtlinie verweisen. Das Vorliegen eines Beherrschung ist bei 80% Kapitalanteil des Staates nicht wirklich zweifelhaft.
9 Art. 86 Abs. 1 und Art. 86 Abs. 2 1. Hs. EGV sind *insoweit, also für die Frage der Grundfreiheitsgeltung*, eine einheitliche Regelung, vgl. EuGH, Rs. C-320/91, Slg. 1991, I- 2533 (2568, Rn. 12 f) – Corbeau, wonach Art. 86 Abs. 1 und Abs. 2 »in Verbindung« zu lesen sind. S. ferner *Grill* in *Lenz* (Hrsg.), EGV, Art. 86, Rn. 3.
10 Bearbeiter, die hier für die Grundfreiheitsverpflichtung nur auf Art. 86 Abs. 2 1. Hs EGV abstellen, kommen zu keinem anderen Ergebnis, weil die Arkada Post AG ein Unternehmen ist, das mit Dienstleistungen von allgemeinem wirtschaftlichen Interesse betraut ist, s. unten.
11 EuGH, Slg. 1974, 1405 (1420, Rn. 20/24) – Walrave; Slg. 1995, I-4921 (5067, Rn. 87) – Bosman. S. ferner *Streinz*, Europarecht, Rn. 707; Jaensch, Die unmittelbare Drittwirkung von Grundfreiheiten, 1997, S. 34 ff; Streinz/Leible, EuZW 2000, 459 ff.

Diese Portonachforderung behindert die grenzüberschreitende Geschäftstätigkeit der GfS. Denn bei Nachzahlung des Portos würde nach Angaben der GfS, die hier als durchaus glaubwürdig zugrunde gelegt werden sollen, deren Geschäft unrentabel. Die GfS könnte dann infolgedessen auch die Leistungen der belonischen Post nicht mehr in Anspruch nehmen.[12] Als tatbestandsmäßige Verletzung des Art. 49 stellt sich ausweislich des Wortlauts von Abs. 1 jede Beschränkung dar. Sie muss nicht die Form einer Diskriminierung annehmen. Eine Beschränkung ist nach dem weiten Begriffsverständnis, das die Entscheidung Dassonville für Art. 28 EGV brachte,[13] das aber auch für die anderen Grundfreiheiten zugrunde zu legen ist, jede Maßnahme, die sich aktuell oder potentiell, mittelbar oder unmittelbar behindernd für die grenzüberschreitende Wirtschaftstätigkeit auswirkt. Das ist der Fall, wenn eine Maßnahme eine Leistung wirtschaftlich weniger vorteilhaft macht[14] oder die Wahrnehmung einer Grundfreiheit weniger attraktiv werden lässt.[15] Das ist hier hinsichtlich der Inanspruchnahme der belonischen Post gegeben.

Hier ist indes sogar eine Diskriminierung gegeben. Da die Maßnahme spezifisch Auslandsbriefsendungen von Belonia nach Arkadia betrifft, die von in Arkadia ansässigen Absendern geschickt werden, während in Belonia ansässige Absender nicht der Maßnahme unterliegen, diskriminiert die Maßnahme gemäß der Staatszugehörigkeit der Auftraggeber der Dienstleistung. Eine solche Diskriminierung nach der Herkunft ist vom Begriff der Beschränkung in Art. 49 EGV umfasst, vgl. das Inländergleichbehandlungsgebot des Art. 50 Abs. 3 EGV. Art. 49 ist insoweit lex specialis zu Art. 12 EGV.

Eine tatbestandsmäßige Verletzung könnte nach der neueren Rechtsprechung dann nicht vorliegen, wenn es sich um bloße Vertriebsmodalitäten handeln würde. Diese zuerst für Art. 28 EGV vom EuGH im Urteil *Keck* entwickelte Ausnahme (»Verkaufsmodalitäten«),[16] könnte auch bei Art. 49 EGV anwendbar sein.[17] Indes ist diese Frage hier nicht weiter zu problematisieren, weil es vorliegend nicht um bloße Regelungen über die Art und Weise der Leistungserbringung durch die belonische Post geht, sondern um Fragen, die unmittelbar deren Geschäftstätigkeit im grenzüberschreitenden Verkehr betrifft. Nicht die Art und Weise, das »Wie«, sondern der Umfang und das »Ob« sind berührt. Außerdem forderte der EuGH im Urteil Keck, dass in- und ausländische Waren, hier: Dienstleistungen, in rechtlicher und tatsächlicher Weise von der Maßnahme gleich berührt sein müs-

---

12 Auf letzteres kommt es hier an. Zwar ist auch die Leistung der GfS selbst behindert, weil deren eigene Dienste nicht mehr rentabel sind. Doch kann das bei der Prüfung des Art. 49 nicht herangezogen werden, da bei der Klärung der Anwendbarkeit des Art. 49 EGV auf die Dienste der belonischen Post abgestellt werden musste.

13 EuGH, Rs. 8/74, Slg. 1974, 837 (852) – Dassonville.

14 EuGH, Slg. 1991, I-4221, Rn. 12 – Säger; Slg. 1998, I-7875, Rn. 28 f – Ambry; GA LaPergola, Slg. 2000, I-827, Tz. 22 – Post AG/GZS.

15 EuGH, Rs. C-55/94, Slg. 1995, I-4165 (4197) – Gebhard (allgemein für alle Grundfreiheiten).

16 EuGH Rs. C-267/91 und C-268/91, Slg. 1993, I-6097 (6131) – Keck und Mithouard. Dazu näher Fall 1.

17 Vgl. *Streinz*, Europarecht, Rn. 766; *Nettesheim*, NVwZ 1996, 342.

sen, damit die Ausnahme vom Tatbestand greift. Auch das ist wie gesehen hier nicht der Fall, da die Maßnahme diskriminierend wirkt.

Somit liegt jedenfalls eine Verletzung des Tatbestands von Art. 49 EGV vor.

c) Rechtfertigung der Verletzung der Dienstleistungsfreiheit

aa) Zwingende Allgemeinwohlgründe und Art. 46 EGV

Beschränkungen der Dienstleistungsfreiheit können gerechtfertigt werden, und zwar entweder nach Art. 46 EGV oder durch die zwingende Gründe des Allgemeinwohls.[18] Beides ist hier nicht einschlägig:

aaa) Man könnte versuchen, als *zwingenden Allgemeinwohlgrund* die *Funktionsfähigkeit des Postdienstes* zu prüfen.

Dagegen bestehen aber drei Einwände: Zum einen finden die zwingenden Erwägungen des Allgemeinwohls nur bei unterschiedslos anwendbaren Maßnahmen Anwendung.[19] Die vorliegende Maßnahme unterscheidet aber zwischen verschiedenen Auslandsbriefsendungen, nämlich je nach der Ansässigkeit des Absenders. Es wird somit nach der Herkunft und damit letztlich nach der Staatszugehörigkeit diskriminiert. Die ungeschriebenen Rechtfertigungen greifen daher nicht ein.

Zum anderen sind die Rechtfertigungserwägungen der Arkada Post AG wirtschaftlicher Art. Sie will die Nachforderung damit begründen, dass andernfalls die Zustellung der Auslandsbriefe innerhalb Arkadias ihr Verluste einbringen und somit die Existenz des Unternehmens gefährdet wäre. Anerkanntermaßen sind wirtschaftliche Gründe keine zwingenden Erwägungen des Allgemeinwohls, die eine Beschränkung der Grundfreiheiten nach den ungeschriebenen Rechtfertigungsgründen begründen könnten.[20] Denn die Grundfreiheiten zielen gerade auf die Abschaffung separater, getrennter nationaler Märkte. Der durch Anbieter aus anderen Mitgliedstaaten ausgelöste Wettbewerbsdruck kann nicht unter Rückgriff auf Erwägungen der Wirtschaftlichkeit der heimischen Unternehmen beseitigt werden. Es soll den Mitgliedstaaten und seinen öffentlichen Unternehmen nicht möglich sein, sich unter Berufung auf wirtschaftliche Schwierigkeiten den Anforderungen des EGV zu entziehen. Sonst würden die Grundfreiheiten im Ergebnis jeder Wirkung beraubt.

Bereits diese beiden Argumente schließen je für sich die Anwendung zwingender Allgemeinwohlgründe aus. Ein drittes kommt aber hinzu: Der Rechtfertigungsgrund der Funktionsfähigkeit des Postdienstes ist speziell in Art. 86 Abs. 2 geregelt, so dass insoweit nicht auf ungeschriebene Rechtfertigungsmöglichkeiten zu-

---

18 Ohne weiteres ebenso richtig ist es, letzteres bereits im Verbotstatbestand der Grundfreiheit als immanente Schranke zu prüfen.

19 *Streinz*, Europarecht, Rn. 739. A. A. aber vertretbar aufgrund der verschiedentlich unklaren Aussagen des EuGH in manchen neueren Urteilen, dazu etwa die Analyse von *Weiß*, EuZW 1999, 493 ff.

20 Zur Unzulässigkeit rein wirtschaftlicher Ziele als Beschränkungen der Grundfreiheiten s. etwa EuGH, Rs. C-203/96, Slg. 1998, I-4075, Rn. 44 – Chemische Afvalstoffen; *Ehlermann*, ZögU 1992, 377 (387).

rückgegriffen werden darf. Falls Bearbeiter hier den Vorrang des Art. 86 Abs. 2 EGV verkennen, sollte es dennoch honoriert werden, wenn sie inhaltlich die bei Art. 86 Abs. 2 EGV anzuwendende Verhältnismäßigkeitsprüfung durchführen.

bbb) Gründe der öffentlichen Ordnung, Sicherheit oder Gesundheit nach Art. 46

Sie können ebenfalls wirtschaftliche Erwägungen nicht als Rechtfertigung gelten lassen. Wirtschaftliche Erwägungen haben mit der öffentlichen Ordnung, Sicherheit und Gesundheit nichts zu tun, zumal diese Begriffe als Ausnahmen von den Grundfreiheiten eng auszulegen sind und nur grundlegende Interessen des Staates schützen. Es geht bei Art. 46 nicht anders als für Art. 30 um den Schutz von Interessen *nichtwirtschaftlicher* Art.[21] Art. 2 Abs. 2 der Richtlinie 64/221 zur Koordinierung der Sondervorschriften für die Einreise und den Aufenthalt von Ausländern, soweit sie aus Gründen der öffentlichen Ordnung, Sicherheit oder Gesundheit gerechtfertigt sind (abgedruckt im Sartorius II unter Nr. 180b), schließt demgemäss wirtschaftliche Zwecke aus.

(Nicht unvertretbar erscheint es allerdings, den Begriff der öffentlichen Ordnung so auszulegen, dass er der Aufrechterhaltung wesentlicher öffentlicher Dienstleistungen dient.[22] Dann könnte man erwägen, die Briefbeförderung als eine solche wesentliche Dienstleistung einzuordnen [der EuGH hat das für die Ölversorgung einmal angenommen, weil die Unterbrechung dieser Versorgung für den Staat existenzgefährdend sein kann;[23] das erscheint bei der Briefbeförderung nicht im gleichen Ausmaß einschlägig] und die Rechtfertigung unter Verhältnismäßigkeitsgesichtspunkten, die auch hier gelten, näher zu prüfen. Allerdings ist wiederum zu betonen, dass die Rechtfertigungsgründe nach Art. 46 EGV nicht für wirtschaftliche Erwägungen herangezogen werden dürfen.)

bb) Art. 86 Abs. 2 EGV

Art. 86 Abs. 2 ist eine Vorschrift, die Ausnahmen vom EGV rechtfertigt, und zwar dann, wenn bestimmte, dort näher benannte Unternehmen ohne Abweichung vom EGV die ihnen übertragenen besonderen Aufgaben rechtlich oder tatsächlich nicht erbringen können. Denn Art. 86 Abs. 2 EGV ordnet die Geltung der Vorschriften des EGV nur an, soweit nicht deren Anwendung die Erfüllung der besonderen Aufgaben verhindert. Dies gilt – wie bei Art. 86 Abs. 1 EGV – für alle Vorschriften des EGV und nicht nur für das Wettbewerbsrecht, das nur besonders betont wird (»insbesondere«). Art. 86 Abs. 2 rechtfertigt somit Verletzungen nicht nur des Wettbewerbsrechts, sondern auch der Grundfreiheiten.

Auch lässt Art. 86 Abs. 2 EGV wirtschaftliche Erwägungen zur Rechtfertigung zu, was für die Rechtfertigungsmöglichkeiten von Beschränkungen der EGV-Grundfreiheiten wie gesehen grundsätzlich nicht gilt.[24] Denn es geht Art. 86 Abs. 2 um

---

21 EuGH, Rs. 72/83, Slg. 1984, 2727 (2752, Rn. 35) – Campus Oil Limited.
22 Das findet sich etwa bei *Streinz*, Europarecht, Rn. 734 (allerdings bezüglich Art. 30 EGV).
23 EuGH, Rs. 72/83, Slg. 1984, 2727 (2751 f, Rn. 34 f) – Campus Oil Limited.
24 *Mestmäcker*, FS Zacher, S. 635 (644); *Mortelmans*, CMLRev. 2001, 613 (637). Vgl. für die Dienstleistungen von allgemeinem wirtschaftlichen Interesse EuGH, Rs. C-320/91, Slg. 1993, I-2533 (2569, Rn. 17–19) – Corbeau zur Möglichkeit der Rechtfertigung eines Mono-

die Wahrung der Funktion der Unternehmen, ihre besondere Aufgabe erbringen zu können. Dazu gehören gerade auch wirtschaftliche Erwägungen.

aaa) Anwendbarkeit von Art. 86 Abs. 2

Die Arkada Post AG müsste ein Unternehmen iSv Art. 86 Abs. 2 S. 1 EGV sein, das mit *Dienstleistungen von allgemeinem wirtschaftlichen Interesse* betraut wurde.

Solche Dienstleistungen liegen vor, wenn eine Leistung im Interesse der Allgemeinheit und nicht im speziellen Interesse bestimmter Personenkreise liegt. Eine Dienstleistung von allgemeinem wirtschaftlichen Interesse liegt vor, wenn es sich um *wirtschaftliche Aktivitäten* zur Sicherung von *Infrastruktur und Daseinsvorsorge* handelt,[25] die im öffentlichen Interesse einer größeren Öffentlichkeit, nicht nur von einzelnen Gruppen oder Industriezweigen, wahrgenommen werden. Die Formulierung »wirtschaftliches Interesse« schließt ein soziales, kulturelles oder karitatives Interesse nicht aus.[26] Die Beförderung von Post – auch aus dem Ausland – ist eine Leistung, die die Arkada Post AG im Allgemeininteresse erbringt. Denn auf solche Leistungen ist typischerweise jeder angewiesen. Tätigkeiten, die dem Bereich der Daseinsvorsorge zugehören, sind Dienste von allgemeinem Interesse.

Es darf hier nicht abgestellt werden auf »Massensendungen«. Insoweit könnte man zwar am allgemeinen Interesse an den Diensten zweifeln, weil daran weitgehend nur mehr oder minder große Unternehmen interessiert sein mögen. Doch die besondere Aufgabe der Arkada Post AG umfasst die gesamte Briefbeförderung. Darauf ist hier abzustellen. Denn es geht um die Rechtfertigung der Einschränkung der Anwendung von Art. 49 EGV bezüglich Massensendungen vor dem Hintergrund der Funktionsfähigkeit der gesamten Briefbeförderung.

Eine *Betrauung* durch den Staat liegt vor, wenn das Unternehmen durch Gesetz oder Hoheitsakt mit der Wahrnehmung der Leistung beauftragt wurde. Da das arkadische Gesetz die Monopolstellung der Arkada Post AG für Briefsendungen regelt, ist von einer Betrauung auszugehen.

Dafür dass die Arkada Post AG auch ein Finanzmonopol darstellt, ist wenig ersichtlich. Denn das läge vor, wenn es eine staatliche Einrichtung wäre, die ausschließlich dem Zweck der Einnahmeerzielung diente.

---

pols zur Sicherung wirtschaftlich rentabler Durchführung der Aufgabe durch Quersubventionierung.

Ferner sind an den Nachweis der Notwendigkeit für die Aufgabenerfüllung recht hohe Anforderungen zu stellen, vgl. EuGH, Rs. C-203/96, Slg. 1998, I-4075, Rn. 67) – Chemische Afvalstoffen.

25 Der Begriff ist damit weiter als bei Art. 49 f. EGV.

26 *Mestmäcker*, FS Zacher, S. 635 (645); A. A. *Jung* in: *Calliess/Ruffert*, EUV / EGV, Art. 86, Rn. 38.

bbb) Verhinderung der Erfüllung der besonderen Aufgabe

Die Bestimmungen über die Dienstleistungsfreiheit gelten nicht, soweit deren Anwendung die Erfüllung der besonderen Aufgabe verhindern würde, Art. 86 Abs. 2 S. 1.

Die besondere Aufgabe liegt – wie gesehen – in der Verpflichtung der Arkada Post AG, jede Briefsendung in Arkadia zuzustellen. Dazu gehören auch im Ausland aufgegebene, an Empfänger in Arkadia adressierte Sendungen.

Die Rechtfertigung setzt voraus, dass die Erfüllung dieser Aufgabe durch die Anwendung von Art. 49 EGV verhindert würde. Die uneingeschränkte Anwendung des Art. 49 EGV hat nach den obigen Feststellungen zu Folge, dass die Arkada Post AG auch die Sendungen, die die GfS über die belonische Post aufgibt, ohne zusätzliches Porto befördern muss, obgleich sie dabei Verluste macht, weil die der Arkada Post AG zustehende Vergütung nicht die tatsächlichen Kosten deckt. Mit anderen Worten: Die Portonachforderung müsste erforderlich sein, um der Arkada Post AG die Erfüllung ihres Auftrags zur Briefpostbeförderung unter wirtschaftlichen Bedingungen zu ermöglichen. Es geht somit inhaltlich bei Abs. 2 S. 1 um eine Verhältnismäßigkeitsprüfung zwischen der Verpflichtung zur Erfüllung der betrauten Aufgabe und der Beschränkung der Anwendung des EGV.

Beachtlich ist auch Art. 16 EGV. Gemäß Art. 16 EGV sind die Mitgliedstaaten und die EG verpflichtet, die Funktionsbedingungen für die Dienste von allgemeinem wirtschaftlichen Interesse so auszugestalten, dass letztere ihren Aufgaben nachkommen können. Daran ansetzend, könnte man eine Verpflichtung bejahen, dass die Dienstleister wie die Arkada Post AG nicht zu defizitären Leistungen verpflichtet werden dürfen. Die Anwendung der Grundfreiheiten dürfte demnach keinen Zwang zur Erbringung defizitärer Leistungen entfalten. Indes können die Defizite bei der Leistungserbringung viele Ursachen haben. Sie können an veralteter Technik, unwirtschaftlichen Betriebsabläufen oder sonst unwirtschaftlichem Verhalten des Dienstleisters liegen. Eine defizitäre Leistungserbringung bedeutet daher nicht unbedingt, dass die Mitgliedstaaten und die EG ihrem Auftrag aus Art. 16 EGV nicht nachgekommen sind. Außerdem gilt Art. 16 EGV unbeschadet des Art. 86 EGV und damit seines Absatzes 2. Art. 16 EGV ist damit kein übergelagerter Ausnahmegrund, der Art. 86 Abs. 2 EGV vorgehen würde, sondern kann allenfalls den Stellenwert der Dienste bei der Subsumtion der Voraussetzungen des Art. 86 Abs. 2 EGV, also im Rahmen der Verhältnismäßigkeitsprüfung nach S. 1 [und bei der Definition des EG-Interesses nach S. 2 (s. unten ccc)], erhöhen.[27]

Mit diesen Maßgaben ist hier Art. 86 Abs. 2 S. 1 zu subsumieren:

Art. 86 Abs. 2 S. 1 EGV fordert für die Annahme einer Rechtfertigung, dass die defizitäre Leistungserbringung die Aufgabenerfüllung verhindert. Für eine Rechtfertigung ist damit nach dem Wortlaut erforderlich, dass die Anwendung der

---

27 Detailkenntnisse zum Streit um die Auslegung des Art. 16 EGV und sein Verhältnis zu Art. 86, insbesondere dessen Abs. 2 sind hier selbstverständlich nicht zu erwarten. Die Kandidaten müssen aber auf die Bedeutung von Art. 16 EGV eingehen.

Grundfreiheiten die Leistungserbringung nicht nur beeinträchtigt, sondern rechtlich oder tatsächlich unmöglich macht. Eine Verhinderung wäre sicher gegeben, wenn die Defizite den Bestand des Unternehmens Arkada Post AG bedrohte. Denn dann wäre damit insgesamt die Erfüllung der der Arkada Post AG anvertrauten Dienste verhindert. Maßgeblich wäre somit eine Betrachtung der Wirtschaftlichkeit der Briefbeförderungsleistungen *insgesamt, nicht nur der Massensendungen für sich.*[28]

Da der Sachverhalt keine näheren Angaben über die Verhältnisse, insbesondere über den Umfang der Massensendungen der GfS über die belonische Post und deren Verhältnis im Vergleich zur gesamten inländischen Post in Arkadia bietet, kann dies nicht zuverlässig beurteilt werden. Eine Verhinderung wäre bei erheblicher Stückzahl von über die belonische Post versandten Sendungen eher anzunehmen, als bei einer verhältnismäßig geringen Stückzahl. Denn bei einer nur verhältnismäßig geringen, zu vernachlässigenden Stückzahl können die Verluste aus den grenzüberschreitenden Briefsendungen ohne weiteres durch die Monopolgewinne aus den übrigen Briefbeförderungen abgedeckt werden, so dass die Arkada Post AG an der Durchführung der Briefbeförderung insgesamt nicht gehindert ist.

Nach Auffassung des EuGH genügt jedoch entgegen dem Wortlaut des Art. 86 Abs. 2 S. 1 EGV zum einen bereits eine Behinderung oder *Gefährdung* der Aufgabenerfüllung, nicht erst eine Verhinderung.[29] Eine Gefährdung der Leistungserfüllung kann man bei einem Zwang zur defizitären Leistung leichter annehmen als eine Verhinderung. Zum anderen verpflichtet Art. 86 Abs. 2 EGV die Unternehmen, die Dienste von allgemeinem Interesse anbieten, nicht zu einer Quersubventionierung zwischen verschiedenen Bereichen der übertragenen Leistungen.[30] Demnach dürfen die Unternehmen dafür Sorge tragen, dass *jede Leistung* von allgemeinem wirtschaftlichen Interesse *für sich* unter wirtschaftlich tragbaren Bedingungen erbracht werden kann. Diese Linie lässt sich der neueren Rspr. des EuGH entnehmen, wenn er die in Abweichung von Art. 49 EGV zugelassene Nachforderung von Porto rechtfertigt, soweit das erforderlich ist, damit die Arkada Post AG die ihr anvertraute Aufgabe wahrnehmen kann, und zwar – wie er betont – unter wirtschaftlichen Bedingungen.[31] Schließlich kann man das Abstellen auf jede Leistung für sich unter Hinweis auf Art. 16 EGV als geboten ansehen (zwingend ist das indes nicht).

Folgt man dieser Linie des EuGH, greift Art. 86 Abs. 2 S. 1 grundsätzlich ein. Denn dann deckt er die für die im Interesse der Wirtschaftlichkeit jeder Leistung für sich vorzunehmende Grundfreiheits- und damit Wettbewerbsbeschränkung ab, zumal die Defizite die Existenz des Unternehmens Arkada Post AG abstrakt gefährden

---

28 So bei *Everling*, EuR 1996, 77 ff.
29 S. EuGH, 23. 10. 1997, EuZW 1998, 76 (81, Tz. 95); a. A. aber EuG, Rs. T-260/94, Slg. 1997, II-997 (1043, Rn. 138) – Air Inter, das auf eine Verhinderung abstellt und eine Beeinträchtigung nicht genügen lässt.
30 Der EuGH lässt eine Quersubventionierung zu, leitet aus Art. 86 Abs. 2 aber keine diesbezügliche Verpflichtung ab. Vgl. EuGH, Slg. 2000, I-825, Rn. 50–52 – Deutsche Post AG/ GZS und dazu zuletzt *Grave*, EuZW 2001, 709 (710). S. ferner zur Quersubventionierung EuG, TNT Traco, EuZW 2001, 408 und *Koenig*, EuZW 2002, 289.
31 Vgl. EuGH, Slg. 2000, I-825, Rn. 49 – Deutsche Post AG/GZS.

können. (Die Bearbeiter können aber bei entsprechender Argumentation auch das Nichtvorliegen der Rechtfertigung nach Art. 86 Abs. 2 EGV vertreten, weil von der Arkada Post AG angesichts des lebensnah unterstellt nur relativ geringen Umfangs grenzüberschreitender Sendungen zu erwarten ist, dass sie solche Verluste durch die Monopoleinnahmen aus den reservierten Bereichen ausgleicht.[32] Außerdem muss die Arkada Post AG das Vorliegen der Voraussetzungen der Ausnahme, auf die sie sich beruft, beweisen. Ein non-liquet geht zu ihren Lasten.)[33]

Die Nichtanwendung der Anforderungen des Art. 49 EGV rechtfertigt sich aber nur insoweit, wie eine Gefährdung besteht (vgl. den Wortlaut von Art. 86 Abs. 2 S. 1: »soweit«). Das ist Ausdruck der Verhältnismäßigkeit. Die Durchbrechung der Regelungen des EGV muss für das Funktionieren der besonderen Aufgabe erforderlich sein. Konkret bedeutet das, dass die Zulassung einer Portonachforderung durch die Arkada Post AG zur Abdeckung des Defizits aus den umstrittenen Sendungen erforderlich sein muss und nicht über das Erforderliche hinausgehen darf.

Die Arkada Post AG fordert infolge Art. 25 Abs. 3 WPV das Inlandsporto. Sie will damit dieses Porto von 0,23 € zusätzlich zu der ihr von der belonischen Post entrichteten Endvergütung von 0,14 € erhalten. Damit würde sie für die Auslandsbriefe aus Belonia mehr Porto erhalten (nämlich insgesamt 0,37 €) als für Inlandspost (0,23 €). Das ist zur Verhinderung einer defizitären Leistungserbringung durch die Arkada Post AG nicht erforderlich. Art. 86 Abs. 2 S. 1 rechtfertigt daher nur, dass die Arkada Post AG den Differenzbetrag zum Inlandsporto nacherhebt, also 0,09 €.[34] (Mit anderer Argumentation kann man auch vertreten, dass Art. 86 Abs. 2 S. 1 nur eine Portoforderung bis zur Höhe der der Arkada Post AG entstehenden Beförderungskosten [also ohne Gewinnanteil] abzüglich der von der belonischen Post erhaltenen 0,14 € rechtfertigt).

ccc) Art. 86 Abs. 2 S. 2

Schließlich setzt die Anwendung der Rechtfertigung nach Art. 86 Abs. 2 S. 2 EGV noch voraus, dass durch die Abweichung vom EGV die Entwicklung des Handelsverkehrs nicht in einem Ausmaß beeinträchtigt wird, das dem Interesse der EG zuwiderläuft. Diese Rückausnahme greift hier nicht ein. Zwar wird durch die Möglichkeit der Arkada Post AG, 0,09 € an Gebühr nachzufordern, die Entwicklung des Handelsverkehrs, der auch den Verkehr von Dienstleistungen umfasst (schließlich gilt Art. 86 Abs. 2 gerade für Dienstleistungsunternehmen), beeinträchtigt, weil sich die Marktchancen für die Dienste der GfS und damit auch die Inanspruchnahme der belonischen Post verschlechtern. Doch wird das erst relevant, wenn das Ausmaß dessen dem Interesse der EG zuwiderläuft. Letzteres liegt nicht vor. Insoweit kann wieder auf Art. 16 EGV verwiesen werden, der die

---

32 So etwa GA La Pergola, Slg. 2000, I-827, Tz. 30 der den Gedanken, *jede* Leistung, die unter den dem Monopolisten vorbehaltenen Bereich falle, müsse für sich unter wirtschaftlich tragbaren Bedingungen, also verlustfrei, erbracht werden können, ablehnte.
33 GA La Pergola, Slg. 2000, I-827, Tz. 25 – Deutsche Post/GZS.
34 EuGH, Slg. 2000, I-825, Rn. 56 – Deutsche Post AG/GZS.

Bedeutung von Diensten, wie sie die Arkada Post AG erbringt, unterstreicht. Das Interesse der EG wird somit auch dadurch definiert, dass die Funktionsbedingungen für die Unternehmen der Daseinsvorsorge erhalten bleiben sollen.

3. Niederlassungsfreiheit, Art. 43 EGV

Wie oben unter 2. a) dargelegt, kann die GfS hinsichtlich ihrer eigenen Wirtschaftstätigkeit sich auf die Niederlassungsfreiheit berufen, weil sie durch die Zweigniederlassung in Belonia dauerhaft und auch grenzüberschreitend tätig ist. Der Geschäftstätigkeit der GfS kann der Schutz der Grundfreiheit auch nicht unter Hinweis auf eine angebliche Verletzung des Monopols der Arkada Post AG abgesprochen werden. Diese Problematik[35] ist durch den Hinweis im Bearbeitervermerk klargestellt.

Eine Verletzung des Art. 43 liegt ebenfalls vor, weil die grenzüberschreitende Geschäftstätigkeit der GfS bedroht ist. Müsste sie oder ihre Kunden aus Arkadia das inländische Porto zahlen, müsste sie ihre Zweigniederlassung in Belonia einstellen und wäre daher an der in Art. 43 explizit genannten Möglichkeit zu ausländischen Zweigstellen behindert. Die Maßnahme verletzt als zumindest mittelbare Beeinträchtigung Art. 43 EGV.

Hinsichtlich der Rechtfertigung gilt gleichfalls das bereits oben zu 2. Festgestellte. Eine Rechtfertigung lässt sich wiederum nur aus Art. 86 Abs. 2 EGV gewinnen. Hierfür gilt das oben unter 2. c) bb) Ausgeführte. Darauf kann hier verwiesen werden. Die Ergebnisse sind identisch.

III. Vereinbarkeit mit Art. 82 EGV

Die Arkada Post AG könnte durch die Nutzung der Möglichkeit, das Inlandsporto zu fordern, gegen Art. 86 Abs. 1 iVm Art. 82 verstoßen. Als (öffentliches) Unternehmen, das – wie gesehen – mit Leistungen von allgemeinem wirtschaftlichen Interesse betraut ist, gilt nach Art. 86 Abs. 1 auch das Wettbewerbsrecht für die Arkada-Post AG.

1. Eine markbeherrschende Stellung über einen wesentlichen Teil des Gemeinsamen Marktes liegt bei einem Unternehmen, das ein Monopol für bestimmte Leistungen in einem Mitgliedstaat hat, ohne weiteres vor. Das Territorium jedes Mitgliedstaats ist wesentlicher Teil des Gemeinsamen Marktes. Die Monopolstellung bedeutet einen Marktanteil von 100%. Das bloße Innehaben einer beherrschenden Stellung/eines Monopols ist durch Art. 82 EGV noch nicht untersagt.

2. Fraglich ist, ob die Arkada Post AG diese marktbeherrschende Stellung missbräuchlich ausnutzt. Ein Missbrauch[36] liegt dann vor, wenn das Unternehmen durch sein Verhalten die Struktur eines Marktes beeinflusst, auf dem der Wettbe-

---

35 Dazu *Everling*, EuR 1996, 58 (63). Zumindest das non-physical remailing wirft insoweit keine Probleme auf.

36 Allein darauf ist abzustellen. Das Kriterium des Ausnutzens hat daneben keine eigene Bedeutung mehr, s. *Weiß* in: *Calliess/Ruffert*, EUV / EGV, Art. 82, Rn. 25.

werb gerade wegen der Anwesenheit dieses Unternehmens bereits geschwächt ist.[37]

Ein Missbrauch liegt hier somit vor. Denn wenn die Arkada Post AG ihre rechtlichen Möglichkeiten nach Art. 25 Abs. 3 WPV dazu nutzt, für eine Leistung wie die Beförderung einer Sendung im Inland nicht nur die pauschale Vergütung nach dem WPV zu vereinnahmen, sondern auch noch zusätzlich die volle Inlandsvergütung, dann missbraucht sie ihre Stellung,[38] weil andere Marktteilnehmer dem nicht ausweichen können, wollen sie nicht Gefahr laufen, dass die Arkada Post AG die Postsendungen zurückschickt und somit die Leistung verweigert. Darin liegt eine Beschränkung ihrer Leistung. Ferner wendet die Arkada Post AG je nach Ansässigkeit der Absender unterschiedliche Bedingungen an, was explizit nach Art. 82 lit. c) als Missbrauch untersagt ist.

Ein Verstoß gegen Art. 82 ist daher gegeben, soweit die Arkada Post AG für ihre Inlandsbeförderung einer Vergütung erhalten will, die insgesamt über die Inlandsvergütung hinausgeht. Die Arkada-Post AG muss bei ihrer auf Art. 25 Abs. 3 WPV gestützten Gebührenforderung die von der belonischen Post bereits erhaltenen 0,14 € je Sendung anrechnen.

3. Rechtfertigung nach Art. 86 Abs. 2

Art. 86 Abs. 2 rechtfertigt auch Verletzungen des Wettbewerbsrechts. Da hier aber ein Verstoß gegen Art. 82 ohnehin nur in dem Umfang erkannt wurde, in dem die Arkada Post AG eine über die Inlandsvergütung hinausgehende Vergütung beanspruchen will, läuft das Ergebnis ohnehin parallel zum Ergebnis unter II. aus der Prüfung der Rechtfertigung der Verletzung der Grundfreiheiten nach Art. 86 Abs. 2 EGV. Daher kann Art. 86 Abs. 2 auch hier insofern keine weitergehende Rechtfertigung entfalten.

IV. Gesamtergebnis: Soweit die Arkada-Post AG die volle Inlandsgebühr verlangt, verletzt sie Art. 86 iVm Art. 43 und 49 EGV und Art. 82 EGV. Sie muss die von der belonischen Post erhaltenen 0,14 € je Sendung anrechnen und kann daher nur 0,09 € fordern. (A. A., wonach die Arkada Post AG gar keine Nachforderungen mehr oder solche nur in Höhe bis zum Defizitausgleich stellen dürfe, ebenso vertretbar).

---

37 *Weiß* in: *Calliess/Ruffert*, EUV/EGV, Art. 82, Rn. 28.
38 EuGH, Slg. 2000, I-825, Rn. 58 f – Deutsche Post AG/GZS.

Fall 5: Streit um eine Richtlinie

Der Rat der EG beabsichtigt den Erlass einer Richtlinie zur Harmonisierung von bestimmten Schadstoff-Grenzwerten bei bestimmten Produktionsprozessen. Dadurch sollen einerseits der Umweltschutz durch den umweltfreundlicheren Produktionsprozess verbessert, andererseits die Produktions- und damit die Wettbewerbsbedingungen im Binnenmarkt vereinheitlicht werden.

Die Kommission legt daraufhin einen Vorschlag vor. Das Parlament äußert in seiner Stellungnahme Änderungswünsche. Der Wirtschafts- und Sozialausschuss trifft binnen der ihm vom Rat gesetzten Frist von einem Monat keine Stellungnahme. Der Rat legt daraufhin einen gemeinsamen Standpunkt fest. Nach weiteren drei Wochen schlägt das Parlament mit großer Mehrheit Änderungen vor und leitet sie an Rat und Kommission weiter, die diese ablehnen. Der sodann vom Rat einberufene Vermittlungsausschuss legt dann nach vier Wochen einen gemeinsamen Entwurf vor, der von Rat und Parlament nach weiteren vier Wochen gemeinsam als Richtlinie (RL) 2001/24/EG, gestützt auf Art. 95 EGV, erlassen wird. Die Abstimmung im Rat erging nahezu einstimmig im schriftlichen Verfahren. Nur Finnland stimmte dagegen. Der Ratspräsident hatte die Angelegenheit als dringlich eingeschätzt und gegen den ausdrücklichen Widerspruch Finnlands das schriftliche Verfahren angeordnet.

Die RL 2001/24/EG sah sehr konkrete, im Vergleich zu den deutschen Bestimmungen allerdings weniger strenge Grenzwerte vor. Sanktionen für Grenzwertüberschreitungen oder Anforderungen an die Kontrolle der Grenzwerte waren in der RL nicht bestimmt. Die RL war bis zum 1. 3. 2004 in nationales Recht umzusetzen. Die Bundesrepublik blieb bis zuletzt untätig.

Der deutsche Hersteller A., bei dessen Produktion die Schadstoffe anfallen, deren Grenzwerte durch die RL harmonisiert wurden, möchte am 8. 3. 2004 einen neu errichteten Produktionsbetrieb anfahren. Die zuständigen Behörden untersagen dies umgehend und verweisen darauf, dass die bei dieser Produktion ausgestoßenen Schadstoffe über den in Deutschland zulässigen Grenzwerten liegen. Die Fa. A. gibt dies zu, beruft sich aber auf die RL 2001/24/EG, die nun nach Ablauf der Umsetzungsfrist anzuwenden sei. Deren Grenzwerte würde der neue Produktionsbetrieb beachten. Schließlich sei die Abweichung von der RL durch die derzeitige deutsche Gesetzeslage auch nicht von der Kommission bestätigt worden. Die deutschen Behörden halten dem entgegen, dass die Richtlinie rechtswidrig und daher nichtig sei, weil die falsche Rechtsgrundlage gewählt wurde und die nach Art. 175 Abs. 1 EGV vorgesehene Anhörung des Ausschusses der Regionen nicht stattgefunden habe. Ferner sei das europäische Gesetzgebungsverfahren fehlerhaft abgelaufen. Darüber hinaus entfalte eine Richtlinie keine unmittelbaren Wirkungen, auf die sich die Fa. A. berufen könne. Denn die Festlegung von Grenzwerten gewähre der Fa. A. keinerlei subjektive Rechte, auf die sie sich berufen könne. Es gelte daher nach wie vor deutsches Recht. Auf die lascheren Grenzwerte der RL 2001/24/EG könne sich die Fa. A. nicht stützen.

Die Bundesregierung wird durch diesen Fall auf das Abweichen der bestehenden deutschen Gesetzeslage von den Anforderungen der RL aufmerksam. Um eventuellen Vertragsverletzungsklagen zuvor zu kommen, teilt sie die bestehenden Bestimmungen der Kommission mit. Die Bundesregierung trägt vor und legt näher dar, dass sie aus Gründen des Umweltschutzes an den strengeren Grenzwerten festhalten wolle. Die Kommission billigt daraufhin das Vorgehen Deutschlands in einer an die Bundesrepublik gerichteten Entscheidung.

Daraufhin klagen die Fa. A. und mehrere deutsche Unternehmen gegen diese Entscheidung der Kommission. Sie wehren sich dagegen, dass die Kommission der Bundesregierung die Beibehaltung der strengeren Vorschriften erlaubt.

Auf Initiative der Bundesregierung wird sodann im Bundestag ein Gesetz verabschiedet, das das Inverkehrbringen von Waren verbietet, die in Herstellungsverfahren hergestellt wurden, die die EG-Grenzwerte nicht einhielten. Gestützt auf dieses Gesetz wird deutschen Importeuren und Großhändlern die Einfuhr bzw. das Inverkehrbringen bestimmter Produkte aus Frankreich verweigert. Die Bundesregierung begründet das damit, dass diese Produkte in Frankreich in Produktionsbetrieben hergestellt worden seien, die die harmonisierten EG-Grenzwerte nicht beachten. Diese Produkte entsprächen daher nicht dem europäischen Recht und auch nicht dem französischen Recht, das die RL bereits umgesetzt hatte. Jedoch hätten die französischen Gesetze an die Nichteinhaltung der Grenzwerte keine Sanktionen geknüpft. Gründe des Umweltschutzes berechtigten die Bundesrepublik daher zu dem Einfuhrverbot. Darauf könne sich die Bundesregierung auch noch berufen, da es bezüglich der Sanktionen und Kontrollmaßnahmen keine Harmonisierung in der RL gegeben habe. Erst nach längeren Verhandlungen lässt die Bundesregierung die Importe wieder zu, um die guten Beziehungen zu Frankreich nicht zu gefährden. Die vom Verbot betroffenen französischen Hersteller begehren nun von der Bundesregierung Schadensersatz wegen der entgangenen Gewinne und der mittlerweile eingetretenen Marktanteilsverluste.

Vermerk für den Bearbeiter:

In einem umfassenden Gutachten ist auf folgende Fragen einzugehen:

1. Kann die Fa. A. sich auf die Grenzwerte der RL 2001/24/EG berufen?

2. Beurteilen Sie die Erfolgsaussichten der Klage der Fa. A. und anderer deutscher Unternehmen gegen die Entscheidung der Kommission.

3. Stehen den betroffenen französischen Unternehmen die geltend gemachten Schadensersatzansprüche zu?

Lösung zu Fall 5: Streit um eine Richtlinie

A. Frage 1

Die Fa. A. möchte sich auf die im Vergleich zu den deutschen Bestimmungen höheren Grenzwerte der RL 96/24/EG berufen, um die behördliche Entscheidung, die zu einer Untersagung des Betriebs führte, anzufechten.[1]

Die Anfechtung wäre jedenfalls erfolgreich, wenn das von den deutschen Stellen herangezogene deutsche Recht wegen der Unvereinbarkeit mit Gemeinschaftsrecht nicht anwendbar wäre, so dass der Verwaltungsakt mangels Rechtsgrundlage rechtswidrig wäre, und wenn dadurch in ein Recht der Fa. A. eingegriffen worden wäre, vgl. § 113 Abs. 1 S. 1 VwGO.

I. Unvereinbarkeit der deutschen Grenzwerte mit der Richtlinie

Die deutsche Rechtslage weicht von der Richtlinie ab, weil die Grenzwerte differieren. Nach den europarechtlichen Vorgaben der RL wäre der Produktionsbetrieb zulässig, soweit es um die Einhaltung der Grenzwerte geht. Und nur das ist die hier streitige Frage.

Infolge der Unvereinbarkeit mit Gemeinschaftsrecht müsste das deutsche Recht aufgrund des Anwendungsvorrangs des EG-Rechts[2] zurücktreten. Das gilt indes nur, wenn das Gemeinschaftsrecht unmittelbar anwendbar ist. Nur in diesem Fall greift der Anwendungsvorrang ein, da nur dann nationale Gerichte und Behörden EG-Recht unmittelbar anwenden und die zu beurteilende Rechtsfrage anhand des EG-Rechts klären. Nötig ist jedoch zuerst, dass die Richtlinie überhaupt gilt. Denn ein Rechtsakt, der aufgrund von Rechtsfehlern keine Geltung entfaltet, ist erst recht nicht unmittelbar anwendbar.

1. Zur Geltung der Richtlinie

Die deutschen Stellen berufen sich hier darauf, dass die Richtlinie aufgrund verschiedener Fehler rechtswidrig und daher nichtig sei. Eine nichtige Richtlinie entfaltet keinerlei Rechtswirkungen und kann daher auch der Anwendung deutschen Rechts nicht entgegenstehen.[3]

---

1 Es kann und darf hier offen bleiben, ob es um eine Verpflichtung zum Erlass einer abgelehnten Genehmigung oder um die Anfechtung der Anordnung der Einstellung des Betriebs einer nicht genehmigungsbedürftigen Anlage geht. Dies wirkt sich auf die gemeinschaftsrechtliche Beurteilung nicht aus. Insofern wird im folgenden nur pauschal von der Anfechtung gesprochen.

2 Das Gemeinschaftsrecht hat einen Anwendungsvorrang vor nationalem Recht. Dies wurde vom EuGH, Rs. 6/64, Slg. 1964, 1251 (1269 f.) – Costa-ENEL, allgemein entschieden und vom BVerfG auch explizit anerkannt, allerdings mit Einschränkungen aus den Grenzen der Integrationsermächtigung nach Art. 23 I 1GG, vgl. BVerfGE 89, 155.

3 *Annacker*, EuZW 1995, 755 (759).

a) Verwerfungskompetenz der deutschen Behörden

Unabhängig davon, ob die vorgetragenen Fehler auch vorliegen, kann dieser Einwand der deutschen Stellen nur dann Platz greifen, wenn die deutschen Behörden überhaupt dazu befugt sind, die Rechtswidrigkeit der RL festzustellen und sie dann infolgedessen nicht anzuwenden.

Gemäß Art. 220 EGV sichert der Gerichtshof die Wahrung des Rechts. Er entscheidet nach den im EGV vorgesehenen Verfahren über die Auslegung des Primärrechts und die Auslegung und Gültigkeit des Sekundärrechts, Art. 234 EGV, und ist gemäß Art. 231 Abs. 1 EGV für die Nichtigerklärung von Handlungen der EG-Organe zuständig. Daraus ergibt sich, dass das Verwerfungsmonopol bezüglich des Gemeinschaftsrechts nur dem EuGH (bzw. EuG) zukommt. Damit ist jeder gemäß dem Vertrag in Kraft gesetzte Rechtsakt »für alle dem Gemeinschaftsrecht unterstehenden Personen und Stellen« gültig, bis er vom EuGH verworfen wird.[4] Auch ein rechtswidriger Gemeinschaftsrechtsakt erzeugt rechtliche Wirkungen aufgrund einer Vermutung seiner Gültigkeit bis zu seiner Aufhebung oder Rücknahme durch den EuGH bzw. andere EG-Organe.[5] Die Nichterklärung durch den EuGH ist damit konstitutiv und nicht nur deklaratorisch. Die Rechtswidrigkeit einer Verordnung oder Richtlinie führt somit nicht automatisch zu ihrer Nichtigkeit.[6]

Davon macht der EuGH jedoch dann eine Ausnahme, wenn die Rechtswidrigkeit so erheblich ist, dass sie auch ohne vorherige Feststellung durch den EuGH erkennbar ist und daher zur Nichtigkeit führt. Dazu bedarf es eines offensichtlichen und schweren Fehlers.[7] Durch diese – auf außergewöhnliche Fälle zu beschränkende – Ausnahme wird die Rechtssicherheit mit der Wahrung der Rechtmäßigkeit in Ausgleich gebracht. Ein offensichtlicher Fehler liegt dann vor, wenn er bereits bei der Lektüre des Aktes erkennbar ist.[8] An die Schwere des Fehlers sind erhebliche Anforderungen zu stellen, damit die Ausnahme wirklich Ausnahme bleibt. Zuständigkeits- und Formfehler alleine genügen regelmäßig nicht.[9] Schließlich führen, wie Art. 230 Abs. 2 EGV zeigt, auch nur Verletzungen »wesentlicher« Formvorschriften zur Rechtswidrigkeit.

---

4 EuGH, Rs. 101/78, Slg. 1979, 623 (636 f. Rn. 4 f) – Granaria. *Schwarze*, Europäisches Verwaltungsrecht, S. 226 f.

5 EuGH, Rs. C-137/92P, Slg. 1994, I-2555 (2646 Rn. 48) – Kommission/BASF u. a.

6 Im Gemeinschaftsrecht gilt damit aufgrund des Verwerfungsmonopols des EuGH, dass auch rechtswidrige abstrakt-generelle Normen nicht sogleich nichtig sind. Diese Unterscheidung zwischen Rechtswidrigkeit und Nichtigkeit wird im deutschen Recht nur bei Verwaltungsakten getroffen: Ein deutscher Verwaltungsakt ist nur bei schweren und offenkundigen Fehlern nichtig.

7 EuGH, Rs. 15/85, Slg. 1987, 1005 (1036 Rn. 10) – Consorzio Cooperative D'Abruzzo/Kommission zu Entscheidungen; Rs. C-137/92 P, Slg. 1994, I-2555 (2647 Rn. 49) – Kommission/BASF u. a., allgemein ohne Einschränkung auf Entscheidungen.

8 EuGH, Rs. 15/85, Slg. 1987, 1005 (1036 Rn. 11) – Consorzio Cooperative D'Abruzzo/Kommission; *Annacker*, EuZW 1995, 755 (758).

9 EuGH, Rs. C-137/92 P, Slg. 1994, I-2555 (2647 Rn. 52) – Kommission/BASF u. a. In der Entscheidung, verb. Rs. 15–33, 52, 57–109 u. a., Slg. 1974, 177 (190 Rn. 33) – Kortner-Schots u. a. stellte der EuGH fest, dass eine Verordnung nicht nichtig sei, weil der Rechtsakt von der zuständigen Stelle, im richtigen Verfahren und in der richtigen Form erlassen wurde. Diese Formulierung darf man – im Lichte der neueren Rspr. besehen – nicht so verstehen, als würde ein Form – oder Verfahrensfehler zur Nichtigkeit führen.

Daher ist hier zu prüfen, ob die Rechtsfehler, die geltend gemacht wurden, vorliegen und ob sie offensichtlich und schwerwiegend sind. Denn nur dann ist die RL 2001/24 nichtig und als rechtlich inexistent anzusehen. Eine »Verwerfungskompetenz« kommt den nationalen Stellen nur unter dieser engen Voraussetzung zu, weil eine Nichtigkeitsklage gegen einen als inexistent zu wertenden Rechtsakt der EG zum EuGH/EuG dann unzulässig,[10] eine förmliche Nichtigerklärung mithin nicht erreichbar ist.

b) Rechtmäßigkeit der Richtlinie 2001/24

Für die Beurteilung der Rechtmäßigkeit der RL 2001/24/EG ist aufgrund des Prinzips der begrenzten Einzelermächtigung, Art. 5 Abs. 1 EGV, mit der Frage nach der Kompetenz der EG zum Erlass der Richtlinie zu beginnen. Denn diese bestimmt das einzuhaltende Verfahren: Während Art. 95 Abs. 1 EGV die Anhörung des Regionalausschusses nicht vorsieht, sieht Art. 175 Abs. 1 EGV sie vor.

aa) Wahl der richtigen Kompetenzgrundlage

Die Richtlinie wurde auf Art. 95 EGV gestützt. Dieser Kompetenztitel ist einschlägig, wenn für die Verwirklichung des Binnenmarkts die Angleichung von Rechts- und Verwaltungsvorschriften nötig ist. Art. 175 Abs. 1 EGV gibt die Verfahrensvorschriften für Beschlüsse des Rats zur Verwirklichung der in Art. 174 EGV genannten Ziele, wozu die Erhaltung und der Schutz der Umwelt zählt.

Die RL 2001/24/EG befasst sich sowohl mit Fragen des Umweltschutzes (Harmonisierung von Grenzwerten) als auch mit der Angleichung von Wettbewerbsbedingungen zur Realisierung des Binnenmarktes. Die RL wird daher von beiden Kompetenznormen erfasst. Schon aufgrund der unterschiedlichen Anhörungsvorschriften erscheint eine Abgrenzung notwendig. Neben der nur bei Art. 175 EGV vorgesehenen Anhörung des Ausschusses der Regionen gibt es weitere Unterschiede: Mit Art. 95 Abs. 4 ff. EGV gibt es eine von Art. 176 EGV deutlich unterscheidbare Form des *opting out*; bei Vertragsverletzungsklagen nach Art. 226 f. EGV entfällt gemäß Art. 95 Abs. 9 EGV das Vorverfahren. Allerdings sind diese Unterschiede nicht so erheblich, dass eine Richtlinie nicht auf beide Vorschriften zugleich gestützt werden könnte,[11] indes erfolgte dies hier nicht. Außerdem ist nach der Rechtsprechung des EuGH bei Rechtsakten, die zwei Ziele verfolgen und die daher unter unterschiedliche Kompetenzgrundlagen des EGV fallen, die wesentliche Zielsetzung und der Schwerpunkt der Regelung zu ermitteln. Einschlägig ist dann als Rechtsgrundlage allein die Kompetenznorm, die die wesentliche oder überwiegende Zielsetzung erfasst. Falls gleichzeitig mehrere Ziele untrennbar verbunden sind, ohne dass ein Ziel zweitrangige, untergeordnete oder nur mittelbare Bedeutung hat, so ist der Rechtsakt ausnahmsweise auf zwei Rechtsgrundlagen zu stützen, deren formelle Vorschriften dann kumulativ zu be-

---

10 Vgl. EuG, Rs. T-79/89 u. a., Slg. 1992, II-315 (362 Rn. 96, 364 Rn. 101) – BASF u. a.

11 Die formalen Voraussetzungen lassen sich kumulieren. Vgl. auch *Gundel*, JuS 1999, 1171 (1172 f). Nach der Rspr. des EuGH kann eine RL auf mehrere Vorschriften gestützt werden, wenn sie von allen erfasst wird, vgl. etwa Rs. C- 300/89, Slg. 1991, I-2852 (2900 Rn. 17) – Kommission/Rat. Allerdings ist das die Ausnahme, dazu sogleich.

achten sind.[12] Die Wahl der einschlägigen Rechtsgrundlage muss außerdem auf objektiven, gerichtlich nachprüfbaren Umständen beruhen, wozu insbesondere Ziel und Inhalte des Rechtsakts zählen.[13]

Die Abgrenzung von Art. 95 zu Art. 175 EGV muss demnach nach dem *Regelungsschwerpunkt* eines Rechtsakts durchgeführt werden: Befasst sich eine Richtlinie schwerpunktmäßig mit Fragen des Umweltschutzes, dann wäre Art. 175 EGV einschlägig, geht es dagegen vorrangig um die Angleichung der Wettbewerbsbedingungen, also wirtschaftliche Aspekte, die dann auch Auswirkungen auf Umweltschutzbestimmungen hat, dann wäre Art. 95 EGV zu wählen.[14] Der Schwerpunkt dürfte dabei nicht immer leicht zu ermitteln sein. Er muss jedoch aufgrund von objektiven, gerichtlich nachprüfbaren Gesichtspunkten wie insbesondere Ziel und Inhalt der Richtlinie bestimmt werden.[15]

Eine andere Möglichkeit, das Verhältnis von Art. 95 zu Art. 175 EGV festzulegen, wäre, die eine Norm als *lex specialis* zur anderen einzuordnen. Art. 95 wäre immer dann einschlägig, wenn es um die Realisierung des Binnenmarktes geht. Dass daneben noch Umweltschutzziele einbezogen werden, stünde nicht entgegen, da Art. 95 Abs. 3 EGV die Verfolgung eines hohen Schutzniveaus für den Umweltschutz vorsieht. Damit ist die Verfolgung von Umweltschutzzielen auch im Rahmen von Rechtsakten nach Art. 95 EGV explizit vorgesehen. Umgekehrt könnte man auch Art. 175 EGV als lex specialis zu Art. 95 EGV ansehen. Dagegen spricht jedoch, dass Umweltschutzmaßnahmen – wie eben dargelegt – gerade auch bei Art. 95 EGV vorgesehen sind und der Umweltschutz gemäß der Querschnittsklausel des Art. 6 EGV bei Durchführung und Festlegung aller Gemeinschaftspolitiken einbezogen werden muss.[16] Art. 175 EGV kann demnach dann nicht als lex specialis angesehen werden, wenn es neben dem Umweltschutz auch, und zwar mehr als nur untergeordnet, um die Funktion des Binnenmarktes geht. Die Argumentation zeigt, dass es letztlich bei der Abgrenzung von Art. 95 und 175 EGV darum geht, den Schwerpunkt einer Richtlinie zu ermitteln. Demnach ist Art. 95 EGV einschlägige Rechtsgrundlage, wenn Wettbewerbsbedingungen harmonisiert werden und dabei Regelungen, wie die Festlegung von Grenzwerten, getroffen werden, die auch unter den Aspekt des Umweltschutzes fallen. Denn die Harmonisierung der Wettbewerbsbedingungen dient dem freien Warenverkehr. Solche Regelungen sind daher darauf gerichtet, den freien Verkehr von Waren,

---

12 Zur Kompetenzabgrenzung näher EuGH, Gutachten 2/00 v. 6.12.2001, EuZW 2002, 113 – Cartagena-Protokoll.

13 EuGH, Rs. C-155/91, Slg. 1993, I-939.

14 Vgl. *Jarass*, EuZW 1991, 530 (531, Text zu Fn. 7). So genügt es nicht für die Einschlägigkeit des Art. 95, dass das Funktionieren des Binnenmarktes nur betroffen ist und eine Harmonisierung der Wettbewerbsbedingungen nur nebenbei erfolgt, Rs. C-155/91, Slg. 1993, I-939 (968 Rn. 19) – Kommission/Rat; s. auch Rs. C-187/93, Slg. 1994, I-2857 (2882 Rn. 25) – Parlament/Rat. Der EuGH stellt auf den Hauptzweck ab, Rs. C-155/ 91, S. 968 Rn. 20.

15 EuGH, Rs. C-300/89, Slg. 1991, I-2852 (2898 Rn. 10) – Kommission/Rat.

16 Art. 6 EGV übernimmt die Rolle der früheren Querschnittsklausel des Art. 130 r Abs. 2 S. 3 EGV a. F., der durch den Vertrag von Amsterdam gestrichen wurde. Die neue Norm verstärkt die Bedeutung des Umweltschutzes noch, s. auch *Zacker/Wernicke*, Examinatorium Europarecht, 3. Auflage 2004, Frage 284, S. 352.

die in entsprechenden Produktionsprozessen hergestellt wurden, zu verwirklichen.[17]

Art. 175 EGV kann im Gegensatz dazu als Rechtsgrundlage herangezogen werden, wenn es um Richtlinien mit reinem Umweltschutzcharakter ohne Bezug zum Binnenmarkt, insbesondere ohne Bezug zum Warenverkehr geht, etwa anlagenbezogene Umweltvorschriften wie Abgaswerte für Großfeuerungsanlagen, Verbote von Produkten oder Herstellungsprozessen, Umwelterziehung in den Schulen oder Vorschriften für ökologisches Bauen, da sich dieses nicht auf die Warenproduktion und somit die Freiheit des Warenverkehrs bezieht.[18]

Die hier zu beurteilende RL 2001/24 dient der Herstellung gleicher Wettbewerbsbedingungen in den Mitgliedstaaten. Es geht zentral um die Herstellung des Binnenmarkts, da die Richtlinie sich auf produktionsprozessbedingte Grenzwerte bezieht und auf eine Vereinheitlichung von Herstellungsstandards abzielt. Der Umweltschutz hat dabei nur untergeordnete Bedeutung.

Ergebnis: Für die RL 2001/24/EG ist aufgrund ihres Schwerpunkts, die Wettbewerbsbedingungen zu regeln, Art. 95 EGV die richtige Kompetenznorm.

bb) Einhaltung des Verfahrens der Mitentscheidung nach Art. 251 EGV

Ein Vorschlag der Kommission gemäß Art. 251 Abs. 2 EGV wurde unterbreitet. Dann ging gemäß Art. 251 Abs. 2 Uabs. 2 die Stellungnahme ein und der Rat legte gemäß dem 3. Spiegelstrich dieser Norm einen gemeinsamen Standpunkt fest. Von der Beachtung der qualifizierten Mehrheit muss man mangels anderer Angaben im Sachverhalt ausgehen. Das Parlament schlug dann gemäß Art. 251 Abs. 2 Uabs. 3 lit. c) EGV binnen drei Wochen (Dreimonatsfrist ist somit gewahrt) Änderungen vor. Der Rat lehnte diese Änderungen ab und berief den Vermittlungsausschuss ein gemäß Art. 251 Abs. 3 S. 2 EGV.[19] Dessen innerhalb von vier Wochen (fristgerecht, Art. 251 Abs. 5 S. 1 EGV) vorgelegter Entwurf wird dann von Parlament und Rat wiederum fristgerecht gebilligt wird. Die qualifizierte Mehrheit im Rat wurde überboten, da nur Finnland dagegen stimmte. Damit ist das Verfahren nach Art. 251 ordnungsgemäß durchlaufen.

cc) Das Abstimmungsverfahren im Rat

Bedenken können sich jedoch daraus ergeben, dass im Rat im schriftlichen Verfahren abgestimmt wurde. Denn das schriftliche Verfahren darf nur beschritten werden, wenn der Beschluss über eine dringende Angelegenheit erging und der Rat die Anwendung dieses Verfahrens einstimmig beschließt oder – wie im vorliegen-

---

17 Der EuGH stellt in Rs. C-187/93, Slg. 1994, I-2857 (2882 Rn. 23) – Parlament/Rat, darauf ab, ob eine Richtlinie darauf gerichtet ist, den freien Verkehr von Abfällen in der EG zu verwirklichen.

18 S. auch *Jarass*, EuZW 1991, 530 (531); *Grabitz/Nettesheim*, in: *Grabitz/Hilf*, Art. 130s, Rn. 36 ff., 46.

19 Der Vermittlungsausschuss darf sich dabei aufgrund von Art. 251 Abs. 4 S. 3 EGV mit allen Änderungswünschen befassen, nicht nur mit jenen, die der Rat nicht billigte, *Thun-Hohenstein*, 1997, S. 107 Fn. 10.

den Fall – der Ratspräsident es anordnet und kein Mitgliedstaat widerspricht, so Art. 12 Abs. 1 S. 2 der Geschäftsordnung des Rates.[20] Das Einverständnis aller Staaten lag jedoch nicht vor, da Finnland gegen das schriftliche Verfahren war. Aufgrund des eindeutigen Wortlauts gilt das Einverständniserfordernis nach Art. 12 GeschO auch dann, wenn für die Abstimmung in der Sache selbst keine Einstimmigkeit nötig ist.[21] Hier ist damit ein Fehler unterlaufen. Fraglich ist, welche Folgen der Geschäftsordnungsverstoß hat.

Der Rat ist gehalten, seine Verfahrensregeln, die er sich in seiner Geschäftsordnung nach Art. 207 Abs. 3 gab, zu beachten. Eine Abweichung ist als Änderung der Geschäftsordnung zwar mit einfacher Mehrheit möglich gemäß Art. 205 Abs. 1 EGV. Hier kann indes nicht von einer konkludenten Änderung der Gescho ausgegangen werden, weil sonst das Einstimmigkeitserfordernis in Art. 12 GeschO jederzeit ausgehebelt würde. Der Verstoß gegen Art. 12 Abs. 1 GeschO begründet daher die Rechtswidrigkeit der getroffenen Entscheidung in der Sache,[22] und zwar nicht nur im Verhältnis der Mitgliedstaaten zueinander, sondern auch für den einzelnen. Denn wegen der Anforderungen der Rechtssicherheit stellt die Beachtung der Förmlichkeiten des bei Erlass und Ausfertigung eines Gemeinschaftsrechtsaktes einzuhaltenden Verfahrens eine Garantie dar, die zur Grundlage der Gemeinschaftsrechtsordnung zählt.[23]

dd) Unterlassene Anhörung des Wirtschafts- und Sozialausschusses

Der Rat hatte dem WSA eine Frist zur Stellungnahme gesetzt, binnen der keine Stellungnahme eintraf. Der Rat traf seine Beschlüsse dann ohne Stellungnahme des WSA. Damit könnte gegen die in Art. 95 Abs. 1 EGV vorgesehene Anhörung des WSA verstoßen worden sein, weil der WSA nach Art. 262 Abs. 1 S. 1 EGV bei den im EGV genannten Fällen angehört werden muss. Der Rat kann jedoch – wie hier geschehen – eine Frist von mindestens einem Monat setzen, Art. 262 Abs. 2 S. 1 EGV. Nach Ablauf dieser Frist darf das Fehlen einer Stellungnahme unberücksichtigt bleiben, Art. 262 Abs. 2 S. 2 EGV. Das war hier der Fall. Die Entscheidung über das Ob der Fristsetzung wird dabei in das Ermessen von Rat oder Kommission gestellt, vgl. die Formulierung »Wenn ... es für notwendig erachten«. Anzeichen für eine missbräuchliche Anwendung der Befugnis zur Fristsetzung bestehen nicht. Damit ist die fehlende Stellungnahme unbeachtlich.

ee) Wahl der richtigen Rechtsform

Art. 95 EGV ermächtigt allgemein zu Maßnahmen, die getroffen werden sollen. Diese können daher sowohl Verordnungen als auch Richtlinien sein. Die Vertragsparteien haben in ihrer Protokollerklärung[24] bei der Einfügung des Art. 100 a EGV

---

20 Abgedruckt in Sartorius II, Nr. 237.
21 EuGH, Rs. 68/86, Slg. 1988, 855 (902 Rn. 47) – Vereinigtes Königreich/Rat.
22 EuGH, Rs. 68/86, Slg. 1988, 855 (902 Rn. 49) – Vereinigtes Königreich/Rat.
23 EuG, Rs. T-79/89 u. a., Slg. 1992, II-315 (359 Rn. 87) – BASF u. a.
24 Protokollerklärungen der Vertragsparteien sind nach Art. 31 Abs. 2 lit. a) der Wiener Konvention über das Recht der Verträge, abgedruckt in Sartorius II unter Nr. 320, bei der Auslegung eines Vertrages zu berücksichtigen.

a. F. in den EWGV zum Ausdruck gebracht, dass die Kommission bei ihren Vorschlägen nach Art. 100a, nun Art. 95 EGV, der Richtlinie den Vorzug geben werde.

ff) Ergebnis: Die Richtlinie ist wegen Fehlern im Abstimmungsverfahren rechtswidrig.

c) Nichtigkeit

Zu untersuchen ist nunmehr, ob die Rechtswidrigkeit der RL 2001/24/EG zu ihrer Nichtigkeit und damit Inexistenz führt. Dazu ist nach dem oben a) Ausgeführten nötig zu prüfen, ob die Fehler offenkundig und schwerwiegend sind.

Vom Vorliegen eines offenkundigen und schwerwiegenden Fehlers kann man hier nicht ausgehen. Denn der Fehler ist nicht offenkundig. Der Widerspruch gegen das schriftliche Verfahren wurde nur dem Rat bekannt und lässt sich dem Rechtsakt selbst nicht entnehmen. Der Fehler wird bei der Lektüre des Rechtsakts nicht erkennbar.[25]

Ergebnis zu 1.: Der Verfahrensfehler führt hier somit nicht zur Inexistenz der RL. Die RL ist daher als gültig anzusehen, bis eine Nichtigerklärung durch den EuGH erfolgt.

2. Zur unmittelbaren Anwendbarkeit von Richtlinienbestimmungen

Nachdem die Frage der Geltung geklärt ist, ist der Weg offen, die unmittelbare Anwendbarkeit zu untersuchen.

a) Die Voraussetzungen der unmittelbaren Anwendbarkeit einer Richtlinie

Bei dem hier in Frage stehenden Gemeinschaftsrecht handelt es sich um eine RL. Eine RL ist im Unterschied zur Verordnung nicht unmittelbar anwendbar, sondern nur *für* die Mitgliedstaaten verbindlich, nicht *in* ihnen, vgl. Art. 249 Abs. 3 EGV. Eine unmittelbare Anwendung *in* den Mitgliedstaaten scheidet aus. Die Wirkungen treffen den einzelnen erst auf dem Wege über die vom Mitgliedstaat getroffenen Durchführungsmaßnahmen.[26] Davon gibt es jedoch eine Ausnahme: Denn die unmittelbare Wirkung der Verordnung schließt nicht aus, dass andere in Art. 249 genannte Rechtsakte ähnliche Wirkungen entfalten könnten. Aufgrund der anzustrebenden effektiven Wirksamkeit (effet utile) des Gemeinschaftsrechts sollte ein Mitgliedstaat, der die in der RL vorgeschriebenen Maßnahmen nicht ergriffen hat, dies dem einzelnen nicht entgegenhalten können. Schließlich liefe das darauf hinaus, dass der Mitgliedstaat für seinen Vertragsbruch noch dadurch belohnt würde, dass gemeinschaftsrechtliche Begünstigungen, die dem einzelnen gegenüber seinem Mitgliedstaat eingeräumt wurden, von dem einzelnen nicht eingefordert werden könnten. Daher können die Bestimmungen von RL entgegen Art. 249

---

25 Die Nichteinhaltung der Formvorschriften über die Beschlussfassung sah auch EuGH, Rs. C-137/92P, Slg. 1994, I-2555 (2647 Rn. 52) – Kommission/BASF, nicht als Nichtigkeitsgrund an.

26 EuGH, Rs. 8/81, Slg. 1982, 53 (70 Rn. 19) – Becker.

Abs. 3 EGV im Einzelfall durchaus unmittelbar vom einzelnen gegenüber seinem Mitgliedstaat eingefordert werden.

Die maßgeblichen Bestimmungen müssen inhaltlich unbedingt und hinreichend genau sein. Denn nur dann ist der Norm selbst die gewährte Begünstigung zu entnehmen. *Unbedingtheit* bedeutet, dass die Begünstigungen von keinen weiteren staatlichen Umsetzungsmaßnahmen (Bedingungen) mehr abhängen, die aufgrund eines eigenen Ermessensspielraums über Durchführung oder Wirksamkeit der Begünstigung entscheiden. *Hinreichende Genauigkeit* besteht, wenn sich der Inhalt der staatlichen Verpflichtung bzw. der Begünstigung des einzelnen unmittelbar der Richtlinie entnehmen lässt. Die Norm muss klar ist in bezug auf den Inhalt der Begünstigung, den Begünstigten und den Belasteten sein. Aufgrund dieser Erwägungen ergibt sich noch, dass die unmittelbare Wirkung von Richtlinien nur gegenüber dem Staat (verstanden als die öffentliche Hand in allen ihren Erscheinungsformen, d. h. auch Gemeinden oder vom Staat beherrschte Unternehmen privater Rechtsform), nicht aber im horizontalen Verhältnis von Bürger zu Bürger eintritt.[27] Die unmittelbare Anwendbarkeit einer RL kann nicht einem anderen Privatrechtssubjekt gegenüber angeführt werden.[28] Der Grundsatz der Rechtssicherheit steht der Begründung von Verpflichtungen für den Einzelnen durch Richtlinien entgegen. Gegenüber dem Einzelnen können die Bestimmungen einer Richtlinie nur Rechte begründen. Daher kann dieser sich nicht gegenüber einem Mitgliedstaat auf eine Richtlinie berufen, wenn es sich um eine Verpflichtung des Staates handelt, die unmittelbar im Zusammenhang mit der Erfüllung einer anderen Verpflichtung steht, die aufgrund dieser Richtlinie einem Dritten obliegt, so etwa wenn der Staat durch die Richtlinie verpflichtet wird, Widerrufsrechte und Aufklärungspflichten im Privatrechtsverkehr einzuführen, die den Verkäufer belasten und den Erwerber berechtigen. Unterläßt der Gesetzgeber die Umsetzung der RL, kann der Erwerber sich nicht umittelbar dem Verkäufer gegenüber auf die RL berufen. Dagegen rechtfertigen bloße negative Auswirkungen auf die Rechte Dritter, selbst wenn sie gewiss sind, es nicht, dem Einzelnen das Recht auf Berufung auf die Bestimmungen einer Richtlinie gegenüber dem betreffenden Mitgliedstaat zu versagen. Damit kann sich aus dem Recht gegenüber dem Mitgliedstaat im Reflex unter Umständen für Dritte eine Belastung ergeben.[29]

Zusammenfassend ergibt sich damit, dass Richtlinienbestimmungen unmittelbar wirken, wenn folgende Voraussetzungen kumulativ erfüllt sind: Die Frist zur Umsetzung der Richtlinie muss abgelaufen sein und die Bestimmung der Richtlinie, um die es geht, muss unbedingt und hinreichend genau formuliert sein.[30] Ob

---

27 EuGH, Rs. C-91/92, Slg. 1994, I-3325 (3356 Rn. 20, 24 f.) – Faccini Dori. Zu den weiteren Wirkungen von Richtlinien (richtlinienkonforme Auslegung, Schadensersatz infolge Nichtumsetzung, Frustrationsverbot vor Ablauf der Umsetzungsfrist) s. näher *Weiß*, DVBl. 1998, 568.

28 EuGH, Rs. 154/84, Slg. 1986, 723 (749 Rn. 48) – Marschall; Rs. C-91/92, Slg. 1994, 3325 (3356 Rn. 20, 24 f.) – Faccini Dori.

29 Dazu zuletzt EuGH, Urteil vom 7. 1. 2004, Rs. C-201/02, EWS 2004, 323, Rn. 56 f – Wells. Bloße negative Auswirkungen auf die Rechte Dritter stehen einer unmittelbaren Anwendung von Richtlinien dem Staat gegenüber nicht entgegen

30 Vgl. *Ruffert*, DVBl. 1998, 69 (70 f.); ders., Subjektive Rechte im Umweltrecht der EG, S. 169 ff., 175.

sich daraus dann für den einzelnen eine Begünstigung ergibt, ist Folge der unmittelbaren Anwendung der RL-Bestimmung und keine Voraussetzung für die unmittelbare Anwendbarkeit.[31] Es ist unerheblich, ob die RL dem einzelnen ein subjektives Recht gewähren will, sondern es genügt, dass die Anwendung der Richtlinienbestimmung sich günstiger auswirkt als die Anwendung des nationalen Rechts.[32] Eine Geltendmachung der unmittelbar anwendbaren Bestimmung ist nur im vertikalen Verhältnis des einzelnen zur öffentlichen Hand in allen ihren Erscheinungsformen (auch in privatrechtlichen Formen, also auch gegen öffentliche Unternehmen) möglich.

b) Anwendung auf den vorliegenden Sachverhalt

Die Bestimmungen der RL zur Festlegung der Grenzwerte müssen somit die Voraussetzungen erfüllen, um unmittelbar anwendbar zu sein. Die Umsetzungsfrist ist abgelaufen. Die Vorgaben der RL sind unbedingt und hinreichend exakt, da die RL selbst konkrete Grenzwerte vorgibt, bei deren Einhaltung Produktionsprozesse als gemeinschaftsrechtskonform anzusehen sind.

Somit ergibt sich daraus als Rechtsfolge, dass der einzelne sich gegenüber dem Staat auf die unmittelbar anwendbaren Grenzwerte berufen kann. Hieraus ergibt sich auch eine Individualbegünstigung durch die RL, die wie ein subjektives Recht behandelt werden muss. Zwar handelt es sich bei der RL um eine Regelung objektiven Rechts. Ob sich eine Vergünstigung durch den einzelnen einstellt, ergibt sich nicht aus dem Gemeinschaftsrecht selbst, sondern erst aus dem Vergleich zum nationalen Recht: Für manche Mitgliedstaaten können die Vorgaben der RL strenger sein als die entsprechenden Regelungen des nationalen Rechts, so dass die RL eine Belastung für den einzelnen und keine Begünstigung darstellt. Die Konsequenz ist, dass dieselbe Rechtsnorm einer RL im einen Mitgliedstaat ein subjektives Recht gewähren soll, im anderen jedoch nicht. Das mag widersprüchlich erscheinen. Zweifel am Bestehen eines subjektiven Rechts aus der Richtlinie stellen sich auch ein, wenn man die deutsche Schutznormtheorie anlegte, um das Bestehen eines subjektiven Rechtes zu begründen. Denn danach kann eine Norm des objektiven Rechts nur dann ein subjektives Recht darstellen, wenn neben dem Schutz der Allgemeinheit auch Interessen einzelner gewahrt werden sollen.[33] Das ist bei einer Festlegung von Grenzwerten den Betreibern von Produktionsanlagen gegenüber nicht anzunehmen. Hier würde es sich demnach allenfalls um einen Rechtsreflex handeln. Im Gemeinschaftsrecht entspricht das Konzept des subjektiven öffentlichen Rechts nicht dem des deutschen Rechts, auch wenn insoweit sein Konzept

---

31 Vgl. EuGH, Rs. C-431/92, Slg. 1995, I-2189 (Rn. 26, 37 ff.) – Großkrotzenburg. Danach sind nationale Behörden und Gerichte verpflichtet, hinreichend bestimmte und unbedingte Richtlinienbestimmungen anzuwenden unabhängig von einer Individualbegünstigung (objektive unmittelbare Richtlinienwirkung; *Calliess*, NVwZ 1996, 339 (340 f.); *Pechstein*, EWS 1996, 261 (261)).

32 Vgl. EuGH, Rs. 148/78, Slg. 1979, I-1629 (1642 Rn. 24) – Ratti, wonach der Mitgliedstaat nach Ablauf der Umsetzungsfrist sein der Richtlinie entgegenstehendes Recht nicht auf eine Person anwenden kann, die den Vorschriften der Richtlinie nachgekommen ist.

33 Grundlegend *Bachof*, GS *Jellinek*, 1955, S. 287.

noch nicht völlig geklärt ist.[34] Die Zuerkennung subjektiver Rechte für die Gemeinschaftsbürger dient jedenfalls der Stärkung einer schwachen Exekutive und der Effektivierung des Gemeinschaftsrechtsvollzugs durch die Mitgliedstaaten, während das subjektive öffentliche Recht in der deutschen Entwicklung der Verteidigung individueller Schutzräume dient.[35] Der EuGH verfährt daher großzügiger bei der Zuerkennung subjektiver Rechte.[36] Begrifflich spricht der EuGH auch eher nicht von subjektiven Rechten, sondern nur davon, dass dem einzelnen durch das Gemeinschaftsrecht eine Begünstigung gegeben wird.[37] Als Vergleichsbasis dafür, ob eine Begünstigung vorliegt, dient gerade das nationale Recht. Ist dieses im Vergleich zur Richtlinie in irgend einer Weise nachteilig, dann stellt der Vorteil, der sich aus der Anwendung der Richtlinienbestimmung ergibt, eine Begünstigung und damit – wenn man so will – ein subjektives Recht im Sinne des Gemeinschaftsrechts dar.[38]

Für den hier zu entscheidenden Sachverhalt bedeutet das jedenfalls, dass die Fa. A. sich auf die Richtlinienbestimmungen berufen kann. Die Grenzwerte der RL 2001/24/EG sind unmittelbar anwendbar, so dass die deutschen Stellen nicht das nationale Recht anwenden dürfen, sondern bei der rechtlichen Beurteilung der Betätigung der Fa. A unmittelbar das EG-Recht anzuwenden haben.

Ergebnis: Der Verwaltungsakt entbehrt der Rechtsgrundlage und ist rechtswidrig. Fa. A. kann sich mit Erfolg auf die Grenzwerte der RL 2001/24/EG berufen.

II. Rechtsverletzung

Die Rechtsverletzung ist hier in dem Eingriff in die gewerbliche Betätigung der Fa. A, die unter den Schutz des Art. 12 GG, zumindest unter die allgemeine Handlungsfreiheit nach Art. 2 GG fällt, zu sehen. Sie ist von einer belastenden Maßnahme betroffen, der die Rechtsgrundlage fehlt. Die Fa. A. wird daher mit ihrer Anfechtung Erfolg haben.

B. Aufgabe 2

Die Nichtigkeitsklage wäre erfolgreich, wenn sie zulässig und begründet wäre.

I. Zulässigkeit

1. Das EuG ist *sachlich zuständig* für die Klagen von juristischen oder natürlichen Personen gegen EG-Akte, Art. 230 Abs. 4 EGV i. V. m. Art. 225 EGV. Vorbehalten sind dem EuGH nur die Klagen anderer Klageberechtigter, Art. 51 Satzung EuGH.[39]

---

34 S. nur *Schenke/Ruthig*, NJW 1994, 2324 (2328 m. w. N.); zu den verschiedenen Verständnisweisen der Rspr. des EuGH in der Literatur vgl. *Ruffert*, DVBl. 1998, 69 (70).
35 *Kingreen/Störmer*, EuR 1998, 263 (263 f.).
36 *Jarass*, NJW 1994, 881 (883).
37 *Ruthig*, BayVBl. 1997, 289 (291, 296 f.).
38 *Wolf*, FS Bernhardt, 1995, S. 1361 (1368 f.).
39 Abgedruckt in Sartorius II unter Nr. 245.

2. Parteifähigkeit

Aktiv parteifähig sind die Firmen und Unternehmen als juristische Personen nach Art. 230 Abs. 4 EGV. Sie sind sog. nicht-privilegiert Klagebefugte, weil sie gemäß Art. 230 Abs. 4 noch eine spezielle Klagebefugnis nachweisen müssen (dazu unten), anders als die privilegiert Klagebefugten nach Art. 203 Abs. 1 EGV. Als juristische Person zählt jede nach einem nationalen Recht rechtsfähige Vereinigung.[40] Sie haben je gesondert eine Klage zu erheben, die dann vom EuG nach Art. 50 VerfO des EuG[41] verbunden werden können. Passiv parteifähig ist die Kommission als das Organ, das die angefochtene Maßnahme erließ.

3. Klagegegenstand

Gemäß Art. 230 Abs. 4 EGV können die juristischen Personen nur gegen an sie ergangene Entscheidungen oder gegen sie unmittelbar und individuell betreffende Entscheidungen bzw. Verordnungen klagen.

Fraglich ist, ob hier eine solche Entscheidung vorliegt. Die Entscheidung der Kommission zur Bestätigung der mitgliedstaatlichen Maßnahmen nach Art. 95 Abs. 6 EGV ist eine Entscheidung, die an den Mitgliedstaat Deutschland, nicht aber an die Kläger gerichtet ist. Es könnte daher eine Entscheidung im Sinne der 2. Alternative vorliegen, also eine nicht an die Kläger gerichtete Entscheidung, die als Verordnung oder als Entscheidung erging. Die Entscheidung der Kommission stellt keine Verordnung i. S. v. Art. 249 Abs. 2 EGV dar, weil sie keine allgemeine Geltung hat,[42] aber eine an eine andere Person (nämlich die Bundesrepublik) gerichtete förmliche Entscheidung iSv. Art. 249 Abs. 4 EGV.

(Angefügt sei, dass unabhängig vom Vorliegen einer förmlichen Entscheidung iSv. Art. 249 Abs. 4 EGV hier ein tauglicher Klagegegenstand für eine Nichtigkeitsklage vorliegt. Bei der Nichtigkeitsklage der sog. privilegiert Klagebefugten nach Art. 230 Abs. 1 EGV (also EG-Organe und Mitgliedstaaten) kommt es nur darauf an, dass keine Stellungnahme oder Empfehlung vorliegt. Klagegegenstand ist dort jede Maßnahme, die Rechtswirkungen erzeugen soll. Diese Überlegung kann man auf Art. 230 Abs. 4 in gleicher Weise übertragen. Denn entscheidend ist nicht die förmliche Qualifizierung der Maßnahme, sondern die Frage der individuellen und unmittelbaren Betroffenheit, die aber nicht bereits bei der Festlegung des Klagegegenstands zu berücksichtigen ist, sondern erst bei der Prüfung der Klagebefugnis. Der EuGH hat auch eine über den engen Begriff der Verordnung oder Entscheidung hinausgehende Definition des Klagegegenstands: Nach ihm ist die Nichtigkeitsklage nicht-privilegiert Klagebefugter nach Art. 230 Abs. 4 EGV gegen solche Maßnahmen gegeben, die verbindliche Rechtswirkun-

---

40 Auch juristische Personen des öffentlichen Rechts fallen darunter und zählen daher zu den sog. nicht-privilegiert Klagebefugten, vgl. EuGH, Rs. C-62 und 72/87, Slg. 1988, 1573 – Exécutif régional wallon.

41 Abgedruckt in Sartorius II unter Nr. 252.

42 Der EuGH spricht aber von einer erga-omnes Wirkung, da die Anwendung der Richtlinie dadurch geändert werde, EuGH, Rs. C-3/00, EuZW 2003, 334, Tz. 39.

gen erzeugen, die die Interessen des Klägers beeinträchtigen.[43] Klagegegenstand ist damit jede Maßnahme, die Rechtswirkungen erzeugt, also über den Wortlaut hinaus auch eine Richtlinie.[44]

Ein richtiger Klagegegenstand liegt hier daher schon deshalb vor, weil die Billigung durch die Kommission nach Art. 95 Abs. 6 EGV rechtliche Wirkungen herbeiführt.[45] Denn die Kommission nimmt nicht nur zur Kenntnis, sondern gestattet, vgl. Art. 95 Abs. 7 EGV, die Anwendung nationalen Rechts. Art. 95 Abs. 6 EGV zeigt die Prüfungspflichten der Kommission auf; außerdem hat die Kommission im Rahmen ihrer Prüfung nach Art. 95 Abs. 6 EGV auf die Einhaltung der unterschiedlichen Voraussetzungen nach Art. 95 Abs. 4 und 5 EGV zu achten. Ferner spricht für die Rechtserheblichkeit die Tatsache, dass damit gerade ein Abweichen vom EGV und von grundlegenden Bestimmungen wie dem freien Warenverkehr ermöglicht wird. Außerdem ist die Bestätigung durch die Kommission eine wesentliche Voraussetzung für die Anwendung nationalen Rechts: Nur nach erfolgter Bestätigung darf ein Mitgliedstaat die abweichenden Vorschriften anwenden.[46] Die Entscheidung der Kommission ist konstitutiv.[47] Welche Folgen das hat, zeigt gerade der vorliegende Fall: Macht ein Mitgliedstaat von der opting-out- Möglichkeit nach Art. 95 Abs. 4 EGV keinen Gebrauch, so bleibt es, s. oben A., bei dem Anwendungsvorrang unmittelbar anwendbaren Richtlinienrechts. Dieser wird erst dadurch durchbrochen, dass abweichendes nationales Recht infolge der Billigung durch die Kommission wieder angewandt werden darf, weil die Richtlinie für den Mitgliedstaat keine Anwendung mehr findet.)

4. Geltendmachen eines Klagegrundes

Die Klagen müssen nach Art. 230 Abs. 4 i. V. m. Abs. 2 EGV auf die dort genannten Klagegründe (Unzuständigkeit, Verletzung wesentlicher Formvorschriften, Verletzung dieses Vertrags oder einer Rechtsnorm, Ermessensmissbrauch) gestützt werden. Davon ist hier auszugehen.

5. Klagebefugnis

Die Rechtshandlung, die den zulässigen Klagegegenstand bildet, muss entweder an den Kläger selbst adressiert sein oder aber ihn unmittelbar oder individuell betreffen, vgl. Art. 230 Abs. 4. Die Entscheidung der Kommission nach Art. 95 Abs. 6 EGV ist an den Mitgliedstaat adressiert, also nicht an die Kläger. Zu prüfen ist daher, ob die Unternehmen durch diese Entscheidung unmittelbar und individuell betroffen sind.

---

43 EuGH, Rs. C-66/91 und C-66/91R, Slg. 1991, I – 1143 (1151 Rn. 26) – Emerald Meats/ Kommission.

44 Dazu näher *Cremer*, EuZW 2001, 453. Eine Region oder ein Bundesland kann gegen eine Richtlinie klagen, weil sie sie umsetzen muss und daher unmittelbar betroffen ist, vgl. *Streinz*, Europarecht, Rn. 167. Auch Rechtsakte in der Form der Richtlinie können Klagegegenstände für Art. 230 Abs. 4 EGV sein, vgl. EuG, Rs. T-99/94, Slg. 1994, II-871 (879 ff. Rn. 17 ff.) – Asocarne/Rat.

45 So auch GA Tesauro, Slg. 1994, I-1831 (1834 f. Tz. 8).

46 EuGH, Rs. C-41/93, Slg. 1994, I- 1829 (1849 Rn. 30) – Frankreich/Kommission.

47 *Thun-Hohenstein*, Der Vertrag von Amsterdam, S. 88.

a) Unmittelbare Betroffenheit

Die Handlung des beklagten Organs muss unmittelbar die Interessen des Klägers betreffen. Das ist der Fall, wenn die Handlung selbst rechtliche Wirkungen entfaltet und keines weiteren Vollzugs mehr bedarf. Dabei ist es unschädlich, wenn zwar eine Vollzugsmaßnahme noch erforderlich ist, diese aber keinen Entscheidungsspielraum mehr hat, weil sie inhaltlich durch die Maßnahme bereits vorgegeben ist. Die rechtliche Wirkung darf nicht vom Vorliegen weiterer Umstände, deren Eintreten ungewiss ist, abhängen.[48] Die Entscheidung der Kommission nach Art. 95 Abs. 6 EGV führt dazu, dass der Staat die von der RL abweichenden nationalen Vorschriften weiter anwenden darf. Das Dazwischentreten weiterer Maßnahmen ist nicht erforderlich. Denn die weiter anzuwendenden nationalen Vorschriften bestehen bereits. Somit liegt eine unmittelbare Betroffenheit vor.

b) Individuelle Betroffenheit

Sie setzt voraus, dass der Kläger wie ein Adressat von dem angefochtenen Rechtsakt betroffen ist. Dazu muss der Kläger ähnlich individualisiert sein wie ein Adressat. Das erfordert, dass der Kläger von dem Rechtsakt aufgrund von persönlichen, ihn aus dem Kreis der übrigen von dem Rechtsakt Betroffenen heraushebenden Merkmalen betroffen ist. Der Kläger muss aufgrund von Merkmalen betroffen sein, die ihn aus dem Kreis der übrigen Betroffenen herausheben und auf diese Weise ähnlich individualisieren wie einen Adressaten (sog. Plaumann-Formel).[49] Es reicht nicht, dass die Betroffenen der Zahl nach persönlich feststellbar sind. Auch wenn eine Maßnahme nur einen bekannten Importeur trifft, ist dieser nicht klageberechtigt, solange er nur aufgrund der abstrakt-generellen Adressatenbeschreibung eines Rechtsaktes betroffen ist.[50]

Eine individuelle Betroffenheit wäre daher nur dann gegeben, wenn der Kläger aufgrund von ihm anhaftender persönlicher Merkmale von dem Rechtsakt berührt wäre, die nicht mit der abstrakt-generellen Betroffenheit der übrigen von dem Rechtsakt betroffenen übereinstimmt. Das ist hier nicht der Fall.

Die Entscheidung der Kommission ermächtigt die Bundesrepublik, weiter ihre strengeren Grenzwerte anzuwenden. Diese Entscheidung adressiert unmittelbar nur Bundesrepublik. Andere, insbesondere die Kläger, können gar nicht von dieser Entscheidung wie ein Adressat angesprochen werden. Allerdings kann man

---

48 *Streinz*, Europarecht, Rn. 531.
49 EuGH, Rs. C-257/93, Slg. 1993, I- 3335 (3341 Rn. 8) – van Parjis u. a. Eine Klagebefugnis besteht somit nicht schon dann, wenn der Kläger durch den Rechtsakt in seinen Rechten einschränkt wird. Die dahingehende Entscheidung des EuG, Rs. T-177/01, Slg. 2002, II-2365 wurde aufgehoben, EuGH, Rs. C-263/02 P, Urteil vom 1. 4. 2004, NJW 2004, 2006–Jégo-Quéré.
50 Daher war die Klage von Bananenimporteuren gegen die Bananenmarktverordnung unzulässig, auch wenn die Anzahl der Importeure überschaubar ist, vgl. EuGH, Rs. C-257/93, Slg. 1993, I- 3335 (3341 Rn. 8 f.) – van Parjis u. a. Denn sie waren aufgrund ihrer Eigenschaft als Bananenimporteure von der VO betroffen und damit nicht aufgrund von anderen Merkmalen, die sie aus dem Kreis der übrigen Bananenimporteure heraushe-ben würde.

darauf abstellen, dass die Genehmigung der Kommission die Bundesrepublik ermächtigt, ihre strengeren Grenzwerte weiterhin anzuwenden. Als mittelbare Adressaten kann man damit alle von den Grenzwerten betroffenen Unternehmer ansehen. Doch auch unter diesem Aspekt fehlt es an einer Individualisierbarkeit der Kläger. Die Möglichkeit für die Bundesrepublik, ihre strengeren Vorgaben weiterzuführen, wirkt sich auf alle Hersteller aus, die solche Produktionen betreiben, die von den Grenzwerten erfasst sind, weil sie die bestimmten Schadstoffe freisetzen. Die Kläger befinden sich den anderen mittelbaren Adressaten der Entscheidung gegenüber in keiner anderen Lage; das Merkmal, das sie anführen können, nämlich dass sie von der EG-Richtlinie erfasste Produktionsprozesse betreiben, entspricht gerade der abstrakt-generellen Bezeichnung der von der Richtlinie Betroffenen. Es werden von der Richtlinie eben alle die betroffen, die solche Produktionen unterhalten. Gleiches gilt damit für die Entscheidung der Kommission nach Art. 95 Abs. 6 EGV, die insoweit die weitere Anwendung strengeren nationalen Rechts erlaubt. Die Kläger sind somit von der Entscheidung nicht individuell betroffen, sondern so wie alle anderen Unternehmen.

Ergebnis zu I: Mangels Klagebefugnis ist die Klage unzulässig.

II. Hilfsweise: Begründetheit der Nichtigkeitsklage

Die Nichtigkeitsklage wäre begründet, wenn die Voraussetzungen für eine Billigung des Abweichens der Bundesrepublik von der RL gemäß Art. 95 Abs. 4 f EGV durch die Kommission nicht vorgelegen hätten.

1. Beibehalten bestehender oder Einführen neuer Bestimmungen

Nach Art. 95 Abs. 4 EGV kann ein Mitgliedstaat seine Bestimmungen beibehalten, während nach Art. 95 Abs. 5 EGV – unbeschadet von Abs. 4 –[51] der Staat neue, allerdings auf den Umweltschutz und den Schutz der Arbeitsumwelt begrenzte Regelungen einführen kann. Dieser Wortlaut legt es nahe, dass für die Einführung neuer nationaler Bestimmungen die engeren Voraussetzungen des Art. 95 Abs. 5 gelten. Das Wort »Beibehalten« in Abs. 4 ist damit so zu verstehen, will man die engeren Voraussetzungen des Abs. 5 nicht umgehen, dass er nur das Fortgelten bereits bestehenden nationalen Rechts, nicht aber den Neuerlass von Vorschriften zulässt. Beides ist deutlich auseinander zu halten.[52]

Hier geht es um die Fortgeltung bisher bestehenden nationalen Rechts. Es sind damit die Voraussetzungen des Abs. 4 zu prüfen.

---

51 Daraus dürfte folgen, dass ein Mitgliedstaat von beiden Möglichkeiten Gebrauch machen kann, also sowohl bestehende Vorschriften beizubehalten als auch neue einzuführen.

52 EuGh, Rs. C-3/00, EuZW 2003, 334, Tz. 57 ff. Vor der Änderung durch den Vertrag von Amsterdam stand in Art. 100 a Abs. 4 EGV a. F. das Wort »anzuwenden«, das von der h. M. dahin ausgelegt wurde, dass es auch die Einführung neuer nationaler Schutzmaßnahmen zuließ. Diese Frage ist durch die Neufassung geklärt.

2. Rechtfertigung nach den Kriterien des Art. 95 Abs. 4 EGV

Als Rechtfertigungsgründe für das Beibehalten von der Harmonisierungsmaßnahme abweichender nationaler Vorschriften dienen die Rechtfertigungsgründe nach Art. 30 EGV, der Umweltschutz und der Schutz der Arbeitswelt. Dieser Katalog ist abschließend.[53] Hier greift der Umweltschutz ein: Die strengeren Grenzwerte,[54] die in der Bundesrepublik weitergeführt werden sollen, dienen dem stärkeren Umweltschutz. Die Bundesrepublik kann insoweit eine andere Bewertung als die EG einnehmen. Die Bundesrepublik muss nur nachweisen, dass die einzelstaatlichen Bestimmungen einem höheren Schutzniveau dienen und dass sie verhältnismäßig sind.[55] Vom Vorliegen dieser Voraussetzungen kann hier ausgegangen werden. Die Bundesrepublik muss nicht nachweisen, dass die Weitergeltung strengerer Normen einem spezifisch deutschen Bedürfnis dient; auch muss sie nicht nachweisen, dass neue wissenschaftliche Erkenntnisse bestünden. All diese Voraussetzungen gelten nur für Art. 95 Abs. 5 EGV.

3. Zeitlicher Zusammenhang zwischen dem Erlass der Harmonisierungsmaßnahme und der Mitteilung an die Kommission

Vorliegend hatte die Bundesrepublik erst nach Ablauf der Umsetzungsfrist die weiter anzuwendenden Vorschriften der Kommission mitgeteilt. Fraglich ist, ob die opting-out-Möglichkeit nach Art. 95 Abs. 4 EGV nur bis zum Ablauf der Umsetzungsfrist gelten soll oder ob das auch danach noch möglich ist. Man könnte etwa dann, wenn die Mitteilung alter nationaler Bestimmungen an die Kommission nach Ablauf der Umsetzungsfrist erfolgt, dieses nicht als ein Beibehalten, sondern als ein Einführen nationaler Bestimmungen sehen, mit der Folge, dass die engeren Voraussetzungen des Abs. 5 vorliegen müssen.

Für eine enge zeitliche Bindung spricht, dass die Vorschriften des Abs. 4 als Ausnahmevorschriften eng ausgelegt werden müssen. Außerdem haben die übrigen Mitgliedstaaten ein Interesse, dass die Rechtslage bis Ablauf der Umsetzungsfrist geklärt ist.[56]

Andererseits dient die Ausnahmemöglichkeit dem Schutz der in Abs. 4 bezeichneten rechtfertigenden Güter. Deren Schutz sollte nicht über den Vertragstext hinaus eingeschränkt werden. Wollte man an das Versäumnis der Mitteilung bereits bestehender Vorschriften die Konsequenz knüpfen, dass diese nun nach Abs. 5 an-

---

53 Es können daher nicht die zwingenden Erfordernisse der Cassis-Rspr., s. Fall 1, als immanente Schranken des Art. 28 EGV einbezogen werden. Die Vertragsparteien haben nur eines dieser Erfordernisse, nämlich den Umweltschutz, explizit aufgenommen und somit die übrigen ausgeschlossen, s. *Langeheine*, in: *Grabitz/Hilf*, EUV/EGV, Art. 100a Rn. 71.

54 Art. 95 Abs. 4 und 5 rechtfertigen nur Regelungen, die ein höheres Schutzniveau bieten, denn nur dann sind sie im Lichte der Rechtfertigungsgründe gerechtfertigt. Nur dann sind von der RL abweichende Maßnahmen zum Schutz erforderlich. Allerdings erwähnen Art. 137 Abs. 4 2. Spst und Art. 176 EGV explizit die Zulässigkeit (nur) »strengere[r]« bzw. »verstärkte[r] Schutzmaßnahmen«.

55 EuGH, Rs. C-3/00, EuZW 2003, 334, Tz. 63 f.

56 Vgl. *Pipkorn*, in: *Groeben/Thiesing/Ehlermann*, EWGV, 4. Auflage 1991, Art. 100a Rn. 101.

statt nach Abs. 4 zu prüfen sind, würde das dem Sinn dieser Bestimmungen nicht gerecht: Der Neuerlass abweichender Vorschriften ist zu Recht an strengere Voraussetzungen gebunden, weil der Staat es bislang nicht für erforderlich hielt, überhaupt Maßnahmen zu treffen. Demgegenüber sollte einem Staat, der strengere Standards verfolgt, die Weiterführung nicht schon deswegen untersagt werden, weil er die Mitteilung erst kurz nach Ablauf der Umsetzungsfrist machte. Abs. 4 verlangt eben nicht zwingend einen zeitlichen Zusammenhang zwischen dem Erlass der Harmonisierungsmaßnahme und der Beibehaltung abweichender bestehender einzelstaatlicher Vorschriften.[57]

Somit steht der Umstand, dass die Bundesrepublik die bestehenden nationalen Vorschriften der Kommission erst nach Ablauf der Umsetzungsfrist anzeigte, der Anwendung von Art. 95 Abs. 4 EGV nicht entgegen.

4. Keine Gefährdung des bestehenden Integrationsstands

Art. 95 Abs. 4 EGV lässt nur ein Abweichen von den Bestimmungen der Harmonisierungsmaßnahme zu. Es darf nicht sozusagen bei dieser Gelegenheit von anderen, bereits erfolgten gemeinschaftsrechtlichen Regelungen abgewichen werden. In den bereits bestehenden Integrationsgrad bzw. -stand darf durch Maßnahmen nach Art. 95 Abs. 4 EGV nicht eingegriffen werden. Darauf deutet hier auch nichts hin.

5. Abweichung trotz Zustimmung

Schließlich könnte die Bundesrepublik deswegen die Möglichkeit nach Art. 95 Abs. 4 EGV versperrt sein, weil sie der RL zustimmte. Dann würde die *opting-out* Möglichkeit nur für den Mitgliedstaat gelten, der der RL zuvor auch die Zustimmung verweigert hatte. Dafür mag der Sinn und Zweck sprechen, dass die Abweichmöglichkeit gerade für den Opponenten geschaffen wurde. Da die Abstimmung nach Art. 95 Abs. 1 EGV i. V. m. Art. 251 EGV regelmäßig nur einer qualifizierten Mehrheit bedarf, kann ein Opponent auch die Zustimmung verweigern, ohne das Zustandekommen einer Maßnahme zu behindern.

Dagegen spricht aber, dass gerade das Gemeinschaftsinteresse darin besteht, dass möglichst leicht eine Harmonisierung zustande kommt. Daher sollte man den Mitgliedstaat nicht durch Ausschluss von der Möglichkeit nach Art. 95 Abs. 4 EGV bestrafen, der im Interesse der EG zumindest einer Mindestharmonisierung zustimmte.[58] Ferner wurde durch die Neufassung des EGV im Amsterdamer Vertrag der Wortlaut von Art. 95 Abs. 4 geändert: Die Formulierung in Abs. 4, die auf eine Abstimmung des Rates »mit qualifizierter Mehrheit« abstellte, wurde gestrichen. Es ist daher nun auch dann das Abweichen zulässig, wenn im Rat einstimmig abgestimmt wurde.[59] Das bedeutet, dass der Bundesrepublik die eigene Zustimmung nicht entgegengehalten werden kann.

---

57 *Thun-Hohenstein*, Der Vertrag von Amsterdam, S. 86.
58 Vgl. *Jarass*, EuZW 1991, 530 (532); *Gundel*, JuS 1999, 1171 (1174).
59 *Thun-Hohenstein*, Der Vertrag von Amsterdam, S. 86.

Die Möglichkeit, nach Art. 95 Abs. 4 EGV abzuweichen, gilt daher auch für einen Mitgliedstaat, der der Harmonisierungsmaßnahme zugestimmt hatte.

6. Vorliegen der Voraussetzungen nach Art. 95 Abs. 6 EGV

Diese Bestimmung sieht vor, dass die nationalen Bestimmungen weder eine will-kürliche Diskriminierung noch eine verschleierte Handelsbeschränkung sein dür-fen, noch die Funktion des Binnenmarktes behindern dürfen. Anzeichen für eine Diskriminierung oder Beschränkung bestehen nicht. Jedoch könnte die Funktion des Binnenmarktes behindert werden. Dabei ist jedoch zu sehen, dass diese letz-tere Formulierung nicht streng ausgelegt werden darf, weil sie nur ein Korrektiv zum Ausbau der Möglichkeiten nationaler Abweichung ist. Denn bei enger Aus-legung wären die Abweichmöglichkeiten nach Art. 95 Abs. 4 und 5 EGV obsolet, weil eine Behinderung leicht feststellbar ist.[60] Außerdem regelt die nationale Maß-nahme nur den Produktionsprozess in Deutschland ansässiger Produzenten und kann sich auf zwischenstaatliche Handelsströme kaum auswirken.

Ergebnis: Die Klage wäre auch unbegründet. Die Maßnahme der Kommission war rechtmäßig.

C. Frage 3

Den französischen Unternehmen könnte ein Anspruch gegen die Bundesrepublik aus Staatshaftung zustehen. Denn die französischen Unternehmen werden durch das Einfuhrverbot geschädigt, was etwa mit der Warenverkehrsfreiheit kollidie-ren könnte.

I. Anspruch aus enteignungsgleichem Eingriff

Dieser richterrechtlich vom BGH entwickelte Anspruch wird darauf gestützt, dass durch eine rechtswidrige hoheitliche Maßnahme in das Eigentum eingegriffen wird. Grundlage ist der allgemeine Aufopferungsgedanke nach §§ 74, 75 der Ein-leitung zum Preußischen Allgemeinen Landrecht (ALR).[61]

Dieser Anspruch scheidet als Grundlage für die geltend gemachte Schadenser-satzforderung hier jedoch aus. Denn zum einen wurde nicht in das Eigentum der französischen Unternehmen eingegriffen. Es wurde nur deren Chance zum Absatz ihrer Produkte in Deutschland beeinträchtigt. Solche Absatzchancen fallen jedoch nicht unter den Begriff des Eigentums i. S. v. Art. 14 Abs. 1 GG. Ferner geht es hier um den Ausgleich von Nachteilen, die durch eine – noch näher zu prü-fende, aber hier bereits zu unterstellende – Verletzung des Gemeinschaftsrechts entstanden sind. Das hält sich nicht mehr im Rahmen des richterrechtlich gepräg-ten Haftungsanspruchs aus enteignungsgleichem Eingriff.[62]

---

60 S. dazu *Thun-Hohenstein*, Der Vertrag von Amsterdam, S. 88.
61 Näher dazu *Maurer*, Allgemeines Verwaltungsrecht, § 27 Rn. 87 ff.
62 So BGH, EuZW 1996, 761 (762) – Brasserie du Pêcheur.

II. Anspruch aus Amtshaftung nach Art. 34 GG i. V. m. § 839 Abs. 1 S. 1 BGB

Der Anspruch könnte sich aus Art. 34 GG i. V. m. § 839 Abs. 1 S. 1 BGB ergeben.

1. Beamter im haftungsrechtlichen Sinne

Es geht hier um eine hoheitliche Betätigung. Daher müsste ein Beamter im haftungsrechtlichen Sinne gehandelt haben. Das ist jeder, der ein öffentliches Amt ausübt. Insofern sind Beamte sowohl die Mitglieder der gesetzgebenden Organe als auch die Verwaltungsbeamten, die mit dem Vollzug des Gesetzes betraut sind. Denn man kann hier sowohl auf die Gesetzgebung als hoheitliche Betätigung abstellen als auch auf den Gesetzesvollzug. Der Erlass des Gesetzes und die Anwendung des Gesetzes sind unterscheidbare hoheitliche Betätigungen. Allerdings klagen hier die französischen Hersteller. Sie sind nicht unmittelbar vom Gesetzesvollzug betroffen. Die behördlichen Maßnahmen richteten sich gegen die deutschen Importeure und sonstigen innerdeutschen Vertragspartner der Unternehmen. Die Kläger waren nie Adressat entsprechender Verwaltungsakte, sondern die Produkte der französischen Hersteller unterlagen der einschlägigen deutschen Gesetzgebung. Man kann hier daher nur auf die Mitglieder der Legislativorgane abstellen.

2. Schaden in Ausübung hoheitlichen Tuns

Der Schaden müsste aus der Amtspflichtverletzung, also einem hoheitlichen Tun (mehr zur Amtspflichtverletzung sogleich) entstanden sein. Hier hat das Verbot des Inverkehrbringens zu einem Handelsverbot und damit dazu geführt, dass die betroffenen Hersteller aus Frankreich ihre Produkte nicht mehr verkaufen konnten. Der von ihnen geltend gemachte Schaden (entgangener Gewinn; Marktanteilseinbußen) wurde durch das gesetzlich angeordnete Handelsverbot ausgelöst.

3. Drittbezogene Amtspflicht

Weitere Voraussetzung ist eine einem Dritten gegenüber bestehende Amtspflicht, die infolge der Tätigkeit des Beamten verletzt worden sein müsste.

a) Drittbezogenheit der Gesetzgebung

Zweifelhaft ist, ob eine drittbezogene Amtspflicht besteht. Denn es geht hier um legislatives Tätigwerden. Die Gesetzgebung dient aber nicht dem Interesse eines abgrenzbaren und von der Allgemeinheit unterscheidbaren Kreises betroffener Personen, sondern der Allgemeinheit. Soweit sich die Amtspflichten darin erschöpfen, diesem Allgemeininteresse zu dienen und keine besonderen Beziehungen zwischen diesen Amtspflichten und bestimmten Personen oder Gruppen bestehen, kommt ein Schadensersatzanspruch für außenstehende Dritte nicht in Betracht. Bei der Gesetzgebung fehlt daher ein Drittbezug. Anders ist das allenfalls in Ausnahmefällen, wie etwa bei Maßnahme- oder Einzelfallgesetzen.[63]

---

63 BGH, EuZW 1996, 761 (762) – Brasserie du Pêcheur.

Mit diesem Argument wird gemeinhin ein Amtshaftungsanspruch infolge legislativen Unrechts von vornherein ausgeschlossen.

b) Einwirkung des Gemeinschaftsrechts

Jedoch besteht eine drittbezogene Amtspflicht aufgrund der Einwirkung des Gemeinschaftsrechts. Die bisherige deutsche Rechtsprechung ist europarechtskonform zu modifizieren:[64] Denn es geht um Verletzungen von Gemeinschaftsrecht durch einen Mitgliedstaat. Die Einwirkungen des Gemeinschaftsrechts führen zu einer Anerkennung einer drittbezogenen Amtspflicht, sofern die Voraussetzungen vorliegen, die das Gemeinschaftsrecht für eine Haftung der Mitgliedstaaten für die Verletzung von Gemeinschaftsrecht aufstellt. Denn die Mitgliedstaaten haben die Pflicht, EG-Recht umzusetzen oder anzuwenden. Dies ergibt sich aus Art. 10 EGV.

Diese Pflicht schließt ein, dass Mitgliedstaaten für infolge einer fehlerhaften Anwendung oder Umsetzung von Gemeinschaftsrecht eintretende Schäden haften. Die EG-Rechtsordnung als eigenständige Rechtsordnung verpflichtet die Mitgliedstaaten, alle Maßnahmen zu treffen, um die volle Wirksamkeit der Normen des Gemeinschaftsrechts zu sichern und einen effektiven Schutz der dem einzelnen durch das Gemeinschaftsrecht verliehenen Rechte zu gewährleisten. Diese gemeinschaftsrechtlichen Grundsätze sind die Grundlage der Staatshaftung,[65] und gelten auch bei legislativem Unrecht.[66]

Unter Anwendung seiner Grundsätze zum Schadensersatzanspruch gegen die EG aus Art. 288 Abs. 2 EGV (dazu auch noch Fall 8) hat der EuGH drei Voraussetzungen für das Eingreifen eines Schadensersatzanspruches formuliert:

1. Die gemeinschaftsrechtliche primär- oder sekundärrechtliche Rechtsnorm, gegen die verstoßen worden ist, bezweckt die Verleihung von Rechten an einzelne;

2. der Verstoß gegen das Gemeinschaftsrecht ist hinreichend qualifiziert;

3. zwischen dem Verstoß gegen die dem Staat obliegende Verpflichtung und dem entstandenen Schaden besteht ein unmittelbarer Kausalzusammenhang.[67]

---

64 So das LG Bonn, EuZW 1994, 443 (443). Demgegenüber geht BGH, EuZW 1996, 761 (762) – Brasserie du Pêcheur, davon aus, dass sich der Amtshaftungsanspruch unmittelbar aus dem Gemeinschaftsrecht ergibt. Die noch näher darzulegende Rspr. des EuGH lässt es jedoch zu, die europarechtliche Begründung des gemeinschaftsrechtlich geforderten Amtshaftungsanspruchs in den nationalen Amtshaftungsanspruch zu integrieren und ihn entsprechend modifiziert auszulegen, vgl. EuGH, Rs. C-66/95, Slg. 1997, I-2163 (2191 Rn. 33) – Sutton: Der Entschädigungsanspruch sei unmittelbar im Gemeinschaftsrecht begründet; der Staat habe jedoch die Folgen des Schadens im Rahmen des nationalen Haftungsrechts zu beheben.

65 EuGH, Rs. C-46/93 und C-48/93, Slg. 1996, I-1029 (1146 Rn. 39) – Brasserie du Pêcheur und Factortame. Der EuGH spricht dabei in der Tat von Rechten.

66 EuGH, Rs. C-46/93 und C-48/93, Slg. 1996, I-1029 (1145 Rn. 32, 36) – Brasserie du Pêcheur und Factortame.

67 EuGH, Rs. C-46/93 und C-48/93, Slg. 1996, I-1029 (1149 Rn. 51) – Brasserie du Pêcheur und Factortame. S. auch EuGH, Rs. C-319/96, Slg. 1998, I-5281, Rn. 25 – Brinkmann.

aa) Bestehen eines Gemeinschaftsrechtsverstoßes

Zunächst ist zu klären, ob die Bundesrepublik gegen das Gemeinschaftsrecht verstoßen hat. Hier könnte ein Verstoß gegen Art. 28 und 30 EGV vorliegen.

Eine Ware i. S. v. Art. 23 Abs. 2 EGV liegt vor. Eine gemeinschaftsrechtliche lex specialis für den Handel oder das Inverkehrbringen der betroffenen Produkte besteht angesichts fehlender Hinweise im Sachverhalte nicht. Der Warenverkehr ist damit anwendbar. Das Verbot des Inverkehrsbringens ist auch eine Maßnahme gleicher Wirkung i. S. v. Art. 28 EGV, weil damit der zwischenstaatliche Handel unmittelbar zum Erliegen kommt.

Die immanenten Schranken der Cassis-Rechtsprechung (s. Fall 1) greifen nicht ein, weil es sich um keine unterschiedslose Regelung handelt: Sie gilt nur für eingeführte Waren, während deutsche Produkte den strengeren deutschen Vorschriften unterliegen. Es bleibt somit nur eine Rechtfertigungsmöglichkeit nach Art. 30 EGV wegen des Gesundheitsschutzes. Jedoch beruft die Bundesrepublik sich auf den Umweltschutz. Selbst wenn man diesen Rechtfertigungsgrund noch von Art. 30 erfasst ansähe, was nach der Rspr. des EuGH nicht der Fall ist, weil er den Umweltschutz den zwingenden Erfordernissen im Sinne der Cassis-Rspr. und damit den immanenten Schranken von Art. 28 EGV zuordnet, kann sich die Bundesrepublik jedenfalls nicht mehr darauf berufen. Zwar soll das Verbot des Inverkehrbringens dem Umweltschutz und der Beachtung der entsprechenden Vorgaben des EG-Rechts dienen. Jedoch ist der Rückgriff nicht mehr möglich, wenn Richtlinien der EG hinsichtlich des Umweltschutzes eine Harmonisierung vorsehen.[68] Dagegen spricht auch nicht, dass die Richtlinie hier keine Kontrollverfahren oder Vorgaben für Sanktionen enthielt. Denn unabhängig davon sind die Mitgliedstaaten nach Art. 10 Abs. 1 und Art. 249 Abs. 3 EGV verpflichtet, alle geeigneten Maßnahmen zur Gewährleistung der Geltung und Wirksamkeit des Gemeinschaftsrechts zu treffen. Dabei müssen die Mitgliedstaaten namentlich darauf achten, dass Verstöße gegen EG-Recht nach ähnlichen materiellen und Verfahrensregeln geahndet werden wie nach Art und Schwere gleiche Verstöße gegen nationales Recht (Äquivalenzgebot), wobei die Sanktionen wirksam, verhältnismäßig und abschreckend sein müssen (Effizienzgebot).[69] Für die Einhaltung dieser gemeinschaftsrechtlichen Anforderungen müssen die Mitgliedstaaten sich gegenseitig vertrauen. Ein Mitgliedstaat ist nicht berechtigt, einseitige Abwehrmaßnahmen zu ergreifen, um der Verletzung von EG-Recht entgegenzuwirken.[70] Dafür steht ihm u. a. das Klagerecht nach Art. 227 EGV zur Verfügung.

Das Verbot des Inverkehrbringens verstößt somit gegen Art. 28 EGV. Die deutsche Maßnahme ist primärrechtswidrig.

---

68 EuGH, Rs. C-5/94, Slg. 1996, I-2553 (2611 Rn. 18) – Hedley Lomas.
69 Vgl. EuGH, Rs. C-177/95, Slg. 1997, I-1111 (1143 Rn. 35) – Ebony Maritime. Effizienzgebot und Äquivalenzgebot sind die beiden grundlegenden Anforderungen des Gemeinschaftsrechts an den mitgliedstaatlichen Vollzug des EG-Rechts.
70 EuGH, Rs. C-5/94, Slg. 1996, I-2553 (2611 Rn. 19 f) – Hedley Lomas.

bb) Einräumung eines subjektiven Rechtes

Es wurde oben bei A. bereits darauf hingewiesen, dass der Begriff des subjektiven Rechts im Gemeinschaftsrecht weiter zu verstehen ist. Hier bereitet die Feststellung einer Individualbegünstigung keine Probleme. Denn die Unternehmen berufen sich auf die seit dem 1. 1. 1970 unmittelbar anwendbare Warenverkehrsfreiheit, die ihnen genommen wird. Diese ist als eine Marktfreiheit der Idealtypus eines gemeinschaftsrechtlichen subjektiven Rechtes.[71]

cc) Hinreichend qualifizierter Verstoß gegen das Gemeinschaftsrecht

In Anlehnung an die Voraussetzungen für eine Haftung der EG nach Art. 288 Abs. 2 EGV ist ein Schadensersatzanspruch nur gegeben bei einem hinreichend qualifizierten Verstoß gegen das Gemeinschaftsrecht. Denn die Mitgliedstaaten müssen bei der Umsetzung oder Anwendung des EG-Rechts regelmäßig schwierige wirtschaftspolitische Entscheidungen treffen. Sie verfügen insoweit über einen gewissen Handlungs- und Einschätzungsspielraum. Die Wahrnehmung gesetzgeberischer Tätigkeit soll nicht durch die Möglichkeit von Schadensersatzklagen behindert werden.[72] Nicht jede Verletzung des EG-Rechts soll daher zur Haftung der Mitgliedstaaten führen.

Regelmäßig liegt daher, falls der Mitgliedstaat ein Ermessen bei Anwendung oder Umsetzung des Gemeinschaftsrechts hat, ein hinreichend qualifizierter Verstoß nur vor, wenn der Staat die Grenzen seiner Befugnisse offenkundig und erheblich überschritten hat.[73] Letzteres ist gegeben, wenn der Staat trotz vorangegangener Feststellung durch den EuGH oder einer gefestigten Rspr. des EuGH weiter an seiner Maßnahme festhält. Weitere Kriterien, die zu berücksichtigen sind, sind das Maß an Genauigkeit und Klarheit der verletzten EG-rechtlichen Norm, der Umfang des Ermessensspielraums, die Frage, ob der Verstoß vorsätzlich begangen wurde, die Entschuldbarkeit eines Rechtsirrtums und die Möglichkeit, dass ein Verhalten eines EG-Organs zu der nationalen Maßnahme beigetragen hat.[74]

Besteht jedoch kein Ermessen oder ist das erheblich oder gar auf Null reduziert, etwa für die Frage, ob der Mitgliedstaat eine Richtlinie überhaupt umsetzen muss, dann ist der bloße Vertragsverstoß schon hinreichend qualifiziert. Die völ-

---

71 Vgl. *Kingreen/Störmer*, EuR 1998, 263 (266). Falls ein Schadensersatzanspruch wegen Nichtumsetzung von Richtlinien geltend gemacht wird, muss das Recht in der Richtlinie festgestellt werden: Die Richtlinie muss das Ziel der Gewährung einer Individualbegünstigung verfolgen und sowohl Inhalt als auch Inhaber des Rechts müssen bestimmbar sein, vgl. EuGH, Rs. C-178/94 u. a., Slg. 1996, I-4845 (4883 Rn. 44) – Dillenkofer u. a. Die Bestimmbarkeit des Anspruchsgegners ist nicht erforderlich, denn sonst wäre die Richtlinie uU sogar unmittelbar anwendbar.

72 EuGH, Rs. C-46/93 und C-48/93, Slg. 1996, I-1029 (1147 Rn. 45) – Brasserie du Pêcheur und Factortame.

73 EuGH, Rs. C-46/93 und C-48/93, Slg. 1996, I-1029 (1150 Rn. 55) – Brasserie du Pêcheur und Factortame.

74 EuGH, Rs. C-46/93 und C-48/93, Slg. 1996, I-1029 (1149 Rn. 56) – Brasserie du Pêcheur und Factortame.

lige Nichtumsetzung einer Richtlinie ist daher ohne weiteres ein hinreichend qualifizierter Verstoß.[75]

Für den vorliegenden Fall ist ein hinreichend qualifizierter Verstoß anzunehmen. Die Mitgliedstaaten haben Art. 28 EGV zu befolgen. Insoweit kommt ihnen für seine Umsetzung in das nationale Recht ein beschränkter Einschätzungsspielraum zu, insbesondere was mögliche Abweichungen und Rechtfertigungen vom freien Warenverkehr angeht. Dass ein Verbot des Inverkehrbringens den innergemeinschaftlichen Warenverkehr behindert und daher von Art. 28 EGV verboten wird, ist zumindest bei Zugrundelegung der st. Rspr. des EuGH recht eindeutig zu beurteilen. Das Ermessen des Mitgliedstaates, Maßnahmen zum Umweltschutz zu treffen, war auch deswegen wesentlich reduziert, weil bereits eine Harmonisierungsmaßnahme der EG vorlag. Zwar sollte durch das nationale Einfuhrverbot die Beachtung der gemeinschaftsrechtlichen Vorgaben durch die anderen Mitgliedstaaten gesichert werden. Doch ist dies weniger die Aufgabe der Mitgliedstaaten, als vielmehr die der Kommission als Hüterin des Vertrages. Ferner schließt das in jedem Fall einseitige Maßnahmen eines Mitgliedstaats aus. Der in diesem Bereich verbliebene Ermessensbereich des Mitgliedstaates wurde daher durch die Bundesrepublik offenkundig und erheblich überschritten.

dd) Kausalität

Der Kausalzusammenhang zwischen der Verletzung des Art. 28 EGV durch die Bundesrepublik und den Schäden bei den französischen Herstellern liegt vor.

4. Fahrlässigkeit oder Vorsatz

Diese subjektiven Anforderungen gelten bei Fällen mit Gemeinschaftsbezug nicht mehr. Wie gesehen, fließen Aspekte des Verschuldens bereits bei dem Merkmal der hinreichend qualifizierten Verletzung mit ein.[76]

Ergebnis: Ein Haftungsanspruch besteht.

5. Anspruchsinhalt

Der Umfang der Entschädigung muss dem erlittenen Schaden angemessen sein, weil der gemeinschaftsrechtliche Staatshaftungsanspruch effektiv sein soll. Der entgangene Gewinn ist zu entschädigen; dazu zählen auch die derzeitigen Verluste wegen Marktanteilsrückgang. Für eine Schadensersatzminderung aufgrund des Nichtausnutzens von Rechtsschutzmöglichkeiten[77] (unterlassene Klagen etc)

---

75 Anders bei unvollständiger Umsetzung einer Richtlinie: Ist die Auslegung durch den Mitgliedstaat vertretbar, etwa weil die Richtlinie wenig klar gefasst ist und andere Mitgliedstaaten die gleiche Auslegung zugrunde legten, fehlt es an einem hinreichend qualifizierten Verstoß. Vgl. EuGH, Rs. C-283/94 u. a., Slg. 1996, I-5063 (5101 f. Rn. 50 ff.) – Denkavit u. a.

76 EuGH, Rs. C-46/93 und C-48/93, Slg. 1996, I-1029 (1155 Rn. 78 f.) – Brasserie du Pêcheur und Factortame.

77 Eine Schadensminderungspflicht erkennt der EuGH an, EuGH, Rs. C-46/93 und C-48/93, Slg. 1996, I-1029 (1147 Rn. 85) – Brasserie du Pêcheur und Factortame.

besteht hier kein Ansatzpunkt. Die Importbeschränkung war nur von kurzer Dauer und wurde durch die Verhandlungen schneller beseitigt, als es gerichtlicher Rechtsschutz bewerkstelligen hätte können.

Fall 6: Eine unzulässige Beihilfe

Die Meilers AG betreibt in der Oberpfalz eine Aluminiumhütte. Aufgrund von Strompreissteigerungen gerät die Meilers AG in Zahlungsnöte. Da die Banken weitere Kredite ablehnen, steht der Konkurs der Gesellschaft und der Verlust der 300 Arbeitsplätze in einer strukturschwachen Region mit im Vergleich zu den übrigen Regierungsbezirken in Bayern relativ hoher Arbeitslosigkeit unmittelbar bevor. Der Vorstand wendet sich daher an den örtlichen Landtagsabgeordneten. Auf dessen Betreiben hin wird der Meilers AG am 18. 2. 2000 eine nicht rückzahlbare Überbrückungshilfe in Höhe von 10 Mio. DM vom Freistaat Bayern bewilligt und umgehend ausbezahlt. Der zuständige Sachbearbeiter hatte zuvor am 10. 1. 2000 der Kommission auf Drängen der Meilers AG den Sachverhalt bereits mitgeteilt. Die Kommission hatte zunächst bis zum 18. 2. 2000 auf die Mitteilung wegen Arbeitsüberlastung nicht reagiert, dann aber am 10. 3. 2000 Bedenken gegen die Vereinbarkeit der Beihilfe mit dem EGV den deutschen Stellen gegenüber geäußert und ein förmliches Verfahren zur Überprüfung der Beihilfe eingeleitet. Nach intensiver Prüfung und Anhörung der Beteiligten fasst die Kommission nach Aussprache eine Entscheidung. Die der Bundesrepublik zugestellte Entscheidung vom 23. 12. 2002 stellt die Unvereinbarkeit der gewährten Überbrückungshilfe mit dem EGV in formeller und in materieller Hinsicht fest. Die Beihilfe diene nicht der Förderung einer Region mit erheblicher Unterbeschäftigung, weil das Ausmaß der Unterbeschäftigung dort immer noch den Durchschnitt in der EG nicht übersteige. Die Bundesrepublik Deutschland wird zur Rückforderung der Zahlung bis zum 28. 3. 2003 aufgefordert. Das vom Kommissionspräsidenten und dem Generalsekretär am Ende der Kommissionssitzung unterschriebene Schriftstück hielt nur die materielle Unvereinbarkeit der Beihilfe mit Art. 87 EGV fest. Die Rüge des Verstoßes gegen das Durchführungsverbot des Art. 88 Abs. 3 S. 3 EGV war erst nachträglich aufgenommen worden. Die Entscheidung der Kommission wird entgegen der üblichen Praxis nicht im Amtsblatt veröffentlicht.

Der Freistaat Bayern verweigert zunächst die Rücknahme des Bewilligungsbescheides. Nachdem die EG-Kommission deswegen nach längerem Zuwarten ein Vertragsverletzungsverfahren gegen die Bundesrepublik einleiten will, werden die bayerischen Behörden tätig. Am 5. 11. 2004 ergeht ein Bescheid an die Meilers AG über die Rücknahme der Bewilligung mit Wirkung für die Vergangenheit, die Aufforderung zur Rückzahlung der Überbrückungshilfe in voller Höhe und die Anordnung des Sofortvollzugs, der am 9. 11. 2004 dort eintrifft. Der Sofortvollzug wird umfassend begründet, u. a. damit, dass das besondere Interesse am Sofortvollzug sich aus dem drohenden Vertragsverletzungsverfahren, vor allem aber aus dem Gemeinschaftsinteresse an der beschleunigten Rückabwicklung der Beihilfe ergibt. Art. 14 Abs. 3 der Beihilfeverfahrensverordnung 659/1999 der EG verpflichtet die Behörden zur unverzüglichen Rückforderung, die eine sofortige Vollstreckung der Rückforderung ermöglicht.

Der Vorstand der Meilers AG ist überrascht. Denn er hatte von der Entscheidung der Kommission vom 23. 12. 2002 und von den Plänen der Landesregierung Bayerns erst in der Anhörung durch die bayerischen Behörden am 4. 11. 2004 erfahren, als die Kommissionsentscheidung ihm vorgelegt wurde. Die Benachrichtigung der Kommission an die Meilers AG hat diese aus ungeklärten Gründen nie erreicht.

Am 7. 12. 2004 legte die Meilers AG gegen den Bescheid Widerspruch ein und beantragte beim zuständigen Verwaltungsgericht die Aussetzung des Sofortvollzugs der Rücknahme und der Rückforderung nach § 80 Abs. 5 VwGO, nachdem die Behörde die Aussetzung des Sofortvollzugs abgelehnt hatte. Denn der sofortige Vollzug der Rückforderungsentscheidung hätte aufgrund der äußerst schwierigen wirtschaftlichen Situation des Unternehmens den Konkurs zur Folge. Auch könne man nun nach so langer Zeit die Angelegenheit nicht rückgängig machen. Die Gelder seien längst verausgabt. Vertrauensschutz werde schließlich auch im Gemeinschaftsrecht gewährt. Außerdem sei die Jahresfrist nach § 48 Abs. 4 VwVfG abgelaufen. Im übrigen entspreche die Beihilfe Art. 87 EGV, da in der Region eine erhebliche Unterbeschäftigung herrsche. Vor dem Verwaltungsgericht trägt der Anwalt der Meilers AG vor, die Entscheidung der EG-Kommission sei auch bereits aus verfahrensrechtlichen Gründen rechtswidrig und nichtig. Ferner sei Vertrauensschutz zu gewähren. Die Meilers AG hätte nicht wissen können, dass der Freistaat Bayern eine Genehmigung der Beihilfe durch die EG-Kommission nicht abgewartet hatte. Schließlich habe man die Anzeige an die Kommission angeregt und auch noch mitbekommen, dass die Bewilligung der Gelder durch die bayerischen Behörden erst mehrere Wochen nach der Anzeige an die Kommission erfolgt war. Wenn die Kommission aber längere Zeit nach der Unterrichtung untätig bliebe, müsse man wegen der Dringlichkeit von einer Genehmigungsfiktion ausgehen, die nicht einfach Jahre später durch eine Unvereinbarkeitsfeststellung geändert werden könne. Die bayerischen Behörden weisen demgegenüber darauf hin, dass die Entscheidung der Kommission die Bundesrepublik zur Rückforderung verpflichte und daher unbedingt vollzogen werden müsse. Sie wäre mittlerweile sogar bestandskräftig. Der Richter könne sich über die Entscheidung nicht einfach hinwegsetzen, sondern sie binde auch ihn. Das Verwerfungsmonopol habe nur der EuGH.

Am 5. 1. 2005 schließlich erhebt die Meilers AG Klage auf Nichtigerklärung der Kommissionsentscheidung vom 23. 12. 2002 zum EuG, die am 11. 1. 2003 bei der Gerichtskanzlei eingeht. Der Anwalt der Meilers AG teilt dies dem Verwaltungsgericht sogleich mit.

Vermerk für den Bearbeiter:

1. Bereiten Sie in einem umfassenden Gutachten die Entscheidung des Verwaltungsgerichts auf den Antrag nach § 80 Abs. 5 VwGO vor.

2. Gesetzt den Fall, die EG-Kommission hätte nach der Mitteilung über die Beihilfe am 10. 1. 2000 durch den Sachbearbeiter keine weitere Untersuchung, insbesondere kein förmliches Verfahren mehr eingeleitet, sondern der Bundesrepublik mitgeteilt, dass keine Hinweise für eine Unvereinbarkeit der Beihilfe mit dem EGV bestünden. Wäre eine Klage der Müller AG, eines Konkurrenten der Meilers AG, dagegen zulässig?

Lösung zu Fall 6: Eine unzulässige Beihilfe

A. Aufgabe 1

I. Zulässigkeit eines Antrags nach § 80 Abs. 5 VwGO

1. Eröffnung des Verwaltungsrechtswegs

Der Rechtsweg zu den Verwaltungsgerichten ist nach § 40 Abs. 1 VwGO gegeben, da es sich um eine öffentlich-rechtliche Streitigkeit nicht verfassungsrechtlicher Art handelt. Der Sofortvollzug der Rückforderung der Beihilfe und der Rücknahme der Beihilfengewährung erfolgt aufgrund von Normen des öffentlichen Rechts, nämlich nach § 80 Abs. 2 Nr. 4 VwGO.[1] Verfassungsorgane sind nicht beteiligt. Eine Sonderzuweisung besteht nicht.

2. Statthaftigkeit des Antrags

Der Antrag nach § 80 Abs. 5 VwGO ist statthaft. Denn es wird die Aufhebung des Sofortvollzugs eines noch nicht bestandskräftigen und noch nicht erledigten Verwaltungsaktes (hier kann man sowohl auf die Rücknahme der Bewilligung als auch auf die Rückforderung abstellen) begehrt. Letztere beiden Verwaltungsakte sind weder bestandskräftig, da die Widerspruchsfrist nach § 70 VwGO infolge rechtzeitiger Widerspruchseinlegung vor Ablauf des 9. 12. 2004 gewahrt worden ist, noch haben sie sich erledigt. Gegen die beiden belastenden Verwaltungsakte ist im Hauptsacheverfahren auch die Anfechtungsklage zulässig.

3. Widerspruch nicht offensichtlich unzulässig

Der Antrag wäre unzulässig, wenn ein Rechtsbehelf in der Hauptsache offensichtlich unzulässig wäre. Das ist hier nicht der Fall. Insbesondere die Widerspruchsfrist ist hier gewahrt.

4. Antragsbefugnis nach § 42 Abs. 2 VwGO analog

Die Meilers AG ist als Antragstellerin auch antragsbefugt, da sie Adressatin belastender Maßnahmen ist, wobei hier neben den beiden Verwaltungsakten auch auf die Anordnung des Sofortvollzugs abgestellt werden kann. Diese Rechtsakte berühren die Antragstellerin in ihrem Recht auf Freiheit der Berufsausübung nach Art. 12 GG, das nach Art. 19 Abs. 3 GG auch juristischen Personen zusteht. Denn das Unternehmen würde durch die Rückzahlung in den Konkurs getrieben.

---

1 Für die Rückforderung der Beihilfe ist nicht auf § 80 Abs. 2 Nr. 1 VwGO abzustellen, da das nur für solche Geldforderungen gilt, die zumindest in erheblichem Umfang der Dekkung des Finanzierungsbedarfes eines Gemeinwesens dienen, *Kopp/Schenke*, VwGO, § 80 Rn. 61.

Somit ist die Antragstellerin durch die behördlichen Maßnahmen in ihren Rechten betroffen.

5. Zuständigkeit des Gerichts

Es ist das Gericht der Hauptsache nach § 80 Abs. 5 S. 1 VwGO als das Gericht, bei dem eine Anfechtungsklage zu erheben wäre, zuständig.

6. Allgemeine Sachentscheidungsvoraussetzungen

Das Vorliegen der allgemeinen Voraussetzungen, wie die Beachtung der Formvorschriften nach § 81 f. VwGO oder die Beteiligtenfähigkeit nach § 61 Nr. 1 VwGO, begegnet keinen Bedenken.

7. Rechtsschutzbedürfnis

Das Rechtsschutzbedürfnis besteht. Der vorherige Antrag bei der Behörde wäre nicht nötig gewesen; sein Fehlen hätte das Rechtsschutzbedürfnis auch nicht entfallen lassen.[2]

II. Begründetheit

Der Antrag ist begründet, sofern er sich gegen den richtigen Antragsgegner wendet und die Anordnung des Sofortvollzugs rechtswidrig ist und den Antragsteller, die Meilers AG, in ihren Rechten verletzt. Erweist sich die Anordnung des Sofortvollzugs als rechtmäßig, dann hat das Gericht eine eigene originäre Entscheidung über die Wiederherstellung der aufschiebenden Wirkung zu treffen.[3]

1. Richtiger Antragsgegner

Der richtige Antragsgegner ist nach § 78 Abs. 1 Nr. 1 VwGO der Rechtsträger der erlassenden Behörde, hier also der Freistaat Bayern.

2. Rechtmäßigkeit der Anordnung des Sofortvollzugs hinsichtlich der Rückforderung

Die Vollzugsanordnung müsste entweder in formeller oder in materieller Hinsicht rechtswidrig sein.

a) Formelle Rechtmäßigkeit

Gegen die formelle Rechtmäßigkeit bestehen keine Bedenken. Davon, dass die zuständige Behörde gehandelt hat, ist mangels anderer Angaben auszugehen. Eine Anhörung nach Art. 28 bayVwVfG erfolgte. Die schriftliche Begründung des öffentlichen Interesses nach § 80 Abs. 3 S. 1 VwGO wurde gegeben.

---

2 *Kopp/Schenke*, VwGO, § 80 Rn. 136, 138.
3 *Kopp/Schenke*, VwGO, § 80 Rn. 146, 148, 151.

b) Materielle Rechtmäßigkeit

Der Anordnungsgrund nach § 80 Abs. 2 Nr. 4 müsste vorliegen. Die Behörde hat das besondere öffentliche Interesse geprüft und dargelegt. Das überwiegende öffentliche Interesse wurde hier aufgrund Erwägungen des Gemeinschaftsrechts, u. a. mit dem richtigen Hinweis auf eine Verpflichtung zum Sofortvollzug infolge des Art. 14 Abs. 3 der BeihilfeverfahrensVO 659/1999,[4] angenommen und mit dem drohenden Vertragsverletzungsverfahren und dem Vollzugsinteresse des Gemeinschaftsrechts an der Beseitigung rechtswidriger Beihilfen begründet. Die durch vertragswidrige Beihilfen gewährten Wettbewerbsvorteile und dadurch herbeigeführten Wettbewerbsverzerrungen auf dem Gemeinsamen Markt müssen rückgängig gemacht werden. Dazu zählt es, die Vorteilswirkungen so schnell als möglich zu beenden. Es ist daher nicht nur erforderlich, die rechtswidrige Beihilfenzahlung zurückzufordern, sondern auch, dies zügig zu tun. Ein besonderes öffentliches Interesse am Sofortvollzug ist daher gegeben.

Dieses öffentliche Interesse muss die entgegenstehenden Interessen des Antragstellers überwiegen.[5] Davon ist hier schon angesichts des Art. 14 Abs. 43 VO 659/1999 auszugehen. Zwar führt die sofortige Rückzahlung zum Konkurs der Gesellschaft. Jedoch wurde dieser Konkurs ohnehin nur durch die Beihilfe aufgeschoben. Wäre die Beihilfe nicht bezahlt worden, wäre er schon früher eingetreten. Dies belegt, dass der weitere Aufschub des Konkurses nur dazu führt, dass die rechtswidrigen Vorteile der Beihilfenzahlung von dem Antragsteller weiter in Anspruch genommen würden. Dem Interesse des Antragstellers stehen die Interessen der vielen Marktteilnehmer gegenüber, die durch den ordnungsgemäßen Vollzug der EG-Beihilfenkontrolle vor Wettbewerbsverzerrungen im Gemeinsamen Markt geschützt werden sollen. Die öffentlichen Interessen überwiegen daher trotz der ernsthaften Konsequenzen für den Antragsteller.[6]

Ergebnis: Die Vollzugsanordnung ist sowohl in formeller als auch in materieller Hinsicht rechtmäßig.

3. Eigene Entscheidung des Gerichts

Da die behördliche Anordnung des Sofortvollzugs rechtens ist, hat das Verwaltungsgericht somit eine eigene Entscheidung über die aufschiebende Wirkung zu treffen. Dabei sind nun bei der Abwägung neben den Interessen der Beteiligten auch die Erfolgsaussichten einzubeziehen, weil das besondere öffentliche Inter-

---

4 Sartorius II, Nr. 173.
5 Vgl. *Kopp/Schenke*, VwGO, § 80 Rn. 90 f.
6 Teilweise wird die europarechtskonforme Auslegung von § 80 Abs. 2 Nr. 4 VwGO bestritten, da die Anordnung des Sofortvollzugs eine Ermessensentscheidung ist, während die Vorgaben des Gemeinschaftsrechts das ausschließen. Vgl. EuGH, Rs. C-217/88, Slg. 1990, I-2879 (2908 Rn. 34) – Tafelweinfall, wonach die Weinmarktordnung den Sofortvollzug von Verwaltungsakten fordert, die die Beseitigung von Überschussprodukten auferlegen. Ein Ermessen der deutschen Behörden bei der Anordnung des Sofortvollzugs besteht nicht; s. auch *Vedder*, EWS 1991, 10 (14).

esse am Vollzug eines Verwaltungsaktes dann nicht sehr groß ist, wenn der Verwaltungsakt sich als rechtswidrig erweist.[7]

a) Erfolgaussichten der Hauptsache

Hier soll – da die Interessen der Beteiligten bereits oben dargestellt wurden – besonders auf die Erfolgsaussichten in der Hauptsache eingegangen werden. Der Widerspruch wäre erfolgreich, wenn der Verwaltungsakt, also die Rücknahme der Beihilfengewährung, rechtswidrig wäre und die Meilers AG in ihren Rechten verletzen würde, vgl. § 113 Abs. 1 S. 1 VwGO.

aa) Auf **formelle Fehler** des Rücknahmeverwaltungsakts weist nichts hin.

bb) Materielle Rechtswidrigkeit

Die Rücknahme könnte materiell rechtswidrig sein. Das wäre der Fall, wenn es dafür an einer Rechtsgrundlage fehlte. Die Rückforderung richtet sich dabei, solange eine gemeinschaftsrechtliche Verfahrensregelung aufgrund von Art. 89 EGV fehlt, nach nationalem Verfahrensrecht, da die Mitgliedstaaten für den Vollzug zuständig sind. Allerdings darf durch die Anwendung von nationalem Recht die Rückforderung nicht praktisch unmöglich werden.[8] Die BeihilfeverfahrensVO 659/1999 regelt die Rücknahme einer rechtswidrigen Beihilfe nur sehr marginal und verweist auf die nationalen Regelungen (Art. 14 Abs. 3 S. 1, 2)

(1) Rechtsgrundlage des Rücknahmeverwaltungsaktes

Die Rücknahme richtet sich nach Art. 48 Abs. 1 S. 2 i. V. m. Abs. 2 bayVwVfG,[9] weil mit der Beihilfengewährung ein begünstigender Verwaltungsakt über eine einmalige Geldleistung mit Wirkung für die Vergangenheit zurückgenommen werden soll.

Die Rechtmäßigkeit der Rücknahme setzt voraus, dass der Verwaltungsakt über die Gewährung der Überbrückungshilfe rechtswidrig war. Das läge vor bei einem Verstoß der Beihilfengewährung gegen höherrangiges Recht. Ein solcher Verstoß könnte in dem Verstoß gegen Gemeinschaftsrecht zu sehen sein.

Nach Auffassung der Kommission verstieß die Beihilfengewährung gegen das EG-Recht, konkret: materiell gegen Art. 87 EGV, formell wegen nicht erfolgter Anmeldung bei der EG-Kommission gegen Art. 88 Abs. 3 S. 3 EGV. Das wurde in der Entscheidung der EG-Kommission vom 23. 12. 2002 festgestellt.

---

7 *Kopp/Schenke*, VwGO, § 80 Rn. 158.
8 EuGH, Rs. C-142/87, Slg. 1990, I-959 (1019 Rn. 61) – Belgien/Kommission.
9 Da die Normen des VwVfG bei Bund und Ländern insoweit identisch sind, gelten nachfolgende Ausführungen genauso für die Rücknahme nach einem anderen VwVfG.

(1.1) Verstoß der Beihilfe gegen Art. 88 Abs. 3 S. 3 EGV?

Zunächst ist der von der Kommission festgestellte Verstoß gegen die Meldepflicht nach Art. 88 Abs. 3 EGV, also die formelle Seite, zu untersuchen. Das bloße Fehlen der Anmeldung und die Bewilligung der Beihilfe nach der Anmeldung, noch ehe eine Entscheidung der Kommission erging, führen dazu, dass die Beihilfengewährung rechtswidrig ist; einer Feststellung des Formverstoßes durch die Kommission bedarf es nicht. Einer solchen Feststellung durch die Kommission kommt keine konstitutive Wirkung zu: Art. 88 Abs. 3 S. 3 EGV ist unmittelbar anwendbar[10] und kann daher unmittelbar von jeder nationalen Stelle vollzogen werden. Denn diese Norm ist hinreichend exakt und hängt von keinen Bedingungen mehr ab: Das Verbot an die Staaten, Beihilfe ohne vorherige Genehmigung zu gewähren, ist der Norm eindeutig zu entnehmen. Das führt dazu, dass das Verwaltungsgericht hier selbst unabhängig von der vorliegenden Entscheidung der Kommission – und damit auch unabhängig von deren eventueller Unbeachtlichkeit infolge Nichtigkeit – den Verstoß zu prüfen und die notwendigen Konsequenzen zu ziehen hat.

Für die Ungültigkeit der Beihilfemaßnahmen reicht bereits ein Verstoß gegen die Anmeldeverpflichtung des Art. 88 Abs. 3 EGV; eine nachträgliche Heilung durch eine Entscheidung der Kommission, die die Vereinbarkeit der Beihilfe mit dem EGV feststellt, ist nicht möglich, weil sonst die unmittelbare Wirkung von Art. 88 Abs. 3 S. 3 EGV beeinträchtigt würde.[11]

Zunächst müsste dazu eine Beihilfe im Sinne von Art. 87 Abs. 1 EGV vorliegen. Das setzt eine staatliche bzw. dem Staat zuzurechnende Maßnahme voraus, die – in welcher Form auch immer – die Belastungen vermindert, die ein Unternehmen normalerweise zu tragen hat.[12] Das ist hier gegeben. Denn durch die Beihilfe soll der Meilers AG die aus Marktprozessen, nämlich der Strompreiserhöhung, resultierende Belastung, die Unternehmen eben normalerweise zu bezahlen haben, zu tragen geholfen werden. Diese Hilfe wird unmittelbar vom Staat gewährt; dass sie nicht vom Mitgliedstaat Bundesrepublik, sondern vom Land Bayern ausgeht, steht nicht entgegen, da Besonderheiten des innerstaatlichen Staatsaufbaus die Anwendung des Gemeinschaftsrechts nicht verändern können. Die Beihilfe ist auch mehr als geringfügig, so dass die de minimis-Regel[13] nicht eingreift, wonach die gemeinschaftsrechtliche Beihilfenkontrolle keine Anwendung findet bei minimalen Beihilfen von bis zu 100.000 ECU binnen drei Jahren, weil eine mit dem Gemeinsamen Markt unvereinbare Wettbewerbsverfälschung, die gemäß Art. 87 Abs. 1 EGV Voraussetzung für ein Verbot ist, bei so niedrigen Beträgen nicht denkbar ist.

---

10 EuGH, Rs. C-354/90, Slg. 1991, I-5505 (5528 Rn. 12 f.) – Féderation nationale.
11 EuGH, Rs. C-354/90, Slg. 1991, I-5505 (5529 Rn. 16) – Fédération nationale; EuG, Rs. T-49/93, Slg. 1995, II-2501 (2533 f. Rn. 85) – Side.
12 EuGH, Rs. C-387/92, Slg. 1994, I-877 (907 Rn. 13) – Banco Exterior de España.
13 Sie ergibt sich aus Art. 2 VO 994/1998 über die Freistellung von der Anmeldung für bestimmte Gruppen von Beihilfen, Sartorius II, Nr. 172 iVm VO 70/2001, ABl.EG 2001, Nr. L 10/30.

Ferner müsste ein Verstoß gegen das Vollzugsverbot nach Art. 88 Abs. 3 S. 3 EGV bestehen. Der bestünde bereits, wenn eine Mitteilung an die Kommission erst gar nicht erfolgt wäre. Hier wurde der EG-Kommission die beabsichtigte Beihilfe am 12.1. 2000, vor der Gewährung, mitgeteilt. Jedoch fehlt eine förmliche Entscheidung der Kommission über die Genehmigung. Sie erging bis zur Gewährung der Beihilfe am 18. 2. 2000 und ihrer Auszahlung nicht. Die Beihilfe wurde damit vom Mitgliedstaat durchgeführt, noch ehe eine Genehmigung der Kommission vorlag. Damit läge ein Verstoß gegen Art. 88 Abs. 3 S. 3 EGV dem Wortlaut nach vor. Jedoch ist zu berücksichtigen, dass die Kommission hier mehrere Wochen nach der Mitteilung untätig geblieben war, bevor die Beihilfe gewährt wurde. Durch Untätigkeit oder verzögerte Prüfung könnte die Kommission daher auch die Gewährung von mit dem EGV vereinbaren Beihilfen verhindern, für die im Einzelfall ein dringendes Bedürfnis bestehen kann. Daher sieht Art. 4 Abs. 6 vor, dass die Beihilfe als genehmigt gilt, wenn die Kommission nicht binnen zwei Monaten darüber entscheidet, ob sie ein Hauptprüfverfahren einleitet oder nicht. Diese Genehmigungsfiktion greift aber erst nach zwei Monaten ein und setzt voraus, dass der Mitgliedstaat die Kommission vor der Durchführung seiner Maßnahme informiert und nochmals 15 Arbeitstage abwartet (Art. 4 Abs. 6 S. 2 VO 659/1999).

Hier hatte die zuständige nationale Behörde mit der Bewilligung und Auszahlung der Beihilfe nur vom 10. 1. 2000 bis zum 18. 2. 2000, also weniger als zwei Monate, gewartet. Auch fehlte eine erneute Unterrichtung der Kommission über die Durchführung der zuvor angezeigten Beihilfe. Ferner hat die Kommission durch die Mitteilung ihrer Bedenken am 10. 3. 2000, also nach exakt zwei Monaten, reagiert. Die Voraussetzungen einer Genehmigungsfiktion liegen daher nicht vor. Das Verbot der Durchführung nach Art. 88 Abs. 3 S. 3 EGV greift somit. Somit liegt bereits ein formeller Verstoß vor.

Problematisch ist, ob allein schon der formelle Verstoß die Verpflichtung zur Rücknahme der Beihilfe zur Folge hat. Denn wegen einer immer noch möglichen materiellen Vereinbarkeit der Beihilfe mit dem EGV könnte eine Rückforderung nur wegen Verfahrensfehlern unnötig formal und damit unverhältnismäßig sein. Jedoch hat der EuGH festgehalten, dass auch eine Entscheidung der Kommission über die materielle Vereinbarkeit der Beihilfe mit dem EGV nicht den Formfehler heilen kann. Die EG-Kommission selbst darf indes bei der Anordnung der Rückforderung der Beihilfe nicht allein auf den formellen Fehler der unterlassenen Anmeldung abstellen, sondern muss auch prüfen, ob die Beihilfe materiell mit Art. 87 EGV unvereinbar ist. Allerdings kann sie, wenn schon die Anmeldepflicht oder das Durchführungsverbot nicht beachtet wurde, als vorläufige Maßnahme anordnen, dass die Zahlung der Beihilfe einzustellen ist (sog. Aussetzungsanordnung), Art. 11 VO 659/99.

Der EuGH folgert aber aus dem bloßen Verfahrensfehler, das Ergehen einer materiellen Entscheidung der Kommission nicht abgewartet zu haben, die Verpflichtung *nationaler Gerichte* zur vorläufigen Rückforderung der Beihilfen.[14]

---

14 EuGH, Rs. C-354/90, Slg. 1991, I-5505 (5528 Rn. 12, 14) – Fédération nationale. S. auch *Cremer*, in: *Calliess/Ruffert* EUV / EGV, Art. 88, Rn. 11, 27.

Allerdings hat der EuGH das nur entschieden für Klagen von Konkurrenten, da der Gerichtshof diese Verpflichtung als Folge der unmittelbaren Anwendbarkeit von Art. 88 Abs. 3 S. 3 EGV »zugunsten der einzelnen«[15] sieht. Vorliegend geht es gerade nicht um eine Klage eines Konkurrenten der Meilers AG gegen die Beihilfe. Diese Frage kann jedoch offen bleiben, wenn die Beihilfe auch materiell mit dem EGV nicht vereinbar ist, wie die Kommission ja entschieden hat.

(1.2) Verstoß der Beihilfe gegen das materielle Beihilfenrecht nach Art. 87 EGV

Es ist daher zu prüfen, ob die Beihilfengewährung auch gegen das materielle Beihilfenrecht des EGV in Art. 87 EGV verstößt. Die Kommission hatte einen materiellen Verstoß gegen das EG-Beihilfenrecht festgestellt.

(1.2.1) Bindung an die Kommissionsentscheidung

Dies wirft die Frage auf, ob die Entscheidung der Kommission für den nationalen Richter bindend ist. Das ist der Fall, weil es allein der Kommission obliegt, wie Art. 88 Abs. 2 und Abs. 3 S. 2 und 3 EGV zeigen, über die Vereinbarkeit einer nationalen Beihilfe mit dem EGV zu entscheiden. Die von ihr gefällten Entscheidungen stehen unter der Kontrolle nur des EuGH. Die Bestimmungen der Art. 87 EGV sind auch nicht unmittelbar anwendbar, da es an hinreichender inhaltlicher Bestimmtheit fehlt. Ihre Handhabung obliegt daher nicht dem nationalen Richter. Auch steht im keine Verwerfungskompetenz hinsichtlich von Rechtsakten der EG zu.

(1.2.2) Ausnahme von der Bindung wegen Nichtigkeit der Entscheidung

Die Kommissionsentscheidung könnte jedoch rechtswidrig und nichtig sein, so dass die dadurch getroffene Feststellung für den nationalen Richter nicht bindend wäre, weil sie als rechtlich nicht existent anzusehen wäre. Die Nichtigkeit könnte sich daraus ergeben, dass die Entscheidung vom 23. 12. 2002 an die Bundesrepublik gar nicht auf die Kommission zurückzuführen ist. Denn laut Sachverhalt war in dem Protokoll über die Kommissionssitzung nur die Unvereinbarkeit der Beihilfe mit dem EGV nur in materieller Hinsicht festgehalten worden. Die in dem Schreiben an die Bundesrepublik zusätzlich enthaltene formelle Rüge eines Verstoßes gegen Art. 88 Abs. 3 S. 3 EGV wurde erst nachträglich eingefügt. Das verstößt gegen die Geschäftsordnung der Kommission (GeschO KOM). Denn gemäß Art. 18 S. 2 der GeschO KOM[16] werden die Beschlüsse der Kommission durch die Unterschrift des Präsidenten der Kommission und des Generalsekretärs festgestellt. Diese Unterschrift legt damit den Inhalt der Entscheidung fest. Hier beinhaltete das unterschriebene Schriftstück nur den Vorwurf eines materiellen Verstoßes, während die Rüge des formellen Verstoßes nachträglich eingefügt wurde. Das an die Bundesrepublik gelangte Schreiben entspricht damit nicht dem Beschluss der EG-Kommission. Denn nachträgliche Korrekturen von Beschlüssen der Kommission müssen – abgesehen von orthografischen oder grammatikalischen Fehlern –

---

15 Darauf abstellend EuGH, Rs. C-354/90, Slg. 1991, I-5505 (5528 Rn. 12) – Fédération nationale; Rs. 39/94, Slg. 1996, I-3547 (3590 f. Rn. 40) – SFEI u. a.
16 Abgedruckt in Sartorius II unter Nr. 235.

auch im selben Verfahren beschlossen werden. Die Änderung eines förmlich angenommenen Beschlusses fällt unter die ausschließliche Zuständigkeit der Kommission und unterliegt dem Verfahren nach ihrer GeschO.[17] Die zugestellte Entscheidung der Kommission vom 23. 12. 2002 verletzt daher wesentliche Formvorschriften und ist bereits aus diesem formellen Grund rechtswidrig. Die verletzten Formvorschriften sind wesentlich, da sie die Beschlussfassung in der Kommission und damit die einzuhaltenden Verfahrensschritte bei der Annahme einer Rechtshandlung regeln.

Fraglich ist, ob dieser Verstoß gegen die GeschO schon zur Nichtigkeit und damit zur rechtlichen Nichtexistenz der Entscheidung führt. Das erfordert über die Rechtswidrigkeit hinaus, dass der Fehler offenkundig und schwer ist.[18] Durch diese – auf außergewöhnliche Fälle zu beschränkende – Ausnahme wird die Rechtssicherheit mit der Wahrung der Rechtmäßigkeit in Ausgleich gebracht. Hier fehlt es zumindest an der Offenkundigkeit. Denn sie erfordert, dass der Formverstoß der Entscheidung selbst entnommen werden kann, er also bereits bei der Lektüre des Aktes erkennbar ist.[19] Das ist hier nicht der Fall. Die Divergenz zwischen dem bei der Kommissionssitzung gefassten Beschluss und der der Bundesrepublik zugestellten Entscheidung vom 23. 12. 2002 wird erst bei Vergleich der Entscheidung mit im Internen der Kommission verbliebenen Vorgängen erkennbar. Eine Nichtigkeit scheidet somit aus.

(1.2.3) Bindung an die Entscheidung der Kommission wegen Bestandskraft

Zu beachten ist bei dem vorliegenden Fall auch noch, dass es sich hier um eine *Entscheidung* handelt. Diese kann – im Gegensatz zur Verordnung und zur Richtlinie (vgl. Art. 241 EGV) – gegenüber den Betroffenen *bestandskräftig* werden, so dass die Entscheidung in jedem Falle – auch bei rechtlich erheblichen Fehlern, die nicht zur Nichtigkeit führen – zu beachten ist. Eine Befugnis des nationalen Richters zur vorläufigen Nichtanwendung kann nicht mehr angenommen werden, wenn die Bestandskraft eingetreten ist. Denn bei Entscheidungen ist in diesem Falle eine Vorlage zum EuGH nicht mehr zulässig: Der EuGH prüft ab Eintreten der Bestandskraft nicht mehr die Gültigkeit von Individualakten der Gemeinschaft.[20] Der Antragsteller müsste gegen die Entscheidung der Kommission an die Bundesrepublik vom 23. 12. 2002 rechtzeitig und zulässig Klage erhoben haben, damit ihn nicht die Bestandkraft der EG-Entscheidung trifft.

Es ist daher hier inzident die Zulässigkeit der Nichtigkeitsklage der Meilers AG gegen die Kommissionsentscheidung zu prüfen: Problematisch sind dabei nur zwei Aspekte, nämlich zum einen die Klagebefugnis, weil die Entscheidung nach Art. 88 EGV an den Mitgliedstaat gerichtet ist, zum anderen die Einhaltung der Klagefrist.

---

17 EuGH, Rs. C-137/92P, Slg. 1994, I-2555 (2651 Rn. 68; 2653 Rn. 77 f.) – BASF u. a.
18 EuGH, Rs. 15/85, Slg. 1987, 1005 (1036 Rn. 10) – Consorcio Cooperative d' Abruzzo, zu Entscheidungen; Rs. C-137/92 P, Slg. 1994, I-2555 (2647 Rn. 49) – Kommission/BASF u. a., allgemein ohne Einschränkung auf Entscheidungen.
19 EuGH, Rs. 15/85, Slg. 1987, 1005 (1036 Rn. 11) – Consorcio Cooperative d' Abruzzo; Annacker, EuZW 1995, 755 (758).
20 So EuGH, Rs. C-188/92, Slg. 1994, I-833 (853 Rn. 16 ff.) – TWD Textilwerke Deggendorf.

Zunächst zur Klagebefugnis: Juristische Personen können nach Art. 230 Abs. 4 EGV Klage gegen Entscheidungen erheben, die an andere ergingen, sie jedoch individuell und unmittelbar betreffen. Das ist hier der Fall. Denn die an die Bundesrepublik gerichtete Entscheidung hatte die von Bayern an die Meilers AG gewährte Beihilfe zum Gegenstand und gibt dem Mitgliedstaat die Rückforderung auf. Von der Entscheidung wird die Meilers AG daher so betroffen wie ein Adressat. Sie wird durch die Entscheidung der EG-Kommission individuell betroffen. Auch eine unmittelbare Betroffenheit liegt vor, weil die Entscheidung der Kommission dazu führt, dass der Mitgliedstaat die Beihilfe zurücknehmen und zurückfordern muss. Die noch nötige nationale Durchführungshandlung beschränkt sich auf den bloßen Vollzug des von der Kommission Geforderten und hat keinen eigenen Entscheidungsspielraum mehr (entgegen Art. 48 Abs. 2 bayVwVfG liegt daher bei der Rückforderung der Beihilfe von der Meilers AG keine Ermessensentscheidung vor).

Zur Beachtung der Klagefrist: Die Meilers AG erhob ihre Klage zum EuG am 11. 1. 2005. Damit könnte infolge des Verstreichens der zweimonatigen Klagefrist nach Art. 230 Abs. 4 i. V. m. Abs. 5 EGV die Klage zu spät erhoben und die Bestandskraft der Kommissionsentscheidung mittlerweile eingetreten sein. Die Zweimonatsfrist beginnt mit der Bekanntgabe, ihrer Mitteilung an den Kläger oder zu dem Zeitpunkt, an dem der Kläger von der Handlung Kenntnis erlangt. Bekanntgabe meint die Veröffentlichung,[21] die hier nicht erfolgt ist. Unter Mitteilung ist die individuelle Bekanntgabe zu verstehen. Auch daran fehlt es hier; die Entscheidung der EG-Kommission wurde der Meilers AG nicht mitgeteilt. Sie war weder Adressatin, noch hat die Mitteilung der Kommission die Meilers AG laut Sachverhalt erreicht. Somit ist auf die letzte Variante abzustellen: die Kenntniserlangung. Die Meilers AG erfuhr erst bei der Anhörung am 4. 11. 2004 durch die zuständigen Behörden im Rahmen der Entscheidung über die Rücknahme der Bewilligung von der Existenz der Kommissionsentscheidung. Die Frist beginnt somit am 5. 11. 2004, 0.00 Uhr, vgl. Art. 101 § 1 lit. a) Verfahrensordnung des EuG,[22] wonach der Tag, in den die Handlung fällt, nicht mitgerechnet wird. Die Zweimonatsfrist endet nach Art. 101 § 1 lit. b) mit Ablauf des 4. 1. 2005. Die Gerichtsferien vom 18. 12. 2004 bis 10. 1. 2005, vgl. Art. 34, § 1, 1. Spiegelstrich der VerfO EuG, hemmen gemäß Art. 101 § 1 lit. e) den Fristlauf nicht. Jedoch ist der Ablauf des 4. 1. 2005 noch nicht das Ende der Klagefrist. Um die unterschiedlichen Entfernungen in der EG und damit unterschiedlich lange Postlaufzeiten auszugleichen, besteht noch eine zusätzliche pauschale Entfernungsfrist gemäß Art. 102 § 2 VerfO EuG von zehn Tagen. Die Verfahrensfrist beträgt sonach nicht zwei Monate, sondern zwei Monate und zehn Tage, so dass sie gemäß Art. 101 § 1 lit. c) am 14. 1. 2005, 24.00 Uhr endet. Die Frist wurde somit gewahrt, da die Klageschrift am 11. 1. 2005 bei der Kanzlei einging. Auf den Tag des Eingangs, nicht der Absendung, kommt es nach Art. 43 § 3 S. 2 VerfO EuG an. Die Kommissionsentscheidung ist für die Meilers AG infolge ihrer rechtzeitigen Klageerhebung noch nicht bestandskräftig geworden und bindet daher nicht bereits wegen ihrer Bestandskraft.

---

21 Der Begriff unterscheidet sich vom deutschen Verwaltungsrecht, wo mit Bekanntgabe die individuelle Bekanntgabe gemeint ist, s. näher *Koenig/Pechstein/Sander*, EU- / EG-Prozessrecht, Rn. 421.

22 Abgedruckt in Sartorius II unter Nr. 252.

(1.2.4) Ausnahme von der Bindung an eine Kommissionsentscheidung im einstweiligen Rechtsschutzverfahren

Die bereits festgestellte Rechtswidrigkeit der Kommissionsentscheidung zumindest in formeller Hinsicht wirft die Frage auf, ob der nationale Richter die Entscheidung aus diesem Grunde verwerfen darf. Das Verwaltungsgericht kann zur Klärung der Geltung der Kommissionsentscheidung eine dem EuGH per Vorlage nach Art. 234 EGV ein Vorabentscheidungsersuchen vorlegen. Jedoch führt das Verfahren nach Art. 234 EGV im Rahmen eines Antrags auf einstweiligen Rechtsschutz nach § 80 Abs. 5 VwGO nicht weiter, weil die Vorabentscheidung des EuGH ca. zwei Jahre dauert und der EGV einen einstweiligen Rechtsschutz durch den EuGH bei Vorabentscheidungsersuchen im Gegensatz zur Situation bei Nichtigkeit- und Untätigkeitsklagen, vgl. dafür Art. 242 f. EGV, nicht kennt.

Damit wird das Problem relevant, ob der nationale Richter im Rahmen einstweiligen Rechtsschutzes sich über Rechtsakte der EG-Organe hinwegsetzen kann. Grundsätzlich darf sich eine nationale Stelle über EG-Rechtshandlungen nicht hinwegsetzen. Das Verwerfungsmonopol hinsichtlich der EG-Rechtsakte kommt alleine dem EuGH/EuG zu. Würde der nationale Richter sich hier im Rahmen des einstweiligen Rechtsschutzes dafür entscheiden, antragsgemäß den Sofortvollzug der Rücknahmeentscheidung aufzuheben, würde er sich im Ergebnis über die bindende Entscheidung der Kommission hinwegsetzen, die dem Mitgliedstaat die Rückforderung auferlegte. Das käme einer Verwerfung dieser Kommissionsentscheidung zumindest für einen vorübergehenden Zeitraum gleich.

Gleichwohl sprechen für die Befugnis des Richters, die bindenden Vorgaben der EG-Rechtshandlungen vorübergehend außer acht lassen zu können, der *effektive Rechtsschutz* und die *Kohärenz und Homogenität des Rechtsschutzsystems* der Gemeinschaft. Sie gebieten, dass das nationale Gericht einstweiligen Rechtsschutz auch dann zu gewähren in der Lage ist, wenn es um die Aussetzung des Sofortvollzugs eines Verwaltungsaktes (hier: Rücknahme des Beihilfenbewilligungsbescheides und Rückzahlungsanordnung) geht, der auf Gemeinschaftsrecht (hier: die Entscheidung der Kommission über die Unvereinbarkeit der Beihilfe mit EG-Beihilfenrecht) zurückgeht. Denn der EuGH selbst kann einstweiligen Rechtsschutz nicht gewähren und wäre, da es um nationale Maßnahmen (nämlich die Rücknahme der Beihilfenbewilligung nach Art. 48 bayVwVfG) geht, dazu auch nicht unmittelbar in der Lage. Effektiver Rechtsschutz ist jedoch auch ein Grundrecht in der EG.

Gegen die Befugnis des nationalen Richters spricht, dass das nationale Gericht, wenn es im Rahmen einstweiligen Rechtsschutzes den Sofortvollzug von auf Gemeinschaftsrecht zurückgehenden Verwaltungsakten aussetzt, inzident eine Entscheidung über die Rechtmäßigkeit auch des Gemeinschaftsrechtsaktes trifft. Das *Verwerfungsmonopol* für Gemeinschaftsrechtsakte gehört jedoch – wie gesehen – dem EuGH. Wenn ein nationaler Richter sich über Gemeinschaftsrecht hinwegsetzen oder es nicht anwenden will, dann wird dadurch das Verwerfungsmonopol des EuGH beeinträchtigt. Der nationale Richter ist daher zur Vorlage der dann entscheidungserheblichen gemeinschaftsrechtlichen Norm nicht nur berechtigt, sondern sogar verpflichtet, über den Wortlaut von Art. 234 Abs. 3 EGV hinaus, der eine obligatorische Vorlage nur für letztinstanzliche Gerichte[23] vorsieht. Das Verwerfungsmonopol des EuGH ist gemeinschaftsrechtlich gefordert. Es bewirkt die notwendig einheitliche Anwendung des EG-Rechts in der gesamten EG und führt durch die alleinige Kompetenz des EuGH zu Rechtssicherheit. Ferner zeigen Art. 230 ff. EGV, dass die Kontrolle von EG-Handlungen nur dem EuGH zukommt (beachte aber auch Art. 240 EGV).[24] Auch kann der EuGH die Rechtmäßigkeit von EG-Handlungen besser beurteilen, weil in Verfahren vor dem EuGH nach Art. 40 Satzung des EuGH[25] EG-Organe beteiligt werden können. Außerdem wäre die Verwerfung von EG-Recht durch nationale Stellen ein Eingriff der Mitgliedstaaten in den Hoheitsbereich der EG.[26] Gegen ein Verwerfungsmonopol des EuGH spricht, dass Art. 234 EGV keine Aussage dazu trifft und dass die Fehler nichtletztinstanzlicher Gerichte durch – in jedem Falle vorlageverpflichtete – letztinstanzliche Gerichte behoben werden können. Diese Argumente vermögen nicht zu überzeugen. Das System des Gemeinschaftsrechts und seine einheitliche Anwendung streiten für ein Verwerfungsmonopol des EuGH. Die Korrektur instanzgerichtlicher Fehler durch vorlageverpflichtete letztinstanzliche Gerichte würde auch nur greifen, wenn Rechtsmittel eingelegt werden.

Eine inzidente Entscheidung über die Verwerfung im Rahmen einstweiligen Rechtsschutzes, um den es hier geht, betrifft jedoch nicht die Geltung des Gemeinschaftsrechtsaktes als solche, sondern nur die Anwendung im Einzelfall. Ferner findet eine Außerachtlassung nur im einstweiligen Rechtsschutz, also vorübergehend statt. Der Bürger kann EG-Rechtsakte vor dem EuGH gemäß Art. 230 EGV anfechten oder ihre Geltung einer Klärung durch den EuGH über das Vorlageverfahren nach Art. 234 EGV zuführen. Diese europäischen Rechtsschutzmöglichkeit werden nicht dadurch gefährdet, wenn im einstweiligen Rechtsschutz ein nationales Gericht über einen auf gemeinschaftsrechtliche Vorgaben zurückgehenden nationalen Verwaltungsakt zu entscheiden hat und diesen außer Vollzug setzt. Vielmehr dient dies dem Zusammenspiel von nationalem und europäischem Rechtsschutz. Außerdem hat der EuGH festgestellt, dass vorläufiger Rechtsschutz gegen ein mit dem EGV unvereinbares nationales Gesetz möglich sein muss, selbst wenn das nationale Recht eine solche einstweilige Außervollzugsetzung gar nicht vorsieht. Das gebietet die praktische Wirksamkeit des Vorlageverfahrens nach Art. 234 EGV.[27] Der vorläufige Rechtsschutz muss daher derselbe sein unabhängig davon, ob es um die Vereinbarkeit nationalen Rechts mit Gemeinschaftsrecht oder die Geltung abgeleiteten Gemeinschaftsrechts geht, da diese Rügen sich in beiden

---

23 Welches Gericht ein Gericht letzter Instanz ist, entscheidet die konkrete Betrachtungsweise. Ein Gericht ist zur Vorlage verpflichtet, gegen dessen Entscheidung kein Rechtsmittel mehr offen steht. Die Vorlagepflicht trifft daher auch Instanzgerichte, die im konkreten Rechtszug letztinstanzlich entscheiden. Für Instanzgerichte ist grds. nur eine fakultative Vorlage vorgesehen, weil ihre Entscheidungen noch von einem vorlagepflichtigen Gericht korrigiert werden können.

24 Dazu etwa EuGH, Rs. C-80/99 u. a., JZ 2002, 239 m. Anm. Streinz.

25 Abgedruckt in Sartorius II unter Nr. 245.

26 Vgl. die Leitentscheidung EuGH, Rs. 314/85, Slg. 1987, 4199 (4230 f. Rn. 14–18) – Foto Frost / HZA Lübeck-Ost, zum Verwerfungsmonopol des EuGH und der dadurch begründeten Vorlagepflicht für jedes nationale Gericht, das sich über Gemeinschaftsrecht hinwegsetzen will.

27 EuGH, Rs. C-213/89, Slg. 1990, I-2433 (2474 Rn. 21 ff.) – Factortame.

Fällen auf das Gemeinschaftsrecht selbst stützen.[28] Somit steht es dem Verwerfungsmonopol des EuGH nicht entgegen, wenn der nationale Richter einen auf Gemeinschaftsrecht zurückgehenden Verwaltungsakt wegen der Rechtswidrigkeit des zugrundeliegenden EG-Rechtsaktes (vorübergehend) außer Vollzug setzt.[29]

Jedoch müssen bei der vorläufigen Nichtanwendung von Gemeinschaftsrechtsakten gewisse Vorgaben des Gemeinschaftsrechts beachtet werden. Denn die Befugnis des nationalen Richters zur vorläufigen Nichtanwendung im Rahmen einstweiligen Rechtsschutzes gegen auf EG-Recht beruhende nationale Akte stützt sich wesentlich auf die Kohärenz des Rechtsschutzsystems im EGV. Daher sind die bei einstweiligen Anordnungen durch den EuGH nach Art. 243 EGV zu beachtenden Voraussetzungen auch hier zu berücksichtigen. Daraus folgen folgende kumulative Voraussetzungen für die Nichtanwendung von Gemeinschaftshandlungen im Rahmen einstweiligen Rechtsschutzes vor nationalen Gerichten bei Fällen mit Gemeinschaftsrechtsbezug:

– es müssen erhebliche Zweifel an der Gültigkeit der Handlung der Gemeinschaft vorliegen (das entspricht der Notwendigkeit einer einstweiligen Anordnung nach Art. 242 f EGV),
– die gerichtliche Entscheidung muss dringlich sein in dem Sinne, dass die Außervollzugsetzung erforderlich ist, um schwere und nicht wiedergutzumachende Schäden vermieden werden müssen (Dringlichkeit),
– die Frage der Geltung des EG-Rechtsaktes muss dem EuGH, sofern er noch nicht damit befasst ist, durch ein Vorabentscheidungsersuchen des nationalen Richters nach Art. 234 EGV vorgelegt werden,
– das Interesse der Gemeinschaft am Vollzug ihrer Rechtsakte muss berücksichtigt werden, und
– bei der Prüfung dieser Voraussetzungen sind Entscheidungen des EuGH/EuG zu den Gemeinschaftshandlungen, die vom nationalen Gericht nicht angewandt werden, und zu gleichartigen Anordnungen auf Gemeinschaftsebene zu beachten.[30]

Subsumiert man diese Voraussetzungen für den vorliegenden Fall, ergibt sich folgendes:

Bloße Zweifel an der Rechtswidrigkeit der Kommissionsentscheidung genügen nicht, die Bindung des nationalen Richters an die Einschätzung der EG-Kommission in ihrer Entscheidung zu beseitigen. Es bedarf vielmehr der erheblichen Zweifel. Zweifel an der Rechtmäßigkeit der Kommissionsentscheidung bestehen hier nach dem oben[31] Dargelegten im Hinblick auf die formelle Rechtmäßigkeit der Kommissionsentscheidung. Dieser Fehler kann durch eine Wiederholung der Ent-

---

28 EuGH, Rs. C-143/88, Slg. 1991, I-415 (541 Rn. 20) – Zuckerfabrik Süderdithmarschen und Zuckerfabrik Soest.
29 EuGH, Rs. 314/85, Slg. 1987, 4199 (4232 Rn. 19) – Foto Frost/HZA Lübeck-Ost. Gleiches gilt, wenn gegen einen auf EG-Recht gestützten Verwaltungsakt eine einstweilige Anordnung nach § 123 VwGO begehrt wird, vgl. EuGH, Rs. C-465/93, Slg. 1995, I-3761 (3795 Rn. 51) – Atlanta.
30 Dazu EuGH, Rs. C-465/93, Slg. 1995, I-3761 (3795 Rn. 51) – Atlanta.
31 S. oben Text bei Fn. 16.

scheidung beseitigt werden. Das mildert die erheblichen Zweifel an der Rechtmäßigkeit der Kommissionsentscheidung.

Hingegen entstünde durch die Befolgung der Kommissionsentscheidung ein nicht wieder gut zu machender Schaden, weil die sofortige Rückzahlung den Konkurs der Antragstellerin zur Folge hätte, der unumkehrbare Konsequenzen mit sich brächte. Eine Vorlage an den EuGH in der Hauptsache braucht hier nicht zu erfolgen, da eine Hauptsache noch nicht anhängig ist (es gibt bislang nur einen Widerspruch bei der Verwaltungsbehörde) und weil der Antragsteller ohnehin das EuG durch die Nichtigkeitsklage mit der Gültigkeit der Kommissionsentscheidung schon befasst hat.

Jedoch fordert das Interesse der EG am Vollzug des EG-Beihilfenrechts hier eine Befolgung der Kommissionsentscheidung. Zwar wird durch die Nichtbeachtung einer einzelnen Entscheidung nicht das ganze System der Beihilfenkontrolle außer Kraft gesetzt. Doch muss berücksichtigt werden, dass die Kommissionsentscheidung – was die materielle Beurteilung angeht – wohl richtig ist. Die Überbrückungshilfe ist keine nach Art. 87 Abs. 2 und 3 EGV mit dem Gemeinsamen Markt vereinbare Beihilfe. Insbesondere fällt sie nicht unter Art. 87 Abs. 3 lit. a), weil Vergleichsmaßstab nur der EU-Durchschnitt ist.[32] Gemessen daran ist die von der Förderung betroffene Region nicht von einer erheblichen Unterbeschäftigung beherrscht. Das Interesse der EG am Vollzug des Beihilfenrechts ist daher aufgrund der Gemeinschaftswidrigkeit der Beihilfe hoch zu veranschlagen, weil Beihilfen ein den Wettbewerb im erheblichen Umfang verzerrendes nationales Mittel sind, deren Abschaffung der Vertrag gerade vorsieht. Dies gilt umso mehr als das Interesse am Vollzug des Beihilfenrechts eine hohe Bedeutung hat aufgrund von Art. 14 Abs. 3 der BeihilfeverfahrensVO 659/1999/.

Zu den hier relevanten Fragen, insbesondere zur Vereinbarkeit der konkreten Beihilfe mit dem EGV, gibt es (noch) keine gerichtliche Entscheidung des EuGH.

Die Prüfung der von der Rspr. des EuGH an die Nichtbeachtung von Gemeinschaftsrechtshandlungen im vorläufigen Rechtsschutz geknüpften Bedingungen ergibt somit, dass das Verwaltungsgericht sich über die Kommissionsentscheidung nicht hinwegsetzen kann, weil zumindest das Vollzugsinteresse der EG hier die Rückforderung zwingend verlangt. Die Zweifel an der Rechtmäßigkeit der Kommissionsentscheidung nähren sich nur aus dem formellen Fehler. Daher bleibt das Verwaltungsgericht an die festgestellte Unvereinbarkeit der Beihilfe mit dem EGV gebunden.

(1.2.5) Ergebnis

Die Kommissionsentscheidung bindet den nationalen Richter aufgrund des Verwerfungsmonopols des EuGH/EuG grundsätzlich selbst dann, wenn sie rechtswidrig sein sollte. Eine Ausnahme gilt jedoch für einstweilige Rechtsschutzverfahren vor nationalen Gerichten wie hier: Insoweit kann nach näher dargelegten Be-

---

32 EuGH, Rs. C-169/95, Slg. 1997, I-135 (154 Rn. 15) – Spanien/Kommission. In Deutschland fallen unter die lit. a) nur die neuen Bundesländer, *Cremer* in: *Calliess/Ruffert* (Hrsg.), EUV/EGV, Art. 87, Rn. 31 Fn. 230.

dingungen (s. oben (1.2.4)) von der – nicht bestandskräftigen – Kommissionsentscheidung abgewichen werden. Allerdings sind diese Bedingungen vorliegend nicht erfüllt. Das Verwaltungsgericht ist daher auch im einstweiligen Rechtsschutz weiter an die Entscheidung der Kommission und damit an die Beurteilung der Beihilfe als auch materiell gemeinschaftswidrig gebunden. Die für die Rechtsgrundlage für den Rücknahmeverwaltungsakt gemäß Art. 48 Abs. 2 bayVwVfG notwendige Rechtswidrigkeit des zurückgenommenen Verwaltungsaktes über die Gewährung der Beihilfe liegt somit vor. Ein Rechtsverstoß des Rücknahme-Verwaltungsaktes lässt sich insoweit nicht feststellen.

(2) Vertrauensschutz nach Art. 48 Abs. 2 bayVwVfG

Art. 48 Abs. 2 bayVwVfG sieht vor, dass die Rücknahme nicht erfolgen darf, wenn der Begünstigte auf den Bestand des Verwaltungsaktes (hier: Beihilfenbewilligung) vertraute und sein Vertrauen unter Abwägung mit dem öffentlichen Interesse schutzwürdig ist, was in der Regel der Fall ist, wenn die Leistungen verbraucht sind.

Zunächst könnte der Schutz des berechtigten Vertrauens bereits nach S. 3, insbesondere Nr. 3 ausgeschlossen sein. Dazu müsste grobe Fahrlässigkeit der Antragstellerin Meilers AG hinsichtlich der Rechtswidrigkeit des zurückzunehmenden Verwaltungsaktes anzunehmen sein. Das wird gemeinhin so verstanden, dass der Beihilfeantragsteller in besonders schwerer Weise Sorgfaltspflichten verletzt. Dabei ist auf individuelle Gegebenheiten abzustellen. Man könnte diese grobe Fahrlässigkeit darin sehen, dass sich die Meilers AG nicht um die Einhaltung der europarechtlichen Vorgaben, insbesondere das Vollzugsverbot des Art. 88 Abs. 3 S. 3 EGV kümmerte. Denn im Bereich der Beihilfen ist mittlerweile bekannt, dass der EGV zu beachten ist und eine Genehmigung durch die Kommission zu erfolgen hat. Dazu haben auch die zahlreichen einschlägigen Pressemeldungen beigetragen. Doch kann diese Argumentation hier nur dazu führen, dass man im Hinblick auf die Rechtswidrigkeit eine Fahrlässigkeit bejaht, nicht jedoch grobe Fahrlässigkeit, zumal die Meilers AG sich zumindest um die Meldung der Beihilfe an die Kommission sorgte. Art. 48 Abs. 2 S. 3 Nr. 3 bayVwVfG greift somit nicht ein.[33]

Es ist daher gemäß Art. 48 Abs. 2 S. 1 bayVwVfG zwischen den Interessen abzuwägen. Dabei ist die Schutzwürdigkeit regelmäßig anzunehmen, wenn die Regelvermutung nach Art. 48 Abs. 2 S. 2 bayVwVfG eingreift.

Wendet man somit die Vorschrift ohne Berücksichtigung europarechtlicher Einwirkungen an, dann wäre das Vertrauen hier schutzwürdig. Denn die bewilligten Gelder wurden verausgabt. Die Meilers AG hatte auf die Rechtmäßigkeit der Beihilfe vertraut und ihr Vertrauen betätigt.

Jedoch würde dies dazu führen, dass nahezu jede einmal gewährte Beihilfe nicht mehr rückforderbar wäre. Schließlich wird die bewilligte Beihilfe in den allermeisten Fällen sogleich ausgegeben. Schließlich dient die Beihilfe regelmäßig der Deckung dringenden Finanzbedarfs. Damit würde das Gemeinschaftsinteresse an der

---

33 A. A. vertretbar, s. etwa *Schütz/Dibelius*, Jura 1998, 427 (433 f.).

Nichtgewährung vertragswidriger Beihilfen und ihrer effektiven Rückforderung gänzlich außer Betracht bleiben. Die gemeinschaftsrechtlich gebotene Rückforderung würde praktisch unmöglich werden. Die Anwendung des nationalen Verfahrensrechts darf aber nicht dazu führen, dass die Rückforderung praktisch unmöglich wird.[34] Art. 14 Abs. 3 S. 1 2. Hs. BeihilfeverfahrensVO 659/1999 fordert, dass das nationale Recht die sofortige und tatsächliche Vollstreckung der Rückforderungsentscheidung der Kommmission sichert. Das Gemeinschaftsrecht muss effektiv wirksam sein. Daher kann allein unter Subsumtion unter die einschlägigen nationalen Vertrauensschutzbestimmungen, ohne Berücksichtigung der europäischen Vorgaben, den Vertrauensschutz nicht begründen.

Die europäischen Vorgaben bestimmen, dass Beihilfen grundsätzlich verboten sind und dass das Beihilfenkontrollverfahren des EGV einzuhalten ist. Ein Vertrauensschutz ist daher grundsätzlich[35] dann gänzlich ausgeschlossen, wenn das Verfahren nach Art. 88 Abs. 3 EGV nicht eingehalten wurde. Denn insoweit kann man dem Beihilfeempfänger zumuten, sich über die ordnungsgemäße Durchführung des Anzeigeverfahrens und die positive Entscheidung der Kommission zu vergewissern.[36] Dann ist auch die Einrede des Wegfalls der Bereicherung nach Art. 49 a Abs. 2 S. 2 bayVwVfG ausgeschlossen.[37] Eine solche Situation liegt hier auch vor. Es erfolgte wie gesehen bereits ein formeller Verstoß gegen das Anzeigeverfahren.

Daher ist die Berücksichtigung des Vertrauensschutzes nach § 48 Abs. 2 bayVwVfG EG-rechtlich ausgeschlossen. Der Antragstellerin ist es zumutbar, sich über die Beachtung des Beihilfeverfahrens nach dem EGV zu informieren. Tut sie es nicht, dann ist ihr Vertrauen nicht schutzwürdig.

Für einen guten Glauben der Antragstellerin mag zwar sprechen, dass sie um die Einhaltung des Anzeigeverfahrens besorgt war. Jedoch befasste sie sich dann nicht weiter damit, ob die Kommission auch eine positive Entscheidung erließ. Die Antragstellerin hätte jedoch wissen können und müssen, dass die Beihilfe nur nach vorheriger Genehmigung erteilt werden darf und dass eine Genehmigungsfiktion erst nach zwei Monaten eingreift. Diese Kenntnis des Beihilfenregimes des EG-Rechts ist von einem sorgfältigen Beihilfeempfänger zu erwarten.

Zwar hat die Kommission sich fast drei Jahre (Anmeldung im Januar 2000; Entscheidung im Dezember 2002) mit der Prüfung Zeit gelassen. Ferner hat das Unternehmen von der Kommissionsentscheidung vom 23. 12. 2002 zunächst nichts erfahren. Das überaus zögerliche Verfahren der nationalen Behörde auf die Rückforderungsentscheidung der Kommission hin kann der Meilers AG zwar nicht zugerechnet werden. Andererseits kann die Meilers AG daraus auch keinen Vorteil schöpfen, etwa unter dem Aspekt, dass eine Rücknahme nun gegen Treu und

---

34 S. EuGH, Rs. C-142/87, Slg. 1990, I-959 (1019 Rn. 61) – Belgien/Kommission.

35 Der EuGH lässt eine Hintertür auch bei Verletzung des Anzeigeverfahrens offen, vgl. GA Jacobs, Slg. 1996, I-3547 (3572 Tz. 74).

36 So zumindest die Haltung des EuGH, Rs. C-24/95, Slg. 1997, I-1591 (1607 Rn. 25, Rn. 30 f.) – Alcan Deutschland. Das ist kein Widerspruch zur oben dargelegten Ablehnung des Eingreifens von Art. 48 Abs. 2 S. 3 Nr. 3 bayVwVfG; denn jene Norm erfordert *grobe* Fahrlässigkeit.

37 EuGH, Rs. C-24/95, Slg. 1997, I-1591 (1622 Rn. 49 f.) – Alcan Deutschland.

Glauben verstoßen würde oder das Vertrauen der Meilers AG gestärkt wurde. Denn die Verzögerung durch die Behörde erfolgte im Interesse der Antragstellerin und ist ihr gegenüber nicht treuwidrig.[38]

Es bleibt entscheidend, dass zumindest die formelle Rechtswidrigkeit der Beihilfe der Meilers AG erkennbar war. Eine detaillierte Prüfung des europäischen Beihilferechts, die natürlich nicht zu erwarten ist, musste dafür nicht erfolgen. Der Verstoß gegen Art. 88 Abs. 3 S. 3 EGV war ohne Schwierigkeiten erkennbar. Gegen einen Vertrauensschutz spricht somit maßgeblich der Umstand, dass die Meilers AG sich nicht darum bemühte, eine Entscheidung der Kommission über die Vereinbarkeit bzw. fehlende Unvereinbarkeit der Beihilfe mit EG-Recht zu erhalten und Sorge zu tragen, dass der Durchführung der Beihilfe eine Entscheidung der Kommission vorausgeht.

Die überwiegenden Argumente sprechen daher gegen einen Schutz des Vertrauens der Antragstellerin. Die Rücknahme ist daher rechtmäßig.

Dieser Ausschluss des Vertrauensschutzes verletzt auch nicht das deutsche Verfassungsrecht[39] und aktiviert nicht die rechtsstaatlichen Grenzen der Integrationsermächtigung nach Art. 23 I GG. Denn zum einen ist die Ausgestaltung des Vertrauensschutzes in Art. 48 Abs. 2 BayVwVfG nicht in dieser Weise verfassungsrechtlich geboten. Zum anderen wird der Vertrauensschutz schon auf europäischer Ebene beachtet; die EG-Kommission ist insoweit bei ihrer Rücknahmeentscheidung dazu verpflichtet, da es sich dabei um einen allgemeinen Rechtsgrundsatz des EG-Rechts handelt (vgl. Art. 14 Abs. 1 S. 2 BeihilfeverfahrensVO 659/1999; eine Ausprägung dessen ist die in Art. 15 VO 659/1999 vorgesehene Frist für die Rückforderungsentscheidung der Kommission von zehn Jahren). Verletzt die Kommission diesen, muss hiergegen Klage zum EuGH/EuG geführt werden. Eine Berücksichtigung auf der Ebene der nationalen Vollzugsentscheidung ist unzulässig.

(3) Jahresfrist nach Art. 48 Abs. 4 bayVwVfG

Die Behörde erhielt hier Kenntnis von den Tatsachen, insbesondere von der Rechtswidrigkeit der Beihilfe und der Rückforderungsverpflichtung, durch die Entscheidung der Kommission vom 23. 12. 2002, während die Rücknahme am 5. 12. 2004 erfolgte. Die Jahresfrist für den Erlass der Rücknahmeentscheidung, die dann beginnt, wenn die Behörde alle für eine sachgerechte Entscheidung notwendigen Informationen besitzt,[40] ist damit weit überschritten. Denn diese Frist beginnt mit der Bekanntgabe der Kommissionsentscheidung der Behörde gegenüber, nicht mit der Bestandskraft der Kommissionsentscheidung, da dieser Zeitpunkt – z. B. was die Bestandskraft dem Beihilfeempfänger gegenüber angeht – der Behörde nicht notwendigerweise bekannt wird.[41] Allenfalls kann man auf die Bestandskraft der Ent-

---

38 *Schütz/Dibelius*, Jura 1998, 427 (435).
39 BVerfG, EuZW 2000, 445 (447) bezüglich des Vertrauensschutzes und der Rechtssicherheit.
40 BVerwGE 70, 356 (362 f.). Die Frist ist keine Bearbeitungs-, sondern eine Entscheidungsfrist.
41 Das übersehen *Schütz/Dibelius*, Jura 1998, 427 (431 f.).

scheidung der Behörde gegenüber abstellen, die nach Ablauf der Zweimonatsfrist gemäß Art. 230 Abs. 5 EGV (zuzüglich 10 Tage Entfernungsfrist) eintritt. Das wäre hier der 5. 3. 2003. Insofern ist die Jahresfrist auch abgelaufen.

Jedoch erfordern die Rechtssicherheit und die Wirksamkeit des Gemeinschaftsrechts, dass die nationale Behörde nicht durch verspätetes, zögerliches Umsetzen der gemeinschaftsrechtlichen Vorgaben der Rückforderung jede praktische Wirksamkeit nimmt (Effizienzgebot). Daher gilt die Jahresfrist in Fällen der Rückforderung gemeinschaftswidriger Beihilfen nicht.[42] Die Nichtbeachtung dieser Frist macht die Rücknahme nicht rechtswidrig. Insoweit führt der Vorrang des Gemeinschaftsrechts zur Nichtanwendung der Jahresfrist. Eine andere Betrachtung könnte man nur dann anstellen, wenn etwa die EG-Kommission selbst ihre Entscheidung erst nach einem langen Zeitraum erlassen hätte und daher auf europäischer Ebene der Vertrauensschutz greifen würde. Die hier vorliegende Bearbeitungszeit von ca. drei Jahren ist als angemessen zu sehen, da Art. 15 der BeihilfeverfahrensVO 659/1999 eine Frist von maximal zehn Jahren gewährt.

(4) Unterlassene Ermessensausübung bei der Rücknahme

Nach Art. 48 Abs. 1 bayVwVfG ist die Rücknahme eine Ermessensentscheidung (»kann«). Das Ermessen ist eröffnet, wenn die Voraussetzungen nach Abs. 2, 4 vorliegen. Eine Rücknahmeentscheidung ist ermessensfehlerhaft, wenn ein Ermessen von der Behörde gar nicht ausgeübt wird, weil sie das Vorliegen eines Ermessensentscheidung nicht erkennt. Hier hielt die Behörde sich für verpflichtet, die Beihilfengewährung zurückzunehmen. Sie könnte damit ihr Ermessen nach Art. 48 Abs. 1 bayVwVfG verkannt haben. Das ist jedoch nicht der Fall. Den aufgrund der gemeinschaftsrechtlichen Vorgaben ist die Behörde zur Rücknahme der Beihilfe verpflichtet. Ein Ermessen scheidet aus bzw. ist auf Null reduziert.[43] Denn die Entscheidung der EG-Kommission, die zur Rückforderung der Beihilfe verpflichtet, schließt eine eigenständige Ermessensausübung durch die nationale Behörde aus.[44] Das Ermessen wird bereits auf europäischer Ebene durch die Kommission ausgeübt. Der nationalen Behörde steht keines mehr zu. Eine Ausnahme hiervon wird für den Fall vertreten, dass der Verstoß gegen den EGV nur in der unterlassenen Einhaltung des Anzeigeverfahrens nach Art. 88 Abs. 3 EGV liegt und die Kommission die Rückforderung (noch) nicht angeordnet hat. Für diesen Fall eines nur formellen Mangels soll der nationalen Behörde weiterhin ein Ermessen bei der Entscheidung über die Rückforderung der Beihilfe zukommen.[45] Der

---

42 EuGH, Rs. C-24/95, Slg. 1997, I-1591 (1620 Rn. 38) – Alcan Deutschland.
43 EuGH, Rs. C-24/95, Slg. 1997, I-1591 (1619 Rn. 34) – Alcan Deutschland.
44 BVerwGE 92, 81 (87).
45 So *Richter*, Rückforderung staatlicher Beihilfen nach §§ 48, 49 VwVfG bei Verstoß gegen Art. 92 ff. EGV, 1995, S. 170 f. Es ist jedoch nicht einzusehen, warum trotz eines – wenn auch nur formellen – Verstoßes gegen den EGV ein Ermessen bestehen soll. Die Beihilfe ist auch bei bloßen Verfahrensverstößen zurückzufordern, weil der Schutz gegen die Folgen einer rechtswidrigen Beihilfengewährung sicherzustellen ist, EuGH, Rs. C-39/94, Slg. 1996, I-3547 (3597 Rn. 68) – SFEI. Könnte das Anzeigeverfahren folgenlos verletzt werden, wäre das ein Anreiz zu Vertragsverletzungen. Eine Ausnahme ist allenfalls in außergewöhnlichen Umständen denkbar, etwa wenn das Vorliegen einer Beihilfe schwierig zu beurteilen ist, GA Jacobs, Slg. 1996, I-3547 (3572 f. Tz. 74 ff.).

letztere Fall eines nur formellen Verstoßes liegt hier nicht vor. Außerdem liegt eine verbindliche Rückforderungsentscheidung der Kommission vor. Die unterbliebene Ermessensausübung bei der Rücknahme ist somit kein Rechtsfehler.

(5) Ergebnis:

Die Rücknahme der Beihilfengewährung ist rechtmäßig. Sie verstößt insbesondere nicht gegen den Vertrauensschutz.

b) Unter Berücksichtigung der mangelnden Erfolgsaussichten des Widerspruchs fällt die Abwägung der Interessen zuungunsten der Antragstellerin aus.

c) Ergebnis: Der Antrag der Meilers AG auf Aussetzung des Sofortvollzugs ist unbegründet. Das Verwaltungsgericht wird dem Antrag nicht stattgeben und den Vollzug nicht aussetzen.

B. Frage 2

1. Statthafte Klageart

Die Müller AG klagt gegen die Abweisung ihrer Beschwerde gegen die Beihilfen an die Meilers AG durch die EG-Kommission. Es geht somit um die unterlassene Feststellung der Unvereinbarkeit der Überbrückungshilfe mit dem Beihilfenrecht des EGV durch die EG-Kommission. Man könnte daher an eine Untätigkeitsklage denken, zumal es für die Nichtigkeitsklage einer Entscheidung bedarf, die bei einer Verfahrenseinstellung bereits im Vorprüfungsverfahren nach Art. 88 Abs. 3 EGV gerade problematisch ist. Die EG-Kommission hat jede weitere Untersuchung des Sachverhaltes und die Einleitung eines förmlichen Verfahren abgelehnt. Damit hat sie die Untersuchung bereits im Vorverfahren nach Art. 88 Abs. 3 EGV beendet und erst gar nicht das Hauptprüfungsverfahren nach Art. 88 Abs. 2 EGV eingeleitet.[46] Die Klage der Müller AG ist damit auf die Einleitung eines Hauptprüfverfahrens nach Art. 88 Abs. 2 EGV gerichtet. Streitgegenstand ist die in der Kommissionsansicht über die Vereinbarkeit mit dem EGV zum Ausdruck kommende Ablehnung der Einleitung eines detaillierteren Überprüfungsverfahrens. Statthaft ist daher eine Nichtigkeitsklage gegen die an den Mitgliedstaat gerichtete Entscheidung über die Vereinbarkeit der Beihilfe mit dem EGV, selbst wenn eine solche Entscheidung nicht existiert.[47] Das Schreiben der Kommission, mit dem die Beschwerde der Müller AG abgewiesen wird, wird als Information über eine an den Mitgliedstaat gerichtete Entscheidung über die Vereinbarkeit der Beihilfe mit dem EGV interpretiert.[48]

---

46 Zur Einleitung des Hauptprüfungsverfahrens ist die Kommission verpflichtet, sofern sie bei der Prüfung der Beihilfe auf Vereinbarkeit mit dem EGV auf ernste Schwierigkeiten stößt oder in der Vorprüfungsphase zur Überzeugung gelangt, die Beihilfe sei mit dem EGV unvereinbar, EuGH, Rs. C-367/95P, Slg. 1998, I-1719, Rn. 39 – Sytraval II.

47 Vgl. EuG, Rs. T-178/94, Slg. 1997, II-2529 (2546 Rn. 51 f.) – ATM / Kommission; *Sinnaeve*, EuZW 1998, 268 (273).

48 EuGH, Rs. C-367/95P, Slg. 1998, I 1719, Rn. 45) – Sytraval II.

2. Sachlich zuständig für die Nichtigkeitsklage nach Art. 230 Abs. 4 (Individualklage) ist das EuG, Art. 225 EGV, arg. ex Art. 51 Satzung EuGH.

3. Klagegegenstand ist eine an eine andere Person gerichtete Entscheidung (s. 1.).

4. Klagebefugnis

Die Entscheidung müsste die Müller AG gemäß Art .230 Abs. 4 EGV unmittelbar und individuell betreffen. Die individuelle Betroffenheit liegt grundsätzlich dann vor, wenn der Kläger von der Entscheidung aufgrund von bestimmten persönlichen Merkmalen, die ihn aus dem Kreis der übrigen Betroffenen herausheben, berührt wird. Eine solche Individualisierung kann sich auch aus einer vorangegangenen Verfahrensbeteiligung im Beihilfeverfahren (genauer: im Hauptprüfungsverfahren nach Art. 88 Abs. 2 EGV) ergeben.[49] Sie kann auch dadurch entstehen, dass ein Wettbewerber durch eine an ein anderes, konkurrierendes Unternehmen ergangene Einzelfallentscheidung am Ende des Hauptprüfungsverfahrens in seiner Marktstellung spürbar beeinträchtigt wird.[50]

Hier begehrt die Müller AG die Durchführung einer formellen Hauptprüfung nach Art. 88 Abs. 3 S. 2 i. V. m. Abs. 2 EGV. Das Hauptprüfungsverfahren war hier von der Kommission gar nicht erst eingeleitet worden. Bestünde ein Rechtsschutz nur gegen Entscheidungen, die nach dem Hauptprüfungsverfahren getroffen worden waren, bliebe bei einer Verfahrenseinstellung bereits im Vorprüfungsverfahren – wie sie hier erfolgte – eine Rechtsschutzlücke.[51] Hinzu kommt, dass es im Vorprüfungsverfahren keine Verfahrensrechte Dritter etwa auf Anhörung gibt; diese gibt es erst im Hauptprüfungsverfahren.[52] Daher muss man hier darauf abstellen, dass die Müller AG bei dem Hauptprüfungsverfahren auch zu beteiligen gewesen wäre, weil sie als Konkurrentin der Beihilfeempfängerin durch die Gewährung der Beihilfe in ihren Interessen verletzt sein könnte.[53]

5. Vom Vorliegen der übrigen Voraussetzungen wie Beachtung der Klagefrist etc. ist auszugehen. Für den Beginn der Klagefrist ist zu beachten, dass die Müller AG die Entscheidung der Kommission, in der die Kommission ihre Ansicht mitteilt, dass die Beihilfe mit dem EGV vereinbar ist, *unverzüglich* bei der Kommission anzufordern hat. Nach unverzüglicher Anforderung läuft die Zweimonatsfrist ab der Kenntnisnahme von der vollständigen Entscheidung. Die Müller AG kann

---

49   EuGH, Rs. 67, 68 und 70/85, Slg. 1988, 219 (269 Rn. 22, 24) – van der Kooy.
50   EuGH, Rs. 169/84, Slg. 1986, 391 (415 f. Rn. 24 ff.) – Cofaz; *Koenig/Pechstein/Sander*, EU-/ EG Prozessrecht, Rn. 447. Diese Begründungen der Klagebefugnis nach Art. 230 Abs. 4 EGV können nicht ohne weiteres herangezogen werden, wenn es um die Genehmigung von nationalen Beihilfe*regelungen* durch die Kommission geht, da diese abstrakt-generell sind und daher kaum ein bestimmtes Unternehmen individuell betreffen; näher *Koenig/ Pechstein/Sander* a. a. O., Rn. 442 ff, 451.
51   Vgl. *Polley*, EuZW 1996, 300 (301).
52   Vgl. EuGH, Rs. C-367/95P, Slg. 1998, I-1719, Rn. 59 – Sytraval II.
53   EuGH, Rs. C-367/95P, Rn. 41, Rn. 48) – Sytraval II. Zur Drittbeteiligung im Hauptprüfverfahren nach Art. 88 Abs. 2 EGV EuGH, Rs. C-223/92, Slg. 1993, I-3203 (3255 Rn. 18) – Matra. Alle durch die Beihilfe in ihren Interessen eventuell Verletzten sind zu beteiligen, insbesondere Konkurrenten und Berufsverbände.

die Klagefrist nicht indirekt dadurch verlängern, dass sie das Anfordern der Kommissionsentscheidung hinauszögert.

Eine Klage der Müller AG ist somit zulässig.

Fall 7: Gleichstellung von Mann und Frau

Die Krankenschwester Krüger bewirbt sich nach ihrer durch die Kindererziehung bedingten Pause von der Erwerbstätigkeit bei einem städtischen Krankenhaus auf eine Stelle als Krankenschwester / Krankenpfleger. Das Landesgleichstellungsgesetz für das Land bestimmt in seinem § 7 für die Einstellung von Arbeitnehmern folgendes:

»§ 7 (2) Bei gleicher Eignung, Befähigung und fachlicher Leistung sind Frauen bei Begründung eines Arbeitsverhältnisses bevorzugt einzustellen, soweit in dem Zuständigkeitsbereich der für die Personalauswahl zuständigen Dienststelle in der jeweiligen Gruppe weniger Frauen als Männer sind, sofern nicht in der Person eines Mitbewerbers liegende Gründe überwiegen.«

Die Personalabteilung des Krankenhauses will Frau Krüger in Umsetzung des Gleichstellungsgesetzes die Stelle geben. Dagegen protestiert ihr Mitbewerber Herr Knauer. Er räumt zwar ein, dass die Qualifikation der Frau Krüger nicht schlechter sei als seine, jedoch sieht er in der Bevorzugung der Frauen nach dem Landesgleichstellungsgesetz eine Diskriminierung zu Lasten der Männer, die nicht vereinbar sei mit europäischem Gleichstellungsrecht. Dennoch bekommt Frau Krüger die Stelle.

Nach der Erkrankung ihres Mannes setzt sie ihre wöchentliche Arbeitszeit auf 12 Stunden / Woche herab. Nach den einschlägigen tarifvertraglichen Bestimmungen ist sie als geringfügig Beschäftigte von der Jahreszuwendung ausgeschlossen. Als geringfügig Beschäftigte gelten alle Arbeitnehmer, die höchstens 15 Stunden / Woche arbeiten. Als Frau Krüger zum Jahresende ihr Weihnachtsgeld erwartet, es aber anders als früher, als sie noch Vollzeitbeschäftigte war, nicht erhält, sieht sie sich diskriminiert. Die Regelungen seien eine Diskriminierung, da der Ausschluss geringfügig Beschäftigter vom Weihnachtsgeld erheblich mehr Frauen als Männer beträfe, da in dem Krankenhaus wie auch sonst im Pflegebereich erheblich mehr Frauen als Männer geringfügig beschäftigt wären. Der Arbeitgeber verweist aber darauf, dass die Herausnahme sozial- und beschäftigungspolitischen Zielen diene, da dadurch die Teilzeitarbeit billiger würde, was der Befriedigung der Nachfrage nach Teilzeitarbeit diene. Es gehe hier nicht um Geschlechtsdiskriminierung.

Mittlerweile soll der Sohn von Frau Krüger, Eduard Krüger, nach Abschluss seiner Ausbildung zur Bundeswehr eingezogen werden. In seiner Einberufung sieht er eine Diskriminierung aufgrund des Geschlechts, da nur Männer zur Wehrpflicht herangezogen würden. Er sei dadurch doppelt diskriminiert. Zum einen müsse er dienen und Frauen nicht; zum anderen würde durch die Dienstzeit von 10 Monaten sein Eintritt in die Arbeitswelt verzögert. Damit würde er als Mann im Beschäftigungszugang benachteiligt. Hier sei das EG-Gleichstellungsrecht eklatant verletzt. Auf seinen Antrag hin wird der Sofortvollzug des Einberufungsbescheids vom Verwaltungsgericht ausgesetzt. Herr Krüger bewirbt sich daher auf eine Stelle in einem Ministerium, erhält aber nicht den Zuschlag. Stattdessen wird seine

Konkurrentin Frau Sauer eingestellt, die zwar die gleiche Berufsausbildung durchlaufen hat, aber insgesamt deutlich schlechter qualifiziert ist. Das Ministerium verweist auf § 7 Abs. 3 des Landesgleichstellungsgesetzes. Danach habe Frau Sauer eingestellt werden müssen, da sie infolge ihrer einschlägigen Ausbildung die Grundvoraussetzungen für die Berufsausübung auf der Stelle mit sich bringe und Frauen stark unterrepräsentiert seien. Die Tatsache, dass sie deutlich schlechter qualifiziert ist, sei kein Argument, da die Stellenbesetzung mit ihr noch sachgerecht wäre. Schließlich sei sie einschlägig qualifiziert.

§ 7 Abs. 3 lautet: »Zur effektiven Gleichstellung der Geschlechter kann ein Bewerber des unterrepräsentierten Geschlechts, der für die Stelle hinreichend qualifiziert ist, gegenüber einem Bewerber des anderen Geschlechts vorgezogen werden, es sei denn der Unterschied zwischen den Qualifikationen der Bewerber ist so groß, dass die Einstellung des geringer qualifizierten Bewerbers gegen das Erfordernis der Sachgerechtigkeit bei der Einstellung verstößt.«

Herr Krüger hat erhebliche Zweifel, ob diese Regelung rechtmäßig ist. Eine Bevorzugung von Frauen mit gleicher Qualifikation sei ja noch irgendwo einzusehen, aber dass er gegenüber einer deutlich schlechter qualifizierten Frau zurückstehen müsse, könne nicht angehen. Er beschreitet den Rechtsweg. Das mit dem Fall befasste Gericht setzt das Verfahren aus und legt dem EuGH die Frage vor, ob eine Regelung wie die des § 7 Abs. 3 mit der Richtlinie 76/207 und Art. 141 Abs. 4 EGV vereinbar sei.

Vermerk für den Bearbeiter:

Gutachtlich sind folgende Fragen zu prüfen:

1. Ist die Regelung des § 7 Abs. 2 des Landesgleichstellungsgesetzes mit Artikel 2 der Richtlinie 76/207 vereinbar?

2. Hat Frau Krüger Anspruch auf ein Weihnachtsgeld?

3. Verletzt die Einberufung von Krüger EG-Recht?

4. Wie wird der EuGH hinsichtlich der Vereinbarkeit einer Regelung wie des § 7 Abs. 3 des Landesgleichstellungsgesetzes mit der Richtlinie 76/207 und Art. 141 Abs. 4 EGV entscheiden?

Die Richtlinie 76/207 findet sich im Sartorius II unter Nr. 187a.

Lösung zum Fall 7: Gleichstellung von Mann und Frau

A. Frage 1

I. Diskriminierung zum Nachteil der Männer

Die Bevorzugung von Frauen durch die Regelung des LGG ist eine Benachteiligung der Männer, da diese nur aufgrund ihres Geschlechts einer gleich gut qualifizierten Frau den Vortritt lassen müssen. Damit werden die Männer aufgrund ihres Geschlechts diskriminiert. Diese unmittelbare Diskriminierung der Männer verletzt Art. 1 iVm Art. Art. 2 I RL 76/207, da der Beschäftigungszugang für Männer aus Geschlechtsgründen eingeschränkt wird.

II. Rechtfertigung der Diskriminierung nach Art. 2 Abs. 8 RL 76/207

Art. 2 Abs. 8 RL 76/207 verweist auf Art. 141 IV EGV und lässt Maßnahmen zur Erleichterung der Berufstätigkeit von Frauen und zum Ausgleich ihrer Benachteiligungen zu. Spezifische Vergünstigungen einzuführen, bedeutet damit nicht nur, gleiche Ausgangslagen bei Mann und Frau herzustellen, sondern lässt es zu, tatsächlich die Einstellung oder Beförderung von Frauen vorzusehen. Solche Maßnahmen können konkret auf die soziale Eingliederung der Frauen hinwirken, indem sie ihnen einen tatsächlichen Vorrang bei Einstellungen und Beförderungen einräumen.[1] Positive Maßnahmen zur Frauenförderung sind daher zulässig. Sie rechtfertigen eine Diskriminierung der Männer bzw. stellen erst gar keinen Einbruch in ihrer Gleichberechtigung dar. Die Regelung des LGG fördert in der Tat den Abbau der bestehenden Unterrepräsentierung weiblicher Kräfte.

Jedoch ist dabei der Grundsatz der Verhältnismäßigkeit zu wahren. Eine automatische und unbedingte Bevorzugung der Frau bei gleicher Qualifikation beeinträchtigt in unangemessener Weise die Rechte der Männer. Steht die Bevorzugung der Frau hingegen unter dem Vorbehalt einer Öffnungsklausel, die den Vorrang der Frauen unter Umständen relativiert, ist die Gleichberechtigung der Männer gewahrt, da sie nach wie vor eine Chance auf die Stelle haben. Denn die Öffnungsklausel flexibilisiert die Auswahl und verhindert, dass die Verpflichtung zur Bevorzugung von Bewerberinnen die Beurteilung der übrigen Bewerber beeinträchtigt, und schwächt daher die diskriminierende Wirkung dieser Verpflichtung gegenüber diesen Bewerbern ab. Ein absoluter, starrer, automatischer Vorrang der Frauen und daher auch eine starre Quote ist mit 2 Abs. 8 RL 76/207 nicht vereinbar.

Nötig ist daher, dass eine Quotenregelung und Regelungen über Bevorzugungen von Frauen eine objektive Einzelfallbeurteilung zulassen, die sichergestellt, dass über die Stellenbesetzung in objektiver Weise entschieden wird, die die persönliche Lage und die sie betreffenden Kriterien aller Bewerber berücksichtigt und

---

1 So GA Saggio, Schlußanträge zu EuGH, Slg. 2000, I-1875 – Badeck, Tz. 26 f.

bei der der den weiblichen Bewerbern eingeräumte Vorrang entfällt, wenn eines oder mehrere dieser Kriterien zugunsten des männlichen Bewerbers überwiegen (wobei die Kriterien nicht weibliche Bewerber diskriminieren dürfen).[2] Denn es muss die Möglichkeit bestehen, zugunsten der nicht in den Genuss der positiven Maßnahme kommenden Bewerber besondere persönliche Umstände zu berücksichtigen, die ein Indiz für soziale Schwierigkeiten sein können, die in ihrer Bedeutung denjenigen nicht nachstehen, denen sich Frauen üblicherweise gegenübersehen.[3]

Spezifische Vergünstigungen im Sinne des Art. 141 IV, die Frauen gewährt werden dürfen, dürfen nicht das Grundrecht auch der Männer auf diskriminierungsfreie Behandlung völlig zunichte machen. Denn das Recht auch der Männer auf Gleichstellung ergibt sich nicht nur aus Art. 1 iVm Art. 2 I RL 76/207, sondern stellt auch ein (derzeit noch ungeschriebenes) Grundrecht auf Gleichheit von Mann und Frau dar, das der EuGH seit langem anerkennt und das ebenfalls Primärrang genießt. Die Förderung der Frauen als Ausdruck ihrer materiellen Gleichheit kollidiert mit der formellen Gleichheit der Männer. Dieser Widerspruch kann nicht einseitig nur zu lasten der Männer aufgelöst werden. Die Einfügung einer Öffnungsklausel ist geeignet, einen angemessenen Ausgleich der betroffenen Rechte herbeizuführen.

Vom EuGH wurde das früher damit begründet, dass eine starre Bevorzugungsregelung zugunsten der Frauen über eine Förderung der Chancengleichheit der Frauen hinausgehe und damit die Grenzen der in der alten Fassung des Artikel 2 Absatz 4 der Richtlinie 76/207 vorgesehenen Ausnahme überschreite.[4] Eine solche Regelung setze insofern, als sie darauf abzielt, dass in allen Vergütungsgruppen und auf allen Funktionsebenen einer Dienststelle mindestens ebensoviel Frauen wie Männer vertreten sind, an die Stelle der in Artikel 2 vorgesehenen Förderung der Chancengleichheit und der damit einhergehenden Verbesserung der Ausgangsposition das Ergebnis (durch zwingende Vorgabe der konkreten Arbeitsplatzbesetzung), zu dem allein die Verwirklichung einer solchen Chancengleichheit führen könnte. Statt die Chancengleichheit der Frauen zu fördern, würde das Ergebnis, das erst infolge der Realisierung der Chancengleichheit einstellen sollte, vorgegeben. Die Einstellungsentscheidung würde bindend vorgegeben, statt nur die Chancengleichheit zu fördern (Ergebnisgleichheit statt Chancengleichheit). Diese Argumentation wurde noch unterstützt mit dem Verweis, dass die Regel des Art. 2 Abs. 4 RL 76/207 a. F., die die Frauenförderung zuließ, eine Ausnahme von der Chancengleichheit der Geschlechter sei und daher eng ausgelegt werden müsse. Diese beiden Argumente verwendet der EuGH nach berech-

---

2 Kriterien wie das Dienstalter oder die Rolle als Familienernährer (vgl. die Ansicht der Landesregierung von Nordrhein-Westfalen in Rs. C-409/95, EuGH Slg. 1997, I-6303 – Marschall) sind problematisch, da sie nachteilig für Frauen sein dürften. Anders aber bei Kriterien wie der Bevorzugung früherer Angehöriger des Öffentlichen Dienstes, der Bevorzugung einer Vollbeschäftigung von bisherigen Teilzeitarbeitnehmern gegenüber einer Neueinstellung, die Bevorzugung von ehemaligen Soldaten auf Zeit, von Schwerbehinderten oder Langzeitarbeitslosen.

3 Vgl. die Schlussanträge von GA *Saggio* in Rs. C-407/98, EuGH, Slg. 2000, I-5539 – Abrahamsson, Tz. 30.

4 Vgl. EuGH, Rs. 450/91, Slg. 1995, I-3051, Rn. 22 – Kalanke.

tigter Kritik in der Literatur nunmehr nicht mehr. Dennoch bleibt die Rechtspre-chung des EuGH im Ergebnis unverändert, da er nun zentral auf die Frage der Ver-hältnismäßigkeit der Frauenförderungsregel abzustellen scheint.

Vorliegend müsste somit sichergestellt sein, dass die Bevorzugung der Frauen eine objektive Prüfung der Bewerbungen zulässt, die zum Zurücktreten des Vorrangs des Mannes führen kann, wenn in seiner Person besondere Umstände vorliegen, die ähnliche Schwierigkeiten indizieren, wie sie Frauen gegenüberstehen, etwa eine Schwerbehinderung. § 7 Abs. 2 des LGG ist vorliegend hinreichend offen. Die Norm lässt das Zurücktreten des Vorrangs der Frau in besonderen Situationen zu. Damit ist die vorliegende Norm des § 7 Abs. 2 LGG mit dem Gemeinschafts-recht vereinbar.

Ergebnis: Eine Regelung wie § 7 Abs. 2 LGG ist mit Gemeinschaftsrecht, insbeson-dere der RL 76/207 und Art. 141 Abs. 4 EGV vereinbar.[5]

B. Frage 2

Anspruchsgrundlage könnte Art. 141 Abs. 1 uns 2 EGV sein. Denn Art. 141 Abs. 1 und 2 EGV gewähren ein subjektives Recht auf Gleichbehandlung bezüglich des Entgelts. Dieses subjektive Recht wirkt sogar zwischen Privaten, verfügt also über unmittelbare Drittwirkung und gilt daher unmittelbar etwa für Individualar-beitsverträge oder Tarifverträge. Da eine Verletzung des Gleichbehandlungsrechts des EGV aufgrund des Grundsatzes des effektiven Rechtsschutzes einen An-spruch auf Gewährung der verweigerten Begünstigung einräumt, ist die Norm zugleich Anspruchsgrundlage.

I. Anwendbarkeit von Art. 141 I EGV

1. Anwendungsbereich *ratione personae*:

Die Anwendbarkeit des Art. 141 Abs. 1 EGV setzt zunächst das Vorliegen einer Ar-beitnehmerin voraus, da Gleichheit des Entgelts nur in bezug auf Arbeit gewährt wird. Arbeitnehmereigenschaft wird durch jede Tätigkeit von nicht völlig unter-geordneter Bedeutung begründet, die für einen anderen nach dessen Weisung er-folgt und der Erzielung der Lebensgrundlage dient. Mithin ist die Frau Krüger als abhängig Beschäftigte eine Arbeitnehmerin.

2. Anwendungsbereich *ratione materiae*:

Das geforderte Weihnachtsgeld fällt auch unter den Begriff des »Entgelt«, der in Art. 141 Abs. 2 legal definiert ist, wobei die Rspr des EuGH diese Begriffsbestim-mung weit auslegt. Als Entgelt sind alle gegenwärtigen und künftigen, in bar oder als Sachleistung gewährten Vergütungen oder sonstigen Vergünstigungen, die zumindest mittelbar wegen des Dienstverhältnis gewährt werden, anzusehen, unabhängig davon, ob die Leistungen freiwillig oder infolge gesetzlicher oder ver-

---

5 So EuGH, Rs. C-409/95, Slg. 1997, I-6303 = NJW 1997, 3429 – Marschall.

traglicher Pflichten gewährt werden. So zählen als Entgelt auch Betriebsrenten (da sie ausschließlich vom Arbeitgeber finanziert werden) oder die Ansprüche aus öffentlich-rechtlichen Dienstverhältnissen (etwa Beamtenpensionen), und schließen Zusatzleistungen wie Weihnachts- und Urlaubsgeld oder Lohnfortzahlung ein.

II. Diskriminierung wegen ungleichen Lohns

1. unmittelbare Diskriminierung

Eine unmittelbare Diskriminierung zu Lasten der Frauen ist nicht gegeben. Denn sie läge nur vor, wenn die Frau Krüger gerade wegen ihres Geschlechts benachteiligt würde. Die Tarifverträge stellen aber für die Nichtzahlung des Weihnachtsgeldes nicht ab auf das Geschlecht, sondern auf die Eigenschaft als geringfügig Beschäftigter und damit auf ein im Prinzip geschlechtsneutrales Kriterium.

2. mittelbare Diskriminierung?

a) Eine mittelbare Diskriminierung liegt dann vor, wenn nicht auf das Geschlecht, sondern auf geschlechtsneutrale Kriterien abgestellt wird, dies sich aber im Ergebnis auch zulasten eines Geschlechts auswirkt. Art. 141 EGV bezieht sich – wie das Gleichheitsrecht im Gemeinschaftsrecht insgesamt – auch auf die mittelbare Diskriminierung und verbietet auch diese. Der EuGH hat insoweit Art. 141 Abs. 1 EGV nicht zuletzt auch unter Rückgriff auf die Diskriminierungsbegriffe des Sekundärrechts ausgelegt. Diskriminierungsverbote sind regelmäßig nicht nur verletzt bei Benachteiligungen wegen des untersagten Unterscheidungskriteriums (hier: Geschlecht), sondern auch bei nur sog. mittelbarer Diskriminierung, die für die Benachteiligung auf ein anderes Kriterium als das Geschlecht abstellt, aber eine ähnliche Wirkung wie eine unmittelbare Diskriminierung zeitigt. Somit ist eine mittelbare Diskriminierung dann gegeben, wenn eine Regelung zwar geschlechtsneutral formuliert ist, d. h. formal nicht an das Geschlecht anknüpft, sondern eine geschlechtsunspezifische Maßnahme darstellt, aber in der sozialen Wirklichkeit erheblich mehr Angehörige eines Geschlechts benachteiligt.[6]

Der EuGH prüft daher das Vorliegen einer mittelbaren Diskriminierung in zwei Schritten:[7] Im ersten Schritt ist eine Benachteiligung einer Vergleichsgruppe im

---

6 Vgl. die Legaldefinition der mittelbaren Diskriminierung in Art. 2 Abs. 2 RL 97/80 über die Beweislast bei Diskriminierungen, ABl. EG 1998, Nr. L 14/6: Eine mittelbare Diskriminierung liegt vor, wenn dem Anschein nach neutrale Vorschriften, Kriterien oder Verfahren einen wesentlichen Anteil der Angehörigen eines Geschlechts benachteiligen, es sei denn, die betroffenen Vorschriften, Kriterien oder Verfahren sind angemessen und notwendig und durch nicht auf das Geschlecht bezogene sachliche Gründe gerechtfertigt.

7 S. etwa EuGH, Rs. C-25/02, NJW 2003, 3399 – Rinke/Ärztekammer Hamburg zur Frage, ob das Gebot, dass ein bestimmter Teil der Ausbildung zum Allgemeinmediziner eine Vollzeittätigkeit erfordert, mit der Gleichbehandlung von Mann und Frau in Einklang steht. Der EuGH bejahte auf Grund der statistischen Daten, dass davon prozentual erheblich mehr Frauen als Männer nachteilig betroffen seien. Allerdings rechtfertigte er die Maßnahme wegen der Notwendigkeit, die erforderliche Erfahrung zu erwerben. Die dafür nötig längere Begleitung der Patienten sei nur bei einem Mindestanteil an Vollzeittätigkeit gesichert.

Verhältnis zu einer anderen feststellen, wobei die Vergleichsgruppen aufgrund eines geschlechtsneutralen Merkmals gebildet werden. Hier geht es um den Vergleich zwischen Voll- und Teilzeitbeschäftigten einerseits und nur geringfügig Beschäftigten andererseits. Diese beiden Vergleichsgruppen werden unterschiedlich behandelt im Hinblick auf die Gewährung eines Weihnachtsgeldes. Gebildet wurden die Vergleichsgruppen unter Rückgriff auf das Merkmal des Beschäftigungsgrads, nicht auf das Geschlecht. Im zweiten Schritt ist dann zu prüfen, ob in der benachteiligten Gruppe ein Geschlecht überwiegt.[8] Auch der zweite Schritt für hier zum Ergebnis, dass eine mittelbare Diskriminierung vorliegt, weil die benachteiligte Gruppe der geringfügig Beschäftigten laut Sachverhalt einen höheren Frauenanteil aufweist.

b) Eine mittelbare Diskriminierung kann gerechtfertigt sein, wenn die nachteiligen Auswirkungen für ein Geschlecht mit anderen Gründen als denen des Geschlechts erklärt werden können. Die benachteiligende Maßnahme muss objektiv gerechtfertigt sein aufgrund eines nicht mit dem Geschlecht zusammenhängenden Zieles[9] (etwa der Sozialpolitik oder einer dringenden betrieblichen Bedürfnisses, wobei ein enger Bezug zur Tätigkeit bestehen muss). Ferner ist wiederum die Verhältnismäßigkeit zu wahren. Die benachteiligende Maßnahme muss zur Erreichung des Zieles geeignet und erforderlich sein.

Als objektiver Rechtfertigungsgrund wurde hier die Nachfrage nach geringfügigen Beschäftigungsverhältnissen vorgetragen. Die Arbeitgeber argumentieren damit, dass der Wegfall des Weihnachtsgeldes bei geringfügig Beschäftigten deren Arbeitsleistung verhältnismäßig billiger mache, so dass ein Anreiz für die Arbeitgeber entstehe, mehr geringfügige Beschäftigung zu schaffen, um eine spezielle Nachfrage danach besser bedienen zu können. Die Frage ist, ob dies ein legitimes Ziel ist. Denn diese Argumentation verschließt sich der kritischen Hinterfragung, warum es diese spezielle Nachfrage nach geringfügigen Beschäftigungen gibt und warum typischerweise gerade Frauen solche Beschäftigungen nachfragen. Der Grund dürfte unter anderem vor allem darin liegen, dass Frauen aufgrund familiärer Belastungen nur in beschränktem Umfang erwerbstätig sein können. Die Frauen würden dann durch diese Art der Bezahlung noch zusätzlich benachteiligt. Letztlich ändert die vorgetragene Rechtfertigung nichts daran, dass hier Frauen spezifisch benachteiligt werden. Außerdem könnte das Ziel der Schaffung von mehr geringfügig Beschäftigtenverhältnissen auch durch andere Gestaltungen, etwa durch lineare Lohnsenkung für alle, erreicht werden,

---

8 Dieser sog. statistische Ansatz des EuGH des EuGH wird gerügt, weil er mit neueren Definitionen der mittelbaren Diskriminierung, die keine statistische Komponente mehr enthalten, nicht vereinbar sei. Art. 2 der RL 76/207 (Sart. II, Nr. 187a) definiert nunmehr mittelbare Diskriminierung als eine Situation in der »dem Anschein nach neutrale Vorschriften, Kriterien oder Verfahren Personen, die einem Geschlecht angehören, in besonderer Weise gegenüber Personen des anderen Geschlechts benachteiligen können«. Es wird nicht auf eine prozentuale Betroffenheit abgestellt; die mittelbare Diskriminierung liegt schon vor, wenn eine Maßnahme ein Geschlecht in besonderer Weise betreffen kann, unabhängig davon, ob tatsächlich überwiegend ein Geschlecht in der entsprechenden Vergleichsgruppe repräsentiert ist.

9 Vgl. EuGH, Rs. C-170/84, Slg. 1986, 1607 – Bilka. Für die Gleichbehandlung in der sozialen Sicherheit nach RL 79/7 vgl. EuGH C-317/93, Slg. 1995, I-4625; C-444/93, Slg. 1995, I-4741.

ohne dass dann spezifisch nur die geringfügig Beschäftigten Einbußen hinzuneh-
men hätten. Die konkrete Maßnahme erweist sich daher, selbst wenn man die Le-
gitimität des Zieles noch bejahte, als nicht erforderlich bzw. unangemessen. Der
EuGH hat hier daher zu recht eine Rechtfertigung aus objektiven Gründen nicht
erkannt. Die mittelbare Diskriminierung verletzt vorliegend Art. 141 Abs. 1 und
2 EGV.[10]

III. Rechtsfolge

Ein Gleichheitsverstoß lässt sich an sich auf zwei Wege beseitigen, nämlich durch
die Beseitigung der Benachteiligung oder durch Abschaffung der Bevorzugung.
Wegen des effektiven Rechtsschutzes gebiet das EG-Recht die Beseitigung der
Ungleichbehandlung durch Nichtanwendung der Diskriminierungsregel und Gewährung der Begünstigung für die Benachteiligten, solange bis der Gesetzgeber
oder die Tarifparteien eine andere Lösung festlegen.

C. Frage 3

Die Einberufung und damit die Wehrpflicht könnte unvereinbar sein mit der
Richtlinie 76/207[11] über die Gleichbehandlung von Mann und Frau im Erwerbsleben. Ferner könnte auch der allgemeine Rechtsgrundsatz des Gemeinschaftsrechts
über die Gleichheit von Mann und Frau verletzt sein, der ein Grundrecht in der EG
darstellt, das vom EuGH in Übereinstimmung mit Art. 6 Abs. 2 EUV ausgehend
von den Verfassungstraditionen der Mitgliedstaaten entwickelt wurde.[12] Die
Richtlinie 76/207 hat ausweislich ihres Art. 1 zum Ziel, dass in den Mitgliedstaaten der Grundsatz der Gleichbehandlung von Männern und Frauen hinsichtlich
des Zugangs zur Beschäftigung, einschließlich des Aufstiegs, und des Zugangs
zur Berufsbildung sowie in Bezug auf die Arbeitsbedingungen ... verwirklicht
wird. Vorliegend ließe sich ein Verstoß gegen die Gleichbehandlung unter zwei
Aspekten erkennen, nämlich zum einen in der Wehrpflicht selbst, der nur Männer
und nicht Frauen unterliegen, und zum anderen im Hinblick auf die durch die
Wehrpflicht ausgelöste Verzögerung im Erwerbsleben. Denn für junge Männer ergibt sich infolge der Wehrpflicht eine Verzögerung im Zugang zu (anderen) Beschäftigungen, die spezifisch nur Männer trifft.

I. Verletzung der Richtlinie 76/207

Zunächst ist zu untersuchen, ob die Richtlinie überhaupt anwendbar ist.

---

10 EuGH, Rs. C-281/97, Slg. 1999, I-5127 = NJW 2000, 647 – Krüger.
11 Sartorius II, Nr. 187a.
12 EuGH, Rs. 149/77, Slg. 1978, 1365, Rn. 26/29 – Defrenne.

1. Anwendbarkeit der Richtlinie

a) in Bezug auf die Diskriminierung durch die Wehrpflicht selbst

RL 76/207 gilt ausweislich ihres Art. 1 für den Zugang zur Beschäftigung. Unter Beschäftigung sind alle freiwillig begründeten Beschäftigungsverhältnisse zu verstehen, nicht aber die Wehrpflicht, denn sie ist eine gesetzliche begründete Dienstpflicht. Beschäftigungsverhältnisse sind stets von Freiwilligkeit geprägt. Für gesetzliche Pflichten gilt RL 76/207 nicht. Soweit man somit für die Benachteiligung der Männer direkt auf die Wehrpflicht abstellt, findet die RL 76/207 keine Anwendung.

b) in Bezug auf die Diskriminierung wegen Benachteiligung im Zugang zu Beschäftigungen wegen Verzögerung durch die Wehrpflicht

Hier ist grundsätzlich denkbar, dass die RL 76/207 Anwendung findet, da die Richtlinie Diskriminierungen im Beschäftigungszugang verhindern will. Dazu gehören auch spezifisch ein Geschlecht aufgrund des Geschlechts treffende Verzögerungen im Zugang zu Beschäftigungen. Die Verzögerung durch die Wehrpflicht trifft nur die Männer und führt für sie, was ihre Beschäftigungsverhältnisse angeht, insbesondere ihre Möglichkeit zum Zugang zum Arbeitsmarkt und zur Aufnahme oder Weiterführung der beruflichen Ausbildung, zu benachteiligenden Verzögerungen. Damit ist die RL 76/207 gemäß ihres Wortlauts durchaus auf die durch die Wehrpflicht ausgelösten Verzögerungen anwendbar

Dennoch ergeben sich hier Zweifel dahin, ob das Gemeinschaftsrecht insgesamt überhaupt einschlägig ist. Denn die Entscheidung über die Einführung einer Wehrpflicht ist vom Anwendungsbereich des Gemeinschaftsrechts nicht erfasst. Die EG hat keine Kompetenzen im Bereich der militärischen Sicherheit; diese ist nach wie vor ausschließliche Kompetenz der Mitgliedstaaten. Die Entscheidung, wie die Landesverteidigung organisiert wird, steht ausschließlich den Mitgliedstaaten zu. Solche militärische Organisationsfragen umfassen auch die Frage, ob eine Wehrpflicht eingeführt wird und für wen. Bei ihren Entscheidungen über ihre militärische Organisation haben die Mitgliedstaaten das EG-Recht zu beachten, soweit es anwendbar ist, etwa in Bezug auf die Gleichheit von Mann und Frau im Zugang zu Arbeitsverhältnissen. Entscheidet sich ein Mitgliedstaat somit, berufliche Laufbahnen in der Armee zu schaffen und organisiert seine Landesverteidigung dementsprechend, so muss er für den Zugang zu diesen Beschäftigungsverhältnissen als Zeit- oder Berufssoldat die Gleichberechtigung von Mann und Frau wahren. Da Dienstverhältnisse als Zeit- oder Berufssoldat freiwillige begründet werden, sind sie Arbeitsverhältnisse, die vom Gemeinschaftsrecht durchaus insoweit, als es um die Chancengleichheit und die Gleichstellung von Mann und Frau geht, erfasst werden. Daher ist auch Frauen der grundsätzlich gleiche Zugang zur Armee einzuräumen.[13] Art. 2 Abs. 6 RL 76/207, der es den Mitgliedstaaten ermöglicht, Stellen, für die das Geschlecht notwendige Voraussetzung für die Berufstätigkeit ist, einem Geschlecht vorzubehalten, greift nicht ein. Denn

---

13 EuGH, Rs. C-285/98, Slg. 2000, I-69 = NJW 2000, 497 – Tanja Kreil.

auch für Fronteinsatz ist das männliche Geschlecht nicht notwendig. Unter Art. 2 Abs. 6 fallen Berufe wie die eines Aufsehers in Haftanstalten (die nach Männern und Frauen getrennt sind), eines Polizisten für den Einsatz bei schweren inneren Unruhen, einer Tänzerin in einem Ballett oder eines Soldaten in speziellen Kampfeinheiten von geringer Personalstärke, die an vorderster Front stehen und in der die Soldaten allseitig verwendbar sein müssen.[14]

Ob ein Mitgliedstaat eine gesetzliche Dienstverpflichtung wie die Wehrpflicht einführt, diese Entscheidung trifft jeder Mitgliedstaat autonom. Eine Dienstpflicht im Interesse der territorialen Sicherheit hat Vorrang vor dem politischen Ziel der Eingliederung junger Menschen in den Arbeitsmarkt. Auf die Entscheidung über die Einführung der Wehrpflicht ist das EG-Recht somit nicht anwendbar. Dadurch bewirkte Verzögerungen im Berufseintritt sind die unvermeidliche Konsequenz der Wehrpflicht; diese Konsequenz ist nicht am Gemeinschaftsrecht zu messen. Sonst würde die EG in die Zuständigkeiten der Mitgliedstaaten eingreifen.

Da die Entscheidung über die Wehrpflicht nicht vom Anwendungsbereich des EG-Rechts erfasst ist, findet auch die RL 76/207 keine Anwendung. Daher ist die Richtlinie 76/207 auch nicht verletzt.[15]

II. Verletzung des EG-Grundrechts auf Gleichbehandlung von Mann und Frau

Obschon die Wehrpflicht spezifisch die Männer trifft und damit mit der Gleichheit der Männer und der Frauen zunächst einmal nicht vereinbar ist,[16] ist das EG-Grundrecht auf Gleichbehandlung von Mann und Frau, wie es sich als ungeschriebener Rechtsgrundsatz aufgrund der diesbezüglich gemeinsamen Verfassungsüberlieferungen in den Mitgliedstaaten auch im Gemeinschaftsrecht findet, nicht verletzt. Denn das EG-Grundrecht greift hier nicht. Die Grundrechte der EG gelten nur im Anwendungsbereich des Gemeinschaftsrechts, also für Fragen, die vom Gemeinschaftsrecht erfasst sind. Das ist bei der Wehrpflicht wie gesehen nicht der Fall. Das gleiche gilt für die mit der Wehrpflicht einhergehenden, unvermeidbaren Benachteiligungen und Verzögerungen im Erwerbsleben und der Berufstätigkeit, die man als durchaus vom Anwendungsbereich des Gemeinschaftsrechts erfasst ansehen könnte (etwa mit der Erwägung, dass infolge der Wehrpflicht die Männer von der Arbeitnehmerfreizügigkeit nach Art. 39 EGV erst später Gebrauch machen können).[17] Denn auch dafür muss die Überlegung des EuGH gelten, dass eine Einmischung der EG in solche notwendigen Konsequenzen aus einer nationalen Sicherheitsentscheidung das EG-Recht nicht anwendbar ist.

---

14 EuGH, 26. 10. 1999, C-273/97, Tz. 29 – Sirdar.

15 EuGH, Rs. C-186/01, Slg. 2003, I-2479 = NJW 2003, 1379 – Dory.

16 Auf verfassungsrechtlicher Ebene kann zur Rechtfertigung der Wehrpflicht nur für Männer mit dem BVerfG – neben der ausdrücklichen Regelung im GG – der Ausgleich von Nachteilen der Frauen in der Berufsausbildung und im Erwerbsleben angeführt werden.

17 Allerdings könnte eingewendet werden, dass analog zur Keck-Rechtsprechung zum Warenverkehr (s. Fall 1) auch solche Regelungen nur als Modalitäten der Ausübung der Arbeitnehmerfreizügigkeit und der Beschäftigung anzusehen wären, auf die Art. 39 EGV nicht anwendbar wäre.

Ergebnis: Die Einberufung von Herrn Krüger verletzt nicht das Gemeinschaftsrecht.

D. Frage 4

Im Unterschied zur Frage 1 geht es hier nicht um die Bewertung einer Regel über die Bevorzugung von Frauen, die gleich qualifiziert sind, sondern um eine Regelung, die darüber hinausgehend sogar die Bevorzugung von schlechter qualifizierten Frauen gegenüber besser qualifizierten Männern zulässt, sofern die Frauen zumindest die Mindestqualifikation für die Berufausübung haben und die Wahl der Frau nicht die Sachgerechtigkeit verletzt.

I. Vereinbarkeit mit der Richtlinie 76/207

1. Unmittelbare Diskriminierung der Männer

Die Richtlinie gibt – wie gesehen – die Gleichbehandlung von Männern und Frauen in den wesentlichen Fragen des Arbeitslebens vor. Die bevorzugte Einstellung von Frauen verletzt zunächst einmal das Gleichstellungsrecht der Männer. Denn diese werden um ihres Geschlechts willen nicht eingestellt, wenn im Vergleich dazu schlechter qualifizierte Frauen sich auf die Stelle bewerben. Die Einstellungsentscheidung fällt damit letztlich nur aufgrund des Geschlechts zugunsten der Frau aus. Art. 1 iVm Art. 2 Abs. 1 RL 76/207 ist somit verletzt.

2. Zulässigkeit der Maßnahme als legitime Frauenförderung?

Die Richtlinie 76/207 lässt es nach Art. 2 Abs. 8 aber zu, dass die Mitgliedstaaten Maßnahmen im Sinne von Art. 141 Abs. 4 EGV zur vollen Gewährleistung der Gleichstellung der Frauen als des hier unterrepräsentierten Geschlechts treffen. Art. 141 Abs. 4 anerkennt die Kompetenz der Mitgliedstaaten, zur Erleichterung der Berufstätigkeit der Frauen und zur Verhinderung bzw zum Ausgleich von Benachteiligungen spezifische Begünstigungen für Frauen einzuführen oder beizubehalten.

Mit diesen spezifischen Vergünstigungen sind positive Maßnahmen[18] gemeint, die die Benachteiligung der Frauen durch gezielte Besserstellungen ausgleichen. Diese Regelung erlaubt es, einem Bewerber des unterrepräsentierten Geschlechts Vorrang einzuräumen, der zwar hinreichend qualifiziert ist, aber nicht die gleiche Qualifikation wie ein Bewerber des anderen Geschlechts besitzt. Die Zulässigkeit einer Bevorzugung der weiblichen Bewerberin mit geringerer Qualifikation als die der männlichen Bewerber erscheint daher als positive Maßnahme zur Herstellung tatsächlicher Gleichheit im Grundsatz durchaus mit Art. 141 Abs. 4 EGV und damit mit der RL 76/207 vereinbar zu sein. Denn eine solche Regelung soll offenkundig eine materielle und nicht nur formale Gleichheit herbeiführen, indem sie in der sozialen Wirklichkeit auftretende faktische Ungleichheiten verringert, und so im

---

18 Manche sprechen von positiven Diskriminierungen.

Einklang mit Artikel 141 Absatz 4 EG Benachteiligungen in der beruflichen Laufbahn von Personen des unterrepräsentierten Geschlechts verhindert oder ausgleicht.

Für die Möglichkeit, auch schlechter qualifizierte Frauen bevorzugen zu können, spricht, dass damit spezifische Benachteiligungen schon beim Qualifikationserwerb ausgeglichen werden können. Lässt man eine Bevorzugung von Frauen nur zu, wenn diese gleich qualifiziert sind, dann bleiben eventuelle Benachteiligungen der Frauen schon beim Qualifikationserwerb unbeachtet. Denn das Abstellen auf gleiche Qualifikation lässt das Problem der Benachteiligung von Frauen schon beim Erwerb der nötigen Qualifikationen außen vor. Schwächere Qualifikation kann vor diesem Hintergrund einer eventuellen strukturellen Benachteiligung der Frauen beim Qualifikationserwerb daher nicht unbedingt ein geringeres Befähigungs- und Leistungspotential widerspiegeln. Das kann bei Bewerbern trotz unterschiedlicher Qualifikation durchaus gleich sein. Die Bevorzugung niedriger qualifizierter Frauen dient daher dem Ausgleich von Benachteiligungen beim Qualifikationserwerb und ist ein geeignetes Mittel, die Schlechterstellung von Frauen auszugleichen.[19]

Gegen die Bevorzugung von Frauen mit niedrigerer Qualifikation spricht aber, dass die Einstellung der geringer qualifizierten Frau dann letztlich nur noch aufgrund des Geschlechts erfolgt, wenn und weil der Qualifikationsabstand zum männlichen Bewerber keine Rolle mehr spielt. In diesem Fall erschiene die Zurückdrängung der Gleichberechtigung der Männer unverhältnismäßig, weil unangemessen. Eine objektive Einzelfallprüfung, die sicherstellt, dass alle Kriterien bei allen Bewerbern Berücksichtigung finden (zu dieser Anforderung des EuGH s. oben A.) könnte nicht mehr erfolgen, sondern die Frau würde schon bei Erfüllen der Mindestanforderungen für die Stelle eingestellt werden.

Denkbar wäre indes, bei der Entscheidung über die Stellenvergabe das Ausmaß der geringeren Qualifikation in Rechnung zu stellen, und zwar derart, dass ein Qualifikationsabstand zwischen Mann und Frau nur dann unerheblich ist, soweit er sich aus der strukturellen Benachteiligung der Frau beim Qualifikationserwerb ergibt, und nicht aus der geringeren Befähigung der Frau. Die Bevorzugung einer niedriger qualifizierten Frau erschiene dann möglich, wenn das *Ausmaß* der Minderqualifizierung auf eine strukturelle Benachteiligung der Frauen im Qualifikationserwerb zurückgeführt werden kann. Damit entsteht aber das Problem der Quantifizierung, wie groß der Abstand der Qualifikation zwischen der Frau und dem Mann sein darf. Man müsste das Qualifikationsdefizit infolge der strukturellen Benachteiligung messen können.[20] Das erscheint kaum möglich. Zumindest müsste der Gesetzgeber dafür klare und handhabbare Kriterien vorgeben. Das hier vom Gesetzgeber benutzte Kriterium der Sachgerechtigkeit ist aber zu unbestimmt und zu weit, um dafür eine handhabbare Vorgabe zu bieten. Das Kriterium der Sachgerechtigkeit lässt sich nicht in transparenter und nachprüfbarer

---

19 Zulässig ist daher eine qualifikationsunabhängige Vergabe von Ausbildungsplätzen durch eine Frauenquote von 50%, da dies erst dem Qualifikationserwerb dient, zumindest wenn es um Ausbildungsplätze ohne staatliches Monopol geht, EuGH, Rs. C-158/97, Slg. 2000, I-1875, Rn. 52 ff – Badeck.
20 Vgl. auch *Weber/Gas*, Fälle zum Europarecht, S. 140.

Weise anwenden, um jede willkürliche Beurteilung der Qualifikation der männlichen Bewerber auszuschließen.[21] Nach Auffassung der EuGH räumt die in Rede stehende Regelung Bewerbern des unterrepräsentierten Geschlechts sogar automatisch Vorrang ein, wenn diese hinreichend qualifiziert sind; die einzige Einschränkung besteht darin, dass der Unterschied zwischen den Qualifikationen der Bewerber verschiedenen Geschlechts nicht so groß sein darf, dass sich daraus ein Verstoß gegen das Erfordernis der Sachgerechtigkeit bei der Einstellung ergeben würde. Da die Tragweite dieser Einschränkung nicht genau bestimmt werden kann, beruht die Auswahl eines Bewerbers unter den Personen mit hinreichenden Qualifikationen letztlich allein auf seiner Zugehörigkeit zum unterrepräsentierten Geschlecht; dies gilt auch dann, wenn die Qualifikationen des ausgewählten Bewerbers geringer sind als die eines Bewerbers des anderen Geschlechts.[22]

Damit ist die vorliegende Bevorzugung unverhältnismäßig, weil die Gleichstellung des Mannes dadurch in unangemessener Weise zurückgedrängt wird.[23] Art. 2 Abs. 8 der RL ist damit verletzt, ebenso wie auch Art. 141 Abs. 4 EGV.

Ergebnis: § 7 Abs. 3 des LGG verletzt das EG-Recht, und zwar sowohl Art. 2 Abs. 8 der RL als auch Art. 141 IV EGV.[24]

II. Vereinbarkeit mit Art. 141 Abs. 4 EGV

Da Art. 2 Abs. 8 RL 76/207 auf Art. 141 Abs. 4 EGV verweist und bereits bei der Prüfung der RL mit untersucht werden musste, ist ein eigenständiges Eingehen auf eine Verletzung (nur) des Art. 141 Abs. 4 überflüssig. Ein anderes Ergebnis ergibt sich hier selbstverständlich ohnehin nicht.

---

21 Vgl. EuGH, Rs. C-407/98, Slg. 2000, I-5539, Rn. 49 – Abrahamsson.
22 Vgl. EuGH, Slg. 2000, I – Rn. 52 f – Abrahamsson.
23 Vgl. EuGH, Slg. 2000, I – Rn. 54 f – Abrahamsson
24 Offen bleibt, ob der EuGH eine Bevorzugung von Frauen generell nur bei gleicher oder nahezu gleicher Qualifikation zulässt oder ob auch eine geringer qualifizierte Frau bevorzugt werden kann, sofern die Kriterien für die Bewertung des zulässigen Qualifikationsabstands klarer gefasst sind und sich in transparenter und nachprüfbarer Weise anwenden lassen.

Fall 8: Bettwäsche gegen Hormone

Der Rat der EG hat in seiner Verordnung 21/1999 auf der Rechtsgrundlage des Artikels 37 Abs. 2 Unterabs. 3 EGV festgelegt, dass ab dem 1. Mai 2000 hormonbehandeltes Rindfleisch in der EG weder hergestellt noch in die EG eingeführt oder verkauft werden darf. Dadurch soll der Verbraucher vor eventuellen von Hormonen ausgehenden Gesundheitsgefahren geschützt werden Die Verordnung trat am 1. April 2000 in Kraft.

Die USA sehen in dem Verbot eine Handelsbeschränkung, die nicht mit dem WTO-Recht vereinbar sei. Schließlich komme dadurch die Einfuhr von Rindfleisch aus den USA in die EG zum Erliegen, da die Hormonbehandlung in den USA ein übliches Verfahren darstellt. Daher erheben die USA nach dem Scheitern von Verhandlungen Klage vor dem Streitbeilegungsorgan der WTO, dem sog. Dispute Settlement Body (DSB). Die USA stützen ihre Klage auf WTO-Vorschriften, die gesundheitspolitische Maßnahmen der WTO-Mitgliedstaaten nur unter der Voraussetzung zulassen, dass ein tatsächliches Risiko für die eigene Bevölkerung besteht. Die Einfuhr und der Verzehr hormonbehandelten Rindfleischs stelle jedoch erwiesenermaßen keinerlei Risiko für die menschliche Gesundheit dar, so dass das EG-Verbot nicht im Einklang mit dem WTO-Recht stehe.

Am 13. Februar 2002 nimmt der DSB den Bericht des im Rahmen des WTO-Streitbeilegungsverfahrens eingesetzten Panels an. Das Panel hatte festgestellt, dass die EG durch das Einfuhrverbot das WTO-Recht verletzt hat. Allerdings wird der EG vom DSB im Einklang mit Artikel 21 Abs. 3 der Vereinbarung über Regeln und Verfahren zur Beilegung von Streitigkeiten – Dispute Settlement Understanding (DSU) – ein Zeitraum von 15 Monaten gewährt, um die rechtswidrige Gesetzgebung wieder in Einklang mit dem WTO-Recht zu bringen.

Die EG bleibt bis zum Ablauf der Umsetzungsfrist zum 13. Mai 2003 untätig. Ein Sprecher der EG-Kommission gibt bekannt, dass die EG nicht beabsichtige, ihre Gesetzgebung in dieser Hinsicht abzuändern, da ein überwiegendes öffentliches Interesse daran bestünde, sich in der EG nur von Fleisch natürlich gewachsener Tiere zu ernähren. Dies gelte unabhängig davon, ob dabei die Gesundheitsmaßstäbe des WTO-Rechts beachtet seien oder nicht.

Nach Erteilung der erforderlichen Genehmigung i. S. d. Artikels 22 Abs. 2 S. 2 DSU durch den DSB erheben die USA ab 1. 7. 2003 im Einklang mit dem WTO-Recht Gegenmaßnahmen in Form von (100-prozentigen) Strafzöllen. Auf der Liste der von den USA ausgesuchten Produkte befindet sich u. a. französische Bettwäsche.

Das Unternehmen Bonnenuit stellt Bettwäsche in Frankreich her und exportiert diese schon seit 1996 in die USA. Infolge der US-Strafzölle kann das Unternehmen sein Exportgeschäft wirtschaftlich nicht mehr sinnvoll fortsetzen, was zu beträchtlichen Verlusten führt.

Der Geschäftsführer der Bonnenuit ist über das Verhalten der EG-Institutionen empört. Es entspräche nicht dem von der EG beachteten Rechtsstaatsprinzip, wenn die Institutionen so ohne weiteres ihre völkerrechtlichen Verpflichtungen ignorieren könnten und infolge dessen völlig Unbeteiligte den Gegenmaßnahmen anderer Staaten ausgesetzt wären. Internationale Verträge seien schließlich zum Wohl der Bürger abgeschlossen. Selbst wenn die EG aus politischen Gründen ein Importverbot aufrechterhalten wollte, müsse sie wenigstens gegenüber den davon Betroffenen für daraus entstehende Schäden aufkommen. Dies müsse spätestens dann gelten, wenn die Umsetzungsfrist nach dem DSU abgelaufen sei. Jedenfalls überschreite der entstandene Schaden aber alle Grenzen der Zumutbarkeit. Schließlich habe die Bonnenuit nichts mit Rinderzucht zu tun. Vom Importverbot würden ganz andere Branchen begünstigt, da für die WTO-Verletzung aber nicht »bluten« müssen.

Der Geschäftsführer der Bonnenuit erwägt, eine Schadensersatzklage gegen die EG zu erheben. Ein befreundeter Rechtsanwalt teilt ihm mit, dass die Gerichte der EG in der Vergangenheit mit der Gewährung von Schadensersatz in ähnlichen Fällen zurückhaltend waren. Wegen des der Kommission vom EuGH zugestandenen weiten Handlungsspielraums auf internationaler Ebene, insbesondere wenn WTO-Recht relevant wurde, lägen die Haftungsvoraussetzungen kaum jemals vor. Der EuGH weigere sich immer, WTO-Recht überhaupt anzuwenden. Allerdings war dem Anwalt bisher kein Fall bekannt geworden, in dem die EG selbst nach einer eindeutigen »Verurteilung« durch die WTO, in der die Rechtsverletzung festgestellt wurde, unverändert weiter macht. Da vorliegend bereits ein »WTO-Urteil« ergangen und die Umsetzungsfrist dafür verstrichen ist, erhalte die Rechtsverletzung eine neue Qualität. Denn die EG nehme die Schädigung einzelner Marktteilnehmer mit der Aufrechterhaltung der rechtswidrigen Verordnung bewusst in Kauf. Schließlich könnten die im WTO-Recht vorgesehenen Gegenmaßnahmen, die der »gewinnende Staat« ergreifen kann, nicht die Rechtswidrigkeit der Maßnahme der EG und die Verpflichtung des EG, ihr Recht in Einklang mit den Verpflichtungen aus der WTO zu bringen, beseitigen, sondern lediglich vorübergehenden Ausgleich schaffen. Der Anwalt empfiehlt daher, vorliegend eine Klage zu »riskieren«. Der Geschäftsführer überlegt, ob es dafür erforderlich sein könnte, zunächst gegen die seiner Ansicht nach rechtswidrige Verordnung im Rahmen einer Nichtigkeitsklage vorzugehen, ehe Schadensersatz eingeklagt werden könne.

Bearbeitervermerk:

In einem umfassenden Gutachten ist die Zulässigkeit und Begründetheit einer Schadensersatzklage der Fa. Bonnenuit zu prüfen.

Hinweis: Das Dispute Settlement Understanding (DSU) findet sich im Sartorius II unter Nr. 515.

Lösung zu Fall 8: Bettwäsche gegen Hormone

A. Zulässigkeit der Klage zum EuG

I. Zuständigkeit des EuG

Die Zuständigkeit des EuGH für eine Schadensersatzklage gegen die EG ergibt sich aus Art. 235 i. V. m. Art. 288 Abs. 2 EGV. Die funktionelle Zuständigkeit des EuG bestimmt sich aus Art. 225 Abs. 1 EGV. Der Vorbehalt für den EuGH nach Art. 51 Satzung EuGH[1] greift nicht ein.

II. Aktivlegitimation

Zur Klage ist jede natürliche und juristische Person berechtigt. Die Klageberechtigung ist in Art. 235 EGV nicht weiter eingeschränkt.

III. Passivlegitimation

Die Klage ist nach der Praxis des EuGH zu richten gegen das Organ, das die Rechtshandlung, die den Schaden verursacht haben soll (hier die Verordnung des Rats), erlassen hat,[2] also vorliegend gegen den Rat der EG. Nach anderer Ansicht ist der Beklagte die EG, die vom zuständigen Organ vertreten wird.[3]

IV. Anforderungen an die Klageschrift

Art. 21 der Satzung des EuGH ist zu beachten gemäß Art. 53 Satzung EuGH. Der Inhalt der Klageschrift muss Name, Wohnsitz, Streitgegenstand und dergleichen bezeichnen.

V. Verjährung und Klagefrist

Art. 46 Satzung des EuGH (zu beachten nach Art. 53 Satzung EuGH) sieht eine Verjährung der Ansprüche in fünf Jahren nach Eintritt des Ereignisses, das ihnen zugrunde liegt, vor. Diese Frist wird vom EuGH eher weniger als materielle Frist denn vielmehr als eine Klagefrist angesehen.[4] Der Wortlaut des Art. 46 spricht hingegen von Verjährung, was eher eine materielle Sichtweise nahe legt.

---

1 Sartorius II, Nr. 245.
2 EuGH, Slg. 1973, 1229 – Werhahn.
3 *Gellermann* in: *Streinz* (Hrsg.), EUV / EGV, Art. 288, Rn. 10.
4 Die Rechtsprechung variiert hier, *Cremer* in: *Calliess/Ruffert*, EUV / EGV, Art. 235, Rn. 3. Sieht man in der Frist eine Zulässigkeitsvoraussetzung, wird sie eher von Amts wegen vom EuGH / EuG geprüft. Stellt sie eine materielle Frist dar, wird die Verjährung nur geprüft, wenn der Beklagte sich darauf beruft (Einrede).

Für den Fristlauf ist abzustellen auf den Zeitpunkt, zu dem alle Haftungsvoraussetzungen vorliegen. Die Verjährungsfrist beginnt erst zu laufen, wenn alle Voraussetzungen, von denen die Schadensersatzpflicht abhängt, erfüllt sind und sich insbesondere der zu ersetzende Schaden konkretisiert hat.[5] Ferner muss der Geschädigte Kenntnis von Schaden und schadensverursachendem Ereignis haben. Die Fa. Bonnenuit konnte von dem schadensverursachenden Ereignis erst Kenntnis nehmen, als die USA als Reaktion auf die unterbliebene Änderung der VO 21/1999 Strafzölle gegen die französische Bettwäsche verhängte. Man darf daher nicht abstellen auf den Zeitpunkt, als das WTO-widrige Sekundärrecht vom Rat erlassen worden war. Denn damals war noch nicht vorherzusehen, dass diese VO einmal zu einem Schaden führen würde. Zumindest lag die Haftungsvoraussetzung eines Schadens damals nicht vor. Die Verhängung der Strafzölle erfolgte erst zum 1. 7. 2003. Erst infolge dessen sind die Schäden bei der Bonnenuit entstanden. Der Beginn der Verjährung kann somit frühestens zu diesem Zeitpunkt angesetzt werden. Die Fünfjahresfrist ist daher noch ohne weiteres zu wahren.

VI. Rechtsschutzbedürfnis

Zweifelhaft ist, ob die Schadensersatzklage deshalb mangels Rechtsschutzbedürfnis unzulässig ist, weil die Fa. Bonnenuit nicht erst im Wege der Nichtigkeitsklage gegen die den Schaden mittelbar auslösende VO 21/1999 geklagt hat. Entgegen seiner früheren Ansicht, in der er eine Subsidiarität des Sekundärrechtsschutzes (also der Klage auf Amtshaftung) im Verhältnis zum Primärrechtsschutz (also der Klage unmittelbar gegen die schadensverursachende Maßnahme der EG) anerkannt hatte, bekennt sich der EuGH nunmehr in gefestigter Rechtsprechung dazu, dass die Schadensersatzklage ein selbständiger Rechtsbehelf mit eigenen Funktionen ist.[6] Denn sie dient dem Schadensersatz und anders als die Nichtigkeitsklage nicht der Aufhebung der Gesetzgebung. Die beiden Klagen verfolgen damit unterschiedliche Rechtsschutzziele. Der EuGH/das EuG hat im Rahmen einer Schadensersatzklage auch die umfangreiche Vorfragenkompetenz und kann implizit die Rechtmäßigkeit von Handlungen der Organe überprüfen (vgl. auch Art. 241 EGV). Somit setzt die Geltendmachung von Schadensersatzansprüchen nicht die vorherige Nichtigkeitsklage voraus.

Außerdem war der Klägerin die Schadensabwendung durch Erhebung einer Nichtigkeitsklage gegen die Verordnung 21/1999 schon faktisch, aber auch rechtlich nicht möglich. Als Bettwäsche-Produzentin hatte sie keinen Anlass, sich gegen die Verordnung 21/1999 über Hormone im Rindfleisch zu wenden, da diese Regelung mit ihrer Geschäftstätigkeit an sich nichts zu tun hat. Aus diesem Grund hätte es auch an der für die Nichtigkeitsklage gegen die Verordnung erforderlichen Klagebefugnis nach Art. 230 Abs. 4 EGV gefehlt. Des weiteren ist die Klagefrist für eine Nichtigkeitsklage nach Art. 230 Abs. 5 EGV (2 Monate) schon längst abgelaufen. Erst durch die Veröffentlichung der US-Liste über die Waren, die Gegenstand

---

5 EuGH, verb. Rs. 256, 257, 265 u. 265 u. 267/80, 5/81, Slg. 1982, 85 Rn. 10 – Birra Wührer; *Berg* in: Schwarze (Hrsg.), EU-Kommentar, Art. 288, Rn. 27.
6 EuGH, Rs. 5/71, Slg. 1971, 975 Rn. 3 – Schöppenstedt; vgl. die Übersicht über die Rechtsprechung bei *Berg* in: Schwarze (Hrsg.), EU-Kommentar, Art. 288, Rn. 17.

eines Strafzolls werden, konnte die Bonnenuit davon Kenntnis erlangen, dass sie nunmehr vom Streit um die Rechtmäßigkeit der VO 21/1999 berührt würde.

Ergebnis: Die Schadensersatzklage ist zulässig.

B. Begründetheit der Klage

Die Klage ist begründet, wenn ein Schadensersatzanspruch der Bonnenuit besteht.

I. Haftung nach Art. 288 Abs. 2 EGV für rechtswidriges Verhalten

Ob ein Schadensersatzanspruch besteht, ist nach Art. 288 Abs. 2 EGV zu beurteilen. Nach der Rechtsprechung des EuGH zu dieser Vorschrift haftet die EG jedenfalls für rechtswidrige Amtshandlungen (Tun oder Unterlassen) eines Organs, wenn dadurch ein Schaden herbeigeführt wird und eine Kausalität zwischen Schaden und rechtswidrigem Verhalten besteht. Dabei muss die Rechtswidrigkeit in der Verletzung einer höherrangigen Norm bestehen, die den Kläger schützt. Da es um die eventuelle Verletzung von WTO-Recht durch das Sekundärrecht der EG geht, ist die Haftung für normatives Unrecht einschlägig. Zumindest in diesem Kontext[7] fordert der EuGH stets, dass die Rechtsverletzung hinreichend qualifiziert sein muss.[8]

1. Amtshandeln eines Organs

Die Verordnung 21/1999 wurde vom Rat der EG als einem ihrer Hauptorgane erlassen. Diese Tätigkeit erfolgte in Ausübung der hoheitlichen Befugnisse der EG. Abstellen kann man für das Vorliegen eines Amtshandelns auch auf die unterbliebene Änderung der VO 21/1999 nach Ergehen der DSB-Entscheidung. Das unveränderte Aufrechterhalten dieser Verordnung ist ein Unterlassen.

2. Rechtswidrigkeit

Der Erlass der Verordnung bzw. ihr unverändertes Aufrechterhalten sind rechtswidrig, wenn die betroffenen Vorschriften des WTO-Rechts im Vergleich zur Verordnung »höherrangig« sind und ihre Verletzung zu einer Rechtswidrigkeit der Verordnung führt. Letzteres ist nur der Fall, sofern der EuGH/das EuG bei der Überprüfung der Verordnung auf ihrer Rechtmäßigkeit das WTO-Recht und die DSB-Entscheidung zu beachten hat. Dazu müsste das WTO-Recht als Prüfungsmaßstab vom EuG/EuGH bei der Überprüfung von EG-Sekundärrecht herangezogen werden können.

---

7 Zur Frage, ob die hinreichende Qualifizierung der Rechtsverletzung eine generelle Haftungsbeschränkung ist, *von Bogdandy*, in: Grabitz/Hilf, EUV/EGV, Art. 288, Rn. 84 (Stand Januar 2001).

8 Vgl. nur *Berg*, in: *Schwarze* (Hrsg.), EU-Kommentar, Art. 288, Rn. 42; *Gellermann*, in: Streinz (Hrsg.), EUV/EGV, Art. 288, Rn. 11, 18 ff.; *Ruffert*, in: Calliess/Ruffert, EUV/EGV Art. 288, Rn. 11.

a) WTO-Recht als höherrangige Norm

Fraglich ist, ob die Verletzung von WTO-Recht durch die EG eine Verletzung einer höherrangigen Norm darstellt. Sicherlich ist die Nichtbeachtung des WTO-Rechts eine Verletzung der völkerrechtlichen Verpflichtung aus Art. XVI:4 ÜWTO, wonach die WTO Mitglieder sicherstellen, dass ihre Vorschriften mit dem WTO-Recht übereinstimmen. Allerdings ist das nur eine Verletzung des Völkerrechts, während die Amtshaftung der EG die Verletzung einer höherrangigen Norm gerade des Gemeinschaftsrechts erfordert.

Nun könnte Art. 300 Abs. 7 EGV das WTO-Recht, soweit es sich um als von der EG abgeschlossene völkerrechtliche Verträge handelt,[9] zu einer höherrangigen Norm des Gemeinschaftsrechts transformieren. Infolge Art. 300 Abs. 7 EGV werden von der EG abgeschlossene völkerrechtliche Verträge Bestandteil des Gemeinschaftsrechts,[10] was konstitutive Bedeutung hat insbesondere für die Mitgliedstaaten; nach Art. 300 Abs. 7 EGV gelten die von der EG abgeschlossenen Verträge auch für die Mitgliedstaaten.[11] Art. 300 Abs. 7 EGV führt daher dazu, dass völkerrechtliche Verträge der EG als Gemeinschaftsrecht gelten und dass ihre Verletzung eine Verletzung nicht nur des Völkerrechts ist, sondern auch gemeinschaftsrechtlich relevant wird.[12] Das besagt indes noch nichts über die Rechtswirkungen, die das solchermaßen eingefügte völkerrechtliche Vertragsrecht in der internen EG-Rechtsordnung entfaltet, insbesondere nichts dazu, ob das Völkerrecht Prüfungsmaßstab für die Rechtmäßigkeit des Sekundärrechts darstellt.

Für die Einordnung völkerrechtlicher Abkommen der EG als Gemeinschaftsrecht mit Rang zwischen Primär- und Sekundärrecht spricht, dass die in Art. 300 Abs. 7 angeordnete Bindung der Organe auch für ihre Rechtsetzungstätigkeit gilt. Daher ist davon auszugehen, dass völkerrechtliche Verträge der EG über Sekundärrecht und daher über VO 21/1999 stehen.[13]

b) WTO-Recht als Rechtmäßigkeitsmaßstab?

Obschon somit völkerrechtliche Verträge der EG und damit auch das WTO-Recht höherrangige Normen sind, liegt eine Rechtsverletzung, also eine Verletzung dieser Normen durch Sekundärrecht nur vor, wenn die höherrangige Norm Prüfungsmaßstab für die Beurteilung der Rechtmäßigkeit des Sekundärrechts ist. Mit der Rangeinordnung ist keine Aussage über die Art der Rechtswirkung des völkerrechtlichen Vertrags in der Gemeinschaftsrechtsordnung getroffen. Die Bindung der Organe bedeutet nicht, dass dieser völkerrechtliche Vertrag Maßstab für

---

9 Das ÜWTO und seine Anhänge sind ein sog. gemischtes Abkommen, da die EG-Kompetenzen nicht alle Bereiche des WTO-Rechts abdecken. Dazu näher *Weiß/Herrmann*, Welthandelsrecht, Rn. 120 ff.

10 Der EuGH spricht von integrierenden Bestandteilen, Rs. 181/73, Slg. 1974, 449, Rn. 2 ff – Haegeman.

11 *Weiß*, in A. Ott/K. Inglis (Eds.), Handbook on European Enlargement, S. 201 f.

12 Vgl. EuGH, Rs. 104/81, Slg. 1982, 3641, Rn. 11 – Kupferberg.

13 EuGH, Rs. C-61/94, Slg. 1996, I-3989, Rn. 52 – Kommission/Deutschland. Aus der Literatur vgl. nur *Mögele* in: Streinz (Hrsg.), EUV/EGV, Art. 300, Rn. 82; *Schmalenbach* in: Calliess/Ruffert, EUV/EGV, Art. 300, Rn. 77.

die gemeinschaftsrechtliche Beurteilung der Rechtmäßigkeit des Sekundärrechts ist. Der EuGH kann bei der Prüfung der Rechtmäßigkeit von Sekundärrecht nur dann auf völkerrechtliche Verträge abstellen, wenn die völkerrechtlichen Verträge von den EG-Organen unmittelbar anzuwenden, d. h. auch vom EuGH bei der Klärung einer gemeinschaftsrechtlichen Rechtsfrage heranzuziehen sind. Diese rechtliche Wirkung eines völkerrechtlichen Vertrags geht über die bloße Geltung und Bindung hinaus[14] weil dann der völkerrechtliche Vertrag zusätzlich zur Folge hat, dass entgegenstehendes Sekundärrecht vom EuGH für rechtswidrig und nichtig zu erklären ist.

Rechtmäßigkeitsmaßstab für die Beurteilung des Sekundärrechts durch den EuGH ist ein völkerrechtliches Abkommen somit nur, soweit es für den EuGH unmittelbar anwendbar ist.[15] Art. 300 Abs. 7 EGV ordnet jedoch nicht die unmittelbare Anwendbarkeit der völkerrechtlichen Abkommen an, sondern nur ihre Geltung. Die für die Amtshaftung nötige Verletzung einer höherrangigen Norm ergibt sich somit nicht schon aus der Verletzung von nach Art. 300 Abs. 7 EGV gemeinschaftsrechtlich inkorporiertem WTO-Recht, sondern erfordert zusätzlich unmittelbare Anwendbarkeit des WTO-Rechts.

c) unmittelbare Anwendbarkeit des WTO-Rechts?

Gemäß Völkerrecht können die Vertragsparteien vereinbaren, welche Wirkungen die Bestimmungen eines völkerrechtlichen Vertrags in der internen Rechtsordnung der Vertragsparteien haben sollen. Ist die interne Wirkung im Abkommen weder explizit noch implizit geregelt, bestimmt jede Partei autonom, welche Wirkung das Abkommen in seiner internen Rechtsordnung erhält.[16] Zu prüfen ist, ob das WTO-Recht ausdrücklich oder infolge einer sinn- und zweckgerechten Auslegung (Art. 31 WVRK II)[17] seine unmittelbare Anwendbarkeit in der internen Rechtsordnung der Mitgliedstaaten festlegt.

Eine explizite Regelung findet sich nicht.[18] Art. XVI:4 ÜWTO über die Verpflichtung der Parteien, ihre interne Rechtsordnung WTO-konform zu gestalten, trifft keine Aussage zur unmittelbaren Anwendbarkeit des WTO-Rechts. Umgekehrt ist die Betonung der Verpflichtung in Art. XVI:4 ÜWTO, die nationale Rechtslage dem WTO-Recht anzupassen, eher ein Hinweis dafür, dass das WTO-Recht keine

---

14 Rechtsfolge einer bloßen Bindung ohne unmittelbare Anwendbarkeit ist etwa die völkerrechtskonforme Auslegung des Gemeinschaftsrechts, dazu *Krück*, in: Schwarze (Hrsg.), EU-Kommentar, Art. 281, Rn. 20. S. auch EuGH, Rs. C-61/94, Slg. 1996, I-3989, Rn. 52 – Kommission/Deutschland.

15 Zuletzt EuGH, Rs. C-93/02 P, 30. 9. 2003, EuZW 2003, 758 Rn. 52 – Biret. Anders nur EuGH, Slg. 2001, I-7079, Rn. 53 f bezüglich des Übereinkommens über die biologische Vielfalt. A. A. auch A. Epiney, EuZW 1999, 5 (11); *Schroeder/Selmayr*, JZ 1998, 341 (345).

16 Vgl. EuGH, Rs. C-149/96, Slg. 1999, I-8425, Rn. 34 – Portugal/Rat.

17 Wiener Konvention über das Recht der Verträge zwischen Staaten und internationalen Organisationen oder zwischen internationalen Organisationen von 1986. Diese ist nicht in Kraft. Diese Regeln geben aber weitgehend Gewohnheitsrecht wieder und können insoweit herangezogen werden.

18 Die EG hat die unmittelbare Anwendbarkeit der GATS-Verpflichtungen ausdrücklich ausgeschlossen, vgl. *Eeckhout*, CMLRev. 1997, 11 (34).

unmittelbare Wirkung in der internen Rechtsordnung der Parteien in Anspruch nimmt, weil es dieser Norm sonst nicht bedürfte.

Die Auslegung des WTO-Rechts ergibt, dass die Parteien keine unmittelbare Anwendbarkeit des WTO-Rechts wollten. Nach allgemeinen Kriterien, denen grundsätzlich[19] auch der EuGH folgt, sind Bestimmungen eines völkerrechtlichen Vertrags dann unmittelbar anwendbar, wenn sie hinreichend bestimmt und unbedingt sind, wofür neben dem Wortlaut auch Sinn und Zweck, Systematik und Zusammenhang des Abkommens zu beachten sind.[20] Die Regeln müssen eine klare und eindeutige Verpflichtung enthalten, deren Erfüllung oder deren Wirkung nicht vom Erlass weiterer Akte abhängen.[21] Viele Regeln des WTO-Recht weisen eine recht klare inhaltliche Bestimmtheit auf. Jedoch fehlt den Regeln des WTO-Rechts die Unbedingtheit. Ihre Wirkung in der internen Rechtsordnung soll sich nicht unmittelbar kraft Geltung des Vertrags einstellen, sondern erst durch einschlägige Umsetzungsmaßnahmen der einzelnen WTO-Mitglieder. Dies ergibt sich aus den Bestimmungen des Dispute Settlement Understanding (DSU) über die Streitbeilegung:

Streitigkeiten zwischen WTO-Mitgliedern sind nach den Bestimmungen des DSU beizulegen. Danach beurteilt ein Panel die WTO-Widrigkeit nationaler Maßnahmen. Die Entscheidung des Panels oder gegebenenfalls des Berufungsgremiums (Appellate Body) wird dann vom Streitbeilegungsgremium DSB angenommen. Dadurch wird sie für die Streitparteien bindend. Die Entscheidung des DSB stellt somit eine WTO-Rechtsverletzung verbindlich fest.

Die Regelungen des DSU über die Befolgung verbindlicher DSB-Entscheidungen belegen jedoch, dass sie nicht unbedingt sind, sondern wiederum von Umsetzungsmaßnahmen der Mitglieder abhängen. Zunächst gebietet selbst die verbindliche Feststellung einer WTO-Verletzung nicht sogleich ihre Beseitigung. Denn dem unterlegenen WTO-Mitglied wird eine angemessene Frist für die Umsetzung des DSB-Entscheids gewährt, vgl. Art. 21:3 (a), (b) DSU. Diese beträgt angelehnt an die Regelung in Art. 21:3 (c) DSU in der Regel 15 Monate. Das Mitglied hat trotz verbindlicher Feststellung der Verletzung seiner WTO-Verpflichtungen noch erheblichen Zeitraum für die Beseitigung des Rechtsbruches. Das belegt, dass selbst verbindliche DSB-Entscheidungen nicht unmittelbar anwendbar sind, und erst recht, dass auch die verletzten WTO-Bestimmungen keine unmittelbare Anwendbarkeit genießen. Auch nach Ablauf der Umsetzungsfrist für die Befolgung der DSB-Entscheidung ist das WTO-Recht nicht unmittelbar anwendbar. Denn selbst zum Ablauf bzw. nach Ablauf der Frist kann die obsiegende Streitpartei nur Kompensationsverhandlungen verlangen oder die Aussetzung von Zugeständnissen, also die Verhängung von Strafzöllen, anstreben, wenn die Rechtsverletzung fortbesteht. An die fortgesetzte Nichtbefolgung knüpft das DSU somit nur die Konsequenz der Kompensation oder der Aussetzung von Zugeständnissen; eine unbedingte Befolgung ist damit – anders als bei anderen Streitbeilegungssystemen, für

---

19 Dass der EuGH völkerrechtliche Kriterien anlegt, wird in Rs. 104/81, Slg. 1982, 3641, Rn. 17 f – Kupferberg deutlich. Für – geringfügige – Differenzierungen s. *Krück*, in: Schwarze (Hrsg.), EU-Kommentar, Art. 281, Rn. 29.
20 EuGH, verb. Rs. C-300/98 und C-392/98, Slg. 2000, I-11307, Rn. 42 – Dior u. a.
21 EuGH, Rs. 12/96, Slg. 1987, 3719, Rn. 14 – Demirel.

deren Entscheidungen der EuGH eine unmittelbare Bindung annahm[22] – nicht verbindlich vorgegeben.[23] Denn die Sanktionsmittel wären unnötig, würde dem WTO-Recht bzw der DSB-Entscheidung schon unmittelbar kraft Fristablaufs eine unmittelbare Anwendbarkeit zukommen. Die Sanktionen sind nur vorübergehende Druckmittel (ohne dass allerdings das DSU einen endgültigen Endtermin angibt), die das unterlegene WTO-Mitglied zur beschleunigten Umsetzung der DSB-Entscheidung motivieren sollen, und befreien nicht von der Verpflichtung zur Bereinigung des WTO-Verstoßes (Art. 22:1, 2 DSU). Doch belegen diese Regelungen des DSU, dass eine unmittelbare Wirkung des WTO-Rechts auch nach Ablauf der Umsetzungsfrist von den Parteien nicht gewollt war. Hinzu kommt, dass die Streitparteien jederzeit durch eine gütliche Einigung das Streitbeilegungsverfahren beenden können (vgl. Art. 3:7 Satz 3 und 4, der die Rücknahme der als unvereinbar festgestellten Maßnahme nur als den gewöhnlichen Fall ansieht, und 22:8 3. Alt. DSU);[24] solche Möglichkeiten zur flexiblen Lösungsfindung auf diplomatischem Wege würden der EG verbaut, wäre das WTO-Recht unmittelbar anwendbar.

Das DSU gewährt somit in seinem Art. 22 zeitliche und inhaltliche Flexibilität in der Umsetzung von DSB-Entscheidungen und ermöglicht auf dem Verhandlungsweg Lösungen zu erreichen.[25] Es gebietet daher keine Durchgriffswirkung der DSB Entscheidung in die interne Rechtsordnung hinein. Diese völkerrechtliche Bedingtheit und Abhängigkeit der Umsetzung des WTO-Rechts durch nationale Maßnahmen muss auch der EuGH für seine Beurteilung der gemeinschaftsinternen Wirkung von DSB-Entscheidungen aus Gründen der Gewaltenteilung und des institutionellen Gleichgewichts beachten.[26] Der EuGH kann daher auch nicht gemeinschaftsautonom nur für innergemeinschaftliche Zwecke die unmittelbare Anwendung des WTO-Rechts anordnen.[27]

Ergebnis: Das WTO-Recht und auch DSB-Entscheidungen sind nicht unmittelbar anwendbar ist und daher kein Prüfungsmaßstab für die Rechtmäßigkeit von Sekundärrecht wie der VO 21/1999. Das gilt auch nachdem die Frist zu ihrer Umsetzung abgelaufen ist.

---

22 EuGH, Gutachten 1/91, Slg. 1991, I-6079, Rn. 39 – EWR I.
23 Vgl. auch *Pitschas* in seiner Anmerkung, EuZW 2003, 762. A. A. zur unmittelbaren Anwendbarkeit von DSB-Entscheidungen *Griller*, Enforcement and Implementation of WTO Law in the EU, in *Breuss/Griller/Vranes* (Hrsg.), The Banana Dispute, 2003, 277 f; *Weber/Moos*, EuZW 1999, 229 (231 ff); *Zonnekeyn* JWT 2000, 93 (101 f).
24 Das gilt auch noch nach Ablauf der Umsetzungsfrist, vgl. etwa die einvernehmliche Lösung des Bananenstreits zwischen der EG und den USA bzw. Ecuador, WT/DS27/58; a. A. GA Alber, Schlussanträge in Rs. C-93/02 P – Biret, Tz. 75 unter unrichtiger Berufung auf Art. 5:5 DSU.
25 So erkannt vom EuGH, Rs. C-149/96, Slg. 1999, I-8425, Rn. 40 – Portugal/Rat. Vgl. auch *Cottier* in: Festschrift *Ehlermann*, 2002, 99 (111).
26 Zur Bedeutung des institutionellen Gleichgewichts in diesem Kontext *Snyder*, CMLRev 2003, 313 (331 f). Das gilt umso mehr, als der Rat im Beschluss 94/800, ABl.EG 1994, Nr. L 336/1, mit dem er dem WTO-Recht zustimmte, seine Auffassung über die Ablehnung einer unmittelbaren Wirkung deutlich machte.
27 Allerdings hat der EuGH, Rs. C-93/02 P, EuZW 1993, 758 – Biret, sehr vage die Möglichkeit angedeutet, nach Ablauf der Umsetzungsfrist für eine verbindliche DSB-Entscheidung die unmittelbare Anwendbarkeit anzunehmen.

d) Ausnahme: Unmittelbare Anwendbarkeit kraft sekundärrechtlicher Transformation

Der EuGH anerkennt zwei Situationen, in denen dem WTO-Recht ausnahmsweise doch unmittelbare Anwendbarkeit zukommt. Das WTO-Recht ist dann unmittelbar anwendbar, wenn das Sekundärrecht im Normtext ausdrücklich auf spezielle Bestimmungen der WTO Übereinkünfte verweist oder wenn es bestimmte Verpflichtungen aus dem WTO-Recht umsetzen soll. In beiden Fällen dient dann das einschlägige WTO-Recht als Rechtmäßigkeitsmaßstab für die Beurteilung des Sekundärrechts.[28] Denn der EG-Sekundärrechtsgesetzgeber nimmt die unmittelbare Anwendung des einschlägigen WTO-Rechts dann in seinen Gesetzgebungswillen auf. Die unmittelbare Anwendbarkeit des einschlägigen WTO-Rechts ergibt sich somit aus der speziellen sekundärrechtlichen Transformation der völkerrechtlichen Pflichten. Da diese sekundärrechtliche Transformation im Lichte der Rangeinordnung durch Art. 300 Abs. 7 EGV als höherrangig auszulegen ist, ergibt sich daraus die unmittelbare Anwendbarkeit als höherrangiges Recht. Somit muss für den jeweiligen Sekundärrechtsakt, auf dessen Rechtswidrigkeit die Schadenersatzklage gestützt wird, nachgewiesen werden, dass er sich auf WTO-Recht bezieht oder erlassen wurde, um WTO-Verpflichtungen umzusetzen. Für die vorliegend zu betrachtende VO 21/1999 gibt es indes keinen Hinweis, dass sie sich auf WTO-Recht bezieht oder erlassen wurde, um es umzusetzen. Eine Verweisung im Normtext oder eine Bezugnahme in den Begründungserwägungen der Verordnung auf das WTO-Recht bzw. eine DSB-Entscheidung liegt mangels Angabe im Sachverhalt nicht vor. Daher ist hier die Frage, welche Voraussetzungen für solche Verweisung oder Umsetzung vorliegen müssen,[29] nicht weiter zu vertiefen.[30]

Besondere Bedeutung könnte die Transformationsausnahme aber erhalten, wenn eine verbindliche DSB-Entscheidung vorliegt. Dann könnte man alle nachfolgenden Maßnahmen der EG so verstehen, dass sie dem Ziel dienen, die aus der DSB-Entscheidung folgenden Verpflichtungen zu befolgen, so dass eine spezielle Transformation vorläge. Die EG würde dann für unzureichende oder fehlerhafte Befolgung der DSB-Entscheidung haften ab Ablauf der Umsetzungsfrist nach Art. 21:3 DSU. Die Schwäche dieser Konstruktion ist, dass sie mit der pauschalen Unterstellung arbeitet, wonach jede nachfolgend von der EG in diesem Bereich getroffene Maßnahme als Umsetzung der DSB-Entscheidung anzusehen sei. Denn die EG hat – wie gesehen –bei der Entscheidung, wann und wie sie WTO-widriges Sekundärrecht korrigiert, einen weiten Spielraum. Daher hilft auch diese Auffassung nicht weiter.

---

28 Vgl. auch Rs. C-149/96, Slg. 1999, II-8425, Rn. 49 – Portugal/Rat; EuG, Rs. T-18/99, Slg. 2001, II-913, Rn. 58 – Cordis; zuletzt verb. Rs. T-64/01 und T-65/01, Urteil vom 10. 2. 2004, Rn. 139 – Afrikanische Frucht Compagnie u. a.

29 S. auch *Berrisch/Kamann*, EWS 2000, 89 (95 f).

30 Die Formulierung des EuGH in den letzten Jahren verlangt einen Bezug auf spezielle WTO-Verpflichtungen, während es früher um pauschale Bezugnahmen auf völkerrechtliche Verpflichtungen der EG ging (EuGH, Rs. 70/87, Slg. 1989, 1781, Rn. 19–22 – Fediol und EuGH, Rs. C-69/89, Slg. 1991, I-2069, Rn. 30 f – Nakajima).

e) Ergebnis

Die Verletzung von WTO-Recht durch die VO 21/1999 ist keine Rechtsverletzung, die die Amtshaftung der EG auslöst. Das gilt auch trotz der verbindlichen Feststellung der WTO-Rechtsverletzung durch den DSB und selbst nach Ablauf einer dafür vorgesehenen Umsetzungsfrist.

Gesamtergebnis: Die Schadensersatzklage unter dem Aspekt der Haftung für rechtswidriges Verhalten ist damit mangels Rechtsverletzung unbegründet; die VO 21/1999 ist innergemeinschaftlich als rechtmäßig zu betrachten. Damit bleibt noch die Frage nach der Haftung für rechtmäßiges Verhalten zu prüfen (dazu unten II.) Folgt man hingegen der anderen Auffassung, wonach WTO-Recht zumindest dann, wenn eine DSB-Entscheidung vorliegt und die Frist für ihre Umsetzung abgelaufen ist, unmittelbar anwendbar und Prüfungsmaßstab für die Beurteilung der Rechtswidrigkeit der VO 21/1999 ist, so läge eine Rechtsverletzung vor.

[[Im weiteren wird damit **hilfsgutachtlich** das Vorliegen der weiteren Anspruchsvoraussetzungen geprüft.

3. Schutzcharakter der Norm

Für die Amtshaftungsklage ist nach der Feststellung der Verletzung einer höherrangigen Norm die Feststellung erforderlich, dass die verletzte Norm dem Schutz des einzelnen dient.[31] In manchen Urteilen findet sich die Formulierung, dass die verletzte Norm dem einzelnen Rechte gewähren muss.[32] Letztere Voraussetzung ist enger, denn begrifflich lässt sich beides auseinander halten. Eine Norm kann objektiv Interessen des einzelnen schützen, ohne ihm sogleich diesbezügliche Rechte zu gewähren. Im Rahmen der Schadenersatzklage dürfte die weniger weitreichende Feststellung genügen, wonach die als verletzt gerügte Norm Individualinteressen schützen muss. Der EuGH handhabt die Frage der Schutzwirkung der verletzten Norm recht großzügig.[33] Danach liegt eine Schutznorm schon dann vor, wenn sie in erster Linie Interessen allgemeiner Art und nur mittelbar auch die individuellen Interessen mitschützt.[34]

Zwar hat der EuGH wiederholt festgestellt, dass die Normen des WTO-Rechts dem einzelnen keine Rechte gewähren.[35] Das ist Folge der Ablehnung der unmittelbaren Anwendbarkeit des WTO-Rechts. Vorliegend wird im Rahmen des Hilfsgutachtens die unmittelbare Anwendbarkeit des WTO-Rechts infolge der DSB-Entscheidung indes unterstellt. Außerdem bedeutet die Ablehnung der unmittelbaren Anwendbarkeit nicht zwingend, dass diese Normen nicht doch Individua-

---

31 So EuGH, Rs. 5/71, Slg. 1971, 975, Rn. 11 – Schöppenstedt; verb. Rs. C-104/89 und C-37/90, Slg. 1992, I-3061, Rn. 12 – Mulder u. a.

32 EuGH, Rs. C-352/98 P, Slg. 2000, I-5291, Rn. 42 – Bergaderm; EuG, Rs. T-18/99, Slg. 2001, II-, Rn. 45 – Cordis ; 10. 2. 2004, verb. T-64/01 und T-65/01, Rn. 71 – Afrikanische Frucht Compagnie u. a.

33 *Ruffert*, in: Calliess/Ruffert (Hrsg.), EUV/EGV, Art. 288, Rn. 13.

34 *von Bogdandy*, in: Grabitz/Hilf, EU Kommentar, Art. 288, Rn. 69; *Gellermann*, in: Streinz (Hrsg.), EUV/EGV, Art. 288, Rn. 20.

35 Vgl. EuGH, Rs. C-307/99, Slg. 2001, I-3159, Rn. 25 – OGT Fruchthandelsgesellschaft; EuG, Rs. T-18/99, Slg. 2001, II- Rn. 46 – Cordis.

linteressen dienen wollten. Entscheidend ist, ob das WTO-Recht den Interessen einzelner dient. Das ist zu bejahen. Zwar ist das WTO-Recht vorrangig eine objektive Regelung des grenzüberschreitenden Handelsverkehrs und beschneidet die staatliche Regelungsautonomie. Da die von fortschreitenden Liberalisierungen des grenzüberschreitenden Wirtschaftsverkehrs mittelbar Begünstigen aber die Wirtschaftssubjekte, also die Handeltreibenden sind, schützt das WTO-Recht im Reflex deren Interessen an offenen Märkten.[36]

Damit ist die Schutzrichtung des WTO-Rechts kein Hindernis, an dem eine Schadensersatzklage wegen der Verletzung von WTO-Recht scheitern würde.

4. Hinreichend qualifizierte Rechtsverletzung

Die Rechtsverletzung muss hinreichend qualifiziert sein. Nicht jede Rechtsverletzung soll die Haftung auslösen, sondern nur ein gravierender Rechtsverstoß. Denn die Willensbildung der Rechtsetzungsorgane soll nicht zu sehr behindert werden.[37] Diese müssen unterschiedliche Interessen miteinander in Einklang bringen. Daher soll nicht schon jede Rechtswidrigkeit, etwa eine formelle, die Haftung der EG auslösen können. Eine hinreichend qualifizierte Rechtsverletzung ist bei Sachverhalten, in denen den EG-Organen ein Einschätzungsspielraum zukommt, gegeben, wenn die Organe die Grenzen ihrer Befugnisse offenkundig und erheblich überschritten haben. Dabei geht es um die Beurteilung der Schwere der Verletzungshandlung und des Schadens. Kriterien dafür sind die besondere Bedeutung der verletzten Schutznorm, die (Un)Entschuldbarkeit der Normverletzung, die Begrenztheit der betroffenen Gruppe von Geschädigten und der Eintritt eines Schadens, der über das wirtschaftliche Risiko einer geschäftlichen Betätigung hinausgeht. Ferner finden die weiteren Gesichtspunkte Anwendung, die für eine Haftung der Mitgliedstaaten für die Verletzung von EG-Recht gelten,[38] also die Frage nach dem Maß an Genauigkeit und Klarheit der verletzten Norm, den Umfang des Ermessensspielraums und die Vorsätzlichkeit.[39] Ob diese nicht kumulativen, sondern im Rahmen einer Gesamtbetrachtung zu würdigenden Kriterien vorliegen können, ist Frage des Einzelfalls und kann hier mangels weiterer Angaben im Sachverhalt nicht pauschal bejaht oder verneint werden.

Grundsätzlich ist aber zu differenzieren zwischen einer bloßen postulierten Verletzung des WTO-Rechts und der Situation, in der bereits eine verbindliche Feststellung einer WTO-Verletzung durch den DSB vorliegt. Denn die Verletzung des WTO-Rechts ist aufgrund der Weite mancher Tatbestandsmerkmale und der häufigen Ausnahmebestimmungen im WTO-Recht nicht immer leicht zu beurteilen. Eine offenkundige Verletzung des WTO-Rechts vor einer verbindlichen Feststellung durch den DSB ist daher die klare Ausnahme.

---

36 Panel, WT/DS152/R, Rn. 7.72, 7.76–7.78 – US Sections 301–310 of the Trade Act of 1974. Dazu näher *Weiß/Herrmann*, Welthandelsrecht, Rn. 248.
37 *Ruffert* in: Calliess/Ruffert (Hrsg.), EUV/EGV, Art. 288, Rn. 11 mwN.
38 Zum grundsätzlichen Gleichlauf der Anspruchsvoraussetzungen s. EuGH, Rs. C-352/98 P, Slg. 2000, I-5291, Rn. 41 – Bergaderm und Goupil. S. auch *Berg* in: Schwarze (Hrsg.), EU-Kommentar, Art. 288, Rn. 50.
39 Vgl. EuGH, verb. Rs. C-46/93 und 48/93, Slg. 1996, I-1029, Rn. 56 – Brasserie du Pecheur.

Anders ist es hingegen, wenn –wie vorliegend – eine DSB-Entscheidung besteht und die EG Sekundärrecht verabschiedet, um diese umzusetzen, oder aber deren Umsetzung unterlässt. In diesem Fall kann die Frage, ob eine offenkundige und erhebliche Verletzung gegeben ist, wenn die Umsetzung der DSB-Entscheidung unzureichend blieb oder wie hier gar nicht erst erfolgte, unter Übertragung der Grundsätze beurteilt werden, wie sie für die Haftung der Mitgliedstaaten für fehlerhafte Umsetzung von Richtlinien in der Rechtsprechung des EuGH entwickelt worden sind. Da das DSU einen Umsetzungszeitraum vorsieht, greift eine Haftung der EG frühestens nach Ablauf der vom DSB gesetzten angemessenen Umsetzungsfrist ein. Bleibt das neu gesetzte Sekundärrecht dann hinter dem vom DSB Geforderten zurück, besteht grundsätzlich eine offenkundige und erhebliche Rechtsverletzung.

Geht man somit – wie im Rahmen des Hilfsgutachtens – davon aus, dass das WTO Recht unmittelbar anwendbar ist, sofern die Umsetzungsfrist für die Umsetzung einer DSB-Entscheidung abgelaufen ist, und dass daher eine Rechtsverletzung ab diesem Zeitpunkt besteht, dann ist das weitere völlige Untätigbleiben der EG-Organe eine offenkundige und erhebliche Rechtsverletzung. Vorliegend war die EG untätig geblieben.

5. Kausalität und Schaden

Ein Amtshaftungsanspruch gegen die EG ist schließlich nur gegeben, wenn die Rechtsverletzung kausal für den Schaden ist. Ein Schaden ist bei der Fa. Bonnenuit eingetreten durch den Absatzrückgang ihrer Produkte. Dies wurde ausgelöst durch die Strafzölle der USA, die eine Reaktion auf die Verordnung 21/1999 darstellten. Die Verordnung 21/1999 blieb trotz ihrer verbindlich festgestellten Unvereinbarkeit mit dem WTO-Recht infolge der Untätigkeit der EG unverändert. Dies führte zur WTO-konformen Verhängung von Sanktionen durch die USA, die damit der EG zugerechnet werden könnten.

Problematisch erscheint jedoch die Kausalität zwischen Rechtsverletzung und Schaden, weil der Schaden nicht die direkte Folge der WTO-Rechtsverletzung durch die EG selbst ist, sondern eine Konsequenz der Sanktionsmaßnahmen der USA infolge der unterbliebenen Befolgung der DSB-Entscheidung darstellt.

Die Fa. Bonnenuit gehört nicht direkt zu den von einer Verletzung des WTO-Rechts Betroffenen, die in dem Markt tätig sind, der Gegenstand der WTO-Verletzung ist und deren Marktchancen durch die WTO-Verletzung eingeschränkt werden (die in der EU ansässigen Importeure[40] von US-Rindfleisch). Für deren Schäden bereit die Bejahung der Kausalität keine Bedenken, da sie unmittelbar auf die Verordnung zurückgehen. Die Bonnenuit wurde erst infolge von Sanktionen als Reaktion auf die WTO-Verletzung berührt. Sie ist ein unbeteiligtes Opfer des transatlantischen Handelsstreits. Ihre Einbußen entstehen erst indirekt über den Weg

---

40 Daneben sind direkt betroffen auch die nicht in der EG ansässigen Wirtschaftspartner aus von der WTO-Verletzung betroffenen anderen WTO-Mitgliedern. Der EuGH gewährt auch diesen Unternehmen die Klagebefugnis, vgl. *Berg* in: Schwarze (Hrsg.), EU-Kommentar, Art. 288, Rn. 13; *Middeke* in: Rengeling/Middeke/Gellermann, Handbuch des Rechtsschutzes in der EU, 2003, S. 184.

von Gegenmaßnahmen. Unmittelbar kausal für ihre Schäden sind daher die USA. Deren Verhaltensweisen könnte man mit dem Argument, dass sie eine im DSU vorgesehene Folge für die Nichtbefolgung von DSB-Entscheidungen sind, der EG zurechnen, zumal die Sanktionen WTO konform sind und daher vorhersehbar waren.

Dagegen spricht aber, dass dann eine Haftung der EG auch für die Opfer der Handelskriege entstünde, so dass die Wirksamkeit der Sanktionen des Handelspartners beeinträchtigt wäre. Denn Strafzölle sollen die Wettbewerbsbedingungen für die Unternehmen der EG verschlechtern. Durch ihre Schadensersatzzahlungen an die indirekt Betroffenen würde die EG diese Verschlechterung zumindest teilweise unterlaufen, weil die betroffenen Unternehmen für ihre Einbußen entschädigt würden und dadurch zu Gegenmaßnahmen befähig werden, etwa in dem sie durch Preissenkungen die Strafzölle zumindest teilweise ausgleichen könnten. Daher erscheint die Zuerkennung eines Schadensersatzanspruchs eher geeignet zu sein, einen weiteren WTO-Verstoß zu begründen. Die WTO-konforme Auslegung des Amtshaftungsrechts der EG gebietet daher eine entsprechende einschränkende Auslegung des Haftungsrechts nach Art. 288 II EGV.[41]

6. Ergebnis: Selbst wenn man wie im Rahmen des Hilfsgutachtens eine Rechtsverletzung durch die Nichtbefolgung der DSB-Entscheidung annimmt, ist eine Haftung der EG für die Schäden von durch den WTO-Verstoß nur mittelbar, nämlich infolge von WTO-konformen Sanktionen der USA betroffenen Unternehmen nicht gegeben. Der Fa. Bonnenuit als Opfer einer Sanktion des Handelspartners USA stehen keine Ansprüche zu (a. A. vertretbar).

Ende des Hilfsgutachtens]]

II. Haftung für rechtmäßiges Verhalten nach Art. 288 II EGV?

Da der Wortlaut von Art. 288 II EGV nicht fordert, dass die Amtshandlung, die die Haftung auslöst, rechtswidrig ist, ist grundsätzlich auch eine Haftung für rechtmäßiges Verhalten der EG denkbar. Das ist vorliegenden von besonderer Bedeutung, weil eine Haftung der EG für die Verletzung des WTO-Rechts an der fehlenden Rechtsverletzung scheitert (s. oben I. 2.). Diese Lücke könnte man durch Bejahung einer Haftung für rechtmäßiges Verhalten schließen.

1. Haftung für rechtmäßiges Verhalten als allgemeiner Rechtsgrundsatz

Art. 288 Abs. 2 EGV gibt die Haftung der EG nach den allgemeinen, den Mitgliedstaaten gemeinsamen Grundsätzen vor. Daher könnte eine Rechtmäßigkeitshaftung schon deshalb ausscheiden, weil kein dahingehender allgemeiner Grundsatz in den Mitgliedstaaten besteht.[42] In der Tat lässt sich schwerlich nachweisen, dass die Idee einer Haftung für rechtmäßiges Verhalten, das in besonders ungewöhn-

---

41 Dagegen könnte man einwenden, dass die Bejahung einer Amtshaftung der EG für die Verletzung des WTO-Rechts dessen Beachtung erhöht, vgl. *Thies*, CMLRev. 2004, 1661. Indes sieht das WTO-Recht Druck auf die EG nur über völkerrechtliche Instrumente, nicht über interne Schadenersatzansprüche vor.

42 Vgl. *Ruffert* in: Calliess/Ruffert (Hrsg.), EUV/EGV, Art. 288, Rn. 18.

lichen Situationen zu Beeinträchtigungen einzelner führt, allgemein bei den Mitgliedstaaten zu finden ist. Das ist aber auch nicht nötig. Das Feststellen eines allgemeinen Rechtsgrundsatzes des EG-Rechts setzt nicht voraus, dass eine Norm in *allen* oder auch nur in der Mehrheit der mitgliedstaatlichen Rechtsordnungen gefunden wird. Vielmehr genügt, dass in zumindest *einem* Mitgliedstaat ein Rechtsgedanke zu finden ist, der als Ausdruck einer Gerechtigkeitsidee verstanden werden kann, die auch für das Gemeinschaftsrecht Anwendung finden soll. Dass eine bestimmte normative Aussage nur Ausnahmecharakter hat im Vergleich der Rechtsordnungen der Mitgliedstaaten untereinander, war für den EuGH bei der Erkenntnis gemeinschaftsrechtlicher Rechtsgrundsätze nie erheblich, und musste dies auch nicht sein, da es bei der Erkenntnis gemeinschaftsrechtlicher Rechtsgrundsätze um die spezifischen Ziele und Strukturen des Gemeinschaftsrechts geht. Schließlich müsste sich, wollte man auf die Mehrheit oder Einheit aller Mitgliedstaaten abstellen, mit jeder EU-Erweiterung der Bestand an Rechtsgrundsätzen verändern, was bereits mit der Übernahme und Fortführung des acquis communautaire nicht vereinbar wäre. In den letzten Jahren hat der EuGH auch immer wieder angedeutet, wenn auch im Ergebnis immer offen lassend, dass eine Haftung für rechtmäßiges Verhalten im EG-Recht vorstellbar ist. Dem ist grundsätzlich zuzustimmen, da sich eine solche Haftung in Struktur und Ziele der EG einfügt. Die EG ist in besonderer Weise damit betraut, für den grenzüberschreitenden Wirtschaftsverkehr Regelungen zu erlassen. Für den Außenwirtschaftsverkehr hat sie weitgehende Kompetenzen, in der Gemeinsamen Außenhandelspolitik nach Art. 133 EGV gar ausschließliche Kompetenzen. Bei der Regelung wirtschaftspolitischer Sachverhalte bestehen oft erhebliche Entscheidungs- und Einschätzungsspielräume in der gesetzgeberischen Ausgestaltung, die den Einbezug und Ausgleich verschiedenster Interessen erfordert. Die daher gebotenen komplexen Regelungen können unter Umständen die besondere Situation einzelner Wirtschaftsteilnehmer nicht berücksichtigen, ohne dass dies schon rechtswidrig sein muss.[43]

2. Voraussetzungen eines Haftungsanspruchs

Bei der Formulierung der einzelnen Voraussetzungen für einen Anspruch aus Haftung für rechtmäßiges Verhalten ist systematisch darauf zu achten, dass die Haftung für rechtmäßiges Verhalten nicht weiter geht als die für rechtswidriges Verhalten. Bei der Haftung für rechtswidriges Handeln begründet nicht jedes legislative Unrecht, sondern nur ein hinreichend qualifizierter Rechtsverstoß eine Haftung (s. oben I. 4.). Umso mehr muss die Haftung für rechtmäßiges Verhalten auf ganz spezielle Sonderlagen beschränkt sein.

Dem gemäß fordert die Rechtsprechung, wenn sie hilfsweise die Voraussetzungen für eine Haftung aus rechtmäßigem Verhalten anprüft, einen außergewöhnlichen und besonderen Schaden des Geschädigten.[44] Es muss sich um eine anormale, besondere Belastung handeln, die ihn im Vergleich zu anderen ungleich trifft und

---

43 S. auch *Thies*, CMLRev. 2004, 1661.
44 EuG, Rs. T-184/95, Slg. 1998, II-667, Rn. 59, 76 ff – Dorsch Consult; zustimmend EuGH, Rs. C-237/98 P, 15. 6. 2000, Rn. 53.

ihm daher ein besonderes, den übrigen nicht zugemutetes Opfer für die Allgemeinheit, abverlangt.[45]

Ein besonderer Schaden liegt vor bei einer unverhältnismäßigen Belastung, die nur ein Unternehmen oder eine begrenzte Gruppe von Wirtschaftsteilnehmern trifft.

Außergewöhnlich ist der Schaden, wenn er nicht vorsehsehbar war. Insbesondere Schäden infolge wirtschaftlicher Risiken, die der Betätigung innewohnen, sind nicht außergewöhnlich. Angesichts der Häufigkeit transatlantischer Handelsstreitigkeiten zwischen EG und USA dürften die Kriterien der Außergewöhnlichkeit und Besonderheit bei der Verletzung von WTO-Recht durch EG-Recht kaum einmal vorliegen, denn die Verletzungen und Gegenmaßnahmen beziehen sich in der Regel auf ganze Branchen und sind immer zu gewärtigen.

Außerdem sind bei den Überlegungen wiederum die unterschiedlichen Betroffenenkreise (s. oben), nämlich die direkt Betroffenen und die erst infolge von Gegenmaßnahmen, also durch die Handlung der EG nur mittelbar Betroffenen zu unterscheiden. Die Bonnenuit ist ein solches unbeteiligtes Opfer der transatlantischen Handelskriege.

Die reduzierten Marktchancen für die direkt Betroffenen, die aus einer unzureichenden Umsetzung und Befolgung des Welthandelsrechts resultieren, können eine Haftung nicht begründen. Anerkanntermaßen kann sich *kein* Unternehmen darauf verlassen, dass Marktchancen, die es infolge einer bestimmten Ausgestaltung des Außenwirtschaftsrechts hat, auch so bestehen bleiben. Änderungen der Rechtslage sind stets zu gewärtigen. Diese Überlegung gilt analog, wenn es um die unzureichende Marktöffnung geht, weil das volle Ausmaß der durch WTO Verpflichtungen erreichten Liberalisierung von der EG nicht gewährt wird. Der Schaden der direkt Betroffenen besteht in der Handhabung und Ausgestaltung des EG-Außenwirtschaftsrechts. Diesbezüglich gibt es keinen Vertrauensschutz für eine bestimmte Handhabung oder Rechtslage. Die Einbußen in der Geschäftstätigkeit der direkt Betroffenen erscheinen nicht als außergewöhnlich, sondern sind eine Folge des steten Wechsels ihrer Marktbedingungen.

Anders könnte es jedoch bei den unbeteiligten Opfern wie der Bonnenuit aussehen, die Verschlechterungen ihrer Wettbewerbslage erst dadurch erfahren, dass ein anderes WTO-Mitglied zu Sanktionen greift. Ihre Schäden resultieren aus einer Zurücknahme an sich schon erfolgter Liberalisierungsschritte im Welthandel. Zwar könnte man hier ein Sonderopfer der indirekt Betroffenen annehmen mit dem Argument, sie seien Betroffene eines Streits um Regelungen, die nicht ihre Wirtschaftstätigkeit beträfen (hier: Hormonbehandlung von Rindfleisch). Mit Fernwirkungen solcher Regelungen und Streitigkeiten auf ihre Wirtschaftstätigkeit müssten sie nicht rechnen. Daher träfen sie insoweit Änderungen der Rechtslage außergewöhnlich. Doch ist angesichts der Häufigkeit transatlantischer Dispute auch hier die Außergewöhnlichkeit des Schadens fraglich. Ferner sind es nicht spezielle Unternehmen oder Gruppen von Wirtschaftsteilnehmern, sondern stets gesamte Branchen, die in gleicher Weise unter den Fernwirkungen von WTO-

---

45 *Berg* in: Schwarze (Hrsg.), EU-Kommentar, Art. 288, Rn. 51.

Verletzungen in anderen Bereichen leiden müssen, so dass es auch an der Besonderheit des Schadens bei eventuellen Klägern fehlt.

Schließlich dürfte ein weiteres zentrales Gegenargument gegen eine Haftung der EG auch für die unbeteiligten Opfer der Handelskriege sein, dass die EG damit den Sanktionen des Handelspartners die Wirksamkeit nehmen würde (s. dazu bereits oben I.5.).

Ergebnis: Die Klage der Fa. Bonnenuit wird erfolglos bleiben, da ihr ein Anspruch auch aus dem Gesichtspunkt der Haftung für rechtmäßiges Amtshandeln nicht zusteht (a. A. vertretbar).

Fall 9: Das Strafgericht vor dem Internationalen Gerichtshof

Im Staate Bellum, einem Mitgliedstaat der Vereinten Nationen, ist vor wenigen Monaten ein sehr schnell eskalierter Bürgerkrieg zwischen verschiedenen ethnischen Gruppierungen um die Vorherrschaft im Staate ausgebrochen. Erste Machtzentren regionaler Truppenführer bilden sich. Die zentrale Staatsgewalt zeigt Auflösungserscheinungen, da die Zentralregierung das Land vor kurzem verlassen hat und die verbliebenen Verwaltungsstellen des Zentralstaates derzeit in weiten Teilen des Landes kaum mehr effektiv tätig werden können. Aus der Armee der Regierung Bellums haben sich einzelne Truppenteile verschiedenen Volksgruppen angeschlossen und kämpfen an deren Seite. Im Süden des Landes wird in der Provinz Rutanien unterdessen von dem Führer der aufständischen Truppen des Volkes der Gerba, Lojanov, mit einer Säuberungswelle begonnen. Er will den erst in den letzten Tagen nach langen Kämpfen gegen das verbliebene Militär Bellums und gegen das Volk der Sojano errungenen Landstrich »Sojano-frei« machen, um die eigene Machtbasis zu verbreiten und die von ihm gewünschte »rassische Reinheit« der dortigen Bevölkerung herzustellen. Dazu gibt er an seine Kämpfer die Anweisung, alle auffindbaren Personen aus dem ihm verhassten Volk der Sojano zu töten oder zu vertreiben. Durch die Gewalttaten der Truppen Lojanovs wird eine Fluchtwelle in den Staat Soja, das südliche Nachbarland von Bellum, ausgelöst. Die weit überwiegende Mehrheit der in diesem Staat lebenden Bürger gehören auch zu dem Volk der Sojano. Auf den Straßen der Hauptstadt von Soja fordern daraufhin viele Tausende von Menschen ein Eingreifen des Militärs Sojas gegen die Säuberungswelle im nördlichen Nachbarstaat.

Der Sicherheitsrat der Vereinten Nationen hatte sich bereits mit der sehr ernsten Situation in Bellum befasst und eine Resolution erlassen, in der die Bedrohung des Friedens und der Sicherheit in der Staatenregion um Bellum festgestellt und in der die Errichtung eines Internationalen Strafgerichts für Bellum in Den Haag vorgesehen wird, dessen Aufgabe es ist, Verbrechen gegen die Menschlichkeit, Völkermord und schwere Verletzungen der Genfer Rotkreuzabkommen als auch des Zusatzprotokolls I und II zu den Rotkreuzabkommen abzuurteilen, die in Bellum begangen werden. Dabei ist ein zweistufiger Instanzenzug innerhalb des Gerichtshofes vorgesehen. Der Generalsekretär der UNO wurde in der Resolution mit der Ausarbeitung eines Statuts für das Strafgericht betraut. Der Vorschlag des Generalsekretärs über das Statut des Strafgerichts wird nunmehr vom Sicherheitsrat in einer weiteren Resolution verabschiedet. Das Statut umschreibt die abzuurteilenden Tatbestände näher und sieht vor, dass Beschuldigte, gegen die das Strafgericht einen Haftbefehl erlässt, von den Staaten ausgeliefert werden müssen. Lojanov wird daraufhin vor dem Tribunal wegen des Verbrechens der ethnischen Säuberung angeklagt. Das Strafgericht erlässt einen Haftbefehl gegen ihn. Lojanov befindet sich einige Tage später auf dem Weg zu einem Besuch in das Nachbarland Peius, zu dem er vom Staatspräsidenten von Peius eingeladen worden war. Die Behörden des Staates Tartulia nehmen den Lojanov bei einer Zwischenlandung im Staat Tartulia fest und liefern ihn – trotz des sofort erfolgten Auslieferungsersuchens des Staates Bellum – an das Internationale Strafgericht aus.

Die Exilregierung von Bellum ruft dagegen den Internationalen Gerichtshof (IGH) an. Tartulia habe den Lojanov an Bellum ausliefern müssen. Schließlich bestehe ein Auslieferungsabkommen zwischen beiden Staaten, wonach Tartulia sich verpflichtet hat, Staatsangehörige von Bellum bei Vorliegen eines Auslieferungsersuchens an Bellum auszuliefern. Die Einrichtung des Internationalen Strafgerichts sei ein Verstoß gegen die staatliche Gerichtsbarkeit in Bellum. Der Sicherheitsrat habe seine Kompetenzen überschritten. Ferner verletze die rückwirkende Schaffung von Straftatbeständen im Statut des Strafgerichts die Rechtsstaatlichkeit. Lojanov könne nur nach dem Strafrecht von Bellum wegen Anstiftung zur Tötung bestraft werden. Hilfsweise wird vorgetragen, Lojanov genieße diplomatische Immunität wie ein Staatschef; Tartulia habe daher nicht ausliefern dürfen.

Tartulia wendet ein, der IGH sei gar nicht zuständig. Zwar sei im Jahre 1955 von Tartulia eine Unterwerfungserklärung unter die Gerichtsbarkeit des IGH abgegeben worden, die eine sechsmonatige Kündigungsfrist vorsah. Jedoch habe Tartulia vor vier Tagen eine Erklärung abgegeben, wonach die Unterwerfungserklärung nicht mehr gelte, sondern fristlos gekündigt werde. Außerdem habe im Jahre 1955 der Außenminister die Unterwerfungserklärung entgegen einem anderslautenden Kabinettsbeschluss abgegeben. Der Satzung der Vereinten Nationen sei auch nur mit der einfachen Mehrheit der Abstimmenden, nicht mit der Mitgliedermehrheit im Parlament zugestimmt worden; letzteres sehe die Verfassung Tartulias bei völkerrechtlichen Abkommen aber vor. Überhaupt sei der IGH schon deswegen nicht zuständig, weil der Staat Bellum nicht mehr bestehe.

Die Vertreter der Exilregierung weisen dagegen darauf hin, dass die Unterwerfungserklärung Tartulias nun einmal vorliege. Die vor wenigen Tagen abgegebene Erklärung zur Einschränkung der Gerichtsbarkeit des IGH sei wegen der sechsmonatigen Kündigungsfrist, die nach wie vor gelte, unbeachtlich.

Tartulia sieht sich an die Kündigungsfrist nicht mehr gebunden. Schließlich habe Bellum bei seiner Unterwerfungserklärung auch keine Kündigungsfrist angegeben. Daher gelte wegen der Gegenseitigkeitsklausel in Art. 36 Abs. 2 IGH-Statut nun auch für Tartulia keine Frist. Außerdem akzeptiere der IGH mittlerweile, dass Unterwerfungserklärungen jederzeit und fristlos gekündigt werden könnten. Diese Praxis habe im Jahr 1955 noch nicht bestanden, so dass eine Abweichung von der Kündigungsfrist wegen geänderter Umstände jederzeit erfolgen dürfe.

Vermerk für den Bearbeiter:

Ist eine Klage Bellums mit dem Antrag festzustellen, dass die Auslieferung völkerrechtswidrig war, erfolgreich?

Alle beteiligten Staaten sind Mitglieder der Vereinten Nationen.

Lösung zu Fall 9: Das Strafgericht vor dem Internationalen Gerichtshof

Erfolgsaussichten der Klage Bellums

Die Klage wäre erfolgreich, wenn sie zulässig und begründet wäre.

I. Zulässigkeit der Klage zum IGH

Die Klage des Staats Bellum müsste zunächst zulässig sein. Das liegt vor, wenn die Parteien parteifähig sind und der IGH für die Klärung der Streitfrage auch zulässig ist.

1. Zuständigkeit des IGH den Parteien nach (*ratione personae*)

a) Parteifähigkeit

Nur Staaten sind gemäß Art. 34 Abs. 1 des Statuts des IGH[1] berechtigt, als Parteien vor dem IGH anzutreten. Bellum und der beklagte Staat Tartulia sind Staaten.

Jedoch könnte der Staat Bellum aufgehört haben, als Staat zu existieren, so dass von einem Staat gar nicht mehr die Rede sei kann. Dafür könnte sprechen, dass die Staatsgewalt des Staates Bellum keine effektive Herrschaft mehr ausübt: Die Regierung ist seit kurzem im Exil, und die Verwaltung befindet sich durch die Kriegswirren bedingt in Auflösung. Statt einer Zentralgewalt gibt es regionale Herrscher, nämlich die regionalen Truppenführer. Die Existenz eines Staates setzt nach klassischer Auffassung (Jellineks Drei-Elemente-Lehre) voraus, dass Staatsgewalt über ein Staatsvolk auf einem abgegrenzten Staatsgebiet ausgeübt wird.[2] An der Staatsgewalt könnte es nun fehlen. Es könnte sich hier um einen sog. failed state, einem in Auflösung befindlichen Staat handeln.

Jedoch ist zu berücksichtigen, dass – wenn man die Existenz des Staates Bellum nicht mehr annehmen will – völkerrechtlich etwas anderes an seine Stelle getreten sein müßte. Von einem Untergang des Staates Bellum könnte man daher nur sprechen, wenn auf seinem Gebiet andere Völkerrechtssubjekte entstanden wären. Denn an die Entstehung von Staaten einerseits, viel mehr aber noch an den Untergang von Staaten sind hohe Anforderungen zu stellen. In bezug auf das Merkmal der Ausübung von Staatsgewalt hat das unterschiedliche Konsequenzen. Für das Entstehen eines Völkerrechtssubjekts ist die Effektivität entscheidend. Ein Staat

---

1 Abgedruckt in *Randelzhofer*, Völkerrechtliche Verträge, unter Nr. 35 und im Sartorius II unter Nr. 2.
2 Darüber hinaus wird z. T. zusätzlich die Fähigkeit gefordert, internationale Beziehungen aufzunehmen. Vgl. etwa Art. 1 der Inter-American Convention on the Rights and Duties of States (1933), der neben einer »permanent population«, einem »defined territory«, einem »Government« noch verlangt »a capacity to enter into relations with other States«.

entsteht bei dauerhaft effektiver Ausübung von Staatsgewalt. Ist ein Völkerrechtssubjekt entstanden, dann bleibt es wegen der gerade im völkerrechtlichen Verkehr erforderlichen und besonders bedeutsamen Kontinuität auch bestehen, wenn die Effektivität der Ausübung der Staatsgewalt nachlässt. Für den Untergang eines Staates genügt daher nicht schon, dass die Effektivität der Staatsgewalt unter das Niveau sinkt, das für sein Entstehen maßgeblich war.[3] Eine andere Betrachtung würde gerade in Bürgerkriegssituationen dazu führen, dass Völkerrechtssubjekte untergingen, ohne dass sogleich neue Völkerrechtssubjekte entstünden oder dass je nach militärischem Erfolg die Völkerrechtssubjektivität sich änderte. Das Völkerrecht kann ein solches Vakuum jedoch im Interesse der Staatenkoordination und stabiler internationaler Beziehungen nicht hinnehmen. Es hat insofern einen bewahrenden Charakter, weil die Existenz von Staaten eine seiner Grundvoraussetzungen ist. Daher muss auch bei einem vorübergehenden Absinken der Effektivität von Staatsgewalt vom Weiterbestehen des Staates ausgegangen werden. Ein Untergang eines Staates kann erst bei dauerhaften Veränderungen angenommen werden,[4] was man vorliegend derzeit noch nicht beurteilen kann.

Dafür, dass der Staat Bellum weiter fortbesteht, spricht hier auch, dass neue Völkerrechtssubjekte in Nachfolge oder an Stelle des Staates Bellum bisher nicht entstanden sind. Die Existenz neuer (Teil)Staaten auf dem Boden Bellums ist nicht ersichtlich. Zwar könnte man die regionalen Machtzentren der verschiedenen Milizen als partielle Völkerrechtssubjekte einordnen und ihnen als Aufständische bzw. de facto-Regime völkerrechtliche Handlungsfähigkeit zubilligen, weil das Völkerrecht nicht die Augen verschließen kann vor realen, dem völkerrechtlichen Effektivitätsgebot entsprechenden Entwicklungen. Regime, die auf fremdem Staatsgebiet eine stabilisierte effektive Herrschaft ausüben, sind daher partielle, beschränkte Völkerrechtssubjekte, soweit es z. B. um die Gewährleistung des völkerrechtlichen Fremdenstatuts, also der Gewährleistung von Mindestbedingungen bei der Behandlung fremder Staatsangehöriger, oder um Gewaltverbot und völkerrechtliche Delikte geht.[5] Doch selbst dann, wenn man das Vorliegen eines oder mehrerer de facto-Regimes bejaht, begründet das nicht den Untergang des Gesamtstaates Bellum, weil diese Zentren auf bestimmte Regionen begrenzt sind. Außerdem sind die Bürgerkriegsparteien nicht am Untergang des Gesamtstaates, etwa durch das Auseinanderbrechen in Staaten, die jeweils einer Volksgruppe entsprechen, interessiert, sondern an der Vorherrschaft im Gesamtstaat.

Der Staat Bellum besteht daher weiter.

Der Staat kann auch durch die Exilregierung vertreten werden. Der Umstand, dass die Staatsgewalt von ihr nicht mehr in der früheren Effektivität und Intensität aus-

---

3   Vgl. *Kreß*, ZaöRV 1997, 329 (334); *Schiedermair*, JA 1984, 638 ff.
4   Vgl. *Hailbronner* in: Graf Vitzthum (Hrsg.), Völkerrecht, 3. Abschnitt Rn. 162; *Kunig/Uerpmann*, Übungen im Völkerrecht, S. 78.
5   Vgl. *Verdross/Simma*, Universelles Völkerrecht, S. 240. Die Stimson-Doktrin, wonach gewaltsame Veränderungen nicht anzuerkennen sind - *ex iniuria ius non oritur* - (s. auch Art. 5 der Resolution zur Aggressionsdefinition, Sartorius II, Nr. 5) muss oft hinter praktischen Bedürfnissen, die zur Anerkennung geschaffener Fakten führen, zurücktreten. Aus völkerrechtlichem Unrecht kann kraft des Effektivitätsprinzips eine neue Rechtsposition entstehen, vgl. *Seidl-Hohenveldern/Stein*, Völkerrecht, Rn. 1683: *ex factis ius oritur*.

geübt wird und nun vom Ausland aus auch nicht mehr in dem Maße ausgeübt werden kann, lässt deren Außenvertretungskompetenz nicht gleich entfallen. Auch hier muss man von einer Kontinuität der alten Verhältnisse ausgehen, bis sich eindeutig anderes eingestellt hat. Ein anderes Gremium, das eindeutig effektive Herrschaft auf dem Staatsgebiet ausübt, ist nicht ersichtlich. Auch deutet nichts darauf hin, dass statt der Exilregierung eine andere Regierung im internationalen Verkehr als legitim anerkannt worden wäre.[6]

b) Zugang zum IGH

Der Zugang steht den Vertragsparteien des Statuts des IGH offen, Art. 35 Abs. 1 IGH-Statut. Bellum und Tartulia sind als Mitglieder der Vereinten Nationen zugleich Vertragsparteien des Statuts, Art. 93 Abs. 1 Satzung der Vereinten Nationen.[7]

c) Zuständigkeit des IGH

Der IGH muss zur Entscheidung über den konkreten Streitfall zuständig sein. Die Zuständigkeit des IGH kann auf vier Wegen begründet werden: So können die Parteien die Zuständigkeit ad hoc, also für den speziellen Einzelfall vereinbaren, Art. 36 Abs. 1 1. Alt. IGH-Statut. Das kann auch durch die Zustimmung der beklagten Partei zu einem Verfahren vor dem Gericht zustande kommen oder dadurch, dass die beklagte Partei das Fehlen der Gerichtsbarkeit nicht rügt. Ferner können die Parteien die Zuständigkeit des IGH in einem Vertrag für alle daraus entstehenden Streitfragen festlegen, vgl. Art. 36 Abs. 1 2. Alt. IGH-Statut. Schließlich kann die Zuständigkeit durch eine Unterwerfungserklärung nach Art. 36 Abs. 2 IGH-Statut herbeigeführt werden.

Letzteres ist hier erfolgt. Sowohl Bellum als auch Tartulia haben eine Unterwerfungserklärung nach der Fakultativklausel des Art. 36 Abs. 2 IGH-Statut abgegeben. Jedoch bestehen Einwände gegen die Gültigkeit der Unterwerfungserklärung Tartulias. Ferner wird geltend gemacht, dass sich die Unterwerfungserklärung gegenständlich nicht auf vorliegende Streitigkeit beziehe.

aa) Zur Gültigkeit der Unterwerfungserklärung Tartulias

Zunächst trägt Tartulia vor, dass der Außenminister die Unterwerfungserklärung entgegen einem anderslautenden Kabinettsbeschluss abgegeben habe. Nach Art. 7 Abs. 2 lit. a) der Wiener Konvention über das Recht der Verträge (im folgenden WVRK)[8] wird der Außenminister kraft seines Amtes auch ohne Vollmachts-

---

6 Die Anerkennung einer Regierung als die legitime durch andere Staaten kann völkerrechtlich durchaus bedeutsam sein für die Beurteilung, welche Regierung die »richtige« ist, vgl. High Court, Somalia (A Republic) v Woodhouse Drake & Carey (Suisse) SA [1993] 1 All England Law Reports [All ER] 371.
7 Abgedruckt in Sartorius II, Nr. 1. Vertragsstaaten des IGH-Statuts können aber auch Nichtmitglieder der UNO werden. Ferner können auch Staaten, die dem Statut nicht angehören, gemäß Art. 35 Abs. 2 des IGH-Statuts den IGH anrufen.
8 Abgedruckt in Sartorius II, Nr. 320.

vorlage als zum Abschluss eines Vertrages berechtigter Vertreter angesehen. Diese Norm kann man nicht unmittelbar heranziehen, da die WVRK erst im Jahre 1969 abgeschlossen wurde (während die Unterwerfungserklärung aus dem Jahre 1955 datiert) und sich nur auf Verträge, nicht aber auf einseitige Erklärungen wie die Unterwerfungserklärung, bezieht, vgl. Art. 1 WVRK. Außerdem ist aufgrund des Sachverhaltes nicht eindeutig, ob die beteiligten Staaten der WVRK zugestimmt haben. Doch kommt in den Regelungen der WVRK auch Völkergewohnheitsrecht[9] zum Ausdruck, weil sie die in der Völkerrechtspraxis üblichen Ansichten und Übungen bestätigt.[10] Denn die nur sehr stark eingeschränkte Berücksichtigung staatsrechtlicher Beschränkungen entspricht einerseits dem Interesse des Völkerrechts, das als allein maßgebend nur die nach außen abgegebene Erklärung des zuständigen Organs für maßgeblich erachtet (Theorie der Irrelevanz verfassungsrechtlicher Beschränkungen), nimmt aber andererseits Rücksicht auf die innerstaatliche Rechtslage, die Verfassungsbeschränkungen durchaus als relevant ansieht. Diese beiden Positionen werden dadurch vereint, dass man um der Sicherheit des völkerrechtlichen Verkehrs und des dafür nötigen Vertrauensschutzes willen nur solche innerstaatlichen Verstöße in der Zuständigkeit für relevant hält, die der andere Teil erkennt oder erkennen muss. Das lässt sich dann auf einseitige Handlungen übertragen.

Hier war der Außenminister entgegen einem Beschluss des Kabinetts, und damit entgegen nationalem Recht, tätig geworden. Fraglich ist, wie sich dieser Verstoß gegen nationales Recht auswirkt. Nach den insoweit in der WVRK hierfür bestehenden Regelungen sind Verstöße gegen innerstaatliches Recht über die Zuständigkeit zum Vertragsschluss nur beachtlich, wenn die Verletzung offenkundig war und eine innerstaatliche Rechtsvorschrift von grundlegender Bedeutung betraf, vgl. Art. 46 WVRK. Verstöße gegen nationales Recht bleiben im übrigen folgenlos, vgl. Art. 27 WVRK. Das gilt – wie erwähnt – wegen des zum Ausdruck gelangenden völkergewohnheitsrechtlichen Gehalts auch bei einseitigen Rechtsgeschäften. Nach diesen Regeln ist der Verstoß gegen die Vorgaben des Kabinetts nur beachtlich, wenn er offenkundig wäre und gegen eine Regel von grundlegender Bedeutung gerichtet wäre. Zumindest an der Offenkundigkeit fehlt es. Denn dafür ist erforderlich, dass der Rechtsverstoß für jeden Staat nach Treu und Glauben objektiv erkennbar ist, vgl. Art. 46 Abs. 2 WVRK. Es müsste für jeden Staat erkennbar gewesen sein, dass der Außenminister gegen einen ihn bindenden Kabinettsbeschluss verstoßen hatte. Das kann man nicht annehmen. Denn kaum ein Staat ist über die internen Abläufe in den anderen Regierungen unterrichtet.

Der Verstoß des Außenministers gegen den Kabinettsbeschluss ist daher unbeachtlich. Er ändert nichts an der völkerrechtlichen Wirkung der von ihm abgegebenen Unterwerfungserklärung.

Weitere Bedenken leiten sich daher, dass der Satzung der Vereinten Nationen unter Verstoß gegen das innerstaatliche Verfassungsrecht nur mit der Mehrheit der

---

9 Zu den Rechtsquellen im Völkerrecht (Völkervertragsrecht, -gewohnheitsrecht, Allgemeine Rechtsgrundsätze, als Hilfsmittel richterliche Entscheidungen und Lehrmeinungen) Art. 38 Abs. 1 IGH-Statut.

10 Zu Fortentwicklungen des Gewohnheitsrechts durch die WVRK vgl.: *von Heinegg*, in: Ipsen, Völkerrecht, § 15 Rn. 3.

Abstimmenden zugestimmt wurde. Die Zustimmung zur Satzung der Vereinten Nationen ist aber Grundlage der Zugehörigkeit zu den Vereinten Nationen und damit wiederum, s. o. b), Grundlage für den Zugang Tartulias zum IGH. Hier gilt dasselbe wie bereits oben ausgeführt: Der Verstoß gegen die innerstaatliche Bestimmung wäre nur beachtlich, wenn es um eine innerstaatliche Norm über die Vertragsabschlußkompetenz (»Zuständigkeit zum Abschluss«) ginge, wenn diese von grundlegender Bedeutung wäre und wenn der Verstoß offenkundig wäre. Zunächst könnte man zweifeln, ob der Verstoß gegen eine Norm über die Vertragsabschlußkompetenz vorliegt. Denn die innerstaatliche Zustimmung hat mit dem Vertragsschluss als solchem nichts zu tun, sondern ist nur Teil des innerstaatlich notwendigen Zustimmungsverfahrens, bevor das Staatsoberhaupt die Ratifikationsurkunde hinterlegt. Jedoch werden von dieser Formulierung des Art. 46 WVRK nicht nur die Zuständigkeiten für die Abgabe des Vertragswillens, sondern auch die Zuständigkeiten für die innerstaatliche Bildung des Willens umfasst, wozu die parlamentarische Zustimmung zählt.[11] Letztlich bleibt auch der Fehler im Parlament unbeachtlich, da es an der Offenkundigkeit fehlt. Das Nichtzustandekommen einer speziellen notwendigen Abstimmungsmehrheit im Parlament ist von außen nicht objektiv erkennbar.

bb) Zur Kündigung der Unterwerfungserklärung

Schließlich weist Tartulia auf die wenige Tage zuvor erklärte Kündigung der Unterwerfungserklärung hin. Die Unterwerfungserklärungen nach Art. 36 Abs. 2 IGH-Statut können gemäß Art. 36 Abs. 3 IGH-Statut mit Vorbehalten versehen werden. Ein Staat kann daher die Erklärung beliebig formulieren und sie mit räumlichen oder zeitlichen Einschränkungen ausstatten. Diese Änderungen können grundsätzlich auch ohne Frist erfolgen.[12] Eine fristlose Kündbarkeit der Unterwerfungserklärungen ist ebenfalls zulässig.

Hier hatte die von Tartulia abgegebene Unterwerfungserklärung jedoch eine sechsmonatige Kündigungsfrist. An diese Frist ist Tartulia auch gebunden. Zwar sind grundsätzlich Änderungen der Unterwerfungserklärungen und auch Kündigungen jederzeit und auch fristlos möglich. Jedoch hatte die Unterwerfungserklärung Tartulias selbst eine Frist von sechs Monaten vorgesehen und sich dahingehend gebunden. Die Möglichkeit, die Unterwerfung fristlos zurückzuziehen, gilt nur für Staaten, die ihre Erklärungen nicht an eine Frist gebunden haben.[13]

Die Bindung Tartulias an seine Kündigungsfrist könnte jedoch wegen der veränderten Umstände entfallen sein. Im Jahre 1955 war die Angabe einer Kündigungsfrist üblich, während heute die Rechtsmeinung sofortige Kündigungen zulässt. Dadurch, dass damals nicht vorhersehbar war, dass die Unterwerfung fristlos beendet werden konnte, könnte die nunmehr eingetretene Veränderung der Rechtsauffassung zu einem Kündigungsrecht wegen veränderter Umstände (*clausula re-*

---

11 *Verdross/Simma*, Universelles Völkerrecht, § 691. Letztere wollen auch materiell-verfahrensrechtliche Beschränkungen der Vertragsschlusskompetenzen etwa aus den Grundrechten einbeziehen.
12 *Oellers-Frahm*, ZaÖRV 1987, 243 (250, Fn. 25).
13 *Oellers-Frahm*, ZaÖRV 1987, 243 (250 f.).

bus sic stantibus) führen. Diese Klausel ist als Beendigungsgrund für völkerrechtliche Verträge vorgesehen, wenn sich Umstände ändern, die eine wesentliche Grundlage für die Zustimmung der Vertragsparteien waren, und wenn die Verpflichtungen wesentlich umgestaltet werden, vgl. Art. 62 WVRK. Diese Klausel gilt als Beendigungsgrund für Verträge. Überaus zweifelhaft ist, ob die Klausel auch bei einseitigen völkerrechtlichen Handlungen gilt.[14] Außerdem ist die hier erfolgte Änderung der Staatenpraxis zu den Möglichkeiten, Unterwerfungserklärungen zu kündigen, nicht von der Art, dass die Verpflichtung Tartulias grundlegend umgestaltet würde. Die Kündigungsfrist für die Unterwerfungserklärung ist mit sechs Monaten ohnehin nicht lange. Ferner hat sich allein dadurch, dass andere die Unterwerfung fristlos beenden können, nicht die Verpflichtung für Tartulia geändert. Es bleibt bei der Beendigungsmöglichkeit binnen sechs Monaten. Die Voraussetzungen für eine Anwendung der *clausula rebus sic stantibus* sind daher gar nicht erst eröffnet. Hinzu kommt, dass Tartulia durch eine fristgerechte Beendigung schon früher die Rechtslage hätte ändern können. Denn die als Änderung der Umstände bezeichnete Situation, dass Staaten ihre Unterwerfungserklärungen fristlos zurückziehen dürfen, besteht schon seit Jahrzehnten.

Schließlich beruft sich Tartulia noch auf das in Art. 36 Abs. 2 IGH-Statut verankerte Gegenseitigkeitsprinzip. Daraus folge, dass Tartulia deswegen, weil die Unterwerfungserklärung von Bellum keine Kündigungsfrist von sechs Monaten kenne, seine eigene Unterwerfung ebenfalls sofort beenden könne. In der Tat enthält Art. 36 Abs. 2 IGH-Statut ein Gegenseitigkeitsprinzip. Denn danach erkennen die Staaten die Zuständigkeit »gegenüber jedem anderen Staat, der dieselbe Verpflichtung übernimmt«, an. Daraus folgt, dass bei einer Klage die Zuständigkeit des IGH sich aus der Schnittmenge der beiden Unterwerfungserklärungen ergibt. Tartulia will dieses Gegenseitigkeitserfordernis hier derart angewandt wissen, dass die sofortige Beendigungsmöglichkeit, die der anderen Partei, nämlich Bellum, zusteht, auch für Tartulia gelten müsse.

Gegen diese Argumentation lassen sich mehrere Einwände anführen: Zum einen ist die Schnittmenge aus einer Kündigungsfrist von null Monaten und einer von sechs Monaten nicht die sofortige Kündigung, sondern die Kündigung mit einer Frist von sechs Monaten. Denn die Möglichkeit zur sofortigen Kündigung lässt auch die Kündigung mit einer Frist von sechs Monaten zu, nicht aber umgekehrt. Zum anderen – und das ist der gewichtigere Einwand – ist zweifelhaft, ob formelle Fragen wie die Kündbarkeit der Unterwerfungserklärung unter die Gegenseitigkeit fallen. Die Gegenseitigkeit bezieht sich auf materielle Fragen, also auf die Reichweite der durch die Unterwerfungserklärungen festgelegten Zuständigkeit des IGH *ratione materiae*. Wenn etwa eine Partei die Zuständigkeit des IGH nur für Fragen des Völkergewohnheitsrechts anerkannt hat, während die Unterwerfungserklärung der anderen Partei weiter geht, dann darf der IGH nur nach Völkergewohnheitsrecht urteilen. Dafür, dass die Gegenseitigkeit nur für den materiellen Umfang der Rechtsprechungskompetenz des IGH gilt, spricht eine weitere Überlegung: Die Gegenseitigkeit lässt sich erst beurteilen, wenn ein Verfahrensverhältnis begründet ist, also ab Anhängigkeit einer Rechtssache. Denn erst dann stehen die Parteien des Rechtsstreits fest. Daher können die Kündigungsfra-

---

14 *Oellers-Frahm*, ZaÖRV 1987, 243 (251).

gen bezüglich der Unterwerfungserklärung nicht unter die Gegenseitigkeit fallen. Denn eine einmal gegebene Anhängigkeit einer Rechtssache beim IGH kann nicht mehr rückwirkend beseitigt werden. Für die Beurteilung, ob der IGH zur Rechtsprechung zwischen zwei Parteien befugt ist, ist ihre Unterwerfung unter die Judikatur des IGH je separat zu prüfen. Erst dann entsteht die Anhängigkeit und damit ein Prozessrechtsverhältnis. Somit kann man sich nach Entstehen des Prozessrechtsverhältnisses nicht mehr auf die Unterwerfungserklärung des anderen zu berufen, um nachträglich unter Heranziehung dort enthaltener Bedingungen das Prozessrechtsverhältnis wieder zu beenden. Tartulia hätte seine Unterwerfungserklärung nur vor Erhebung der Klage nach den von Tartulia selbst darin vorgegebenen Bedingungen zurücknehmen können. Vor Klageerhebung greift das Gegenseitigkeitsprinzip nicht.

Somit ist das Gegenseitigkeitsprinzip nur für materielle Fragen, also für den sachlichen Umfang der Rechtsprechungszuständigkeit des IGH, einschlägig.[15] Tartulia kann sich nicht auf die leichteren Kündigungsmöglichkeiten des Staates Bellum berufen.

2. Zuständigkeit der Sache nach (ratione materiae)

Der IGH ist zur Rechtsprechung hinsichtlich der Auslegung von Verträgen, jeder Frage des Völkerrechts, der Verletzung internationaler Verpflichtungen und der daraus resultierenden Wiedergutmachungsansprüche berufen, sofern die Unterwerfungserklärungen dies vorsehen, vgl. Art. 36 Abs. 2 lit. a) bis d) IGH-Statut.

Die Erklärungen Tartulias wie die Bellums enthalten ausweislich des Sachverhalts keine materiellen Einschränkungen. Der IGH kann daher seiner Entscheidung sowohl völkerrechtliche Abkommen wie etwa das Auslieferungsabkommen zwischen Tartulia und Bellum als auch die Satzung der Vereinten Nationen zugrunde legen.

II. Begründetheit

Der IGH hat die völkerrechtliche Zulässigkeit der Auslieferung des Lojanov, eines Staatsangehörigen Bellums, zu erörtern.

1. Verstoß gegen das Auslieferungsabkommen

Die Auslieferung könnte völkerrechtswidrig sein, weil damit möglicherweise gegen völkerrechtliches Vertragsrecht in Gestalt des Auslieferungsabkommens zwischen Bellum und Tartulia verstoßen wurde.

Zwischen Bellum und Tartulia besteht ein Auslieferungsabkommen. Gegen die Geltung dieses Vertrages bestehen keine Bedenken. Nach diesem Abkommen ist Tartulia verpflichtet, Staatsangehörige von Bellum bei Vorliegen eines Auslieferungsersuchens aus Bellum an diesen Staat auszuliefern. Das ist hier nicht geschehen. Damit liegt ein Verstoß gegen das Abkommen vor.

---

15 *Oellers-Frahm*, ZaÖRV 1987, 243 (253).

2. Vorrang der Verpflichtungen aus der Satzung der Vereinten Nationen

Der Verstoß könnte jedoch dadurch gerechtfertigt sein, dass Tartulia vorrangige Verpflichtungen zu erfüllen hatte. Diese Verpflichtungen könnten sich daraus ergeben haben, dass der Sicherheitsrat der Vereinten Nationen ein Internationales Strafgericht errichtet hatte und gemäß dem Statut dieses Gerichts die vor diesem Tribunal Beschuldigten an dieses ausgeliefert werden müssen. Solche völkerrechtlichen Verpflichtungen könnten sich mittelbar aus der Satzung der Vereinten Nationen ergeben, so dass sie am Vorrang der Satzung der Vereinten Nationen gegenüber anderen völkerrechtlichen Verträgen teilhaben, wie er in Art. 103 der Satzung der Vereinten Nationen niedergelegt ist. Art. 103 Satzung der Vereinten Nationen hat zur Folge, dass die Verpflichtungen aus entgegenstehenden Abkommen zwischen Mitgliedstaaten der Vereinten Nationen, wie Bellum und Tartulia es sind, zumindest nicht eingefordert werden können.[16]

a) Reichweite des Art. 103 Satzung der Vereinten Nationen

Dazu ist zunächst Voraussetzung, dass Art. 103 der Satzung der Vereinten Nationen nicht nur die unmittelbar aus der Satzung der Vereinten Nationen folgenden Verpflichtungen, wie etwa die Verpflichtung nach Art. 33 Satzung der Vereinten Nationen zur friedlichen Streitbeilegung, sondern auch die Verpflichtungen erfasst, die sich aus Sicherheitsratsresolutionen ergeben, also auch mittelbar in der Satzung der Vereinten Nationen angelegte Verpflichtungen. Zur Klärung dieser Frage ist vorab klarzustellen, ob und inwieweit Resolutionen des Sicherheitsrats für die Mitgliedstaaten der UNO verbindliche Beschlüsse darstellen. Gemäß Art. 25 Satzung der Vereinten Nationen sind die Beschlüsse des Sicherheitsrats im Einklang mit dieser Satzung von den Mitgliedstaaten anzunehmen und durchzuführen. Die genaue Tragweite dieser Bestimmung ist nicht eindeutig.[17] Klar ist jedenfalls, dass der Sicherheitsrat bei Gefährdungen des Friedens verbindliche Beschlüsse nach Kapitel VII der Satzung der Vereinten Nationen treffen kann.[18] Darauf deutet die Gegenüberstellung von Empfehlungen und Maßnahmen in Art. 40 Satzung der Vereinten Nationen hin, ferner die Möglichkeit zu friedlichen wie auch gewaltsamen Sanktionsmaßnahmen nach Art. 41 f. Satzung der Vereinten Nationen. Diese würden leer laufen, wären sie nur unverbindliche Empfehlungen. Der Sicherheitsrat hat vorliegend seine Resolution auch nach Kapitel VII erlassen, da er in ihr die Bedrohung des Friedens gemäß Art. 39 Satzung der Vereinten Nationen feststellte, was Voraussetzung für die Anwendung des Kapitel VII ist. Die Vorrangregel des Art. 103 Satzung der Vereinten Nationen erfasst die Verpflichtungen der Mitgliedstaaten nach Art. 25 Satzung der Vereinten Nationen, der seinerseits jedenfalls Beschlüsse nach Art. 39 ff. Satzung der Vereinten Nationen um-

---

16 *Bernhardt* in: Simma (Hrsg.), Charta der Vereinten Nationen, Art. 103 Rn. 16. Ob diese Verträge dann insoweit nichtig sind oder nur suspendiert, kann offen bleiben, da das hier keine Bedeutung hat.

17 *Delbrück* in: Simma (Hrsg.), Charta der Vereinten Nationen, Art. 25 Rn. 14; *Verdross/Simma*, Universelles Völkerrecht, § 159. Auch Art. 48 Satzung der Vereinten Nationen, der eigens für Kapitel VII die Bindung festlegt, weist auf einen weiteren Anwendungsbereich des Art. 25 hin, etwa für Art. 94 Abs. 2. S. dazu auch Fall 11 bei Fn. 7.

18 *Kunig*, Jura 1991, 214 (217).

fasst. Am Vorrang nach Art. 103 Satzung der Vereinten Nationen haben somit nicht nur die unmittelbar in der Satzung der Vereinten Nationen verankerten Verpflichtungen, sondern auch die Verpflichtungen Anteil, die sich mittelbar, nämlich über Beschlüsse von Organen der UNO, aus der Satzung der Vereinten Nationen ergeben.[19]

b) Wahrung der Kompetenz der UNO

Für den Vorrang des UN-Rechts ist ferner Voraussetzung, dass der Sicherheitsrat mit der in einer Resolution vorgesehenen Errichtung eines Internationalen Strafgerichts nicht seine Befugnisse überschritten hat. Die Resolutionen über die Errichtung eines Internationalen Strafgerichts für Bellum und das Statut dieses Gerichts müssen mit der Satzung der Vereinten Nationen vereinbar sein. Hätte der Sicherheitsrat seine Befugnisse nach der Satzung überschritten, wären die Resolutionen *ultra vires*, d. h. jenseits seiner Kompetenzen ergangen und daher nichtig. Nach der klassischen Auffassung ist jedes rechtserhebliche Handeln einer Internationalen Organisation, das durch ihre Gründungsurkunde nicht gedeckt ist, völkerrechtlich unbeachtlich und daher nichtig. Einer Internationalen Organisation kommt nur insoweit völkerrechtliche Handlungsfähigkeit zu, als der Gründungsvertrag ihr Kompetenzen einräumt.

aa) Verbandskompetenz der UNO

Zu untersuchen ist zunächst die Kompetenz der UNO, ein Gericht zur Aburteilung einzelner zu errichten, das Verbrechen richtet, die sich gegen Gebote des humanitären Völkerrechts richten. Eine explizite Befugnis der UNO oder ein explizites Verbot, Gerichte einzurichten, findet sich in der Satzung der Vereinten Nationen nicht.[20] Vielmehr wird als allgemeines Ziel der UNO in Art. 1 Ziffer 1 Satzung der Vereinten Nationen festgeschrieben, den Weltfrieden und die internationale Sicherheit zu wahren und wirksame Maßnahmen zu treffen, um Bedrohungen des Friedens zu beseitigen und internationale Streitigkeiten durch friedliche Mittel zu bereinigen. Dieses Ziel ist von maßgeblicher Bedeutung, wie die Erwähnung zu Beginn der Satzung der Vereinten Nationen und die Entstehungsgeschichte der UNO lehrt. Die Existenz von Zwangsmaßnahmen nach Kapitel VII belegt, dass die UNO in der Lage sein soll, wirksam internationalen Krisen zu begegnen. Die Errichtung eines Strafgerichts ist dafür ein geeignetes Mittel, weil die Verstöße gegen humanitäres Völkerrecht dadurch geahndet werden können.[21] Dies kann der Befriedung der Situation dienen, weil von der effektiven Strafverfolgung eine abschreckende Wirkung auf Straftäter ausgeht und innerer Friede durch Genugtuung geschaffen wird.

Fraglich ist jedoch, ob überhaupt eine internationale Krise iSv Art. 39 Satzung der Vereinten Nationen vorliegt (so dass die Voraussetzungen für ein Handeln nach Kapitel VII gegeben sind) oder ob es sich nicht vielmehr um eine rein interne An-

---

19 *Bernhardt*, in: Simma (Hrsg.), Charta der Vereinten Nationen, Art. 103 Rn. 10.
20 IGH, ICJ Reports 1954, 47 (56 f.) – Effect of awards of compensation made by the U. N. Administrative Tribunal.
21 Näher *Oellers-Frahm*, FS Bernhardt, 1995, S. 733 (738).

gelegenheit des Staates Bellum handelt. Denn die UNO ist – wie gesehen – nur zuständig für Fragen der internationalen Sicherheit. Bei dem Konflikt handelt es sich jedoch nicht um einen bloßen internen Bürgerkrieg. Zwar finden militärische Auseinandersetzungen nur auf dem Staatsgebiet von Bellum statt; andere Staaten sind nicht einbezogen. Jedoch wirkt sich die Krise auf die Nachbarländer aus. Erkennbar ist das an den durch die Säuberungsaktionen ausgelösten Flüchtlingsströmen und der Forderung der Bevölkerung im Nachbarland Soja, militärisch einzugreifen. Durch den um sich greifenden Bürgerkrieg steht eine Destabilisierung der ganzen Region unmittelbar bevor. Damit hat der Konflikt eine internationale Dimension.[22] Es handelt sich zumindest um eine Bedrohung des Friedens. Zumindest muss man in Rechnung stellen, dass für die Einschätzung der Spannungslage als *internationale* Krise der Sicherheitsrat als Organ mit der hauptsächlichen Verantwortlichkeit für die internationale Sicherheit (vgl. Art. 12 Satzung der Vereinten Nationen) einen Beurteilungsspielraum hat.[23] Es genügt daher, dass die Beurteilung durch die UNO vertretbar ist. Der IGH wird sich bei der Prüfung einer Maßnahme des Sicherheitsrats ohnehin sehr stark zurückhalten, zumal seine Kompetenz, Handlungen eines anderen Organs der UN einer Rechtskontrolle zu unterziehen, sehr umstritten ist.[24] Haupteinwand gegen eine Rechtskontrolle durch den IGH ist die Erwägung, dass der IGH als Rechtsprechungsorgan nicht sich in die Kompetenzwahrnehmung durch die politischen Organe einmischen solle. Diesem Interesse genügt eine Beschränkung der Kontrolldichte. Dem IGH muss es aber möglich sein, die anderen Organe im Hinblick auf die Wahrung ihrer Kompetenzen zu kontrollieren.[25]

Für die Internationalität des Konflikts spricht schließlich auch, dass bei massiven Menschenrechtsverletzungen, wie sie hier bei gezielten Tötungen erfolgen, der moderne völkerrechtliche Menschenrechtsschutz dazu führt, dass die damit zusammenhängenden Probleme nicht als rein interne Angelegenheit aufgefasst werden können.[26] Durch die bestehenden vielfältigen weltweiten oder regionalen Menschenrechtsverträge wie die beiden UN-Menschenrechtspakte, ferner durch

---

22 So sah der Sicherheitsrat in seinen Resolutionen zu Somalia in dem dortigen internen Konflikt und den dadurch ausgelösten menschlichen Tragödien eine Bedrohung des Weltfriedens und der internationalen Sicherheit aufgrund der Auswirkungen auf die Stabilität und den Frieden in der Region, vgl. Res. 733 (1992) und Res. 794 (1992), VN 1993, 61 (61 f.) und VN 1993, 65 (65).

23 Das gilt vor allem bei der Frage, ob die Voraussetzungen für eine Feststellung nach Art. 39 Satzung der Vereinten Nationen und damit für die Anwendung von Zwangsmaßnahmen gegeben sind.

24 S. *Bothe*, in: Graf Vitzthum, Völkerrecht, 8. Abschnitt, Rn. 45; S. *Hobe*, AVR 1999, 277; *Martenczuk*, EJIL 1999, 517 (525 ff.).

25 Demgemäß hat der IGH in seinen Lockerbie- Entscheidungen, ICJ Rep. 1998, 9 und 115 auch gar nicht problematisiert, ob ihm eine Rechtskontrolle über Sicherheitsratsresolutionen zusteht. Ablehnend hingegen die abweichende Meinung des Präsidenten Schwebbel.

26 Die Praxis des Sicherheitsrats nimmt etwa bei massiven Menschenrechtsverletzungen und beim internationalen Terrorismus einen Konflikt internationaler Dimension an, vgl. *Fischer* in: Ipsen, Völkerrecht, § 60 Rn. 8; *Verdross/Simma*, Universelles Völkerrecht, § 234. Ein Mindestmaß an Menschenrechtsschutz ist auch als völkerrechtliche Verpflichtung erga-omnes anzusehen, vgl. *Ritterbrand*, Universeller Menschenrechtsschutz und völkerrechtliches Interventionsverbot, 1982, S. 609; *Verdross/Simma*, ebda., §§ 1233 ff.

die Menschenrechtskonferenzen und die Allgemeine Erklärung der Menschenrechte und ähnliches mehr kommt eine Internationalisierung des Menschenrechtsschutzes zum Ausdruck, die die Einordnung als ausschließlich interne Angelegenheit eines Staates ausschließt.

Der Aufgabenbereich der UNO ist damit grundsätzlich eröffnet, da die UNO die allgemeine Aufgabe hat, internationale Streitigkeiten und Situationen, die zu einem Friedensbruch führen können, durch friedliche Mittel beizulegen.[27]

bb) Organkompetenz des Sicherheitsrats

Die Kompetenz des Sicherheitsrats, in einer Resolution die Errichtung eines Internationalen Strafgerichts für einen konkreten Konflikt und begrenzt auf diesen vorzusehen, könnte sich aus Kapitel VII der Satzung der Vereinten Nationen, insbesondere Art. 41 Satzung der Vereinten Nationen ergeben. Denn danach können verbindliche Maßnahmen – unter Ausschluss von Waffengewalt – zur Wahrung oder Wiederherstellung des Friedens ergriffen werden.

Die Errichtung eines Internationalen Strafgerichts ist eine Maßnahme, die Zwangswirkungen entfaltet, weil die Gerichtsbarkeit des zuständigen Staates, insbesondere des Staates der Staatsangehörigkeit des Täters, dadurch ausgeschlossen wird: Für die Aburteilung von im Staat Bellum von Staatsangehörigen Bellums an Staatsangehörigen Bellums begangene Straftaten ist nach den üblichen völkerrechtlichen Grundsätzen, die Strafgewalt an das Territorial- oder an das Personalprinzip anzuknüpfen, der Staat Bellum selbst zuständig. In diese Zuständigkeit wurde durch die Errichtung des Strafgerichts eingegriffen und somit die Souveränität Bellums in einem Kernbereich eingeschränkt. Dies ist nur möglich, wenn die Errichtung eines Strafgerichts eine auch Bellum verpflichtende Maßnahme ist. Denn sonst wäre für die Errichtung des Strafgerichts die Zustimmung Bellums nötig. Hinzu kommt hier, dass die abzuurteilenden Straftaten, für die das Internationale Strafgericht zuständig ist, Delikte sind, die dem Völkerstrafrecht unterliegen und nicht nur nach dem Territorialitäts- oder Personalitätsprinzip, sondern auch nach dem Weltrechtsprinzip abgeurteilt werden dürfen. Das bedeutet, dass für die Verurteilung der Straftäter jeder Staat zuständig ist, der der Täter habhaft wird, weil diese Taten Vergehen gegen die Völkerrechtsgemeinschaft sind; die Beachtung dieser Verpflichtungen geht die gesamte Staatengemeinschaft an (*erga omnes*-Verpflichtung).[28] Die staatliche Souveränität zur Ausübung der Strafgerichtsbarkeit ist bei Unrecht dieser Art somit ohnehin schon eingeschränkt.[29]

Die Kompetenz des Sicherheitsrat zu friedlichen Zwangsmaßnahmen ergibt sich aus Art. 41 Satzung der Vereinten Nationen, da dort Maßnahmen und nicht nur (unverbindliche) Empfehlungen vorgesehen sind und die Maßnahmen dem Ziel dienen, den Beschlüssen des Sicherheitsrats Wirksamkeit zu verleihen. Daher sind damit notwendigerweise zwingende Maßnahmen gemeint, wie auch die in Satz 2 des Art. 41 aufgezählten Beispiele zeigen. Ferner ist anerkannt, dass

---

27 IGH, ICJ Reports 1962, 151 (167 f.) – Certain expenses of the UN.
28 Dazu IGH, ICJ Reports 1970, 3 (32 Tz. 32 f.) – Barcelona Traction; s. auch *Oellers-Frahm*, FS Bernhardt, 1995, S. 733 (740, 748).
29 Vgl. *Schröder* in: Graf Vitzthum (Hrsg.), Völkerrecht, 7. Abschnitt Rn. 48 ff.

Art. 42 Satzung der Vereinten Nationen militärische Zwangsmaßnahmen ermöglicht. Der Unterschied zwischen Art. 41 und Art. 42 liegt nur darin, dass Art. 41 die Anwendung von Waffengewalt ausschließt. Art. 41 Satzung der Vereinten Nationen ist damit die geeignete Grundlage für die Errichtung eines Strafgerichts.[30] Die Maßnahmen, die vom Sicherheitsrat auf dieser Grundlage ergriffen werden können, sind nicht näher spezifiziert und schließen jede wirksame Maßnahme ein. Sie müssen nur darauf abzielen, eine konkrete von Art. 39 Satzung der Vereinten Nationen beschriebene Situation zu bereinigen. Das Strafgericht dient hier nur der Bereinigung des Konflikts im Staate Bellum und hat keine ständige, dauerhafte Rechtsprechungshoheit.

Gegen die Möglichkeit, ein Gericht zu errichten, spricht nicht, dass Rechtsprechung keine Aufgabe des Sicherheitsrats ist.[31] Kapitel VI der Satzung der Vereinten Nationen zeigt, dass der Sicherheitsrat nicht befugt ist, für die friedliche Streitbeilegung eine verbindliche Lösung vorzugeben, sondern dass er nur Empfehlungen aussprechen kann. Das Argument, dass der Sicherheitsrat nicht mehr an Aufgaben übertragen könne, als er selbst habe,[32] verfängt jedoch nicht. Denn es geht nicht um die Streitbeilegung, sondern um die strafrechtliche Verantwortlichkeit einzelner. Der Sicherheitsrat wird nach Kapitel VII tätig. Die Übertragung von an sich staatlicher Gerichtsbarkeit auf ein neues Organ kann auf Kapitel VII gestützt werden. Die Maßnahmen sind nicht näher bezeichnet, um dem Sicherheitsrat die notwendige Flexibilität zu geben. Man kann daher die Ausübung von Strafhoheit nicht mit dem Argument ablehnen, an die UNO wäre keine Strafhoheit übertragen worden. Die Kompetenzen des Sicherheitsrats erfassen alle zur Wiederherstellung des Friedens geeigneten Maßnahmen. Entscheidend ist, dass die Maßnahme geeignet ist, zur Wiederherstellung des Friedens zu dienen. Dann steht dem Sicherheitsrat auch die Strafhoheit zu. Dem Sicherheitsrat kommt eine umfassende Zuständigkeit zu, sofern er im Rahmen der Ziele der UNO bleibt.[33] Die Zubilligung einer Kompetenz, ein Internationales Strafgericht zu errichten, verstößt auch nicht gegen Art. 108 Satzung der Vereinten Nationen. Die weite Auslegung des Art. 41 wird durch den wenig eindeutigen Wortlaut, der nur von Maßnahmen spricht, vorgegeben. Auch verfügt das errichtete Gericht nur über eine räumlich, zeitlich und hinsichtlich der Tatbestände begrenzte Zuständigkeit, so dass die Auslegung des Art. 41 nicht zu weit ausgedehnt werden muss. Schließlich wirken die verbindlichen Beschlüsse des Sicherheitsrats nach Art. 103 Satzung der Vereinten Nationen wie vorrangiges Recht. Außerdem helfen pauschale Aussagen und Qualifizierungen wie die, der Sicherheitsrat wäre kein Rechtsprechungsorgan, nicht weiter. Vielmehr müssen umgekehrt die Kompetenzen der Organe aus einer Auslegung der Kompetenzbestimmungen ermittelt werden.

Schließlich hat der IGH auch die Einrichtung eines Verwaltungsgerichts für die Klärung von Streitigkeiten zwischen dem Generalsekretär und den Angehörigen des Sekretariats durch eine Resolution der Generalversammlung gebilligt, ob-

---

30 *Hollweg*, JZ 1993, 980 (982).
31 Dazu z. B. *Klein*, in FS H. Mosler, 1983, S. 467 (477).
32 So *Graefrath*, NJ 1993, 433 (435).
33 *Oellers-Frahm*, FS Bernhardt, 1995, S. 733 (745).

gleich der Generalversammlung ebensowenig eine explizite Rechtsprechungsbefugnis eingeräumt ist.[34]

Voraussetzung für das Heranziehen des Art. 41 Satzung der Vereinten Nationen ist die vorhergehende Feststellung nach Art. 39 Satzung der Vereinten Nationen, dass ein Bruch oder eine Bedrohung des Weltfriedens vorliegt. Es wurde oben bereits festgestellt, dass diese Voraussetzung vorliegend erfüllt ist.

cc) Handlungsbefugnis des Sicherheitsrats

(1) Einrichtung eines Nebenorgans

Die Errichtung eines Internationalen Strafgerichtshofes kann nur dann wirksam auf Art. 41 Satzung der Vereinten Nationen gestützt werden, wenn diese Norm zur Gründung eines Nebenorgans ermächtigt. Art. 7 Abs. 2, 29 Satzung der Vereinten Nationen sieht vor, dass der Sicherheitsrat Nebenorgane zur Wahrnehmung seiner Aufgaben einsetzen kann. Dennoch bestehen insofern Zweifel, als in den Kompetenzbereich der anderen Organe, insbesondere des IGH, eingegriffen worden sein könnte. Ein Eingriff in Kompetenzen der Generalversammlung scheidet von vornherein aus, weil gemäß Art. 12 Abs. 1, 24 Abs. 1 Satzung der Vereinten Nationen der Sicherheitsrat vorrangig ist. Gemäß Art. 92 Satzung der Vereinten Nationen ist der IGH das Hauptrechtsprechungsorgan. Gerade diese Formulierung zeigt, dass daneben noch andere (Neben-) Rechtsprechungsorgane eingesetzt werden können. Ferner ist der IGH nur für Klagen von Staaten gegen Staaten zuständig (s. o. I.), nicht aber für die Aburteilung von Verbrechen einzelner.[35] Die Zuständigkeitsbereiche der Gerichte sind daher deutlich voneinander zu unterscheiden. Dagegen spricht auch nicht, dass der IGH insoweit mit den Verbrechen einzelner befasst werden kann, als diese einen Völkerrechtsbruch eines Staates darstellen könnten, etwa weil der Staat die Aktionen der Täter fördert oder unterstützt. Das ist dann ein anderer Streitgegenstand.[36] Ferner übt der IGH gerade keine Strafhoheit aus.[37]

Das Internationale Strafgericht geht über die Funktion als Nebenorgan auch nicht hinaus. Denn es unterstützt den Sicherheitsrat bei der Befriedung der Situation in Bellum. Zwar handelt das Tribunal unabhängig und ist nicht weisungsgebunden (sonst wäre die notwendige richterliche Unabhängigkeit nicht gegeben). Insbesondere unterliegen die Urteile nicht der Überprüfung durch den Sicherheitsrat; im Gerichtsaufbau ist selbst ein Rechtmittelzug eingebaut. Jedoch schließt der Begriff des Nebenorgans nicht aus, dass ein solches Organ die Aufgabe selbständig und

---

34 IGH, ICJ Reports 1954, 47 (53, 57) – Effect of awards of compensation made by the U. N. Administrative Tribunal. Darauf weist auch *Tomuschat*, EA 1994, 61 (63) hin.

35 *Mosler* in: Simma (Hrsg.), Charta der Vereinten Nationen, Art. 92 Rn. 46.

36 S. auch *Oellers-Frahm*, FS Bernhardt, 1995, S. 733 (741). Sie geht trotz einer punktuellen Kollision mit den Zuständigkeiten des IGH von keiner Beeinträchtigung der Kompetenzen des IGH aus, weil dafür ein wesentlicher und dauerhafter Eingriff in die Funktion des IGH vorliegen müsste.

37 *Triffterer*, Völkerstrafrecht, in: Ergänzbares Lexikon des Rechts, Strafrecht 8/1875 (April 1997), S. 6.

eigenverantwortlich wahrnimmt.[38] Art. 29 Satzung der Vereinten Nationen sieht nur vor, dass der Sicherheitsrat die Nebenorgane zur Wahrnehmung seiner Aufgaben für erforderlich halten muss. Das schließt gerade nicht aus, dass die Nebenorgane ein Teil der Aufgaben des Sicherheitsrates eigenverantwortlich wahrnehmen. Entscheidend ist, dass das Nebenorgan sich im Rahmen der ihm übertragenen Kompetenzen hält. Das ist hier der Fall. Der Sicherheitsrat hatte das Strafgericht errichtet, um die Situation in Bellum zu befrieden. Er hat das Strafgericht daher zur Aburteilung gewisser in diesem Land begangener Straftaten berufen und ihm somit nur begrenzte Zuständigkeiten verliehen. Insbesondere hat der Sicherheitsrat kein weltumspannendes Gericht zur Aburteilung von Verstößen gegen humanitäres Völkerrecht weltweit errichtet, wofür ein eigener völkerrechtlicher Vertrag nötig ist und mit dem Statut des Internationalen Strafgerichtshofs auch geschaffen wurde. Dieses Weltgericht konnte nicht auf die Satzung der Vereinten Nationen gestützt werden.[39]

(2) Völkerrechtliche Strafbarkeit

Schließlich können Bedenken gegen die Errichtung des Internationalen Strafgerichts noch aus der Überlegung resultieren, dass es die Kategorie des internationalen Verbrechens bei Tatbegehung nicht gegeben habe und somit gegen das Rückwirkungsverbot verstoßen wurde. Wesentliche rechtstaatliche Anforderungen (*nulla poena/nullum crimen sine lege*) würden verletzt.[40] Die Strafbarkeit muss bereits im Zeitpunkt der Tat entweder nach staatlichem Recht oder gemäß Völkerrecht bestanden haben. Strafbarkeitsbegründend sind daher nicht die Normen des Statuts des Strafgerichts selbst, sondern die dem zugrunde liegenden völkerrechtlichen Bestimmungen. Dass der Satz *nullum crimen sine lege* grundsätzlich auch im Völkerrecht gilt, zeigen etwa Art. 6 Abs. 2 lit. c) des II. Zusatzprotokolls zu den Rotkreuzabkommen[41] und Art. 15 Abs. 1 des Internationalen Paktes über bürgerliche und politische Rechte.[42] Darauf ist auch die UNO verpflichtet, vgl. Art. 1 Nr. 3 Satzung der Vereinten Nationen. Dabei kann wegen der Anforderungen des Bestimmtheitsgebots regelmäßig nicht auf Völkergewohnheitsrecht abgestellt werden. Vielmehr muss Völkervertragsrecht herangezogen werden, um eindeutig bestimmte Tatbestandsfassung zu erhalten.[43] Dabei gilt, dass die Anwendung des humanitären Völkerrechts nicht davon abhängt, dass die Staaten den Abkommen und Verträgen beigetreten sind. Vielmehr kann man *insoweit* darauf abstellen, dass die Verträge (konkret: Völkermordkonvention, Genfer Rotkreuzabkommen mit den Zusatzprotokollen) mittlerweile als Völkergewohnheitsrecht universelle Geltung erlangt haben.[44]

38 *Hilf* in: Simma (Hrsg.), Charta der Vereinten Nationen, Art. 29 Rn. 29; *Hollweg*, JZ 1993, 980 (982).
39 Vgl. *Hollweg*, JZ 1993, 980 (983).
40 Zum Problem der oft vagen Ausgestaltung der Tatbestände im Völkerstrafrecht *Schröder* in: Graf Vitzthum (Hrsg.), Völkerrecht, 7. Abschnitt, Rn. 51.
41 Abgedruckt in Sartorius II, Nr. 54a.
42 Abgedruckt in Sartorius II, Nr. 20.
43 *Hollweg*, JZ 1993, 980 (985).
44 Vgl. *Triffterer*, Völkerstrafrecht, in: Ergänzbares Lexikon des Rechts, Strafrecht 8/1875 (April 1997), S. 7; IGH, ICJ Reports 1986, 14 (113 f. Tz. 218) – Nicaragua, *Ipsen*, Völker-

Hinsichtlich des Tatbestands des Völkermords könnte die Konvention über die Verhütung und Bestrafung des Völkermordes[45] eine Grundlage für die Strafbarkeit geben. Völkermord ist nach Art. II u. a. die Tötung von Mitgliedern einer Gruppe in der Absicht, eine nationale, ethnische, rassische oder religiöse Gruppe als solche ganz oder teilweise zu zerstören. Hier hat Lojanov seine Truppen angewiesen, die Angehörigen des Volkes der Sojano zu töten oder zu vertreiben. Tötungshandlungen wurden damit in der Absicht vorgenommen, eine ethnische oder rassische Gruppe teilweise zu zerstören. Völkermord liegt vor. Die Strafbarkeit solcher Handlungen ist in Art. IV, VI der Konvention niedergelegt, die lange vor den Taten in Kraft trat. Daher galt die Strafbarkeit schon zum Zeitpunkt der Tat.

Ferner ist strafbarkeitsbegründend ein Verstoß gegen die vier Rotkreuzabkommen von 1949 und die zwei zugehörigen Zusatzprotokolle. Einschlägig ist vor allem das IV. Rotkreuzabkommen zum Schutz der Zivilpersonen[46] (die anderen drei Rotkreuzabkommen dienen dem Schutz der Verwundeten, Kranken und Schiffbrüchigen der Streitkräfte und der Behandlung der Kriegsgefangenen). Dessen Bestimmungen gelten nach Art. 2 für einen internationalen, genauer: zwischenstaatlichen Konflikt, wie er derzeit aber in Bellum noch nicht vorliegt. Jedoch erfasst der gemeinsame Art. 3 der Rotkreuzabkommen nicht-internationale, auf das Gebiet eines Vertragsteils beschränkte Kämpfe und formuliert Mindestbedingungen wie das Verbot der Tötung von Zivilpersonen, vgl. Art. 3 Nr. 1 lit. a) IV. Rotkreuzabkommen. Dies wird im II. Zusatzprotokoll[47] detaillierter geregelt. Danach gilt dieser Standard in Konflikten zwischen Streitkräften und anderen organisierten bewaffneten Gruppen, die unter einer verantwortlichen Führung eine solche Kontrolle über ein Teilgebiet eines Staates ausüben, dass sie anhaltende, koordinierte Kampfhandlungen durchführen und das Protokoll anwenden können, vgl. Art. 1 Abs. 1 des II. Zusatzprotokolls. Ein solcher Konflikt liegt vor, da sich die Truppen Lojanovs unter einer verantwortlichen Führung befinden und ein Teilgebiet kontrollieren.[48] Die Vorgaben des II. Zusatzprotokolls wurden vorliegend verletzt, etwa das Verbot der vorsätzlichen Tötung von Zivilpersonen gemäß Art. 4 Abs. 2 lit. a). Die Androhung und Anwendung von Gewalt, um Schrecken in der Zivilbevölkerung zu verbreiten, sind verboten, Art. 13 Abs. 2 S. 2.

Problematisch ist die Bestimmung der Strafbarkeit der Verstöße gegen das humanitäre Recht. Bei internationalen Konflikten ist die Strafbarkeit der schweren Verstöße in Art. 146 f. IV. Rotkreuzabkommen vorgesehen; vgl. auch Art. 86 des I. Zusatzprotokolls.[49] Schwere Verstöße sind u. a. die vorsätzliche Tötung und rechtswidrige Verschleppung oder Verschickung. Ein internationaler Konflikt liegt wie gesehen derzeit nicht vor, weil er nach der Begriffsbildung in den Rotkreuzab-

---

recht, § 65 Rn. 14 bezüglich der Art. 3 der Rotkreuzabkommen, also der Regelungen zu den nicht-internationalen Konflikten.

45 Abgedruckt in Sartorius II, Nr. 48.

46 Abgedruckt in Sartorius II, Nr. 54.

47 Abgedruckt in Sartorius II, Nr. 54b.

48 Wenn diese einengenden Voraussetzungen nach Art. 1 Abs. 1 des II. Zusatzprotokolls nicht vorliegen, kann man jedoch immer noch auf Art. 3 der Rotkreuzabkommen abstellen, *Ipsen*, Völkerrecht, § 65 Rn. 16.

49 Abgedruckt in Sartorius II, Nr. 54a.

kommen die Beteiligung von mindestens zwei Staaten an den Konflikten voraus-setzt.[50] Im Umkehrschluss aus Art. 146 f. des IV. Rotkreuzabkommens wird gefolgert, dass die Bestimmungen über Mindeststandards in den nicht-internationalen Konflikten nach Art. 3 der Rotkreuzabkommen und das II. Zusatzprotokoll keine völkerrechtliche Grundlage für universelle Strafgewalt darstellten.[51] Dann dürfte das Strafgericht insoweit nicht aburteilen; insoweit wäre bereits seine Errichtung unzulässig. Jedoch ist zu erwägen, ob sich nicht auch insoweit völkergewohnheitsrechtlich eine universelle Strafbarkeit entwickelt hat.[52] Zumindest scheint der Sicherheitsrat in seiner Resolution zur Errichtung eines Strafgerichts in Rwanda davon auszugehen, weil er dort die Bestimmungen des Art. 3 der Rotkreuzabkommen und des II. Zusatzprotokolls als Straftatbestände einordnet. Der Sicherheitsrat durfte daher hier das II. Zusatzprotokoll als Straftatbestand heranziehen.

Schließlich zählen zur Zuständigkeit des Strafgerichts noch Verbrechen gegen die Menschlichkeit. Insoweit fehlt es an einer völkervertraglichen Grundlage. Indes setzte mit den Nürnberger Tribunalen nach dem 2. Weltkrieg eine Praxis ein, die sich zu Völkergewohnheitsrecht entwickelt hat. Die Nürnberger Prinzipien für die Strafbarkeit werden als Völkergewohnheitsrecht angesehen.[53] Für die Einordnung als Gewohnheitsrecht trotz der verhältnismäßig geringen Praxis spricht, dass die durch die Verbrechen gegen die Menschlichkeit geschützten Rechtsgüter Teil der anerkannten Menschenrechte sind. Außerdem entsprechen sie weitgehend kodifizierten Vorschriften, nämlich Art. 3 der Rotkreuzabkommen.[54] Bedenken wegen einer fehlenden Bestimmtheit der Straftatbestände stellen sich ausnahmsweise ebenso wenig, weil damit eindeutige Straftatbestände wie Mord, Versklavung, Folter oder Vergewaltigung gemeint sind[55] und kodifizierte Vorschriften, wie etwa der bereits angeführte Art. 3 der Rotkreuzabkommen, elementare Erwägungen der Menschlichkeit wiedergeben.[56] Schließlich kann auch davon ausgegangen werden, dass Delikte wie Totschlag, Vergewaltigung und andere Gewaltverbrechen auch nach dem inländischen Recht Bellums strafbar sind.[57]

---

50 Das ist kein Widerspruch zur oben für Art. 39 Satzung der Vereinten Nationen festgestellten Bedrohung des Weltfriedens. Insoweit unterscheiden sich die Begriffe in der Satzung der Vereinten Nationen und im Rotkreuzabkommen. Die Bejahung einer Bedrohung des Friedens im Sinne der Satzung der Vereinten Nationen ist nicht vom Vorliegen eines internationalen Konfliktes im Sinne der Rotkreuzabkommen abhängig.

51 So z. B. Oeter, ZaÖRV 1993, 1 (30).

52 So wohl Triffterer, Völkerstrafrecht, in: Ergänzbares Lexikon des Rechts, Strafrecht 8/1875 (April 1997), S. 12.

53 Vgl. *Hollweg*, JZ 1993, 980 (986).

54 *Oellers-Frahm*, ZaöRV 1994, 416 (425). Kritisch *Schröder* in: Graf Vitzthum (Hrsg.), Völkerrecht, 7. Abschnitt Rn. 52; *Tomuschat*, AVR 1983, 289 (294) wegen einer fehlenden hinreichenden Staatspraxis. Ablehnend gar *Gornig*, NJ 1992, 4 (8 f.).

55 Vgl. Art. 5 des Statuts des Internationalen Strafgerichts für das ehemalige Jugoslawien, EA 1994, D 89 (D 90), Art. 3 des Statuts des Internationalen Gerichts für Rwanda, VN 1995, 40 (40).

56 *Ipsen*, Völkerrecht, § 65 Rn. 14. Der IGH, ICJ Reports 1949, 4 (22) – Korfu Kanal, bezeichnet solche elementaren Erwägungen der Menschlichkeit als allgemein anerkannte Prinzipien.

57 So haben die Rwanda und Jugoslawien-Tribunale zur Rechtfertigung der Strafbarkeit auch auf das nationale Strafrecht hingewiesen, vgl. ICTR, Urteil vom 6. 12. 1999, ICTR-96–3, Tz. 88; ICTY, Urteil vom 16. 11. 1998, IT-92–21, Tz. 312.

Ergebnis: Der Sicherheitsrat hat seine Handlungsbefugnisse mit der Errichtung eines Internationalen Strafgerichtshofes für Bellum zur Aburteilung von Verbrechen gegen das humanitäre Völkerrecht nicht überschritten. Damit ist die aus dem Statut des Strafgerichtshofes folgende Verpflichtung zur Auslieferung gemäß Art. 103 Satzung der Vereinten Nationen vorrangig zur Verpflichtung aus dem bilateralen Auslieferungsabkommen.

2. Verletzung der Immunität?

Die Auslieferung könnte gegen eine Immunität des Lojanov verstoßen. Er könnte als Diplomat oder als Staatsoberhaupt vor der Gerichtsbarkeit anderer Staaten immun sein. Daraus könnte dann weiterhin auch die Immunität vor der Strafverfolgung durch Internationale Strafgerichte folgen, da ein solches Gericht nur quasi gebündelt die nationale Strafhoheit ausübte.

Voraussetzung dieser Erwägungen ist zunächst, dass Lojanov überhaupt Immunität genießt. Er wurde vom Staatsoberhaupt des Staates Peius eingeladen. Allein dadurch erhält Lojanov noch keine diplomatische Immunität, die auch von Drittstaaten gemäß Art. 40 der Wiener Diplomatenrechtskonvention[58] bei der Durchreise zu respektieren gewesen wäre. Denn zum einen Bedarf es für die Stellung als Diplomat einer Notifizierung, zum anderen gilt die Diplomatenrechtskonvention nur im Verkehr zwischen Staaten. Auf die Stellung als Sonderbeauftragter oder Sondergesandter (*ad hoc*-Diplomat) deutet ebenfalls nichts hin.[59] Lojanov könnte daher allenfalls Immunität als fremdes Staatsoberhaupt zukommen. Staatsoberhäupter sind hinsichtlich ihrer in hoheitlicher Eigenschaft vorgenommenen Handlungen dauerhaft und hinsichtlich ihrer Privatakte nur für die Zeit als Staatsoberhaupt vor der Gerichtsbarkeit *anderer* Staaten immun.[60] Lojanov ist kein Repräsentant des Staates Bellum. Er kann auch nicht als Repräsentant eines neuen Staates oder eines anderen Völkerrechtssubjektes angesehen werden. Denn ein neuer Staat im Süden von Bellum ist nicht entstanden. Zwar übt Lojanov durch seine Truppen dort derzeit effektive Herrschaft aus. Es bedarf aber einer Verfestigung, um den Untergang des Völkerrechtssubjekts Bellum insoweit bzw. das Entstehen eines neuen Staates anzunehmen. Ein neuer Staat wurde auch gar nicht ausgerufen noch anerkannt, unbeschadet der Frage, ob das Voraussetzung für das Entstehen eines neuen Staates wäre. Laut Sachverhalt streben die Bürgerkriegsparteien auch nicht den Zerfall des Staates Bellum und die Bildung eigener Staaten an, sondern kämpfen um die Vorherrschaft in Bellum.

Immunität könnte dem Lojanov daher nur als Oberhaupt und damit Repräsentant eines *de facto*-Regimes zukommen. Für das Vorliegen einer partiellen Völkerrechts-

---

58 Abgedruckt in Sartorius II unter Nr. 325.

59 Diese Stellung bedürfte ohnehin der Zustimmung beider Seiten, d. h. des Empfängers und des Entsenders, und würde Dritte nicht binden, vgl. *Fischer* in: *Ipsen*, Völkerrecht, § 36 Rn. 6. Insoweit dürfte die Konvention über Spezialmissionen Völkergewohnheitsrecht sein, *Dahm/Delbrück/Wolfrum*, Völkerrecht, Band I/1, S. 298.

60 Vgl. IGH, Urteil vom 14. 2. 2002, Democratic Republic of the Congo v. Belgium, abgedruckt in Dörr, Kompendium völkerrechtlicher Rechtsprechung, 2004, S. 739 ff. Dazu *Weiß*, JZ 2002, 696. Nach Ablauf der Amtszeit kann auch ein Staatsoberhaupt für Privates zur Verantwortung gezogen werden.

subjektivität der Bürgerkriegsfraktion auch ohne explizite Anerkennung[61] spricht, dass sie derzeit die effektive Herrschaft über einen Teil des Staatsgebietes von Bellum ausübt. Die Effektivität des Völkerrechts zwingt, diese Machtkonstellation anzuerkennen, da die Zentralregierung von Bellum für dieses Gebiet keinen Schutz ausländischer Staatsangehöriger mehr garantieren kann. Diesbezügliche Verhandlungen müssen daher mit dem dort herrschenden Regime direkt geführt werden können. Selbst wenn man die Voraussetzungen für das Vorliegen eines *de facto* Regimes annimmt, was vorliegend Zweifeln begegnet, weil dafür auch eine gewisse Stabilisierung nötig ist, bleibt weiterhin problematisch, ob Vertreter solcher Regimes diplomatische Immunität als Sonderbotschafter oder Repräsentant genießen. Im Rahmen der Diplomatenrechtskonvention genießen Diplomaten und Gesandte eines vom Durchreisestaat nicht anerkannten Entsendestaates bzw. *de facto*-Regimes im Durchreisestaat keine Immunität genießen.[62] So liegt es hier: Der Durchreisestaat Peius hat bisher eine Anerkennung des Regimes des Lojanov nicht ausgesprochen. Diese Handhabung im Rahmen der Diplomantenrechtskonvention spricht dafür, dass eine Regel über die Gewährung von Immunitäten an Gesandte von Aufständischen und *de facto*-Regimes auch im Völkergewohnheitsrecht nicht besteht. Dass Vertretern von Befreiungsorganisationen wie der PLO von manchen Staaten und der UNO diplomatische Vorrechte gewährt werden, kann nicht auf ganz andere Sachverhalte, nämlich Aufständische und *de facto*-Regime, übertragen werden. Eine Regel des Völkergewohnheitsrechts über die Immunität von Vertretern solcher Gruppierungen zeichnet sich noch nicht ab.[63]

Lojanov steht daher im Staate Peius keine Immunität zu. Seine Auslieferung verstößt auch unter diesem Aspekt nicht gegen Völkerrecht.

Selbst wenn man dies anders beurteilte und dem Lojanov eine Immunität zuerkennen wollte, stellte sich kein anderes Ergebnis ein. Denn selbst eine Immunität dürfte kein Hindernis für eine Auslieferung darstellen. Art. IV der Konvention über die Verhütung und Bestrafung des Völkermordes[64] sieht nämlich vor, dass die Strafbarkeit für Völkermord auch gilt für regierende Personen und Staatsoberhäupter, also unbeschadet ihrer Immunität. Die Immunität schützt nicht vor der Strafbarkeit für Kriegsverbrechen und ist insoweit gewohnheitsrechtlich eingeschränkt, zumindest soweit es um die Strafbarkeit vor internationalen Gerichten geht.[65] Denn die Statuten der ad hoc Strafgerichte für Jugoslawien und Rwanda (vgl. deren Art. 7 Abs. 2 und 6 Abs. 2) als auch das Statut des Internationalen Strafgerichtshofes (Art. 27)[66] schließen die Immunität als Strafverfolgungshindernis explizit aus. Die strafrechtliche Verantwortung ist unabhängig von einer Immunität. Auch der IGH hat jüngst klargestellt, dass die Immunität von Regierungsmitgliedern ihrer Bestrafung durch internationale Gerichten in keiner Weise entge-

---

61 Die man hier aber in der Einladung durch das Staatsoberhaupt von Peius sehen könnte. Dies würde dann aber nicht gegenüber Tartulia wirken. Ob die Anerkennung Voraussetzung völkerrechtlicher Rechtsfähigkeit ist, ist bei de facto-Regimen strittig.

62 *Dahm/Delbrück/Wolfrum*, Völkerrecht, Band I/1, S. 286; *Frowein*, Das de facto-Regime im Völkerrecht, S. 184.

63 Vgl. *Hollweg*, JuS 1994, 409 (411).

64 Abgedruckt bei *Randelzhofer* unter Nr. 14.

65 *Oellers-Frahm*, ZaöRV 1994, 416 (430); vgl. auch BVerfG NJW 1998, 50 (53).

66 Abgedruckt in Sartorius II, Nr. 35.

gensteht.[67] Schließlich geht es bei den Strafvorwürfen um die Verletzung grundlegender Normen des Völkerrechts, die nicht durch die völkerrechtliche Immunität gedeckt werden kann. Die Immunität ist nötig im Interesse der internationalen Beziehungen. Eine Strafverfolgung durch ein internationales Gericht und gerade nicht durch ein nationales Gericht stellt insoweit keine Gefährdung dar, so dass auch der Grund für eine Immunitätsgewährung ausscheidet. Daher kann auch eine allfällige Auslieferung, die dem Ziel dient, den Verbrecher einer entsprechenden Strafverfolgung zuzuführen, nicht als Verstoß gegen die Immunität eingeschätzt werden.

Gesamtergebnis: Die Klage zum IGH ist nicht erfolgreich. Ein Verstoß gegen Völkerrecht ist in der Auslieferung nicht zu erkennen.

---

67 IGH (Fn. 60), Tz. 61.

Fall 10: Für eine freie Walachei!

Im südeuropäischen Staat Grobia lebt der Stamm der Walachen, ein Volk, das sich von der übrigen homogenen Bevölkerung ethnisch, kulturell und vor allem religiös deutlich unterscheidet. Die wirtschaftliche Lage der Volksangehörigen ist regelmäßig schlecht, da sie von der Regierung des Staates Grobia benachteiligt werden. In Regionen, in denen der Anteil der Walachen relativ hoch ist, wird die Ausbildung vom Staat völlig unzureichend organisiert. Walachen sind vom Zugang zu staatlichen Ämtern und Positionen rechtlich und faktisch ausgeschlossen. Gerichtliche Hilfe wird ihnen regelmäßig verweigert; die Polizei kümmert sich nicht um Gewalttaten gegen Walachen. Das Volk ist auch nicht durch eigene Mandatsträger auf der politischen Ebene vertreten. Die Organisation der Walachen bemüht sich seit vielen Jahrzehnten um eine Gleichstellung der Walachen mit den anderen Staatsangehörigen, ist offiziell aber als terroristische Organisation verboten. Nachdem die friedlichen Bemühungen nicht erfolgreich sind, formiert die Organisation der Walachen eine Kampftruppe. Ihr Ziel ist es, die Stellung der Walachen als eine anerkannte Minderheit mit einer eigenständigen Verwaltung und Autonomierechten innerhalb des Staates Grobia durchzusetzen. Es gelingt ihr nach wochenlangen Kämpfen, die Kontrolle über größere Teile der östlichen Region Grobias zu erringen, in der die meisten Walachen leben. Die Organisation ruft die Staaten zur Unterstützung ihrer Bewegung für eine »Region freie Walachei« auf. Die Walachen berufen sich auf ihr Selbstbestimmungsrecht als Volk.

Die Regierung von Grobia weist daraufhin ihre Truppen an, die Aktionen der walachischen Kämpfer unter allen Umständen und ohne Rücksicht auf Verluste zu einem Ende zu bringen. Um den Rückhalt der Untergrundkämpfer bei den Stammesangehörigen zu untergraben, gehen die Truppen gezielt gegen Zivilpersonen vor und beginnen mit der systematischen Zerstörung der Dörfer und Wohnsiedlungen der Walachen. Die Mehrzahl der dabei gefassten Männer im wehrfähigen Alter wird umgebracht. In ihrer Not beschließen die Untergrundkämpfer, Gift in den in die Hauptstadt Grobias fließenden Fluss einzubringen, um die Trinkwasserversorgung der Hauptstadt zu gefährden. Da die Hauptstadt Grobias unmittelbar an der Grenze zum Nachbarstaat Runix liegt, trägt der Fluss das Gift in das Nachbarland, so dass dort ebenfalls einzelne Menschen verletzt werden und die Wasserversorgung einige Tage lang eingeschränkt werden muss. Runix verlangt daraufhin Schadensersatz für die erlittenen Verletzungen und Schäden an der Trinkwasserversorgung. Runix bricht ferner die diplomatischen Beziehungen mit Grobia ab.

Die internationale Gemeinschaft ist mittlerweile empört über das Vorgehen der Truppen Grobias gegen die Walachen. Im Sicherheitsrat der Vereinten Nationen wird über geeignete Schritte diskutiert. Nachdem diplomatische Interventionen ergebnislos verlaufen, will die NATO militärisch eingreifen, um den »unerträglichen Bruch des Völkerrechts« und die Auslöschung des Volks der Walachen zu verhindern. Der Generalsekretär der NATO hält ein sofortiges Handeln für notwendig; bis der Sicherheitsrat tätig werde, könne nicht abgewartet werden. Als überwiegend europäischer Organisation komme der NATO die primäre Verantwortung zu, solche Situationen sozusagen vor ihrer Haustür zu bereinigen.

Unterdessen will der Staat Runix dem Hilfeersuchen der Organisation der Walachen Folge leisten und erwägt Waffenlieferungen und andere Unterstützung der Walachen. Der Staat Militaria will demgegenüber die guten Beziehungen mit Grobia ausbauen und steht dem Militär Grobias sogleich mit eigenen Truppen bei. Grobia ist dies sehr willkommen. Die Regierung von Grobia widersetzt sich im übrigen allen Einmischungen in ihre inneren Angelegenheiten. Der Regierungssprecher verkündet, dass die Walachen eine Bande von Terroristen seien und die Bereinigung dieser internen Krise eine rein innerstaatliche Angelegenheit Grobias sei. Die Hilfe anderer Staaten bei der Bekämpfung der Terroristen sei höchst willkommen.

Vermerk für den Bearbeiter

1. Ist der Anspruch des Staates Runix auf Schadenersatz begründet?

2. Verstößt der Abbruch der diplomatischen Beziehungen durch Runix gegen Völkerrecht?

3. Wie ist das Verhalten Militarias und die beabsichtigte Hilfe von Runix an die Walachen völkerrechtlich zu bewerten?

4. Darf die NATO völkerrechtlich gesehen gegenwärtig militärisch eingreifen?

Lösung zu Fall 10: Für eine freie Walachei!

A. Frage 1

Ein Anspruch auf Schadensersatz ergibt sich nicht aus Völkervertragsrecht. Die Haftungsbestimmung des Art. 91 I. Zusatzprotokoll zu den Rotkreuzabkommen,[1] der eine Schadensersatzverpflichtung für Verletzungen des Zusatzprotokolls vorsieht, ist nicht einschlägig. Zwischen Grobia und Runix besteht kein internationaler Konflikt. Andere vertragsrechtliche Grundlagen sind nicht ersichtlich. Die ILC-Konvention über die Staatenverantwortlichkeit ist noch nicht in Kraft getreten.[2] Der Anspruch kann sich jedoch aus den völkergewohnheitsrechtlichen Grundsätzen über das völkerrechtliche Delikt ergeben, wie sie auch der ILC-Konvention zugrunde liegen. Dazu ist Voraussetzung, dass ein Völkerrechtssubjekt, der Verantwortliche und damit Schadensersatzverpflichtete, gegenüber einem anderen Völkerrechtssubjekt einen Völkerrechtsbruch begangen hat, durch den ein geschütztes Rechtsgut des Geschädigten verletzt wurde und ein Schaden entstanden ist.

I. Völkerrechtliche Deliktsfähigkeit

Sowohl der geschädigte Staat (Anspruchsteller) als auch der verantwortliche Staat (Anspruchsgegner) müssen Völkerrechtssubjekte sein. Das ist hier mit den Staaten Grobia und Runix gegeben, weil Staaten sog. geborene Völkerrechtssubjekte sind.[3] Die aktive Völkerrechtsfähigkeit des Anspruchstellers und die passive des Anspruchsgegners liegen vor.

II. Völkerrechtsverstoß

Die Verantwortlichkeit wird durch die Verletzung einer völkerrechtlichen Verpflichtung des verantwortlichen Staats begründet, Art. 2 lit. b) der Staatenverantwortlichkeitskonvention. Solche Völkerrechtsbrüche, die eine Staatenverantwortlichkeit auslösen, können sowohl Verstöße gegen völkerrechtliche Verträge, gegen Völkergewohnheitsrecht oder Allgemeine Rechtsgrundsätze des Völkerrechts sein.[4] Das relevante Verhalten, um das es hier geht, ist die Einleitung von Gift in den Grenzfluss durch die Walachen. Dieses Verhalten ist völkerrechtlich zu würdigen.

---

1 Abgedruckt in Sartorius II, Nr. 54a.
2 Abgedruckt als GV-Resolution in Sartorius II, Nr. 6. Der Umstand, dass die Generalversammlung den Text angenommen hat, verleiht ihm keinerlei rechtliche Bindungswirkung. Darin spiegelt sich aber weitgehend das geltende Gewohnheitsrecht wieder.
3 Daneben gibt es noch gekorene Völkerrechtssubjekte, die ihre Subjektstellung erst durch Anerkennung erfahren, wie etwa Internationale Organisationen. Die Staatenverantwortlichkeitskonvention gilt nach ihrem Art. 1 nur für Staaten.
4 *Kunig*, Jura 1986, 344 (344).

1. Völkerrechtsbruch

Hier könnte ein Verstoß gegen Völkergewohnheitsrecht vorliegen, und zwar der völkergewohnheitsrechtlichen Verpflichtung zu guter Nachbarschaft. Zahlreiche Staaten haben sich in bilateralen Verträgen zu guten nachbarschaftlichen Beziehungen verpflichtet. Jedoch belegt die Existenz solcher Übereinkommen gerade, dass es sich in dieser Reichweite keineswegs um ein völkergewohnheitsrechtliches Prinzip handelt. Die bloße Tatsache übereinstimmender Verträge erzeugt noch kein Gewohnheitsrecht.[5] Das Prinzip der nachbarschaftlichen Rücksichtnahme ist daher selbst kein Rechtssatz, aus dem sich Verhaltenspflichten gewinnen lassen, sondern vielmehr ein Auslegungsmaßstab für anderweitig festgestellte Normen.

Es ist daher nach konkreteren Aussagen des völkerrechtlichen Nachbarrechts zu suchen. Das völkerrechtliche Nachbarrecht gibt vor, dass kein Staat sein Territorium so nutzen darf, dass ein Nachbar dadurch *erheblich* in Mitleidenschaft gezogen wird. Es gilt das Gebot des *neminem laedere*.[6] Die Souveränität eines Staates, auf seinem Territorium beliebig zu verfahren, findet ihre Grenze dort, wo auf das Staatsgebiet eines anderen Staates eingewirkt wird. Kein Staat darf sein Gebiet und damit auch die auf seinem Gebiet liegenden Flüsse in einer Weise nutzen, dass andere Flußanrainer geschädigt werden[7]. Die Souveränität geht nicht so weit, dass ein Staat auf seinem Territorium tun und lassen kann, was er will. Ein solch absoluter Begriff der Souveränität führt in die Irre, weil diese Absolutheit auch dem beeinträchtigten Nachbarstaat in gleicher Weise zuerkannt werden müsste. Gleichwertige Positionen sind in Einklang zu bringen, was nur in der Weise geschehen kann, dass die Staaten bei der Ausübung ihrer Souveränität auf ihrem Staatsgebiet Rücksicht auf mehr als nur unerhebliche grenzüberschreitende Auswirkungen nehmen müssen. Die Souveränitätsansprüche beider Nachbarstaaten können nur auf diese Weise miteinander in Einklang gebracht werden. Das Verständnis der Harmon-Doktrin, wonach ein Oberlieger eines Flusses aufgrund seiner Gebietshoheit solange den Fluss beliebig nutzen dürfe, als beide Flussufer auf seinem Territorium liegen, und damit unabhängig von den Auswirkungen auf den Unterlieger, reflektiert diesen Umstand nicht hinreichend. Sie wurde daher auch von den USA selbst aufgegeben.[8] Ob das Schädigungsverbot dabei als ein Allgemeiner Rechtsgrundsatz des Völkerrechts oder als Satz des Völkergewohnheitsrechts[9] eingeordnet wird, ist unerheblich.[10]

Die Gebietshoheit und die Handlungsfreiheit als Ausfluss der Souveränität des Staates, der für die Umweltbeeinträchtigung verantwortlich ist, muss daher mit dem Anspruch auf Achtung der territorialen Integrität des betroffenen Staates, für diesen ebenfalls Ausfluss seiner Souveränität,[11] in einen Ausgleich gebracht

---

5 *Verdross/Simma*, Universelles Völkerrecht, § 580.
6 So bereits im Trail-Smelter-Schiedspruch (1938/41) angeführt, vgl. *Graf* Vitzthum in: ders. (Hrsg.), Völkerrecht, 5. Abschnitt Rn. 95.
7 *Randelzhofer*, Jura 1992, 1 (3).
8 *Graf* Vitzthum in: ders., (Hrsg.), Völkerrecht, 5. Abschnitt Rn. 94.
9 So *Epiney*, AVR 1995, 309 (318).
10 Zu diesem Streit *Graf* Vitzthum in: ders., (Hrsg.), Völkerrecht, 5. Abschnitt Rn. 95.
11 Vgl. *Bryde*, AVR 1993, 1 (2 ff.).

werden. Jedoch kann nicht die Unterlassung unwesentlicher grenzüberschreitender Beeinträchtigungen verlangt werden. Das hätte bei dem heutigen Stand der Industrialisierung ein absolutes Verbot industrieller Aktivität zur Folge.[12] Die Beeinträchtigungen müssen vielmehr erheblich sein.[13] Zwar zeichnet sich ein gewisser Wandel ab, der auf das Erheblichkeitserfordernis verzichten will. So fehlt das Erheblichkeitskriterium in Prinzip 21 der Stockholmer Deklaration von 1972, ferner in Prinzip 2 der Rio Umwelt-Erklärung von 1992 und auch im IGH-Gutachten zum Nukleareinsatz.[14] Auch nach dieser Auffassung unterfällt aber nicht jede grenzüberschreitende Beeinträchtigung dem Verdikt der Rechtswidrigkeit. Insbesondere will man nicht der absoluten territorialen Integrität zur Anerkennung verhelfen. Sondern die Absicht dieser neueren Auffassung ist, an die Wahrscheinlichkeit von Beeinträchtigungen Präventionspflichten zu knüpfen. Dogmatisch aber ist es notwendig, zwischen Verboten und der Pflicht zur möglichst frühen Berücksichtigung von Umweltbelangen zu unterscheiden. Angesichts der Staatspraxis gilt gewohnheitsrechtlich nach wie vor nur ein Verbot der erheblichen Umweltschädigung.

Schwierig ist die Bestimmung der Erheblichkeitsschwelle. Bedenkt man, dass der völkerrechtliche Umweltschutz, der aus dem Nachbarrecht resultiert, anthropozentrisch ist, sich also um die Sicherung der menschlichen Bedürfnisse bemüht,[15] dann ist die Erheblichkeit einer Beeinträchtigung auf jeden Fall dann zu bejahen, wenn unmittelbar die Gesundheit oder gar das Leben von Menschen auf dem Spiel stehen. Das ist bei der Einbringung von Gift in einen Fluss und bei der damit einhergehenden Bedrohung für menschliches Leben anzunehmen.

Ein Völkerrechtsbruch liegt somit vor. Die Verpflichtung bestand gerade auch gegenüber dem verletzten Nachbarstaat Runix, vgl. Art. 42 Staatenverantwortlichkeitskonvention.

2. Zurechenbarkeit

a) Staatenverantwortlichkeit für das Verhalten Privater

Voraussetzung der Staatenverantwortlichkeit ist ferner, dass der Völkerrechtsbruch dem Staat zurechenbar ist, vgl. Art. 2 lit. a) Staatenverantwortlichkeitskonvention. Der Staat haftet grundsätzlich nur für Verhalten seiner Organe, weil nur dieses von ihm ausgeht, nicht aber für das Verhalten Privater. Als Organe zählen dabei nicht nur die Repräsentanten des Staates, sondern jede Stelle, die öffentliche Gewalt ausübt oder im Eigentum der öffentlichen Hand steht. Der Staat ist daher auch verantwortlich für die Entscheidungen von Gerichten, obgleich er auf deren

---

12 So zurecht *Epiney*, AVR 1995, 309 (334 Fn. 109).
13 Maßgeblich dafür war der Fall Trail Smelter, AJIL 1941, 684. S. auch den Lac Lanoux Fall, AJIL 1957, 156; *Graf* Vitzthum in: ders., (Hrsg.), Völkerrecht, 5. Abschnitt Rn. 95. Das Schädigungsverbot mag zwar keiner Abwägung unterliegen, sondern einer eindeutigen Grenzziehung, so *Bryde*, AVR 1993, 1 (5); *Epiney*, AVR 1995, 309 (322 Fn. 54). Funktionell ist das Kriterium der Erheblichkeit doch eines der Abwägung.
14 IGH, ICJ Rep 1996, 241 f – Legality of the Threat or Use of Nuclear Weapons.
15 *Nettesheim*, AVR 1996, 168 (199) weist darauf hin, dass der völkerrechtliche Umweltschutz nur über andere Rechtsgüter erfolgt.

Inhalt wegen der richterlichen Unabhängigkeit keinen Einfluss hat, vgl. Art. 4–7 Staatenverantwortlichkeitskonvention.

Es waren nicht Organe des Staates Grobia, die das Gift eingeleitet haben, sondern die Organisation der Walachen. Letztere ist kein Organ des Staates. Schließlich befinden sich die Walachen gerade im Kampf mit den Regierungstruppen Grobias.

Die Zurechnung des Verhaltens Privater zu einem Staate kann hier ebenso wenig dadurch begründet werden, dass staatliche Organe dieses Verhalten fördern, unterstützen, sich zunutze machen oder nachträglich billigen. Eine solche Kontrolle (vgl. Art. 7 Staatenverantwortlichkeitsresolution) lag ersichtlich nicht vor. Eine weitere Möglichkeit, dem Staat das Verhalten aufständischer Gruppen zuzurechnen, ist dann gegeben, wenn die revolutionäre Gruppe erfolgreich ist und die Regierung im Staate übernimmt. Die Aktionen der rebellischen Gruppe gelten dann von Anfang an als Handlungen des Staates.[16] Letzteres ist auch nicht einschlägig.

Dem Staat Grobia kann somit das Verhalten der rebellischen Gruppierung nicht zugerechnet werden.

b) Staatenveranwortlichkeit infolge Unterlassens

Man kann dem Staat Grobia zwar nicht das Einleiten des Giftes als ein aktives Tun vorwerfen, jedoch einen zurechenbaren Völkerrechtsverstoß in Form eines Unterlassens zu begründen versuchen. Ein völkerrechtliches Delikt kann nicht nur durch ein aktives Handeln, sondern auch durch ein Unterlassen eines gebotenen Tätigwerdens begangen werden (vgl. Art. 2 Staatenverantwortlichkeitskonvention). So kann gerade im völkerrechtlichen Nachbarrecht dem Staat ein Vorwurf aufgrund von Verhaltensweisen Privater gemacht werden, weil die staatlichen Organe ein Einschreiten unterlassen haben. Dem Staat können Handlungen seiner Jurisdiktion unterliegender Einzelpersonen zugerechnet werden, weil er ein gebotenes Verhalten unterlassen hat.[17] Die Haftung des Staates resultiert dann nicht aus der Zurechnung von Verhaltensweisen Privater, sondern aus dem Versagen seiner eigenen Organe. Maßstab für das vom Staat zu fordernde Verhalten ist die sog. *due diligence*. Danach ist die gebotene Sorgfalt an den Tag zu legen. Der Staat hat dafür Sorge zu tragen, dass Private nicht den völkerrechtlichen Standard verletzen.[18] Diese Überlegung begründet jedoch keine Gefährdungshaftung des Staates, sondern setzt nach wie vor voraus, dass der Staat sich rechtswidrig, d. h. unter Verletzung einer Sorgfaltspflicht, verhalten hat.[19]

Zu fragen ist daher, welches Verhalten hier geboten war und unterlassen wurde. Ansatzpunkte für ein in diesem Sinne vorwerfbares Unterlassen bestehen hier nicht. Den Behörden Grobias wurde das Einleiten von Gift durch die Walachen nicht bekannt. Sie haben daher nicht einschreiten können. Man könnte allenfalls in einer unterlassenen Warnung an den Nachbarstaat Runix einen Völkerrechtsbruch sehen. Doch setzt auch das voraus, dass die Behörden Grobias rechtzeitig

---

16 Art. 10 Staatenverantwortlichkeitskonvention.
17 Vgl. *Schröder* in: Graf Vitzthum, (Hrsg.), Völkerrecht, 7. Abschnitt, Rn. 25.
18 *Epiney*, AVR 1995, 309 (319, Fn. 42).
19 Vgl. *Epiney*, AVR 1995, 309 (356).

von der Vergiftung Kenntnis erhielten. Davon kann man hier nicht ohne weiteres ausgehen. Die Vergiftung des Flusses blieb den Behörden Grobias solange verborgen, bis sich erste Beschwerden bei den Bürgern einstellten. Eine Warnung an den Nachbarstaat war dann nicht mehr möglich, da der Fluss das Gift bereits weitergetragen hatte.

Damit scheidet ein völkerrechtliches Delikt aus. Die übrige Voraussetzungen eines völkerrechtlichen Deliktes (fehlendes Eingreifen eines Rechtfertigungsgrundes; dazu Art. 20 ff Staatenverantwortlichkeitskonvention, und Fortbestehen der Aktivlegitimation [Stichwort: Nationalität des Anspruchs], Art. 44 f Staatenverantwortlichkeitskonvention) sind daher nicht zu erörtern.[20]

Ergebnis: Die von Runix geltend gemachten Schadensersatzansprüche infolge eines völkerrechtlichen Delikts des Staates Grobia sind nicht begründet. Ein völkerrechtliches Delikt liegt nicht vor.

B. Frage 2

Der Abbruch diplomatischer Beziehungen wäre ein Verstoß gegen Völkerrecht, wenn sich aus dem Völkerrecht die Verpflichtung ergäbe, mit jedem anderen Staat diplomatische Beziehungen zu unterhalten. Das Völkerrecht ist grundsätzlich als Rechtsordnung gleichberechtigter Staaten konzipiert, die gemeinsam das sie bindende Recht setzen. Das setzt notwendigerweise voraus, dass die Staaten Beziehungen zueinander unterhalten. Dies erfolgt v. a. durch ständige Gesandtschaften, für deren Unterhaltung Diplomaten notwendig sind. Doch bedeutet das nicht, dass die Staaten dazu auch völkerrechtlich verpflichtet sind. Das Völkerrecht baut auf Gegenseitigkeit und Freiwilligkeit auf. Generell unterliegen die Staaten nur den Verpflichtungen, die sie freiwillig auf sich genommen haben. Eindeutig ist das im Völkervertragsrecht. Was das Völkergewohnheitsrecht angeht, sind die Staaten insoweit in dessen Herausbildung einbezogen, als es auf der Staatenpraxis, jedoch nicht notwendig jeden Staates, aufbaut. Doch auch insoweit gibt es eine Rücksichtnahme auf den eindeutig geäußerten Willen eines Staates: Ein Staat, der sich einer Norm des Völkergewohnheitsrechts beständig entgegenstellt (sog. *persistent objector*), erreicht damit zumindest, dass sie ihm gegenüber nicht gilt.[21] Dies belegt, wie sehr es im Völkerrecht auf die Freiwilligkeit der Staaten ankommt. Das gilt gerade im Bereich der guten Beziehungen zueinander, deren Ausdruck die Unterhaltung diplomatischer Beziehungen sind.

Für die Frage der Aufrechterhaltung diplomatischer Beziehungen lässt sich aus der Staatenpraxis kein gewohnheitsrechtlicher Satz ableiten, wonach die Unter-

---

20 Schaden und Kausalität sind recht besehen keine Voraussetzung für ein völkerrechtliches Delikt, sondern für den Schadensersatzanspruch. Das völkerrechtliche Delikt setzt kein Verschulden voraus, sondern begründet eine Haftung für objektiv rechtswidriges Verhalten. Es ist im Völkerrecht zumindest eine Tendenz in Richtung auf eine Erfolgshaftung festzustellen, vgl. *Verdross/Simma*, Universelles Völkerrecht, § 1267. Bei der Prüfung des Unterlassens fließen jedoch Erwägungen der subjektiven Vorwerfbarkeit in die Begründung der *due diligence* Anforderungen ein.

21 *Verdross/Simma*, Universelles Völkerrecht, § 558.

haltung diplomatischer Beziehungen eine Pflicht wäre. Staaten haben immer wieder diplomatische Beziehungen abgebrochen, ohne dass dieser Schritt als Völkerrechtsbruch gerügt worden wäre. Gerade die Aufnahme diplomatischer Beziehungen muss freiwillig erfolgen, weil ihr Zweck sonst hinfällig würde. Art. 2 WÜD setzt daher auch ein gegenseitiges Einvernehmen voraus. Diplomatische Beziehungen sind institutionalisierter Ausdruck guter Beziehung zwischen Staaten. Wenn diese Beziehungen aber nicht mehr gut sind, muss ein Staat die Möglichkeit haben, die Diplomaten abzuziehen. Der Abbruch diplomatischer Beziehungen ist daher allenfalls ein unfreundlicher Akt, nicht aber ein Völkerrechtsbruch. Daran ändert auch nichts der Umstand, dass der Aufnahme diplomatischer Beziehungen idR eine Vereinbarung zugrunde liegt, die Details der diplomatischen Mission regelt. Insoweit ist auch keinen Verstoß gegen Völkervertragsrecht zu sehen.

Ergebnis: Der Abbruch der diplomatischen Beziehungen ist kein Bruch des Völkerrechts.

C. Frage 3

Runix will dem Hilfeersuchen der Organisation der Walachen Folge leisten und erwägt Waffenlieferungen und andere Unterstützung der Walachen. Militaria demgegenüber steht dem Militär Grobias mit eigenen Truppen bei der Bekämpfung der Walachen bei.

I. Völkerrechtliche Bewertung des Verhaltens Militarias

Die völkerrechtliche Beurteilung hängt wesentlich davon ab, wie der Konflikt zwischen Grobia und den aufständischen Walachen eingeordnet wird. Handelt es sich um eine rein innerstaatliche Auseinandersetzung, wie es z. B. bei Gewalttaten von Verbrechern der Fall ist, dann steht die Art und Weise der Bekämpfung im Belieben des Staates Grobia. Völkerrechtliche Regeln sind – abgesehen von Menschenrechtsstandards und den Mindeststandards für nicht-internationale Konflikte nach Art. 3 der Rotkreuzabkommen – nicht zu beachten. Der Staat kann insbesondere Drittstaaten zur Hilfeleistung einladen.[22] Da Militaria seine militärische Hilfe im Einvernehmen mit der Regierung von Grobia erbringt, wäre eine Gewaltanwendung kein Bruch des Völkerrechts, insbesondere keine Verletzung des Gewaltverbots.

Eine Ausnahme von dieser Beurteilung wurde unter dem klassischen Völkerrecht nur gemacht, wenn ein Drittstaat die Aufständischen als Kriegführende anerkannt hat, was er erst tun durfte, wenn die Aufständischen einen substantiellen Anteil am Gebiet unter ihre Gewalt gebracht hatten und eine gewisse militärische Organisation aufwiesen.[23] Dann folgte für den Drittstaat aus der Anerkennung die Ver-

---

22 IGH ICJ Reports 1986, 14 (126 Tz. 246); *Zischg*, Nicht-internationaler bewaffneter Konflikt und Völkerrecht, S. 46.

23 Näher *Zischg*, Nicht-internationaler bewaffneter Konflikt und Völkerrecht, S. 50 f.

pflichtung, in dem Bürgerkrieg neutral zu bleiben.[24] Er durfte dem vom Bürgerkrieg betroffenen Staat (Konfliktstaat) nicht durch militärische Hilfeleistung beistehen, den Aufständischen ohnehin nicht. Auch der Konfliktstaat selbst konnte die Aufständischen als Kriegführende anerkennen. Das führte dazu, dass zwischen den Parteien humanitäres Völkerrecht auf den Konflikt anwendbar wurde und dass Drittstaaten sich beiden Seiten gegenüber neutral zu verhalten hatten. Es galt in den Beziehungen zwischen den Aufständischen und der Regierung völkerrechtliches Kriegsrecht.[25] Beides hing jedoch ab von der (konstitutiven) Anerkennung.

Diese klassische Bewertung wird indes zunehmend in Zweifel gezogen. Denn das Völkerrecht anerkennt seit dem Ersten Weltkrieg das Selbstbestimmungsrecht der Völker. Darunter ist das Recht eines Volkes zu verstehen, frei und ohne Einmischung von außen über seinen politischen Status zu entscheiden und seine wirtschaftliche, soziale und kulturelle Entwicklung zu gestalten. Diese Anerkennung eines Selbstbestimmungsrechts fand Ausdruck in Art. 1 Nr. 2 der Satzung der Vereinten Nationen, Art. 1 der beiden Internationalen Menschenrechtspakte[26] und detaillierter in Grundsatz V der Erklärung der UN-Generalversammlung über völkerrechtliche Grundsätze für freundschaftliche Beziehungen und Zusammenarbeit zwischen den Staaten im Sinne der Satzung der Vereinten Nationen, kurz: Friendly Relation Declaration.[27] Das Selbstbestimmungsrecht ist mittlerweile auch infolge der Rechsprechung des IGH eine echte Norm des Völkerrechts geworden, deren konkrete Rechtsfolgen indes umstritten bleiben.

Gestützt auf das Selbstbestimmungsrecht wird vorgetragen, dass bestimmte interne Konflikte, in denen Völker ihr Selbstbestimmungsrecht einzufordern versuchen, nicht mehr als innere Angelegenheit angesehen werden können. Das I. Zusatzprotokoll zu den Genfer Abkommen über den Schutz der Opfer internationaler bewaffneter Konflikte[28] regelt in Art 1 Abs. 3 i. V. m. Abs. 4, dass als internationale Konflikte auch solche bewaffneten Konflikte zählen, in denen Völker gegen Kolonialherrschaft, fremde Besetzung sowie gegen rassistische Regimes in Ausübung ihres Selbstbestimmungsrechts kämpfen. Zumindest letzteres liegt hier vor: Die Walachen als aufgrund ethnischer und kultureller Merkmale eigenes Volk werden von der Regierung Grobias benachteiligt und als Menschen zweiter Klasse behandelt. Die Regierung von Grobia ist ein rassistisches Regime. Dass die Befreiungsbewegung bereits eine effektive Kontrolle über einen Teil des Staatsgebiets ausübt, ist nicht nötig. Allenfalls wird ein gewisses Maß an Organisation und ein internes Disziplinarsystem gefordert aufgrund von Art. 96 Abs. 3 und Art. 43 Abs. 1 des I. Zusatzprotokolls, damit auch die Einhaltung der kriegsrechtlichen Normen gewährleistet werden kann.[29] Vom Vorliegen dieser Voraussetzungen kann man hier ausgehen.

---

24 *Verdross/Simma*, Universelles Völkerrecht, 3. Auflage 1984, § 404.
25 *Bothe* in: *Graf* Vitzthum (Hrsg.), Völkerrecht, 8. Abschnitt Rn. 120.
26 Abgedruckt in Sartorius II, Nr. 20 und 21.
27 Abgedruckt in Sartorius II, Nr. 4.
28 Abgedruckt in Sartorius II, Nr. 54a.
29 *Zischg*, Nicht-internationaler bewaffneter Konflikt und Völkerrecht, S. 40.

Daher wird ein Befreiungskrieg zumindest dann, wenn er wie hier unter eine der drei recht engen Kategorien des I. Zusatzprotokolls fällt, nicht mehr als interner Konflikt gesehen, sondern als ein internationaler. Dann wären die oben dargestellten Beurteilungsmaßgaben des klassischen Völkerrechts nicht weiter anwendbar. Drittstaaten können in einem internationalen Konflikt nicht ohne weiteres militärische Hilfe leisten, insbesondere nicht auf Seiten des Aggressors. Der Grundsatz V der Friendly Relations Declaration formuliert in Abs. 5, dass jeder Staat die Pflicht hat, Gewaltmaßnahmen zu unterlassen, die den Völkern ihr Selbstbestimmungsrecht entzieht. Ferner ist nach Abs. 1 und 2 dieses Grundsatzes jeder Staat zur Achtung und Förderung des Selbstbestimmungsrechts der Völker verpflichtet. Daraus kann man ein Verbot an alle Staaten folgern, dem Konfliktstaat, hier der Zentralregierung Grobias, im Kampf gegen Befreiungskämpfer beizustehen.

Andererseits ist zu berücksichtigen, dass die Stellung von Aufständischen und Befreiungskämpfern als partielles Völkerrechtssubjekt nach dem I. Zusatzprotokoll zu den Genfer Rotkreuzabkommen voraussetzt, dass das Organ der Befreiungskämpfer eine Erklärung abgibt, in der es sich verpflichtet, die Rotkreuzabkommen und das Protokoll einzuhalten, vgl. Art. 96 Abs. 3 I. Zusatzprotokoll.

Ferner dürfte in der soeben vorgestellten Einschätzung von Befreiungskriegen als internationale Konflikte kein Völkergewohnheitsrecht zum Ausdruck kommen.[30] Denn es fehlt insoweit an einer eindeutigen Staatenpraxis; die entsprechenden Generalversammlungsresolutionen sind auch gegen die Stimmen der westlichen Länder ergangen.[31] Nicht eindeutig ist ferner, ob Befreiungsbewegungen die völkerrechtliche Handlungsfähigkeit stets nur aufgrund einer Anerkennung zugebilligt wird.[32] Gegen das Erfordernis einer Anerkennung von Befreiungsbewegungen als Bewegungen zur Durchsetzung des Selbstbestimmungsrecht der Völker spricht, dass die Rechtslage dann letztlich gegenüber der bisherigen klassischen Ansicht des Völkerrechts nicht verändert würde. Denn die Anerkennung brachte auch nach dieser Ansicht die Verpflichtung zur Neutralität. Selbst wenn man einen berechtigten Befreiungskampf somit ohne Anerkennung der Befreiungsbewegung annähme, bleibt das Problem, dass die neuere Bewertung der Befreiungskriege noch nicht als gewohnheitsrechtlich gültig angesehen werden kann.

Somit ist davon auszugehen, dass der militärische Beistand, den Drittstaaten der Regierung Grobias leisten, nicht gegen Völkerrecht verstößt. Ein neuer Rechtssatz, wonach die Einmischung in solche Konflikte auch bei Einladung durch die Regierung verboten ist und Drittstaaten sich beiden Konfliktparteien gegenüber neutral zu verhalten haben, besteht noch nicht (a. A. gut vertretbar).[33]

---

30 *Ipsen*, Völkerrecht, § 66, Rn. 17; *Zischg*, Nicht-internationaler bewaffneter Konflikt und Völkerrecht, S. 42; sehr str.
31 Vgl. *Zischg*, Nicht-internationaler bewaffneter Konflikt und Völkerrecht, S. 41 f.
32 In diese Richtung *Verdross/Simma*, Universelles Völkerrecht, § 409. *Ipsen*, Völkerrecht, § 65 Rn. 9 hält die Anerkennung nicht mehr für erforderlich.
33 Etwa mit *Verdross/Simma*, Universelles Völkerrecht, § 411; *Zischg*, Nicht-internationaler bewaffneter Konflikt und Völkerrecht, S. 136 f., 158 ff.

II. Die beabsichtigte Hilfeleistung von Runix an die Befreiungsbewegung

Nach der oben bereits dargelegten Haltung des klassischen Völkerrechts durften Drittstaaten bei nicht-internationalen Konflikten allenfalls der Regierung des Staates militärische Hilfe zukommen lassen, auf keinen Fall aber dürften die Rebellen unterstützt werden. Das wäre eine unzulässige Einmischung in die inneren Angelegenheiten des Konfliktstaates gewesen und mit dem Gewaltverbot unvereinbar.[34]

Unter Berufung auf das Selbstbestimmungsrecht der Völker wird auch insoweit für eine veränderte Sichtweise plädiert: Aus dem Selbstbestimmungsrecht der Völker wird gefolgert, dass jede Regierung, die einem Volk das Selbstbestimmungsrecht der Völker verweigert und es nicht in die zumindest innere Unabhängigkeit, z. B. in Form der Selbstverwaltung, entlässt, gegen dieses Volk Gewalt ausübt, die gegen das Gewaltverbot des Art. 2 Nr. 4 Satzung der Vereinten Nationen verstößt.[35] Das Volk übt dann Selbstverteidigung.[36] Daher wäre jeder Staat berechtigt, dem seine Selbstbestimmung erkämpfenden Volk beizustehen. In diese Richtung weisen der Grundsatz V, 5. Absatz der Friendly Relations Declaration und Art. 7 a. E. der Resolution der Generalversammlung 3314 (XXIX) v. 14. 12. 1974 zur Definition des Begriffs Aggression.[37] Die Staaten würden kollektive Selbstverteidigung nach Art. 51 Satzung der Vereinten Nationen leisten.[38] Andere verweisen darauf, dass das Selbstbestimmungsrecht der Völker gleichberechtigt neben dem Gewaltverbot stünde (Art. 1 Nr. 2 und Art. 2 Nr. 4 Satzung der Vereinten Nationen) und damit die gewaltsame Durchsetzung des Selbstbestimmungsrecht der Völker nicht dagegen verstoßen könne.[39]

Für diese Betrachtung fehlt es jedoch an einer hinlänglichen Staatenpraxis und an einer allgemeinen entsprechenden Rechtsüberzeugung. Gewalt als Mittel zur Durchsetzung des Selbstbestimmungsrechts der Völker wurde nur bei Resolutionen der UN-Generalversammlung akzeptiert, die mit bloßer Mehrheit angenommen wurden.

Die militärische Unterstützung von Aufständischen verstößt daher grundsätzlich gegen das Gewaltverbot. Vertretbar ist auch, mit der klassischen Bewertung im Völkerrecht eine verbotene Einmischung in eine innere Angelegenheit anzunehmen. An dieser Bewertung ändert sich auch nichts, wenn man in Rechnung stellt, dass es der Befreiungsbewegung der Walachen nicht um die Ablösung vom Staat Grobia geht. Sie will keinen neuen Staat gründen, sondern nur ihre innere Selbstbestimmung durchsetzen, die ihnen einen gleichberechtigten Rechtszustand und gewisse Autonomierechte gibt. Doch auch diese berechtigten Forderungen erlau-

---

34 *Zischg*, Nicht-internationaler bewaffneter Konflikt und Völkerrecht, S. 47. So auch IGH, ICJ Reports 1986, 14 (124 Tz. 242, 126 Tz. 246) – Nicaragua.
35 Vgl. Grundsatz V, 5. Absatz der Friendly Relations Declaration.
36 So die Konsequenz aus einer Einschätzung der UN-Generalversammlung, s. *Bothe* in: Graf Vitzthum (Hrsg.), Völkerrecht, 8. Abschnitt, Rn. 20.
37 Sartorius II, Nr. 5. Der IGH hat diese Definition in die Nähe des Völkergewohnheitsrechts gestellt, IGH ICJ Reports 1986, 14 (10 Tz. 195) – Nicaragua.
38 Diese darf aber nicht aufgezwungen werden.
39 Näher zu diesen Stimmen *Verdross/Simma*, Universelles Völkerrecht, § 410.

ben nicht einen Verstoß gegen das Gewaltverbot durch einen hilfswilligen Drittstaat.

Jedoch könnte hier eine Ausnahme vom Gewaltverbot eingreifen, und zwar deswegen, weil Militaria bereits die Regierungstruppen unterstützt. Nach klassischem Verständnis begegnet diese Unterstützung keinen Bedenken (s. o. I.). Daran kann man – wie gesehen – Zweifel anmelden, soweit es in Bürgerkriegen um das Selbstbestimmungsrecht der Völker geht. Bezieht man ferner die Erwägung ein, dass Drittstaaten sich regelmäßig solange mit der militärischen Unterstützung für die Regierung zurückhalten, als die Aufständischen nicht in dieser Weise unterstützt werden,[40] dann könnte man in der Unterstützung Grobias durch Militaria einen Umstand sehen, der seinerseits zumindest von da an die Unterstützung der Aufständischen rechtfertigt. Diese Überlegung dürfte aber nur dann eingreifen, wenn die Walachen ein befriedetes de-facto-Regime darstellten, das in den Genuss des Gewaltverbots käme.[41] Diese Stabilisierung und Befriedung ist hier noch nicht erreicht. Von der Erlangung stabiler, effektiver Herrschaft über einen Teil des Staatsgebiets von Grobia kann man derzeit noch nicht ausgehen. Es lässt sich noch nicht absehen, ob die militärischen Erfolge der Walachen dauerhaft sind.

Ergebnis: Die beabsichtigte militärische Hilfe an die aufständischen Walachen verstößt gegen Völkerrecht.

D. Frage 4

Ein militärisches Eingreifen der NATO mit dem Ziel, das brutale Vorgehen der Regierungstruppen gegen die Zivilbevölkerung zu verhindern, stellt völkerrechtliche Probleme in zweierlei Hinsicht. Zum einen ist zu fragen, ob ein solcher Eingriff in die Souveränität des Staates Grobia rechtmäßig erfolgen kann. Zum anderen ist zu klären, ob die NATO zu solchen Maßnahmen nach ihren Gründungsverträgen überhaupt befugt ist.

I. Völkerrechtswidrige Gewaltanwendung gegenüber Grobia?

1. Verstoß gegen das Gewaltverbot

Ein militärisches Eingreifen der NATO auf dem Staatsgebiet Grobias ist ein Einbruch in dessen territoriale Integrität und damit ein Verstoß gegen das Gewaltverbot nach Art. 2 Nr. 4 Satzung der Vereinten Nationen. Das Gewaltverbot bindet nicht nur die Mitgliedstaaten der UN, sondern auch die NATO als internationale Organisation. Denn das Gewaltverbot ist eine zwingende Norm des Völker(gewohnheits)rechts.

Zwar ist die beabsichtigte militärische Operation der NATO nicht gegen die territoriale Unversehrtheit und politische Unabhängigkeit Grobias gerichtet. Denn die

---

40 Vgl. *Verdross/Simma*, Universelles Völkerrecht, § 504.
41 So *Bothe* in: *Graf* Vitzthum (Hrsg.), Völkerrecht, 8. Abschnitt Rn. 14; *Frowein*, Das de facto-Regime im Völkerrecht, 1968, S. 66 ff.

NATO will durch ihr Eingreifen die Regierungstruppen nur von dem weiteren brutalen Vorgehen gegen die Zivilbevölkerung abhalten. Es geht nicht darum, dem Staate Grobia Territorium zu entziehen oder ihn in Abhängigkeit zu bringen. Man könnte daher argumentieren, dass solche militärischen Aktionen die Hoheit Grobias nur kurzzeitig, zumindest nur vorübergehend beeinträchtigte. Die in Art. 2 Nr. 4 Satzung der Vereinten Nationen angesprochenen Sachverhalte der Verletzung der territorialen Unversehrtheit und politischen Unabhängigkeit setzten dauerhafte Verletzungen voraus. Es sei eben nur Unversehrtheit, nicht Unverletzlichkeit garantiert.[42] Außerdem sei für das Vorliegen eines Angriffes eine gewisse Intensitätsschwelle nötig.[43]

Gegen eine solche Argumentation muss man einwenden, dass sie das Gewaltverbot, die grundlegende Norm des Völkerrechts, gegen die oft genug verstoßen wird, für Relativierungen öffnet und verwässert. Dass das Gewaltverbot umfassend sein sollte, darauf weist die Entstehungsgeschichte von Art. 2 Nr. 4 Satzung der Vereinten Nationen hin.[44] Art. 2 Nr. 4 erwähnt darüber hinaus auch jede sonst mit den Zielen der Vereinten Nationen unvereinbare Anwendung von Gewalt als verboten. Die von der Generalversammlung in der Resolution 3314 (XXIX)[45] unternommene Aggressionsdefinition zur näheren Umschreibung des Begriffs der Angriffshandlung in Art. 39 Satzung der Vereinten Nationen sieht als Angriffshandlung jeden Angriff durch Streitkräfte eines Staates und jede auch noch so vorübergehende militärische Besetzung an, vgl. Art. 3 lit. a). Jede vorübergehende Besetzung ist daher bereits eine Angriffshandlung iSv. Art. 39. Umso mehr muss sie das Gewaltverbot verletzen. Die Intensitätsschwelle, die für das Vorliegen eines bewaffneten Angriffs iSv. Art. 51 Satzung der Vereinten Nationen überwunden werden muss, schließt nicht aus, dass Gewalt von vergleichsweise vernachlässigbarer Intensität (die hier bei einer Bombardierung des Hoheitsgebiets ohnehin nicht vorliegt) dennoch das Gewaltverbot verletzt. Das Gewaltverbot ist umfassend, wie die Formulierung des Art. 2 Nr. 4 Satzung der Vereinten Nationen deutlich macht, weil sie bereits die Androhung von Gewalt untersagt und nicht erst den Krieg, sondern schon die Gewalt verbietet.

Auch der mit der militärischen Intervention verfolgte gute Zweck, nämlich den Staat Grobia zu zwingen, für die Minderheit der Walachen ebenfalls die Menschenrechte einzuhalten, schließt die zunächst einmal gegebene Verletzung des Gewaltverbots nicht aus. Dies wäre nicht nur ein Rückfall in die doch durch das Gewaltverbot spätestens seit dem 2. Weltkrieg überwundene Terminologie des gerechten Krieges. Diese Überlegungen hinsichtlich des verfolgten Zweckes spielen allenfalls bei der Rechtfertigung der Gewaltanwendung, nicht jedoch schon auf der Ebene der Tatbestandsfeststellung eine Rolle. Eine militärische Intervention der NATO würde somit gegen das Gewaltverbot verstoßen.

---

42 So *Beyerlin*, ZaöRV 1977, 213 (217).
43 Näher bei *Kreß*, ZaöRV 1997, 329 (332).
44 *Verdross/Simma*, Universelles Völkerrecht, § 469.
45 Abgedruckt in Sartorius II, Nr. 5.

2. Rechtfertigung

Fraglich ist, ob diese Gewaltanwendung gerechtfertigt werden kann.

a) Rechtfertigung durch eine Ermächtigung des Sicherheitsrats

Resolutionen des Sicherheitsrats nach Art. 42 Satzung der Vereinten Nationen können Staaten zur Durchführung militärischer Zwangsmaßnahmen gegen Staaten ermächtigen. Art. 42 rechtfertigt nicht nur den Einsatz von Truppen, die gemäß Art. 43 Satzung der Vereinten Nationen unter die Kommandogewalt der Vereinten Nationen selbst durch spezielle Abkommen (die bislang noch nicht geschlossen wurden) gestellt wurden, sondern ist auch die Grundlage einer Ermächtigung an die Mitgliedstaaten der Vereinten Nationen zu Gewaltmaßnahmen. Das mag zwar nicht die ursprüngliche Intention des Kapitel VII Satzung der Vereinten Nationen gewesen sein; diese Praxis einer Ermächtigung von Staaten hat sich aber in der Auslegung der Satzung entwickelt.[46] Der Sicherheitsrat trifft dann in seiner Resolution nur die Feststellung nach Art. 39 Satzung der Vereinten Nationen und ermächtigt die Mitgliedstaaten zur Durchführung der notwendigen Maßnahmen, um die von ihm vorgegebenen Ziele zu erreichen. Die Gewaltanwendung selbst wird damit dezentralisiert.[47]

Da eine entsprechende Resolution nicht vorliegt, besteht keine Rechtfertigung des militärischen Eingriffs durch eine in einer UN-Resolution nach Art. 42 Satzung der Vereinten Nationen ausgesprochene Ermächtigung zur Gewaltanwendung.

b) Selbstverteidigung nach Art. 51 Satzung der Vereinten Nationen

Mangels Eingreifens des Sicherheitsrates könnte die Gewaltaktion daher gerechtfertigt sein als individuelle oder kollektive Selbstverteidigung. Dies setzt jedoch nach Art. 51 einen bewaffneten Angriff voraus. Ein bewaffneter Angriff ist nur bei einer gewissen Erheblichkeit der Gewaltanwendung gegeben. Konflikte niedriger Intensität sollen davon nicht erfasst sein.

Ein bewaffneter Angriff gegen die NATO-Staaten selbst liegt nicht vor. Staatsbürger der NATO-Staaten wurden nicht attackiert. Es geht hier nur um eine Verletzung der eigenen Staatsangehörigen Grobias. Doch selbst wenn eigene Staatsbürger der NATO-Staaten, die sich gerade in Grobia aufhielten, in Mitleidenschaft gezogen worden wären, könnte damit das Vorliegen eines bewaffneten Angriffs gegen die NATO-Staaten nicht begründet werden: Das Staatsvolk mag zwar der wichtigste Teil der Staatlichkeit sein. Dennoch läge in einem Angriff auf Einzelpersonen kein bewaffneter Angriff gegen die NATO-Staaten. Die Staatsangehörigen zählen nicht als wandelndes Staatsgebiet eines Landes. Das Gewaltverbot ist grundsätzlich gebietsbezogen (vgl. Art. 2 Nr. 4 Satzung der Vereinten Nationen, der von territorialer Unversehrtheit und politischer Unabhängigkeit des Staates spricht; Art. 51 setzt einen Angriff »gegen ein Mitglied« voraus). Angriffe i. S. v. Art. 51 Satzung der Vereinten Nationen müssen gegen den Staat selbst geführt

---

46 Vgl. *Bothe* in: *Graf* Vitzthum (Hrsg.), Völkerrecht, 8. Abschnitt, Rn. 50.
47 S. *Uerpmann*, AVR 1995, 107 (120 ff., 125, 128).

werden. Dieses Verständnis wird bestätigt durch die Resolution 3314 (XXIX) der Generalversammlung zur Angriffsdefinition. Anerkannter maßen ist jede Angriffshandlung iSv Art. 39 zugleich ein bewaffneter Angriff. Ein Angriff auf Außenposten des Staates zählt nur dann als Angriff gegen den Staat, wenn der Außenposten aufgrund einer gebietlichen oder radizierten Beziehung zum angegriffenen Staat einbezogen werden kann. Nur der Angriff auf die See- und Luftflotte wird besonders erwähnt, vgl. Art. 3 lit.d). Wollte man schon Übergriffe auf Bürger eines Landes als Angriffe bewerten, die das militärische Selbstverteidigungsrecht auslösten, dann würde das das Gewaltverbot beeinträchtigen.

Kollektive Selbstverteidigung liegt auch nicht vor. Kollektive Selbstverteidigung besteht, wenn Staaten einem sich verteidigenden Staat Beistand leisten. Hier ist kein anderer Staat involviert, der sich gegen eine Aggression Grobias zur Wehr setzte.

c) Rechtfertigung nach Kapitel VIII

Art. 52 Abs. 1 Satzung der Vereinten Nationen lässt das Bestehen von regionalen Einrichtungen und Organisationen unberührt. Regionale Maßnahmen werden gerade vorgesehen. Man könnte erwägen, diese Norm als Rechtfertigung von Zwangsmaßnahmen anzusehen.

Die NATO ist eine Regionalorganisation iSv. Art. 52. Der NATO kommt in der jüngeren Vergangenheit zusammen mit der eher politischen Organisation der WEU im Rahmen von Gewaltmaßnahmen der UNO eine gewisse Bedeutung zu. Gegen die Einordnung der NATO als Regionalorganisation iSv. Kapitel VIII wird zwar vorgetragen, dass es ihr an einer Binnenausrichtung fehle. Die Vertreter dieser Auffassung sehen als Regionalorganisation nur solche Einrichtungen an, die der Wahrung der Sicherheit und des Friedens ihrer Mitglieder untereinander dienen. Die NATO scheidet nach dieser Meinung aus, weil sie den Bündnisfall gerade im Angriff von außen erkennt, vgl. Art. 5 NATO-Vertrag.[48] Dies ist jedoch vom Wortlaut und Sinn des Art. 52 nicht gefordert. Vielmehr scheint auch der Sicherheitsrat die NATO als Regionalorganisation anzusehen[49].

Fraglich ist sodann, ob Kapitel VIII Grundlage für eine Rechtfertigung von Gewaltmaßnahmen ist. Dagegen spricht bereits Art. 52 Abs. 1 a. E. Satzung der Vereinten Nationen, wonach das Wirken der Einrichtungen und damit auch die von ihr im Einzelfall ergriffenen Maßnahmen nicht den Zielen und Grundsätzen der Satzung der Vereinten Nationen widersprechen darf. Die Gewaltanwendung außerhalb von Art. 51 Satzung der Vereinten Nationen oder außerhalb einer Ermächtigung durch den Sicherheitsrat widerspricht dem Gewaltverbot. Deutlicher noch ist Art. 53 Abs. 1 Satzung der Vereinten Nationen. Danach nimmt der Sicherheitsrat die Regionalorganisationen zur Durchführung von Zwangsmaßnahmen unter seiner Autorität in Anspruch. Ohne seine Ermächtigung dürfen Zwangsmaßnahmen nicht ergriffen werden; die Feindstaatenklausel greift nicht ein. Das belegt,

---

48 Abgedruckt in Sartorius II, Nr. 65.
49 Vgl. zu diesen Fragen *Nolte*, ZaÖRV 1994, 95 (97 f.); ders., ZRP 1994, 237 (238).

dass Art. 53 Abs. 1 keine Rechtfertigung zur Anwendung von Gewalt ist, die der Sicherheitsrat nicht angeordnet bzw. wozu er nicht ermächtigt hat.

Kapitel VIII scheidet als Rechtfertigung daher ebenfalls aus.

d) Repressalie

Die Gewaltanwendung könnte als Repressalie gerechtfertigt sein. Die rechtliche Figur Repressalie rechtfertigt einen Bruch des Völkerrechts als Antwort auf einen Völkerrechtsbruch (vgl. auch Art. 49 Staatenverantwortlichkeitskonvention). Der Staat Grobia hat hier durch sein Vorgehen gegen die Zivilbevölkerung, die zum Volk der Walachen zählte, gegen völkerrechtliche Standards über die Behandlung eigener Bürger verstoßen. Gezielte Tötungen und Zerstörungen sind zum einen ein Verstoß gegen den menschenrechtlichen Mindeststandard; denn das Recht auf Leben ist geschützt nach Art. 6 Internationaler Pakt über bürgerliche und politische Rechte[50] (IPbürgR), das Recht, nicht willkürlich Freiheitsentzug zu erleiden, ist in Art. 9 IPbürgR festgeschrieben. Art. 17 der Allgemeinen Erklärung der Menschenrechte[51] schützt das Eigentum und die Freiheit vor willkürlichem Entzug. Zum anderen liegt eine Verletzung der Konvention über die Verhütung und Bestrafung des Völkermordes vor,[52] weil Mitglieder einer ethnischen Gruppe von den Truppen Grobias gezielt getötet wurden, und zwar in der Absicht, die Volksgruppe der Walachen zumindest teilweise zu zerstören. Das verstößt gegen Art. II dieser Konvention. Diese Verpflichtungen stellen auch Völkergewohnheitsrecht dar. Für den internationalen Menschenrechtsschutz gilt das zumindest insofern, als es um den Schutz menschlichen Lebens vor willkürlicher Tötung geht.[53] Grobia hat durch seine Truppen gegen diese völkerrechtlichen Pflichten verstoßen.

Zur Repressalie ist nur das Völkerrechtssubjekt befugt, das von den Verletzungen betroffen ist. Da es sich um Verstöße gegen die Völkermordkonvention und den menschenrechtlichen Mindeststandard handelt, muss man insofern von sog. erga-omnes Pflichten, also Verpflichtungen der Staaten gegenüber der gesamten Völkerrechtsgemeinschaft ausgehen.[54] Ein Staat, der solche erga-omnes-Normen verletzt, macht sich damit zum Feind der gesamten Völkerrechtsgemeinschaft, die dann auch zu Gegenmaßnahmen befugt ist. Streitig ist aber, ob diese Gegenmaßnahmen – über den in Art. 48, 54 der Staatenverantwortlichkeitskonvention

---

50 Abgedruckt in Sartorius II, Nr. 20.
51 Abgedruckt in Sartorius II, Nr. 19.
52 Abgedruckt in Sartorius II, Nr. 48.
53 Zum Problem des internationalen Mindeststandards für Menschenrechte näher *Ritterbrand*, Universeller Menschenrechtsschutz und völkerrechtliches Interventionsverbot, 1982, S. 609; *Ipsen*, Völkerrecht, § 50 Rn. 11; *Verdross/Simma*, Universelles Völkerrecht, §§ 1233 ff. Zur völkergewohnheitsrechtlichen Geltung der Völkermordkonvention *Triffterer*, Völkerstrafrecht, in: Ergänzbares Lexikon des Rechts, Strafrecht 8/1875 (April 1997), S. 7.
54 Der IGH, ICJ Reports 1970, 3 (32 Tz. 34) – Barcelona Traction, sieht in den fundamentalen Menschenrechten und dem Verbot der Sklaverei, der Rassendiskriminierung und des Völkermords solche erga-omnes-Pflichten.

geregelten Rahmen rechtmäßiger Maßnahmen hinausgehend – auch zu Repressalien, also zu Völkerrechtsbrüchen berechtigt ist.[55]

Unabhängig von diesem Problem rechtfertigt eine Repressalie jedenfalls niemals den Einsatz von Gewalt. Die bewaffnete Repressalie ist verboten. Ausnahmen werden allenfalls für den Bereich eines gewohnheitsrechtlichen Selbstverteidigungsrechtes für Aggressionen unterhalb der Schwelle eines bewaffneten Angriffs, ab der Art. 51 Satzung der Vereinten Nationen eingreift, diskutiert, etwa bei der Bedrohung eigener Staatsangehöriger im Ausland.[56] Solches liegt hier aber nicht vor.

e) Gewohnheitsrechtliches Selbstverteidigungsrecht

Art. 51 Satzung der Vereinten Nationen nimmt Bezug auf das naturgegebene Recht zur individuellen oder kollektiven Selbstverteidigung. Man könnte daher ein neben oder außerhalb des Art. 51 existierendes Selbstverteidigungsrecht zur Rechtfertigung heranziehen, das dann unterhalb eines bewaffneten Angriffes eingreifen würde.

Jedoch ist bereits zweifelhaft, ob es ein solches Recht überhaupt gibt. Vielmehr könnte man gerade wegen der Formulierung in Art. 51 davon ausgehen, dass dieses durch Art. 51 schriftlich fixiert und gegebenenfalls entsprechend eingeengt wurde und es daher keinen Raum für ein daneben bestehendes Recht gibt. Gegen die parallele Existenz eines weitergehenden Selbstverteidigungsrechts lässt sich anführen, dass sonst die Kompetenzverteilung für militärische oder sonstige Zwangsmaßnahmen, wie sie in der Satzung der Vereinten Nationen niedergelegt ist, ausgehebelt würde. Der Sicherheitsrat wäre dann nur mehr für einen Teilbereich der Gewaltanwendung zuständig, weil für das gewohnheitsrechtliche Verteidigungsrecht der Vorbehalt von Maßnahmen des Sicherheitsrates nicht gelten könnte. Ein gewohnheitsrechtliches Selbstverteidigungsrecht ist daher schon dem Grunde nach abzulehnen.[57]

Schließlich wurde oben b) bereits festgestellt, dass eine Situation kollektiver oder individueller Selbstverteidigung nicht besteht. Selbst wenn man also ein gewohnheitsrechtliches Selbstverteidigungsrecht annehmen wollte, wäre die dafür notwendige Situation einer Verteidigung eigener Interessen und Belange nicht gegeben. Diesen Mangel kann man auch nicht dadurch beheben, dass man eine gewohnheitsrechtliche Notstandsbefugnis annimmt, bei der es dann um die Abwendung allgemeiner Gefahren geht. Denn auch insoweit ist ein wesentliches Interesse des Staates nötig.[58]

---

55 *Fischer* in: *Ipsen*, Völkerrecht, § 59, Rn. 46.

56 Näher *Fischer* in: *Ipsen*, Völkerrecht, § 59 Rn. 43, der ein gewohnheitsrechtliches Selbstverteidigungsrecht jedoch ablehnt.

57 IGH, ICJ Reports 1986, 14 (103 Tz. 195) – Nicaragua; *Kreß*, ZaöRV 1997, 329 (342 f., 346). A. A., soweit es um den Schutz der Staatsangehörenden des intervenierenden Staates geht, *Franzke*, NZWehrR 1996, 189 (193, 196 f.).

58 S. Art. 25 der Staatenverantwortlichkeitskonvention. Dort wird auch deutlich gemacht, dass Verletzungen zwingenden Völkerrechts, wozu das Gewaltverbot zählt, nicht zulässig sind, Art. 26.

f) Rechtfertigung aufgrund einer humanitären Intervention

Schließlich könnte man zur Rechtfertigung der Gewaltanwendung noch auf die massiven Menschenrechtsverletzungen und den Völkermord verweisen, die die Truppen Grobias den Walachen gegenüber begehen. Einen eigenen Rechtfertigungsgrund der humanitären Intervention könnte man damit zu begründen versuchen, dass das Verbot der Anwendung von Gewalt nicht die einzige Säule der Vereinten Nationen ist. Zu den Zielen der UNO zählt auch, wie Art. 1 Nr. 3 Satzung der Vereinten Nationen zeigt, die Achtung des Menschenrechtsschutzes. Den Schutz der Menschenrechte könnte man dem Gewaltverbot als gleichberechtigt gegenüberstellen, um damit eine Durchbrechung des Gewaltverbots und die Rechtfertigung militärischer Gewalt zu begründen.[59] Schließlich wäre durch eine humanitäre Intervention weder die territoriale Integrität noch die Unabhängigkeit beeinträchtigt.

Die Gefahr einer solchen Argumentation besteht jedoch in der Verwässerung des Gewaltverbotes. Schließlich untersagt Art. 2 Nr. 4 Satzung der Vereinten Nationen auch jede mit den Zielen der Vereinten Nationen unvereinbare Anwendung oder Androhung von Gewalt. Solche Durchbrechungen des Gewaltverbots eröffnen außerdem staatlichem Missbrauch die Tür, der nur unter dem Vorwand einer humanitären Aktion interveniert.[60] Ferner könnte man dann unter Rückgriff auf andere Ziele und Aufgaben der Vereinten Nationen versucht sein, in derselben Argumentationsweise weitere Ausnahmen vom Gewaltverbot zu fordern. Dies würde letztlich eine Ungleichbehandlung von militärisch schwachen und militärisch starken Ländern mit sich bringen und dem Prinzip der souveränen Gleichheit der Staaten widersprechen. Außerdem hat die internationale Entwicklung gezeigt, dass der Sicherheitsrat auch bei massiven Menschenrechtsverletzungen bereit ist, Maßnahmen nach Kapitel VII zu treffen, so dass eine Durchbrechung des Gewaltverbots durch die Schaffung neuer Rechtfertigungsgründe für eigenständige, von der UNO nicht autorisierte militärische Aktionen nicht notwendig ist.

Die Staatenpraxis zu dieser Frage mag zwar nicht eindeutig sein.[61] Jedoch fehlt es bei den humanitären Aktionen idR zumindest an einer *opinio iuris*, also einer Überzeugung, dass die Intervention rechtens ist. Das ist für das Entstehen eines völkergewohnheitsrechtlichen Satzes über die Berechtigung humanitärer Interventionen jedoch Voraussetzung.

Eine militärische Intervention, die von einem anderen Staat unternommen wird, um die Einhaltung und Gewährleistung der Menschenrechte sei es den eigenen Staatsangehörigen des Intervenierenden oder – wie hier – den Staatsangehörigen des von der Intervention betroffenen Staates gegenüber zu erreichen (sog. humanitäre Intervention), kann Gewaltanwendung nicht rechtfertigen.[62] Auch die UNO

---

59 Dazu *Blumenwitz*, BayVBl. 1986, 737 (740 f.); *Pauer*, Die humanitäre Intervention, 1985, S. 131 ff.
60 Vgl. die Bedenken des IGH, ICJ Reports 1949, 4 (35) – Korfu-Kanal.
61 Dazu näher *Hörndler*, Menschenrechte und Entwicklungshilfe, 1996, S. 47; *Kreß*, ZaöRV 1997, 329 (335, 348).
62 IGH, ICJ Reports 1986, 14 (124 f. Tz. 268) – Nicaragua; *Bothe* in: Graf Vitzthum (Hrsg.), Völkerrecht, 8. Abschnitt Rn. 22.

darf Gewalt zur Sicherung von Menschenrechten nur bei vorheriger Feststellung einer Bedrohung oder eines Bruchs des Friedens gemäß Art. 39 Satzung der Vereinten Nationen einsetzen.[63]

Auf die These, dass eine humanitäre Intervention jedoch dann zulässig sei, wenn ein Staat keine effektive Staatsgewalt mehr ausübt, weil gegenüber einem *failed state* das Gewaltverbot nicht mehr greife,[64] braucht hier nicht eingegangen zu werden, da der Wegfall effektiver Staatsgewalt hier nicht vorliegt.

Ergebnis zu I: Eine militärische Aktion der NATO gegen den Willen Grobias ist ein Bruch des Völkerrechts.

II. Handlungsbefugnis der NATO

Schließlich ist noch zu untersuchen, ob die NATO zu einer Intervention in einem Staat aufgrund humanitärer Überlegungen berechtigt ist. Denn die NATO ist ein Verteidigungsbündnis. Der Bündnisfall ist nach Art. 5 des Nordatlantikvertrages[65] ein bewaffneter Angriff gegen mindestens einen der NATO-Partner. Ein solcher Angriff liegt nicht vor. Das wurde oben bereits im Rahmen der Erörterung des Angriffsbegriffes des Selbstverteidigungsrechts nach Art. 51 Satzung der Vereinten Nationen dargelegt. Dieses Begriffsverständnis kann hier wegen der Bezugnahme auf Art. 51 Satzung der Vereinten Nationen in Art. 5 des Nordatlantikvertrages zugrunde gelegt werden. Die Definition in Art. 6 des Nordatlantikvertrages klärt nur die räumliche Erstreckung des NATO-Gebietes. Der klassische Rahmen kollektiver Selbstverteidigung wird somit verlassen.[66] Damit könnte die geplante Aktion den Aufgabenbereich der NATO überschreiten, so dass sie völkerrechtlich als *ultra-vires*-Handeln auch aus diesem Grund unzulässig wäre.

Jedoch ist die gemeinsame Verteidigung gemäß der vierten Erwägung in der Präambel des Nordatlantikvertrages nicht die einzige Aufgabe der NATO. Es geht ebenfalls um die Erhaltung des Friedens und der Sicherheit. Auch um deretwillen wurde der Nordatlantikvertrag vereinbart (vgl. das »daher« am Ende der Präambel). Mit der geplanten militärischen Aktion wird zur Befriedung in einem als international anzusehenden Konflikt beigetragen. Dies dient der Wahrung von Frieden und Sicherheit. Dieses in der Präambel zum Ausdruck gelangende weitere Ziel ist gemäß Art. 31 der Wiener Konvention über das Recht der Verträge[67] bei der Auslegung des Vertrages, insbesondere bei dem Verständnis eines Angriffs auf eine der Vertragstaaten im Sinne von Art. 5 des Nordatlantikvertrages, zu berücksichtigen. Man müsste daher im Rahmen einer dynamischen und durch die Vertragsparteien einstimmig vorgenommenen authentischen Vertragsauslegung den Begriff des Angriffs so weit ausdehnen, dass jede Friedensbedrohung darunter fällt. Des weiteren kann man die implied-powers Lehre heranziehen, wonach

---

63   *Kimminich*, AVR 1995, 430 (446, 455). Allerdings hatte die UNO in der Vergangenheit wiederholt massive Menschenrechtsverletzungen zum Anlass für eine Feststellung genommen.

64   *Herdegen*, BerDGV 1995, 58 ff.

65   Abgedruckt in Sartorius II, Nr. 65.

66   *Kreß*, AVR 1997, 213 (217 Fn. 13).

67   Abgedruckt in Sartorius II, Nr. 320.

bestimmte, satzungsmäßig nicht vorgesehene Zuständigkeiten gleichwohl als eingeräumt anzusehen sind, wenn sonst ausdrücklich gegebene Befugnisse nicht sinnvoll ausgeübt werden können. Insofern kann Friedenssicherung durch Aktionen als Voraussetzung oder Vorstufe zur Verteidigung angesehen und als implied power eingestuft werden. Der Nordatlantikvertrag enthielte dann eine Grundlage für die geplante Intervention.[68]

Überzeugender erscheint es demgegenüber, in dem einstimmigen Vorgehen der Vertragsstaaten im Rahmen der NATO eine konkludente Vertragsänderung zu sehen, so dass der NATO neben der weiterhin bestehenden Hauptaufgabe, die Sicherheit der NATO-Staaten zu garantieren, eine neue Zuständigkeit zukommt, Aktionen zur Wahrung der internationalen Sicherheit und des internationalen Friedens durchzuführen. Dies hat zur Folge, dass der Bundestag gemäß Art. 59 Abs. 2 S. 1 GG zu beteiligen gewesen wäre, da es sich um die Änderung eines hochpolitischen Vertrages ging.[69] Dass eine Zustimmung des Bundestages erfolgte, kann man vorliegend nicht einfach unterstellen. Sieht man daher die geplante Aktion als auch von einer dynamischen Auslegung des bestehenden Nordatlantikvertrages nicht erfasste Vertragsänderung an, dann ist die NATO für die geplante Aktion nicht zuständig.

Unabhängig von der Beurteilung der hier aufgeworfenen Frage, ob die geplante Aktion noch als im Rahmen des bestehenden Nordatlantikvertrages liegend angesehen werden kann, ist für den vorliegenden Sachverhalt ein Weiteres zu berücksichtigen: Die NATO-Parteien bekennen sich im Vertrag zu einer Beachtung ihrer Verpflichtungen aus der Satzung der Vereinten Nationen, insbesondere dazu, völkerrechtswidrige Gewalt zu unterlassen, vgl. Art. 1 des Nordatlantikvertrages. Jedenfalls das spricht dafür, dass die NATO bei der vorliegend geplanten Aktion ihre Zuständigkeiten überschritten hat, weil diese Aktion völkerrechtswidrig ist (s. o. I.).

Die geplante Aktion liegt somit jenseits der NATO-Zuständigkeit. Sie verstößt auch unter diesem Aspekt gegen Völkerrecht.[70]

---

68 Vgl. *Nolte*, ZaöRV 1994, 95 (109 f.).

69 Um diese Abgrenzungsfragen entbrannte im AWACS und Somalia-Urteil des BVerfG ein zu einem Patt führender Streit im Senat, vgl. BVerfGE 90, 286 (359 ff. einerseits, 372 ff. andererseits).

70 Anders mag es jedoch sein, wenn für den NATO-Einsatz eine Ermächtigung durch eine UNO-Resolution besteht. Denn dann ist zumindest völkerrechtlich die Gewaltanwendung erlaubt.

Fall 11: Friedenstruppen der Generalversammlung

Die afrikanischen Staaten Atonia und Betonia, Mitglieder der Vereinten Nationen, streiten seit langem um den Verlauf ihrer gemeinsamen Grenze. Im Zuge der Auseinandersetzungen kam es auch immer wieder zu kleineren militärischen Scharmützeln, die jedoch regelmäßig schnell abflauten aufgrund des Drucks der Weltpresse und der Tourismusindustrie, von der beide Staaten wesentlich abhängen. Übergriffe beider Grenztruppen auf das Territorium, das vom jeweils anderen Staat beansprucht wurde, waren jedoch häufig.

Der Sicherheitsrat der Vereinten Nationen hatte sich des Konflikts immer wieder angenommen und die Parteien zur friedlichen Streitbeilegung aufgefordert. Am 22. 12. 2003 schließlich erlässt der Sicherheitsrat die Resolution 1087 (2003), die die Parteien zu einer gütlichen Streitbeilegung auffordert und ihnen aufgibt, den Spruch eines von ihnen bis Ende Juni 2004 einzurichtenden Schiedsgerichts als verbindliche Streitentscheidung anzunehmen. Bei der Abstimmung über die Resolution im Sicherheitsrat war der Vertreter eines ständigen Mitglieds des Sicherheitsrates nicht anwesend; die übrigen stimmten zu.

Atonia und Betonia nehmen daraufhin Verhandlungen über die Errichtung eines Schiedsgerichts auf. Diese Verhandlungen bleiben aber bis zuletzt erfolglos. Betonia wirft daraufhin Atonia im August 2004 vor, die Verhandlungen absichtlich in die Länge zu ziehen und den verbindlichen Beschlüssen des Sicherheitsrats keine Folge zu leisten. Damit habe es Völkerrecht gebrochen.

Der europäische Staat Friedensreich will Atonia zu ernsthaften Verhandlungen bewegen und stellt daher jede weitere Entwicklungshilfe an Atonia ein und verweigert sich jeder Entwicklungszusammenarbeit für die Zukunft solange, bis Atonia eingelenkt habe. Das bezieht sich auch auf bereits zugesagte Projekte und bestehende Verpflichtungen infolge bilateraler Abkommen. Atonia rügt, dass das Friedensreich dadurch gegen das Gewaltverbot und das Interventionsverbot verstoße. Schließlich sei die Anwendung wirtschaftlicher Gewalt wie überhaupt von Gewalt verboten. Das Recht Atonias auf Entwicklung werde nicht beachtet. Zumindest die bestehenden völkervertraglichen Verpflichtungen müssten erfüllt werden.

Betonia wiederum sieht sich nun berechtigt, die Grenzfrage einer verbindlichen Lösung zuzuführen und besetzt das umstrittene Gebiet mit eigenen Soldaten. Die Truppen Atonias müssen sich zunächst zurückziehen, schlagen aber wenige Tage später zurück.

Der Sicherheitsrat befasst sich nunmehr erneut mit dem Konflikt. Die Beschlussfassung über neue Resolutionsentwürfe wird aber durch Uneinigkeit im Sicherheitsrat blockiert, da ein ständiges Mitglied aufgrund einer abweichenden Bewertung der Krise stets mit der Erhebung des Vetos droht. Da die militärische Auseinandersetzung sich verstärkt, insbesondere die Kämpfe über die umstrittene Grenzregion hinauszugehen beginnen, beschließt die Generalversammlung die Resolution 1169 (LVIII), in der sie die Parteien zur Rückkehr zu einer friedlichen

Streitbeilegung auffordert und als konkrete Maßnahme die Beendigung der Kriegshandlungen, den Rückzug der Streitkräfte Atonias und Betonias aus der strittigen Grenzregion und, die Zustimmung Atonias und Betonias vorausgesetzt, zur Befriedung bis zum Erreichen einer friedlichen Lösung auf dem Verhandlungswege die Besetzung dieser Grenzregion durch neutrale Truppen unter dem Kommando der UNO vorschlägt. Der Sicherheitsrat sieht diese Resolution als rechtswidrig an. Der Einsatz von Truppen der Vereinten Nationen könne nur vom Sicherheitsrat angeordnet werden. Ihm komme die Verantwortung zur Wahrung des Weltfriedens zu, wie Kapitel VII der Satzung der Vereinten Nationen deutlich zeige. Die Generalversammlung hielt sich demgegenüber für berechtigt, die Resolution zu erlassen; die fehlende Einheit im Sicherheitsrat habe es diesem unmöglich gemacht, seine Hauptverantwortung für Frieden und Sicherheit wahrzunehmen. Daher sei die Generalversammlung zuständig gewesen.

Vermerk für den Bearbeiter:

1. Prüfen sie die Rechtmäßigkeit der beiden Resolutionen.

2. Hat Friedensreich das Völkerrecht gebrochen?

Auf den nachstehend wiedergegebenen Wortlaut der Resolution 1087 (2003) des Sicherheitsrats wird verwiesen:

Resolution 1087 (2003) des Sicherheitsrates lautet:

»Der Sicherheitsrat,

– kenntnisnehmend von der besorgniserregenden Situation in Atonia und Betonia, die durch den Streit um den Verlauf der gemeinsamen Grenze ausgelöst wurde
– den Bericht des Generalsekretärs berücksichtigend

1. fordert Atonia und Betonia auf, eine gütliche Einigung im Einklang mit den Grundsätzen der Satzung der Vereinten Nationen zu suchen.

2. legt Atonia und Betonia zur Verwirklichung der Ziffer 1 auf, bis zum 30. 6. 2004 ein Schiedsgericht zur endgültigen Klärung des gemeinsamen Grenzverlaufs einzusetzen und dessen Spruch als für sie verbindliche Entscheidung anzunehmen.

3. beschließt, mit der Angelegenheit weiter aktiv befasst zu bleiben.«

Lösung zu Fall 11: Friedenstruppen der Generalversammlung

A. Aufgabe 1

Es ist die Rechtmäßigkeit der Resolution 1087 (2003) des Sicherheitsrats und der Resolution 1169 (LVIII) der Generalversammlung zu prüfen.

I. Rechtmäßigkeit der Resolution 1087 (2003) des Sicherheitsrats

Diese Resolution wäre rechtmäßig, wenn sie zum einen von der Verbandskompetenz der UN erfasst wäre und zum anderen der Sicherheitsrat zu ihrem Erlass befugt gewesen wäre (Organkompetenz). Rechtsakte von Internationalen Organisationen wie den Vereinten Nationen sind nur dann rechtmäßig, wenn sie sich im Rahmen der ihnen in der Gründungsurkunde gewährten Kompetenzen und Befugnisse halten. Rechtsakte, die sich nicht in diesen Grenzen halten, ergehen *ultra vires* und sind somit grundsätzlich rechtswidrig und unbeachtlich.

1. Verbandskompetenz der Vereinten Nationen

Zu fragen ist zunächst nach der Kompetenz des Verbandes Vereinte Nationen, in Krisenlagen durch Resolutionen, also Beschlüsse, die Parteien des Konflikts zu einer einvernehmlichen Streitbeilegung aufzufordern und sie zu verpflichten, eine Schiedsstelle mit der verbindlichen Streitentscheidung zu betrauen.

Zu den Zielen und damit zu den Aufgaben der Vereinten Nationen zählen gemäß Art. 1 Nr. 1 Satzung der Vereinten Nationen die Wahrung des Weltfriedens und der internationalen Sicherheit. Zu diesem Zweck sollen Friedensbedrohungen durch Maßnahmen beseitigt und Angriffshandlungen unterdrückt werden und Streitigkeiten durch friedliche Mittel bereinigt werden. Die Entstehungsgeschichte der Vereinten Nationen, die Postulierung dieses Zieles gleich zu Beginn der Satzung und die Existenz der Kapitel VI und VII über die Beilegung von Streitigkeiten und die Maßnahmen bei Friedensbrüchen und Angriffen zeigen, dass die Vereinten Nationen die Aufgabe haben, in internationalen Krisen auf deren Beilegung hinzuwirken. Die Vereinten Nationen sind daher grundsätzlich dafür zuständig, in Spannungslagen Maßnahmen zu ergreifen. Es ist Aufgabe der Vereinten Nationen, internationale Streitigkeiten oder Situationen, die zu einem Friedensbruch führen können, durch friedliche Mittel beizulegen.[1]

---

[1] IGH, ICJ Reports 1962, 151 (167 f.) – Certain expenses of the U. N.

2. Organkompetenz des Sicherheitsrates

Der Sicherheitsrat müsste als Organ der Vereinten Nationen konkret für den Erlass der Resolution befugt gewesen sein. Dem Sicherheitsrat kommt gemäß Art. 24 Abs. 1 Satzung der Vereinten Nationen die Hauptverantwortung für die Wahrung der Internationalen Sicherheit und des Weltfriedens zu. Er kann also – gemäß den näher festgelegten besonderen Befugnissen – Handlungen vornehmen (Art. 24 Abs. 2). Für die friedliche Streitbeilegung ergeben sich die Befugnisse aus Kapitel VI, für Zwangsmaßnahmen bei Friedensbrüchen und Angriffshandlungen aus Kapitel VII.

In Ziffer 1 der Resolution fordert der Sicherheitsrat die Parteien auf, eine gütliche Einigung zu suchen. Die Befugnis für diese Aufforderung ergibt sich aus Art. 33 Abs. 2 Satzung der Vereinten Nationen.

In Ziffer 2 der Resolution macht der Sicherheitsrat dafür nähere Vorgaben, indem er den Parteien aufgibt, ein Schiedsgericht bis Ende Juni 2004 einzusetzen und den von diesem gefällten Schiedsspruch als verbindliche Lösung anzunehmen. Der Sicherheitsrat regelt auf diesem Wege zwar nicht die friedliche Streitbeilegung, etwa indem er den Grenzverlauf unmittelbar selbst festlegt. Vielmehr gibt er Vorgaben für die Art und Weise, wie die Parteien zu einer – dann für sie verbindlichen – Streitlösung gelangen sollen. Der Sicherheitsrat geht damit über die bloße Aufforderung hinaus, durch Mittel der friedlichen Streitbeilegung den Konflikt zu lösen. Er gibt konkrete, die Parteien verpflichtende Vorgaben zumindest hinsichtlich des Verfahrens, wie die Parteien zu einer friedlichen Streitschlichtung kommen sollen. Der Inhalt von Nr. 2 der Resolution geht damit über Art. 33 Abs. 2 Satzung der Vereinten Nationen hinaus, weil sie mehr ist als eine bloße Aufforderung zur friedlichen Streitbeilegung. Dass der Sicherheitsrat hier den Parteien Atonia und Betonia konkrete Verpflichtungen auferlegen will, zeigt sich zum einen an der klaren Datumsvorgabe, zum anderen in der Anordnung, der Schiedsspruch habe für die Parteien als verbindlich zu gelten. Hinsichtlich des einzuschlagenden Verfahrens und des einzuhaltenden Zeitraumes sollen die Parteien festgelegt werden. Der Sicherheitsrat sucht damit für Atonia und Betonia verbindliche Regelungen zu treffen. Mit Ziffer 2 wird den Parteien eine Verpflichtung auferlegt, die sich in dieser konkreten Gestalt nicht bereits aus der Satzung der Vereinten Nationen ergibt.

Fraglich ist somit, ob der Sicherheitsrat zu verbindlichen Anordnungen in diesem Umfang berechtigt ist.

a) Befugnis zu verbindlichen Maßnahmen

Das stellt zunächst die Frage danach, ob der Sicherheitsrat verbindliche Anordnungen erlassen kann oder ob er beschränkt ist auf bloße Empfehlungen, deren Befolgung den Parteien freisteht.

In Kapitel VI ergeben sich die besonderen Befugnisse aus Art. 36 und 37 Satzung der Vereinten Nationen. Danach hat der Sicherheitsrat geeignete Verfahren und Methoden zu empfehlen, Art. 36 Abs. 1 Satzung der Vereinten Nationen, oder die ihm angemessen erscheinenden Empfehlungen abzugeben, Art. 37 Abs. 2 Satzung der Vereinten Nationen. Explizit erwähnt ist damit nur die Empfehlung. Geht man von der Wortbedeutung aus, dann sind Empfehlungen nur unverbindliche Vorschläge und Ausdruck eines Wunsches.[2]

Zu klären ist demnach, ob Empfehlungen im Sinne dieser Vorschriften auch verbindliche Anordnungen und Beschlüsse sein können. Sollte das nicht der Fall sein, dann wäre zu klären, ob sich für verbindliche Anordnungen außerhalb des Kapitel VI eine Rechtsgrundlage finden ließe.

Die Satzung der Vereinten Nationen erwähnt in verschiedenen Bestimmungen den Begriff der Empfehlung, vgl. Art. 10, 11 Abs. 1, 2, 12 Abs. 1, ferner Art. 39 und 40 Satzung der Vereinten Nationen. In letzteren wird für Beschlüsse des Sicherheitsrats dem Begriff der »Empfehlung« der Begriff der »Maßnahme« gegenübergestellt. Bezieht man die Überlegung ein, dass die Beschlüsse des Sicherheitsrats die Mitglieder zur Durchführung verpflichten, also verbindlich sind, so Art. 25 Satzung der Vereinten Nationen, dann zeigt diese Gegenüberstellung, dass Empfehlungen die nicht-verbindliche Variante von Organbeschlüssen darstellen. Empfehlungen kommt demgemäss entsprechend dem Wortsinn nur ein unverbindlicher Charakter zu.[3] Ziffer 2 der Resolution, die ja über eine Empfehlung, d. h. über unverbindliche Vorschläge hinausgeht, kann daher nicht auf Art. 36 f. Satzung der Vereinten Nationen gestützt werden. Denn auch Art. 37 lässt nur (unverbindliche) Empfehlungen zu.[4]

b) Verbindliche Beschlüsse nur nach Kapitel VII?

Daher ist der zweiten oben aufgeworfenen Frage nachzugehen, nämlich, ob verbindliche Anordnungen in bezug auf friedliche Streitbeilegungen außerhalb Kapitel VI eine Rechtsgrundlage finden.

Zunächst zeigte die oben gegebene Auflistung, dass die Normen, die der Empfehlung eine Maßnahme gegenüberstellen (Art. 40 ff. Satzung der Vereinten Nationen) zu verbindlichen Beschlüssen ermächtigen. Jedoch finden sich diese Normen ausnahmslos im Kapitel VII. Damit die verbindliche Anordnung friedlicher Streitbeilegung unter Kapitel VII gefasst werden kann, muss die Anwendung des Kapitels VII eröffnet sein. Das setzt stets eine explizite Feststellung des Sicherheitsrats nach Art. 39 Satzung der Vereinten Nationen voraus. Der Sicherheitsrat muss in seiner Resolution ausdrücklich einen Bruch des Friedens oder eine Angriffshandlung feststellen. Das war nicht erfolgt. Die Resolution enthält keine solche Feststellung. Auf Befugnisnormen aus Kapitel VII kann somit nicht zurückgegriffen werden.

Fraglich ist damit, ob es auch außerhalb des Kapitel VII eine Befugnis für den Sicherheitsrat gibt, verbindliche Beschlüsse zu erlassen. Dafür spricht, dass Art. 25,

---

2 *Hailbronner/Klein* in: Simma (Hrsg.), Charta der Vereinten Nationen, 1991, Art. 10 Rn, 42.
3 IGH, ICJ Reports 1966, 6 (50 f. Tz. 98) – South West Africa.
4 Der Unterschied zwischen Art. 36 und 37 liegt darin, dass es in Art. 36 um Verfahrensempfehlungen geht, also Hinweise, auf welchen Wegen Parteien eine Streitbeilegung erreichen können, und bei Art. 37 Abs. 2 a. E. um materielle Empfehlungen, also Lösungsvorschläge hinsichtlich des Konflikts selbst.

der die Verbindlichkeit von Beschlüssen des Sicherheitsrates anordnet, bei den allgemeinen Vorschriften über den Sicherheitsrat und nicht im Kapitel VII steht. Art. 24 Abs. 2 S. 2 Satzung der Vereinten Nationen spricht von »besonderen Befugnissen«. Damit liegt nahe, dass der Sicherheitsrat auch über allgemeine Befugnisse verfügt, die für seine Aufgabenerfüllung erforderlich sind.[5] Schließlich ist die Verweisung auf die in Art. 24 Abs. 2 S. 2 genannten Kapitel nicht abschließend, sondern es finden sich weitere Kompetenzen des Sicherheitsrats in Art. 12 Abs. 1, 26 Abs. 2, 94 Abs. 2 Satzung der Vereinten Nationen.[6] Außerdem enthält das Kapitel VII mit Art. 48 eine Bekräftigung der durch Art. 25 angeordneten Verbindlichkeit. Wenn verbindliche Beschlüsse nur nach Kapitel VII ergehen könnten, dann bedürfte es dieser allgemeinen Regelung in Art. 25 nicht mehr. Es spricht daher viel dafür, eine Kompetenz des Sicherheitsrats zu verbindlichen Beschlüssen auch außerhalb von Kapitel VII zu bejahen.[7]

Da Art. 25 Satzung der Vereinten Nationen selbst keine Grundlage für verbindliche Beschlüsse ist, weil diese Norm nur die Verbindlichkeit von nach anderen Normen erlassenen Beschlüssen anordnet,[8] könnte man als Grundlage für verbindliche Beschlüsse hier allenfalls Art. 24 Satzung der Vereinten Nationen heranziehen, da im Kapitel VI für die friedliche Streitbeilegung insofern keinerlei weitere Ansatzpunkte bestehen. Art. 36 f. Satzung der Vereinten Nationen ermächtigen eben explizit nur zu Empfehlungen. Art. 34 sieht Untersuchungsmaßnahmen vor. In diesem Rahmen macht es zwar Sinn, dem Sicherheitsrat die Befugnis zu verbindlichen Anordnungen zu geben. Doch ist Art. 34 vorliegend nicht einschlägig.

Art. 24 stattet den Sicherheitsrat mit der allgemeinen Befugnis aus, die ihm eingeräumten Verantwortlichkeiten wahrzunehmen. Allerdings stellt Abs. 2 klar, dass der Sicherheitsrat bei der Ausübung der Pflichten die ihm hierfür eingeräumten besonderen Befugnisse u. a. nach Kapitel VI hat. Art. 24 verweist somit auf andere Befugnisnormen. Zumindest wird man annehmen müssen, dass insoweit, als für bestimmte Bereiche, eben die friedliche Beilegung von Streitigkeiten, explizite Befugnisse in der Satzung der Vereinten Nationen enthalten sind, die in diesen Befugnissen ausgedrückten Schranken (Beschränkung auf Empfehlungen) nicht dadurch umgangen werden können, dass man auf allgemeine Befugnisse zurückgreift (Vorrang der speziellen Regelung: *lex specialis derogat legi generali*). Ein Rückgriff auf Art. 24 Abs. 1[9] scheidet insoweit jedenfalls aus. Das bedeutet, dass für den Bereich der friedlichen Beilegung von Streitigkeiten, für den die dem Sicherheitsrat zustehenden Befugnisse in Kapitel VI geregelt sind, allgemeine Befugnisse zu

---

5 Vgl. *Delbrück* in: Simma (Hrsg.), Charta der Vereinten Nationen, Art. 24 Rn. 6.
6 *Delbrück* in: Simma (Hrsg.), Charta der Vereinten Nationen, Art. 24 Rn. 11.
7 IGH, ICJ Reports 1971, 16 (51 ff. Tz. 109 ff.) – Namibia; dazu *Verdross/Simma*, Universelles Völkerrecht, § 159; *Delbrück*, in: Simma (Hrsg.), Charta der Vereinten Nationen, Art. 25 Rn. 9; *Lagoni/Núñez-Müller*, in: *Wolfrum* (Hrsg.), Handbuch Vereinte Nationen, Abschnitt 94 Rn. 20. Verbindliche Anordnungen kann der Sicherheitsrat noch aufgrund von Art. 34, 94 Abs. 2 und Kapitel VIII Satzung der Vereinten Nationen erlassen.
8 Näher *Kunig*, Jura 1991, 214 (217).
9 Dazu, dass Art. 24 Abs. 1 Satzung der Vereinten Nationen als Kompetenzgrundlage zur Wahrnehmung ihrer Aufgaben angesehen wird, näher *Delbrück*, in: *Simma* (Hrsg.), Charta der Vereinten Nationen, Art. 24 Rn. 15 ff., insb. Rn. 19 a. E.

verbindlichen, die Parteien verpflichtenden Maßnahmen nicht bestehen. Das ist auch schon aus dem Grunde einsichtig, dass es im Rahmen einer friedlichen Streitbeilegung auf die Freiwilligkeit seitens der Konfliktparteien ankommt. Eine friedliche Streitbeilegung durch die Parteien verträgt sich nicht mit einer verpflichtenden Anordnung, die von außen kommt. Sinn und Zweck von Kapitel VI bestätigt daher, dass im Rahmen einer friedlichen Streitbeilegung durch die Parteien der Sicherheitsrat auf Empfehlungen beschränkt sein muss. Das bestätigt auch die Richtigkeit des oben zu Art. 36 f. gefundenen Auslegungsergebnisses im Hinblick auf die Bedeutung des Wortes »Empfehlung«.

Die Resolution des Sicherheitsrats, der eine verbindliche Streitentscheidung vorgibt oder auch nur verbindliche Vorgaben für Lösungswege gibt, ist daher ohne Kompetenzgrundlage ergangen. Eine verbindliche Anordnung der friedlichen Streitbeilegung ist nur nach Kapitel VII als Zwangsmaßnahme möglich.[10] Die Anwendung von Kapitel VII wurde hier vom Sicherheitsrat jedoch nicht eröffnet. Dazu hätte der Sicherheitsrat die Feststellung nach Art. 39 in der Resolution tätigen müssen.

Ziffer 2 der Resolution des Sicherheitsrats 1087 (2003) erging ohne Kompetenzgrundlage. Die Resolution ist daher insoweit rechtswidrig und nichtig.

3. Formeller Fehler bei der Beschlussfassung

Schließlich könnte die Resolution des Sicherheitsrats auch noch aufgrund eines Fehlers im Abstimmungsverfahren nichtig sein. Die Resolution erging zwar unter Zustimmung aller anwesenden Sicherheitsratsmitglieder. Jedoch war ein ständiges Mitglied im Sicherheitsrat nicht vertreten und damit nicht anwesend. Nach Art. 27 Abs. 3 Satzung der Vereinten Nationen bedürfen Beschlüsse des Sicherheitsrats, abgesehen von Verfahrensfragen (Art. 27 Abs. 2) der Zustimmung mindestens aller ständigen Mitglieder. Ein ständiges Mitglied, das nicht anwesend ist, kann seine Zustimmung nicht erklärt haben. Jedoch hat sich in der UNO eine Auslegung und Handhabung dieser Norm entwickelt, die die bloße Abwesenheit oder Stimmenhaltung eines ständigen Mitglieds nicht für hinderlich hält. Vielmehr führt nur das explizite Nein eines ständigen Mitglieds dazu, dass ein Beschluss nicht zustande kommt.[11] Dieses Verständnis hat mittlerweile völkergewohnheitsrechtlichen Rang. Art. 31 Abs. 3 lit. b) der Wiener Konvention über das Recht der Verträge[12] sieht als wesentlich für die Auslegung eines Vertrages jede zwischen den Parteien bei Anwendung des Vertrags angewandte spätere Übung an. Eine solche Übung liegt hier vor.

Ein Fehler im Beschlussverfahren ist damit nicht festzustellen.

Gesamtergebnis zu I: Zum Erlass der Resolution 1087 (2003) war der Sicherheitsrat nicht befugt.

---

10 Vgl. dazu die bei *Nolte*, ZRP 1994, 237 (238) wiedergegebene Äußerung von *Lee*.
11 Für einen frühen Anwendungsfall dieser Handhabung vgl. etwa *Franke*, AVR 1979, 149 (154).
12 Abgedruckt in Sartorius II, Nr. 320.

II. Rechtmäßigkeit der Resolution 1169 (LVIII) der Generalversammlung

Auch für diese Resolution gilt: Sie ist rechtmäßig, wenn die Generalversammlung sich bei dem Beschluss innerhalb ihrer Kompetenzen bewegt hat.

1. Hinsichtlich der Verbandskompetenz der Vereinten Nationen kann weitgehend nach oben I. 1. verwiesen werden. Die dort genannten Ziele und Aufgaben der Vereinten Nationen decken auch Maßnahmen wie den Einsatz von neutralen Truppen ab, die zur Überwachung eines Waffenstillstandes in eine Krisenregion entsandt werden. Denn dies ist eine Möglichkeit, auf die Beilegung der Krise zwischen Atonia und Betonia hinzuwirken. Dass militärische Maßnahmen von der UNO prinzipiell getroffen werden können, zeigt die Existenz von Kapitel VII der Satzung der Vereinten Nationen.

2. Organkompetenz der Generalversammlung

Fraglich ist, ob die Generalversammlung am Krisenmanagement teilhat oder ob dies eine alleinige Kompetenz des Sicherheitsrats ist.

Dass der Sicherheitsrat nicht allein die Verantwortung für die Wahrung des Weltfriedens und der internationalen Sicherheit trägt, zeigt bereits Art. 24 Abs. 1 Satzung der Vereinten Nationen. Denn diese Norm weist dem Sicherheitsrat nur die Hauptverantwortung zu, schließt damit eine Mitverantwortung der Generalversammlung nicht aus. Art. 10 Satzung der Vereinten Nationen bestätigt, dass die Generalversammlung alle Fragen, die Aufgaben und Befugnisse eines Organs der UN betreffen, erörtern kann und dass sie an die Mitglieder der UN Empfehlungen richten kann. Konkretisiert wird das durch Art. 11 Abs. 2 S. 1 Satzung der Vereinten Nationen, wonach die Generalversammlung die Fragen des Weltfriedens und der internationalen Sicherheit erörtern und Empfehlungen aussprechen kann. Ähnliches ist in Art. 14 und Art. 35 Satzung der Vereinten Nationen geregelt. Damit wird deutlich, dass die Generalversammlung Fragen der Weltsicherheit und der internationalen Streitigkeiten nicht nur zum Gegenstand von Erörterungen, sondern auch von Empfehlungen machen kann. Als zentrales Organ der Vereinten Nationen ist die Generalversammlung grundsätzlich allzuständig.[13] Kompetenzgrundlage für die hier zu betrachtende Resolution ist daher Art. 11 Abs. 2 S. 1 Satzung der Vereinten Nationen. Eine Frage der internationalen Sicherheit liegt hier vor, weil zwischen zwei Staaten eine militärische Auseinandersetzung stattfindet.

a) Beachtung des Vorrangs des Sicherheitsrats

Jedoch kommt in den angegebenen Kompetenznormen hinsichtlich der Abgabe von Empfehlungen stets der Vorbehalt des Art. 12 Satzung der Vereinten Nationen zum Ausdruck. Demnach darf die Generalversammlung, solange der Sicherheitsrat in einer Streitigkeit oder einer Situation seine Aufgaben wahrnimmt, keine Empfehlungen abgeben, außer auf Ersuchen des Sicherheitsrats, vgl. Art. 12 Abs. 1.

---

13 *Hailbronner/Klein*, in: *Simma* (Hrsg.), Charta der Vereinten Nationen, 1991, Art. 10 Rn. 1.

Der Vorrang des Sicherheitsrats greift nur ein, wenn eine »Streitigkeit oder Situation« vorliegt. Damit ist jede den Weltfrieden und die internationale Sicherheit zumindest potentiell gefährdende Frage gemeint.[14] Denn die Satzung der Vereinten Nationen nimmt in verschiedenen Normen Bezug auf Streitigkeiten und Situationen und spricht damit Gefährdungen des Weltfriedens und der internationalen Sicherheit an, vgl. etwa Artt. 1 Nr. 1, 2 Nr. 3, 33 bis 38 für den Begriff der Streitigkeit, Artt. 11 Abs. 3, 14, 34 f. für den Begriff der Situation. Der Begriff der Situation ist dabei weiter, weil das Vorliegen einer Streitigkeit eine Kontrahentenstellung, also sich feindlich gegenüberstehende Parteien, voraussetzt, vgl. die Erwähnung des Begriffs der Partei in Art. 37 f. Satzung der Vereinten Nationen. Eine Streitigkeit liegt hier vor, weil Atonia und Betonia um den Grenzverlauf ringen. Die internationale Sicherheit ist durch den Ausbruch militärischer Auseinandersetzungen bereits verletzt.

Die Generalversammlung wäre demnach nicht zuständig, solange der Sicherheitsrat in dieser Situation seine Aufgabe wahrgenommen hat. Ein *Ersuchen* des Sicherheitsrats an die Generalversammlung, eine Empfehlung abzugeben oder sich mit dem Konflikt zu befassen, erfolgte nicht.

Fraglich ist, ob der Sicherheitsrat seine Aufgabe, die Hauptverantwortung für Weltfrieden und internationale Sicherheit auszuüben, noch wahrgenommen hat. Der Sicherheitsrat hatte sich bereits mit der Krise zwischen Atonia und Betonia befasst und die (rechtswidrige) Resolution 1087 (2003) erlassen. Die jüngste Eskalation in dem Konflikt führte erneut zu einer Diskussion im Sicherheitsrat. Diese Entwicklung stand auf der Tagesordnung des Sicherheitsrats, so dass man von einer Aufgabenwahrnehmung durch den Sicherheitsrat ausgehen könnte. Die Generalversammlung hätte dann mangels Zuständigkeit keine Beschlüsse zu diesem Konflikt fassen dürfen.

Andererseits war der Sicherheitsrat durch seine Uneinigkeit blockiert. Eine fehlende Wahrnehmung der Verantwortung könnte man auch dann erkennen, wenn der Sicherheitsrat infolge seiner Uneinigkeit nicht in der Lage ist, irgendwelche Beschlüsse zu fassen.[15] Demgegenüber wird geltend gemacht, dass ein Ausfall der Aufgabenwahrnehmung durch den Sicherheitsrat erst vorliegt, wenn der Sicherheitsrat aufgrund von Auseinandersetzungen über die Tagesordnung eine Krise erst gar nicht in der Sache behandelt. Eine den Vorrang des Sicherheitsrats gemäß Art. 12 beseitigende Untätigkeit wäre daher erst gegeben, wenn im Sicherheitsrat keine Sachdebatte und Sachentscheidung zustande kommt, nicht aber, solange die Krise noch auf der Tagesordnung des Sicherheitsrats steht. Der Sicherheitsrat hatte sich im vorliegenden Fall inhaltlich mit der Krise befasst und war bezüglich inhaltlicher Fragen uneins. Ein Nichtbefaßtsein des Sicherheitsrats im Sinne von Art. 12 Abs. 1 Satzung der Vereinten Nationen liegt auch dann vor, wenn es an materieller Entscheidungsfähigkeit im Sicherheitsrat mangelt. Davon ging die Generalversammlung in ihrer Resolution 377 (V) Uniting for Peace vom 3. 11. 1950 aus, in der die Generalversammlung sich in Situationen eines Friedensbruchs, einer Friedensbedrohung oder eines Angriffs dann zu Empfehlungen be-

---

14 *Hailbronner/Klein*, in: *Simma* (Hrsg.), Charta der Vereinten Nationen, 1991, Art. 12 Rn. 6.
15 *Hailbronner/Klein*, in: Simma (Hrsg.), Charta der Vereinten Nationen, 1991, Art. 12 Rn. 12.

fugt sah, wenn der Sicherheitsrat mangels Einigkeit der ständigen Mitglieder nicht in der Lage war, seine Verantwortung auszuüben.[16] Dem ist zuzustimmen, weil der Vorrang des Sicherheitsrats bei der Wahrung des Weltfriedens und der internationalen Sicherheit, der durch Art. 12 Abs. 1 abgesichert werden soll, nicht dazu führen darf, dass im Falle der Uneinigkeit die bloße Diskussion und der bloße Umstand, dass ein Konflikt auf der Tagesordnung des Sicherheitsrats steht, die Zuständigkeit der Generalversammlung sperrt. Denn die Gefahr widersprechender Maßnahmen von Sicherheitsrat und Generalversammlung, die durch den Vorrang des Sicherheitsrats vermieden werden soll, besteht dann gerade nicht. Voraussetzung muss jedoch sein, dass der Sicherheitsrat wirklich uneins war und er nicht eine Entscheidung nach ernsthafter Prüfung der Lage gerade bewusst abgelehnt hat.

Vorliegend konnte der Sicherheitsrat wegen des angedrohten Vetos eines ständigen Mitglieds zu einer Entscheidung in der Sache nicht gelangen. Er war nicht in der Lage, seine Hauptverantwortung wahrzunehmen, sondern war sich gerade in sachlicher Hinsicht über die Bewertung der Krise uneinig. Der Vorrang des Sicherheitsrats gemäß Art. 12 Abs. 1 Satzung der Vereinten Nationen greift daher nicht ein. Die Generalversammlung war zuständig.

b) Beschränkung der Generalversammlung auf Empfehlungen

Art. 11 Abs. 2 S. 2 Satzung der Vereinten Nationen sieht beim Erlass von Maßnahmen die Einschaltung des Sicherheitsrats vor. Zu Maßnahmen ist die Generalversammlung somit nicht befugt. Die Generalversammlung hat hier jedoch keine Maßnahme ergriffen. Denn unter Maßnahme ist nach den Ausführungen oben I. ein verbindlicher Beschluss zu verstehen; das gilt auch bei Art 11.[17] Denn wäre der Begriff Maßnahme in Art. 11 Abs. 2 S. 2 weiter auszulegen, nämlich dahingehend, dass auch Empfehlungen darunter fielen, würde Art. 12 Abs. 1 überflüssig.

Die Generalversammlung hatte in der Resolution 1169 (LVIII) nur die Aufforderung ausgesprochen, zur friedlichen Streitbeilegung zurückzukehren, und ferner den Einsatz von Truppen vorgeschlagen, die die streitige Region besetzen sollten. Beides ist keine Maßnahme im Sinne einer Anordnung Weisungen, die für die Parteien verbindlich wären. Die Verpflichtung zur friedlichen Streitbeilegung, zu der die Parteien aufgefordert wurden, ergibt sich bereits aus der Satzung der Vereinten Nationen selbst, vgl. nur Artt. 2 Nr. 3, 33 Satzung der Vereinten Nationen. Die Generalversammlung hat daher insoweit nur deklaratorisch bereits bestehende Verpflichtungen Atonias und Betonias wiederholt. Das darf sie nach Art. 11 Abs. 1 Satzung der Vereinten Nationen, der von Art. 11 Abs. 2 Satzung der Vereinten Na-

---

16 *Delbrück*, Die Entwicklung des Verhältnisses von Sicherheitsrat und Vollversammlung der Vereinten Nationen, Diss. Univ. Kiel 1963, S. 97. Der Text der Resolution ist im Internet zu finden unter http://www.un.org/Depts/dhl/landmark/pdf/ares377e.pdf (zuletzt besucht am 4. 2. 2005). Diese Resolution wurde neu in die Diskussion gebracht, als der Sicherheitsrat sich nicht zu einer Reaktion auf den Einfall der USA in den Irak entschließen konnte.

17 Vgl. auch IGH ICJ Reports 1962, 157 (164); *Karaosmanoglu*, Les actions militaires coercitives et non coercitives des Nation Unies, 1970, S. 213, 285. Dies ist jedoch nicht unstreitig, vgl. *Prößdorf*, Die »Uniting for peace« Resolution, Diss. Univ. Köln 1960, S. 38 ff.

tionen unberührt bleibt.[18] Soweit es um den Einsatz von Friedenstruppen geht, liegt nur ein Vorschlag (»empfehlen«) vor. Eine völkerrechtliche Verpflichtung ergibt sich daraus erst, wenn die Parteien den Vorschlag annehmen und entsprechende Vereinbarungen über den Truppeneinsatz abschließen. Dann kommt insoweit ein völkerrechtlicher Vertrag zustande. Die Resolution der Generalversammlung kann daher nicht als Maßnahme eingeordnet werden, so dass die Sperrwirkung des Art. 11 Abs. 2 S. 2 Satzung der Vereinten Nationen für die Zuständigkeit der Generalversammlung nicht eingreift.

c) Empfehlungen über den Truppeneinsatz

Fraglich ist, ob die Generalversammlung durch diese Resolution nicht in die Zuständigkeit des Sicherheitsrats für militärische Maßnahmen nach Kapitel VII, genauer: Art. 42 Satzung der Vereinten Nationen, eingegriffen hat. Aus dieser Bestimmung könnte folgen, dass die Empfehlungen der Generalversammlung jedenfalls nicht den Einsatz von Truppen vorschlagen dürfen. Diese Beschränkung der Befugnis der Generalversammlung hätte zur Folge, dass die vorliegende Resolution, die den Einsatz von neutralen Truppen zur Befriedung der Grenzregion vorsieht, ohne Kompetenzgrundlage erging.

Zunächst ist zu berücksichtigen, dass es sich bei den hier vorgeschlagenen Truppen nicht um militärische Zwangsmaßnahmen nach Kapitel VII handelt. Denn die Resolution sieht vor, dass die neutralen Truppen nur bei Einverständnis der Konfliktparteien zum Einsatz kommen. Die Truppen sind daher keine Zwangsmaßnahme, die die UN gegen die Konfliktparteien ergreift. Friedenstruppen, sog. Blauhelme, die aufgrund allseitigen Einverständnisses eingesetzt werden, sind keine militärischen Maßnahmen nach Kapitel VII, da ihnen aufgrund des allseitigen Einverständnisses und aufgrund sehr beschränkter Befugnisse die Zwangswirkung abgeht.[19] Auch wenn der Sicherheitsrat selbst Friedenstruppen einsetzt, geschieht das nicht nach Art. 42 Satzung der Vereinten Nationen. Die Satzung der Vereinten Nationen darf nicht in dem Sinne abschließend verstanden werden, dass Bildung und Einsatz von Truppen nur nach Art. 42 erfolgen dürfte.[20] Diese Norm regelt den speziellen Fall, dass Militär zur Friedenserzwingung (*peace enforcing*) gegen einen Aggressor eingesetzt wird.[21] Die sog. Blauhelm-Einsätze, die der Erhaltung des Friedens dienen (*peace keeping*), haben einen anderen Sinn: Das Aufeinandertreffen der Konfliktparteien und weitere militärische Auseinandersetzungen sollen verhindert werden. Der Einsatz von Truppen zur Friedenserhaltung ist in der Satzung der Vereinten Nationen nicht explizit vorgesehen. Wenn Art. 36 Satzung der Vereinten Nationen Empfehlungen zur friedlichen Streitbeilegung zulässt, dann lässt sich unter diese weite Formulierung auch problemlos der Einsatz solcher Friedenstruppen als Instrument der Friedenswahrung subsumie-

---

18 Vgl. *Karaosmanoglu*, Les actions militaires coercitives et non coercitives des Nation Unies, 1970, S. 285 f.

19 Arntz, Der Begriff der Friedensbedrohung in Satzung und Praxis der Vereinten Nationen, 1975, S. 85.

20 S. IGH ICJ Reports 1962, 151 (167) – Certain expenses of the U. N.

21 Vgl. *Geiger/Khan*, Jura 1992, 434 (438).

ren.[22] Die Instrumente der friedlichen Streitbeilegung sind in Art. 33 nicht abschließend aufgezählt.

Die von der Generalversammlung getroffenen Empfehlungen nach Art. 11 Abs. 2 S. 1 Satzung der Vereinten Nationen können daher auch den Einsatz von Truppen bei allseitigem Einverständnis vorschlagen. Insoweit kann die Generalversammlung Friedenstruppen als Nebenorgan nach Art. 22 Satzung der Vereinten Nationen einsetzen.[23] Die Streitfrage, ob die Generalversammlung Zwangsmaßnahmen, also z. B. von dritten Staaten gegen eine oder mehrere Konfliktparteien zu richtende militärische Einsätze, empfehlen dürfte,[24] kann daher offen gelassen werden.

Ergebnis: Die Resolution der Generalversammlung ist rechtmäßig.

B. Frage 2

Der Staat Friedensreich hat die Entwicklungshilfe an Atonia für den Zeitraum ausgesetzt, für den Atonia nicht zu ernsthaften Verhandlungen über die Einrichtung eines Schiedsgerichts bereit ist. Dabei wurde nicht nur jede weitere Hilfe verweigert, sondern es wurden auch die bestehenden völkervertraglichen Verpflichtungen ausgesetzt. Friedensreich könnte das Völkerrecht daher auf zweierlei Weisen verletzt haben. Zum einen könnte der Abbruch jeder weiteren Entwicklungshilfe einen Völkerrechtsbruch darstellen (dazu I.). Zum anderen erfüllt Friedensreich bestehende vertragliche Verpflichtungen nicht (dazu II.).

I. Völkerrechtsbruch durch Einstellung der Entwicklungshilfe

1. Bestehen eines Rechtsanspruchs auf Entwicklungshilfe?

Zunächst ist die Frage zu erörtern, ob die Verweigerung von Entwicklungshilfe bereits deswegen einen Bruch des Völkerrechts darstellt, weil Entwicklungsländern ein völkerrechtlich abgesicherter Rechtsanspruch auf die Gewährung von Entwicklungshilfe zusteht.

In der völkerrechtlichen Diskussion ist ein »Recht auf Entwicklung« als Argumentationstopos und Forderung der Entwicklungsstaaten bekannt.[25] Die Generalversammlung der UNO hatte in verschiedenen Resolutionen ein Recht auf Entwicklung als unveräußerliches Menschenrecht bezeichnet (sog. Menschenrechte der dritten Generation). Die darauf gestützten Forderungen zielen auf eine Teilung

---

22 Die Grundlage für den Sicherheitsrat, Friedenstruppen einzusetzen, sieht *Arntz*, Der Begriff der Friedensbedrohung in Satzung und Praxis der Vereinten Nationen, 1975, S. 85, daher in der allgemeinen Befugnis aus Art. 24 i. V. m. Art. 1 Nr. 1 Satzung der Vereinten Nationen.

23 *Wolfrum* (Hrsg.), Handbuch der Vereinten Nationen, § 25 Rn. 6.

24 Dies zurecht ablehnend *Arntz*, Der Begriff der Friedensbedrohung in Satzung und Praxis der Vereinten Nationen, 1975, S. 117. Aufgrund der eindeutigen Beschränkung der Generalversammlung auf Empfehlungen besteht dafür kein Spielraum.

25 Vgl. nur *Tomuschat*, GYIL 1982, 85 ff.

des internationalen Wohlstands und eine Teilhabe der Entwicklungsländer an der Weltwirtschaft. Die Leistungsfähigkeit dieser Staaten ist von zunehmender Bedeutung für die Weltwirtschaft, für Frieden und Sicherheit und – damit untrennbar verbunden – für die Armutsbekämpfung.

Dennoch besteht insoweit kein geltendes Völkerrecht. Die Resolutionen der Generalversammlung allgemein und speziell die Deklaration der Generalversammlung über ein Recht auf Entwicklung[26] haben als solche keine rechtliche Verbindlichkeit. Sie richten nur unverbindliche Empfehlungen an die Staaten. Die Satzung der Vereinten Nationen misst Resolutionen der Generalversammlung im Gegensatz zu denen des Sicherheitsrats keine bindende Wirkung zu, weil für die Generalversammlung eine Bestimmung wie Art. 25 fehlt. Die Kompetenzen der Generalversammlung beschränken sich im Gegensatz zu den des Sicherheitsrat nur auf Empfehlungen. Eine Ausnahme gilt für die Generalversammlung nur bei Beschlüssen organisationsinterner Natur.[27]

Man kann in Resolutionen der Generalversammlung auch keine völkerrechtlichen Verträge sehen. Denn zum einen sind die Vertreter der UN-Mitgliedstaaten in der Generalversammlung nicht berechtigt, für ihre Staaten Verträge abzuschließen. Es fehlt ihnen auch der Vertragsschlusswille, da sie – wie gesehen – als Generalversammlung nur eine Empfehlung abgeben. Zum anderen sind für Resolutionen der Generalversammlung eine 2/3-Mehrheit erforderlich, vgl. Art. 18 Satzung der Vereinten Nationen. Gerade die Resolutionen, in denen ein Recht auf Entwicklung festgehalten wurde, wurden gegen den Widerstand der durch ein solches Recht gerade verpflichteten Geldgeberstaaten beschlossen. Im übrigen werden Resolutionen der Generalversammlung oft ohne förmliche Abstimmung im sog. Konsens-Verfahren angenommen: Dabei wird vom Generalsekretär nur festgestellt, dass in einer bestimmten Frage Einheit erzielt worden sei. Wenn sich keine Gegenstimme erhebt, die förmliche Abstimmung fordert, gilt ein entsprechender Beschluss auch ohne Abstimmung als angenommen.

Man kann die in Resolutionen zum Ausdruck gelangende Rechtsansicht allenfalls als Ausdruck bereits bestehenden Völkergewohnheitsrechts oder als eine Entwicklungsstufe auf dem Weg zu neuem Völkergewohnheitsrecht einordnen. Eine völkergewohnheitsrechtliche Aussage, dass ein Recht auf Entwicklung besteht, lässt sich derzeit nicht feststellen. Zumindest bestünde keine Klarheit über die daraus fließenden Rechtsfolgen. Zwar wird Entwicklungshilfe von vielen Staaten geleistet, so dass eine entsprechende Übung besteht. Jedoch ist Voraussetzung für das Feststellen eines völkergewohnheitsrechtlichen Satzes auch eine entsprechende Rechtsüberzeugung, die der Übung zugrunde liegt. Da die Adressaten eines Anspruchs auf Entwicklungshilfe die Resolutionen der Generalversammlung, die ein solches Recht festschreiben wollten, abgelehnt haben, ergeben sich kaum Anhaltspunkte für eine Rechtsüberzeugung. Die Geldgeber verstehen ihre Leistungen als freiwillig. Die Erklärungen auf den Weltwirtschaftsgipfeln zur Entwicklungshilfe lassen einen Schluss auf eine andere Rechtsüberzeugung nicht zu.[28]

---

26 Abgedruckt in VN 1987, 213.
27 Vgl. die Aufzählung bei *Verdross/ Simma*, Universelles Völkerrecht, S. 93 f.
28 Näher *Hörndler*, Menschenrechte und Entwicklungshilfe, 1996, S. 16 f.

Ein entsprechender Satz des Völkerrechts lässt sich auch der Satzung der Vereinten Nationen nicht entnehmen: Art. 55 lit. a und b Satzung der Vereinten Nationen geben dafür zuwenig her.

Ergebnis: Ein gewohnheitsrechtlicher Anspruch auf Entwicklungshilfe besteht nicht. Das lässt selbstverständlich eventuelle vertragliche Pflichten unberührt.

2. Die Einstellung von Entwicklungshilfe als Verstoß gegen das Gewaltverbot

Art. 2 Nr. 4 Satzung der Vereinten Nationen verbietet die Anwendung oder Androhung von Gewalt. Dabei lässt der Wortlaut offen, ob Gewalt in diesem Sinne nur militärische Gewalt meint oder auch jedes andere Verhalten, das Zwangswirkungen auf einen anderen Staat entfaltet, denen er sich nicht entziehen kann. So könnte wirtschaftlicher Druck, und damit auch der Entzug von Entwicklungshilfe, Gewalt sein.

Die systematische Stellung des Art. 2 Nr. 4 Satzung der Vereinten Nationen spricht dafür, dass die Gewalt nur die militärische Gewalt meint. Denn Art. 2 Nr. 4 steht nach Art. 2 Nr. 3, der die Staaten zur friedlichen Streitbeilegung verpflichtet. Historisch gesehen ist das Gewaltverbot Ausdruck der Ächtung militärischer Konflikte. Das Gewaltmonopol sollte auf internationaler Ebene aufgrund von Kapitel VII der UNO, konkret dem Sicherheitsrat vorbehalten bleiben. Auch die Entstehungsgeschichte des Gewaltverbots spricht daher dafür, dass Gewalt nur die militärische meint. Der Versuch Brasiliens, bei der Abfassung der Satzung der Vereinten Nationen wirtschaftlichen Zwang explizit in Art. 2 Nr. 4 einzubeziehen, wurde abgelehnt.[29] Des weiteren hat die Generalversammlung in ihrer Erklärung über völkerrechtliche Grundsätze für freundschaftliche Beziehungen und Zusammenarbeit zwischen den Staaten im Sinne der Satzung der Vereinten Nationen, kurz: Friendly Relation Declaration[30] ersichtlich das Gewaltverbot nur im Hinblick auf militärische Gewalt entfaltet, vgl. den Grundsatz I.

Somit erfasst das Gewaltverbot nur die militärische Gewalt.[31]

3. Die Einstellung von Entwicklungshilfe als Verstoß gegen das Interventionsverbot

Die bereits erwähnte Friendly Relations-Declaration hat in ihrem Grundsatz III, Satz 2 verankert, dass kein Staat wirtschaftliche Maßnahmen in der Absicht verwenden darf, durch Zwang den Verzicht auf die Ausübung souveräner Rechte zu erreichen oder Vorteile zu erlangen. Der Einsatz wirtschaftlicher Gewalt könnte somit das Prinzip der Nichteinmischung in innere Angelegenheiten verletzen.[32] Das Interventionsverbot untersagt nicht nur den Einsatz von bereits an sich rechtswidrigen Mitteln;[33] denn das wäre eine sehr starke Einschränkung des Interventionsverbots, die es zu sehr auf das Gewaltverbot reduzieren würde. Das Verbot der Einmischung in innere Angelegenheiten durch z.B. wirtschaftlichen Zwang

---

29 *Hörndler*, Menschenrechte und Entwicklungshilfe, 1996, S. 48.
30 Abgedruckt in Sartorius II, Nr. 4.
31 *Fischer* in: Ipsen, Völkerrecht, § 59, Rn. 14.
32 *Hörndler*, Menschenrechte und Entwicklungshilfe, 1996, S. 55.
33 So *Petersmann*, ZVglRWiss 1981, 1 (9).

ist eine völkergewohnheitsrechtliche Verpflichtung der Staaten,[34] die aus der gegenseitigen Achtung der Souveränität der Staaten folgt. Sie ist in Art. 2 Nr. 7 Satzung der Vereinten Nationen auch für die UNO als Organisation zum Ausdruck gekommen; auch die UNO ist auf eine Nichteinmischung verpflichtet.

Die Verweigerung von Entwicklungshilfe könnte eine solche Einmischung darstellen. Denn die Verweigerung von Entwicklungshilfe entfaltet für den davon betroffenen Staat eine gewisse Zwangswirkung. Die mit der Entwicklungshilfeleistung verbundene Förderung von Projekten fällt aus. Der betroffene Staat muss diese Projekte einstellen oder variieren. Eine andere Bewertung könnte man nur bei marginalen Leistungen an den betroffenen Staat annehmen. Darauf deutet hier nichts hin. Zwar hat wirtschaftlicher Druck wie etwa ein Wirtschaftsembargo kaum jemals die beabsichtigte Wirkung entfaltet. Doch liegt das weniger an einer fehlenden Zwangswirkung, sondern an der Häufigkeit ihrer Durchbrechung. Außerdem sollte man nicht auf den Erfolg abstellen, weil es sonst für das Vorliegen einer Einmischung darauf ankommt, ob der betroffene Staat sich beugt. Die bloße Eignung zur Einwirkung auf den Staat muss genügen.[35]

Die Verletzung des Nichteinmischungsgebots verlangt aber, dass auf Bereiche eingewirkt werden, die als ausschließlich innere Angelegenheit dem Staat vorbehalten sind. Der Zwang müsste eine Angelegenheit betreffen, über die der Staat völlig frei, in ausschließlich staatlicher Zuständigkeit entscheiden darf. Die Bestimmung dieses Bereiches erfolgt durch das Völkerrecht. Dabei gilt, dass je mehr völkerrechtliche Verpflichtungen der Staaten bestehen und je mehr Bereiche der Einwirkung des Völkerrechts ausgesetzt sind, umso weniger Raum für die Anerkennung einer sog. *domaine réservé* bleibt. Hier hat das Land Friedensreich die Entwicklungshilfe eingestellt, um den Staat Atonia zu ernsthaften Bemühungen anzuhalten, die Resolution des Sicherheitsrats zur friedlichen Streitbeilegung zu befolgen, insbesondere die Vereinbarung über das Schiedsgericht auszuhandeln. Der Abschluss eines völkerrechtlichen Vertrages ist eine Angelegenheit, die in die rein eigene Zuständigkeit eines Staates fällt. Andererseits geht es hier darum, den Staat zur friedlichen Streitbeilegung anzuhalten. Zwar ist die Resolution des Sicherheitsrats, deren Befolgung Friedensreich anstrebte, rechtswidrig, weil der Sicherheitsrat in Überschreitung seiner Kompetenzen handelte (s. o. A. I.). Dennoch ist die Verpflichtung zur friedlichen Streitbeilegung als solche gerade keine innere Angelegenheit. Sie kann es – abgesehen von der entsprechenden Verpflichtung durch die Satzung der Vereinten Nationen – schon deshalb nicht sein, weil ein internationaler Konflikt vorliegt, der begriffsnotwendig den Binnenbereich des Staates verlässt. Andererseits hatte Atonia sich bislang dieser allgemeinen völkerrechtlichen Verpflichtung gemäß verhalten. Atonia war in Verhandlungen und hatte keinerlei militärischen Mittel benutzt. Dass die Verhandlungen noch nicht den vom Sicherheitsrat gewünschten Abschluss gefunden hatten, begründet mangels Verbindlichkeit der Sicherheitsrats-Resolution keinen Völkerrechtsbruch. Wie Konfliktparteien ihre friedliche Streitbeilegung ausrichten und vornehmen, ist mangels näherer Vorgaben des Völkerrechts deren Sache. Dennoch ändert das Be-

---

34 So auch IGH, ICJ Reports 1986, 14 (106 f. Tz. 202 f.) – Nicaragua.
35 *Hörndler*, Menschenrechte und Entwicklungshilfe, 1996, S. 57 f.

mühen Atonias um friedliche Streitbeilegung nichts an dem Vorliegen eines internationalen Konflikts.

Ergebnis: Da es um die Beilegung eines internationalen Konfliktes geht, die Friedensreich mit der Einstellung der Entwicklungshilfe zu fördern versucht, wurde das Interventionsverbot nicht verletzt. Es handelt sich daher um die Ausübung erlaubten Drucks. Hinzu kommt die Überlegung, dass die Gewährung von Entwicklungshilfe den Staaten wie gesehen frei steht; der Abbruch von Entwicklungshilfe steht ihnen daher konsequenterweise ebenso frei.[36] Das muss erst recht gelten, wenn der Abbruch der Hilfe unter Hinweis auf das Bestehen internationaler Konflikte erfolgt.

II. Völkerrechtsbruch durch Aussetzung der bestehenden Verträge

Der Staat Friedensreich hat infolge der Weigerung des Staates Atonia, in die geforderten ernsthaften Verhandlungen einzutreten, alle mit diesem Staat bestehenden bilateralen Verträge ausgesetzt. Damit könnte Friedensreich gegen den Satz *pacta sunt servanda* verstoßen haben. Nach diesem völkerrechtlichen Rechtssatz, der in Art. 26 der Wiener Konvention über das Recht der Verträge (WVRK)[37] niedergelegt ist, aber gewohnheitsrechtliche Geltung hat, sind die von Völkerrechtssubjekten abgeschlossenen Verträge einzuhalten.

Davon kann nur abgewichen werden, wenn eine völkerrechtliche Erlaubnisnorm die Ungültigkeit, die Suspendierung oder Beendigung der vertraglichen Pflichten bzw. des Vertrages erlaubt. Solche Gründe können sich zum einen aus der WVRK ergeben. Zum anderen ist die Suspendierung der vertraglichen Pflichten als Repressalie erlaubt; das bedeutet, dass ein Staat, dem gegenüber ein anderer Staat nach den Grundsätzen des völkerrechtlichen Deliktes haftet, diesen Völkerrechtsbruch mit einem eigenen Völkerrechtsbruch, nämlich der Nichterfüllung vertraglicher Pflichten, beantworten kann (vgl. Art. 49 Staatenverantwortlichkeitsresolution[38]).[39]

Friedensreich hat hier die Erfüllung der Verträge bis zu dem Zeitpunkt ausgesetzt, zu dem Atonia – nach Sicht von Friedensreich ordnungsgemäß – die Resolution befolgt. Somit sind rechtmäßige Suspendierungsgründe zu ermitteln.

Suspendierungsgründe nach Artt. 54 (gegenseitiges Einvernehmen), 56 (fehlende Vertragsbestimmung) oder 59 (Abschluß eines späteren Vertrages) WVRK sind nicht gegeben. Auch die Gründe nach Artt. 60 (erhebliche Vertragsverletzung), 61 (nachträgliche Unmöglichkeit der Erfüllung) und 62 (clauslua rebus sic stantibus; grundlegender Wandel der Umstände) WVRK liegen nicht vor. Insbesondere ist kein Fall der clausula rebus sic stantibus gegeben, denn das würde voraussetzen, dass ein wesentlicher Umstand sich geändert hätte. Man mag die Rechtstreue und die Bereitschaft zur friedlichen Streitbeilegung zwar als essentiell ansehen, doch müsste dies gerade ein wesentlicher Umstand für den Vertragsschluss

---

36 Vgl. *Fischer* in: Ipsen, Völkerrecht, § 59 Rn. 62.
37 Abgedruckt in Sartorius II, Nr. 320.
38 Sartorius II, Nr. 6.
39 S. dazu *Heintschel von Heinegg*, Jura 1992, 289 (290).

sein. Zwar könnte man daran denken, dass implizit Rechtstreue die Voraussetzung jedes Vertrages ist. Doch müssten hier durch den neuen Umstand auch die vertraglichen Pflichten grundlegend umgestaltet worden sein, Art. 62 abs. 1 lit. b) WVRK. Zumindest dafür ist hier nichts ersichtlich. Im übrigen hat Atonia sich auch nicht rechtswidrig verhalten, wenn es der rechtswidrigen Sicherheitsratsresolution (s. oben A.) die Gefolgschaft verweigert.

Der – im übrigen zulässige – Abbruch der diplomatischen Beziehungen gibt auch keinen Suspendierungsgrund. Denn gemäß Art. 63 WVRK lässt der Abbruch der diplomatischen Beziehungen die vertraglichen Beziehungen unberührt, außer das Bestehen solcher Beziehungen wäre unerlässlich für die Anwendung des Vertrages. Der Bestand der Beziehungen müsste also unabdingbare Voraussetzung für die Vertragsanwendung sein. Darauf deutet mangels näherer Angaben im Sachverhalt nichts hin. Suspendierungsgründe nach der WVRK greifen somit nicht ein. Daher kann das Problem offen bleiben, ob die Staaten Atonia und Friedensreich an die WVRK gebunden sind. Mangels Angaben im Sachverhalt ist nicht davon auszugehen, dass sie die WVRK ratifiziert haben. Jedoch kodifiziert die WVRK weitgehend nur bestehendes Gewohnheitsrecht.[40]

Es bleibt somit nur noch, den in der Suspendierung liegenden Vertragsbruch von Friedensreich dadurch als gerechtfertigt und damit rechtmäßig anzusehen, dass er in Reaktion auf ein völkerrechtliches Delikt von Atonia erfolgte. Ein durch einen Vertrag gebundener Staat darf die Vertragserfüllung aussetzen oder auch beenden gegenüber einem Staat, der ihm gegenüber das Völkerrecht gebrochen hat. Ein Völkerrechtsbruch in Reaktion auf einen Völkerrechtsbruch mit dem Ziel, die Beibehaltung des völkerrechtswidrigen Verhaltens zu unterbinden und Wiedergutmachung zu erreichen, ist als Repressalie zulässig.[41] Das gilt auch im Rahmen des Vertragsrechts, da das durch die WVRK errichtete Vertragsregime die Anwendung anderer Suspendierungsgründe nicht ausschließt.[42] Ein solches, sog. *self-contained-regime*, also eine Regelung, in dem die Rechtsbrüche nur mit dem im Regime dafür vorgesehenen Handlungen beantwortet werden dürften und das die Anwendung anderer (insbesondere völkergewohnheitsrechtlicher) Reaktionsmöglichkeiten auf den Bruch des Vertrages als die in dem Vertrag vorgesehenen ausschließt,[43] liegt bei der WVRK nicht vor.[44]

Die Rechtfertigung als Repressalie setzt voraus, dass Atonia dem Staat Friedensreich gegenüber ein völkerrechtliches Delikt begangen hat. An eben dieser Voraussetzung fehlt es. Wie oben unter A. dargelegt wurde, ist die Resolution des Sicherheitsrats, mit der auch Atonia zur Einsetzung eines Schiedsgerichts bis Ende Juni

---

40 *Verdross/Simma*, Universelles Völkerrecht, § 672.

41 Als Grenzen der Repressalie sind jedoch zu beachten: das Gewaltverbot (eine Repressalie rechtfertigt nie die Anwendung von Gewalt), die Verhältnismäßigkeit, die vorherige Mahnung. Vgl. dazu *Ipsen*, Völkerrecht, § 40 Rn. 55 ff.; *Fischer*, ebda., § 59 Rn. 44 ff.

42 Vgl. *Simma*, ÖZöRV 1970, 5 (8).

43 Dazu *Ipsen*, Völkerrecht, § 35, Rn. 39 in bezug auf das Diplomatenrecht.

44 Anders ist das z. B. im Rahmen des Diplomatenrechts oder beim EGV. Das Diplomatenrechtsübereinkommen, Sartorius II, Nr. 325, lässt nur die darin vorgesehenen Reaktionsmöglichkeiten zu, also die Erklärung von Diplomaten zur persona non grata nach Art. 9; dazu IGH ICJ Reports 1980, 3 (38 ff.) – Teheraner Geiselfall. Der Rückgriff auf das gewohnheitsrechtliche Institut der Repressalie ist ausgeschlossen.

2004 und damit implizit zu ernsthaften Verhandlungen über dessen Errichtung, Besetzung und ähnliches verpflichtet werden sollte, mangels Kompetenz des Sicherheitsrates rechtswidrig und unbeachtlich. Eine völkerrechtliche Verpflichtung für Atonia konnte dieser Beschluss eines UN-Organs daher nicht entfalten. Atonia hat somit durch die mangelnde Befolgung nicht gegen eine völkerrechtliche Verpflichtung verstoßen.

Da Atonia das Völkerrecht nicht gebrochen hat, scheidet eine Rechtfertigung für Friedensreich über das Institut der Repressalie aus. Eine andere Rechtfertigung für die Aussetzung der Vertragserfüllung durch Friedensreich ist nicht ersichtlich.

Ergebnis: Friedensreich hat mit der Aussetzung der Erfüllung der bilateralen Verträge das Völkerrecht verletzt.

Fall 12: Streit vor der Küste

Die Republik Anama hat eine Küste zum Meer hin. Diese Küste enthält eine 50 See-
meilen (sm) breite, sehr große Bucht, die von Anama seit jeher als Eigengewässer
angesehen wird. Die Großmacht Luna will das nicht anerkennen und hält eine mi-
litärische Übung seiner Marine in Küstennähe zur Republik Anama ab. Einzelne
Schiffe fahren dabei in die Bucht ein, nähern sich der Küste aber nur auf 13 sm.
Nachdem der wiederholte Protest Anamas gegen den Eingriff in seine territoriale
Integrität fruchtlos bleibt, fordert ein Schiff der Küstenwache Anamas eines der
Marineschiffe Lunas, das in die Bucht eingefahren war, dort zum Anhalten auf.
Das Kriegsschiff hält daraufhin an und duldet die Durchsuchung durch die Kü-
stenwache. Anschließend wird das Kriegsschiff aufgefordert, die Bucht zu verlas-
sen. Luna protestiert gegen den Bruch des Seerechts durch Anama. Denn das an-
gehaltene Schiff seiner Marine habe sich der Küste nicht näher als 12 sm genähert.
Das Küstenmeer Anamas sei daher unversehrt geblieben. Anama weist demgegenüber auf seinen Standpunkt hin, die Bucht sei vollständig Eigengewässer.
Das wird durch alte Karten und Unterlagen belegt, die die Bucht als Teil des Ho-
heitsgebietes Anamas einzeichnen.

Unterdessen haben Schiffe mit Wissenschaftlern des Staates Luna in einer Entfernung von ca. 250 sm vor der Küste Anamas mit Forschungsarbeiten am Meeresgrund begonnen, die der Suche nach Ölquellen dienen. Anama protestiert auch
dagegen, weil das seinen Festlandsockel betreffe. Dieser verlaufe aufgrund des
bis in eine Entfernung von 280 sm von der Niedrigwasserlinie gleichmäßig sanft
abfallenden Meeresbodens auf alle Fälle bis zu dieser Stelle. Erst dann trete der
starke Knick des Festlandsockelabhangs ein. Luna weist demgegenüber auf die
Freiheit der Hohen See hin. Das Meer sei dort schon über 1500 m tief. Auch habe
Anama irgendwelche besonderen Rechte im Bereich des Festlandsockels nie
durch eine Proklamation beansprucht. Die Ausbeutung des Meeresbodens und -
untergrundes sei Sache aller und stehe nicht allein Anama zu. Außerdem würde
derzeit nur geforscht.

Anama seinerseits genehmigt daraufhin den Abbau von Manganknollen vom
Meeresboden in einer Enfernung von 360 Seemeilen von der Küste durch eine
in Anama ansässige Gesellschaft. Als Gegenleistung für die Abbaukonzession fließen 50% der Einnahmen dem Staat Anama zu. Das Nachbarland Blenda hält diese
Ausbeutung des Meeresbodens – wie auch die geplante Ausbeutung durch Luna –
für völkerrechtswidrig. Das UN-Seerechtsübereinkommen habe den Meeresboden zum gemeinsamen Erbe der Menschheit erklärt und den Abbau vom Meeresboden der Regelung durch die Internationale Meeresbodenbehörde anvertraut.
Ferner müsse Anama sich an die Meeresbodendeklaration der UN-Generalversammlung vom 17. 12. 1970 halten, die den Meeresboden auch zum gemeinsamen
Erbe der Menschheit erklärte und die von Anama mitinitiiert und wesentlich beeinflusst worden sei. Anama weist diese Einwände zurück, da das Land die UN-
Seerechtskonvention von 1982 nie ratifiziert habe. Ein darin verankertes Verbot
des Tiefseebergbaus treffe Anama nicht. Der Meeresboden dürfe von allen genutzt

werden. Dies sei Ausdruck der Freiheit des Meeres. Die Meeresbodendeklaration sei weder ein Vertrag noch Gewohnheitsrecht. Das gemeinsame Erbe der Menschheit sei zumindest für Anama nur ein politisches Schlagwort.

Unterdessen ereignet sich ein weiterer Zwischenfall: Ein Schmugglerschiff unter der Flagge Lunas hatte in der Bucht versucht, Kokain in größeren Mengen abzuladen. Die Küstenwache entdeckte das Schiff und steuerte darauf zu. Das Schmugglerschiff erkannte sogleich die Lage und drehte bei. In schneller Fahrt konnte es das Schiff der Küstenwache Anamas auf Distanz halten. Es gelang der Küstenwache Anamas auch nicht auf Hoher See, das Schmugglerschiff zu stellen und zum Anhalten zu bewegen. Erst in dem Küstenmeer des Nachbarstaats Blenda konnte das Schmugglerschiff gestoppt werden. Blenda und Luna rügen diese Aktion als völkerrechtswidrig. Anama beruft sich demgegenüber auf ein Recht zur Durchsetzung seiner Rechtsordnung in seinen Gewässern, was auch die weitere Verfolgung von Rechtsbrechern erlaube. Luna könne schon gar keine Verletzung des Völkerrechts kritisieren, weil das Schiff zu unrecht unter seiner Flagge fuhr: Das Schiff wurde im Staat Blenda gebaut, gehört einem Bürger des Staates Eida und auch das Personal des Schiffes kommt aus verschiedenen anderen Staaten. Luna habe daher selbst Völkerrecht gebrochen, weil das Schiff keinerlei Verbindung zu Luna aufweise, abgesehen vom Eintrag in dessen Schiffsregister. Dieser Eintrag verletze aber geltendes Völkerrecht.

Vermerk für den Bearbeiter:

In einem umfassenden Gutachten sind die dargestellten Vorgänge völkerrechtlich zu würdigen.

Auf den nachstehenden Auszug aus der Meeresbodendeklaration vom 17. 12. 1970 wird hingewiesen:

»Die Generalversammlung,

– in Bestätigung, dass es ein Gebiet des Meeresbodens und -untergrundes jenseits der Grenzen nationaler Hoheitsgewalt gibt, dessen Begrenzung noch nicht bestimmt ist
– in der Erkenntnis, dass die bestehende Rechtsordnung für das Hohe Meer noch keine entscheidenden Regeln für die Ordnung der Erforschung des genannten Gebietes und für die Ausbeutung seiner Naturschätze enthält,

...

erklärt feierlich:

1. Der Meeresboden und -untergrund jenseits der Grenzen nationaler Hoheitsgewalt, im folgenden das Gebiet genannt, sowie die Naturschätze des Gebiets sind das gemeinsame Erbe der Menschheit.

2. Das Gebiet darf auf keine Weise der Aneignung durch Staaten oder natürliche oder juristische Personen unterliegen, und kein Staat darf Gebietshoheit oder Hoheitsrechte über irgendeinen Teil davon beanspruchen oder ausüben.

...«

Lösung zu Fall 12: Streit vor der Küste

Die einzelnen Vorgänge sollen der Reihenfolge nach auf ihre Vereinbarkeit mit Völkerrecht untersucht werden.

A. Das Manöver der Marine von Luna in der Bucht

Durch das Manöver in der Bucht könnte Luna gegen die territoriale Integrität Anamas verstoßen haben. Ein Eindringen in fremdes Hoheitsgebiet verletzt das Völkerrecht. Dazu müsste die Bucht zum Hoheitsgebiet Anamas zählen. Zum Hoheitsgebiet zählt nicht nur das Festland, sondern auch das Eigengewässer. Als Eigengewässer sind nicht nur Binnengewässer, wie z. B. Binnenseen oder Flüsse, sondern auch innere Gewässer aufzufassen, also die Gewässer, die auf der landwärts gelegenen Seite der Basislinie[1] des Küstenmeeres eines Staates liegen.[2] Ferner erstreckt sich die Souveränität eines Küstenstaates auch auf das Küstenmeer, das von der Basislinie aus gesehen maximal 12 Seemeilen breit sein darf, vgl. Art. 1 und 3 der Seerechtskonvention von 1982.

Die Festlegung des Küstenmeers auf maximal 12 Seemeilen bedeutet, dass ein Schiff, das mehr als 12 Seemeilen von der Küste, genauer: der Basislinie, entfernt ist, sich stets außerhalb der Hoheitsgewässer des Küstenstaates befindet. Das Manöver Lunas hatte teilweise in der Bucht stattgefunden; einzelne Marineschiffe Lunas waren nur bis auf 13 Seemeilen an die Küste herangekommen. Damit wäre, was die Regelung über das Küstenmeer angeht, keine Verletzung der Hoheitsgewässer und des Seerechts gegeben; denn die Schiffe waren noch nicht im Küstenmeer.[3] Jedoch stellen Buchten unter bestimmten Umständen Eigengewässer dar. Nach Art. 10 Abs. 4 der Seerechtskonvention von 1982 sind Buchten auf jeden Fall bis zu einer Öffnung von 24 Seemeilen, gemessen an den Niedrigwassermarken der natürlichen Öffnungspunkte, Eigengewässer. Buchten, deren Öffnung maximal 24 Seemeilen beträgt, sind somit vollständig Eigengewässer. Die hier vorliegende Bucht hatte eine Öffnung von 50 Seemeilen. Sie zählt somit nach Art. 10 Abs. 5 Seerechtskonvention von 1982 nur bis zu dem Punkt als Eigengewässer, bis zu dem die Öffnung 24 Seemeilen nicht überschreitet. Allerdings gilt diese Regelung gemäß Art. 10 Abs. 7 nicht für sog. historische Buchten. Das sind Buchten, die seit jeher als Eigengewässer eines Küstenstaates angesehen werden. Eine historische Bucht ist hier gegeben. Alte Karten belegen, dass die Bucht seit jeher vollständig als Eigengewässer angesehen wurde. Daran sollen die neueren Kodifikationen des Seerechts nichts ändern.

---

1 Darunter ist gemäß Art. 5 der Seerechtskonvention von 1982, abgedruckt in Sartorius II, Nr. 350, die Niedrigwasserlinie zu verstehen.
2 So Art. 8 Seerechtskonvention von 1982.
3 Manöver im Küstenmeer eines anderen Staates sind gemäß Art. 19 Abs. 2 lit. b) Seerechtskonvention von 1982 vom Recht auf friedliche Durchfahrt nicht gedeckt.

Die Bucht Anamas zählt damit als historische Bucht vollständig zu den Eigenge-wässern. Dass Anama nicht die UN-Seerechtskonvention von 1982 ratifiziert hat und auch über die Ratifikation der Seerechtsübereinkommen von 1958 nichts er-wähnt ist, steht nicht entgegen, da die Konventionen insoweit nur Gewohnheits-recht niederlegen.[4] Gerade die Anerkennung der historischen Rechte an bestimm-ten Buchten zeigt, dass die Beantwortung der hier interessierenden Fragen nicht von der Geltung der Konventionen abhängt.

Das Manöver erfolgte somit auf fremdem Hoheitsgebiet und verletzte Völker-recht.

B. Das Anhalten und Durchsuchen des Marineschiffes

Anama hat in der Bucht ein Schiff der Marine angehalten und durchsucht. Marine-schiffe sind als Schiffe einer fremden Streitkraft Kriegsschiffe. Kriegsschiffe zählen nach einer Meinung als wandelndes, mithin fremdes Territorium ihres Heimat-staates (*territoire flottant*) und genießen – wie auch sonstige Staatsschiffe, die nicht Handelszwecken dienen – unstreitig Immunität von fremder Hoheitsgewalt.[5] Diese Immunität, die durch Art. 32 Seerechtskonvention von 1982 bestätigt wird, wird damit begründet, dass der Schiffskommandant als Repräsentant eines anderen Staates exterritorial ist und sich dessen Stellung auf das ganze Schiff er-streckt.

Jedoch war das Schiff hier in die Eigengewässer Anamas eingedrungen. Die Rege-lungen der Konventionen über das Verhalten von Kriegsschiffen im Küstenmeer belegen, dass ein Kriegsschiff das Recht über die friedliche Durchfahrt im Küsten-meer beachten muss und anderenfalls zum Verlassen des Küstenmeeres aufgefor-dert werden kann, vgl. Art. 30 Seerechtskonvention von 1982, Art. 23 des Überein-kommens über das Küstenmeer von 1958. Ein Anhalten oder gar Durchsuchen ist demnach nicht erlaubt. Diese Regelung gilt zwar nicht für Eigengewässer. Jedoch folgt aus der Immunität der Kriegsschiffe, dass die Küstenstaaten selbst bei Ein-laufen eines Kriegsschiffes in einen Hafen, also Eigengewässer,[6] keine Hoheitsge-walt ausüben dürfen.[7] Das Anhalten und Durchsuchen des Kriegsschiffes war da-her ein Verstoß Anamas gegen Völkerrecht.

Der Verstoß Anamas könnte gerechtfertigt sein als Reaktion auf den zuvor gesche-henen Völkerrechtsbruch Lunas. Dann läge der Rechtfertigungsgrund der Repres-salie vor. Luna hat wie oben unter A. gesehen die Integrität Anamas durch das Ein-dringen der Marine in die Bucht verletzt. In Reaktion auf diesen Völkerrechts-bruch war das Marineschiff Lunas angehalten und durchsucht worden.

---

4 Vgl. *Seidl-Hohenveldern/Stein*, Völkerrecht, Rn. 1184, 1192.
5 *Beckert/Breuer*, Öffentliches Seerecht, 1991, Rn. 728.
6 *Seidl-Hohenveldern*, Völkerrecht, Rn. 1192, 1199.
7 *Beckert/Breuer*, Öffentliches Seerecht, 1991, Rn. 291, 427. Wegen dieses Umstandes wird gefordert, dass Kriegsschiffe bei Durchfahren des Küstenmeeres, und erst recht bei Ein-dringen in das Eigengewässer, einer vorherigen Zustimmung des Küstenstaates, zumin-dest einer Anmeldung bedürfen, vgl. *Beckert/Breuer*, ebda. Rn. 314. Diese Forderung ist nicht geltendes Recht geworden.

Die übrigen Voraussetzungen einer Repressalie liegen auch vor (vgl. auch Art. 49 Staatenverantwortlichkeitsresolution):[8] Die Repressalie Anamas richtet sich gegen Luna, das zuvor das Völkerrecht verletzte. Die Repressalie erfolgte zu dem Zweck, weitere Verstöße zu verhindern. Denn durch das Anhalten und Durchsuchen wird Luna von weiteren Verstößen abgehalten werden. Eine Abmahnung war zuvor auch erfolgt, weil Anama wiederholt gegen den Bruch des Völkerrechts durch Nutzung der Bucht für das Manöver protestiert hatte. Das Schiff anzuhalten und zu durchsuchen war schließlich auch eine verhältnismäßige Maßnahme. Die bloße Aufforderung, die Bucht zu verlassen, wäre demgegenüber kein milderes Mittel, weil diese Aufforderung überhaupt keine Repressalie dargestellt hätte, sondern nur einen Hinweis auf den von dem Marineschiff begangenen Völkerrechtsbruch. Die Aufforderung an ein Kriegsschiff, die Bucht zu verlassen, ist in Art. 30 Seerechtskonvention von 1982 explizit zugelassen. Anama hatte auch wiederholt gegen das Manöver protestiert. Schließlich liegt auch keine Verletzung des Gewaltverbots nach Art. 2 Nr. 4 Satzung der Vereinten Nationen vor. Repressalien dürfen nicht gegen das Gewaltverbot verstoßen. Zwar scheidet das Gewaltverbot hier nicht bereits deswegen aus, weil die Küstenwache Anamas eventuelle Gewalt im eigenen Hoheitsgebiet ausgeübt hätte. Denn die Maßnahme bezog sich auf ein Kriegsschiff. Gewalt gegen ein Kriegsschiff zählt stets als Angriff und damit als Verstoß gegen das Gewaltverbot. Jedoch wurde hier keine Gewalt ausgeübt. Das Anhalten und Durchsuchen eines Schiffes bedeutet zwar die Ausübung von Hoheitsgewalt, weil das Kriegsschiff Adressat hoheitlicher Maßnahmen wird. Doch deutet im Sachverhalt nichts darauf hin, dass diese Anordnungen zwangsweise, also gewaltsam, durchgesetzt werden mussten. Vielmehr ist das Marineschiff Lunas freiwillig den hoheitlichen Anordnungen der Küstenwache Anamas gefolgt.

Somit kann das Anhalten und Durchsuchen des Marineschiffes durch Anamas Küstenwache nicht als Völkerrechtsverstoß gerügt werden.

C. Die Forschungsarbeiten der Wissenschaftler aus Luna

Wissenschaftler des Staates Luna haben 250 Seemeilen vor der Küste Anamas mit der Suche nach Ölfeldern begonnen. Um klären zu können, ob darin ein Völkerrechtsbruch liegt, ist zunächst das Gebiet, in dem die Forschung erfolgt, völkerrechtlich einzuordnen.

Einerseits könnte der Bereich, in dem die Wissenschaftler aus Luna tätig werden, der Hohen See zugehören. Dann könnten Sonderbestimmungen über den Meeresboden zu beachten sein. Andererseits könnte noch das Festlandsockelregime zugunsten Anamas eingreifen.

Als Hohe See zählen nach Art. 1 des Genfer Übereinkommens über die Hohe See von 1958[9] alle Teile des Meeres, die nicht zu den Eigengewässern und zum Küstenmeer gehören. Das bedeutet, dass die Hohe See in einer Entfernung von 12 sm ab

---

8 Sartorius II, Nr. 6.
9 Abgedruckt in *Randelzhofer*, unter Nr. 20.

der Basislinie beginnt. Nach Art. 86 der Seerechtskonvention von 1982 beginnt die Hohe See ab der ausschließlichen Wirtschaftszone, die gemäß Art. 57 dieser Konvention maximal 200 sm von der Basislinie entfernt ist. Nach beiden Abkommen ist daher ein Punkt in 250 sm Entfernung von der Basislinie der Hohen See zuzuordnen. Insoweit dürfte damit in diesen Abkommen auch Völkergewohnheitsrecht zum Ausdruck kommen.

Im Bereich der Hohen See gilt die Freiheit der Schifffahrt. Internationale Regelungen über die Beschränkung von Forschungen und Tiefseebergbau bestehen insoweit bislang nicht.[10] Allein in der Seerechtskonvention von 1982 gelangt in Art. 136 ff. i. V. m. Art. 1 Abs. 1 Nr. 1 das Bekenntnis zum Meeresboden und -unterboden als gemeinsamem Erbe der Menschheit zum Ausdruck, dessen Erforschung und Ausbeutung gewissen Sonderregeln unterliegen und der Leitung der Internationalen Meeresbodenbehörde anvertraut ist. Ob diese Beschränkungen für Luna gelten, geht aus dem Sachverhalt nicht hervor. Er lässt offen, ob Luna die Seerechtskonvention von 1982 ratifiziert hat. Diese Bestimmungen der Seerechtskonvention können auch nicht als Völkergewohnheitsrecht angesehen werden.[11] Zwar gab es bereits 1970 in der Meeresbodendeklaration der Generalversammlung der UNO ein Bekenntnis dazu, dass die Staaten sich eigenmächtiger Abbaumaßnahmen am Meeresboden und -untergrund zu enthalten hätten. Doch kann man dieser Aussage nicht ohne weiteres gewohnheitsrechtliche Geltung zuerkennen. Resolutionen der Generalversammlung sind weder als Verträge noch als Ausdruck von Gewohnheitsrecht einzuordnen. Sie können nur in einzelnen Fällen Gewohnheitsrecht zum Ausdruck bringen. Ferner geht es vorliegend zunächst nur um Erforschung von möglichen Lagerstätten, nicht bereits um deren Abbau. Es deutet daher nichts darauf hin, dass das Recht der Hohen See nach derzeitigem Stand die Erforschung des Meeresbodens und des -untergrundes verböte. Doch kann man diese Frage offen lassen, wenn sich eine eindeutige Lösung aufgrund des Festlandsockelregimes abzeichnet.

Anama machte geltend, die Forschungsarbeiten fänden auf seinem Festlandsockel statt. Dieser kann in der Tat über 200 sm hinausreichen.

Für den Festlandsockel, quasi als Verlängerung des Landterritoriums, übt allein der zugehörige Küstenstaat die Hoheitsgewalt zur Erforschung und Ausbeutung der natürlichen Ressourcen aus. Das gilt auch dann, wenn der Küstenstaat die Aktivität unterlässt; fremde Staaten dürfen auf dem Festlandsockel nur mit ausdrücklicher Zustimmung des Küstenstaates forschen, vgl. Art. 77, 246 Abs. 2 Seerechtskonvention von 1982, die Gewohnheitsrecht wiedergeben. Diese souveränen Rechte im Bereich des Festlandsockels stehen den Küstenstaaten ohne weite-

---

10 Nur für die ausschließliche Wirtschaftszone ist in Art. 56 Seerechtskonvention von 1982 das ausschließliche Recht des Küstenstaates zur Erforschung und Ausbeutung der Ressourcen festgeschrieben. Das gilt als Gewohnheitsrecht.

11 Vgl. *Seidl-Hohenveldern, Völkerrecht/Stein*, Rn. 1188 f. Die Regeln über die Verwaltung des Meeresbodens durch die Meeresbodenbehörde verhinderten die Ratifizierung durch die wichtigsten Seenationen, *Beckert/Breuer*, Öffentliches Seerecht, 1991, Rn. 1450. 1994 wurde daher das Zusatzübereinkommen über die Anwendung von Teil XI geschlossen, Sartorius II, Nr. 350a.

res zu und sind nicht von einer besonderen Proklamation oder Inanspruchnahme abhängig.[12]

Die Stelle, an der von Luna Forschung betrieben wird, müsste zum Festlandsockel von Anama gehören. Der Festlandsockel ist der jenseits des Küstenmeeres gelegene Meeresboden und -untergrund, der als natürliche Verlängerung des Landterritoriums angesehen werden kann. Der Festlandsockel erstreckt sich nach Art. 76 Abs. 1 Seerechtskonvention von 1982 bis zur Grenze des Festlandrandes, mindestens jedoch 200 sm von der Basislinie. Geht der Festlandrand über die 200 sm hinaus, wie es laut Sachverhalt der Fall ist, weil der Festlandabhang auf einer Entfernung von 280 sm gleichmäßig sanft abfällt, dann ergibt sich die Begrenzung aus einer vom Staat gemäß Art. 76 Abs. 4 festgelegten Linie.[13] Mangels näherer Angaben im Sachverhalt kann diese Linienziehung nicht exakt nachvollzogen werden. Der Staat Anama wird auch, davon ist auszugehen, diese Linie nicht festgelegt haben, da er die Seerechtskonvention von 1982 nicht ratifiziert hat. Außerdem ist Art. 76 Abs. 5 und 6 zu beachten, wonach der Festlandsockel höchstens 350 sm von der Basislinie entfernt sein darf und wonach der Festlandsockel sich nicht weiter als 100 sm von der Linie, wo die Wassertiefe 2500 m beträgt, erstrecken darf. Der Einwand Lunas, dass an der Stelle, an der geforscht werde, die Wassertiefe die 1500 m überschreite, steht daher einer Einordnung als Teil des Festlandsockels nicht entgegen. Nach den Kriterien der Seerechtskonvention von 1982 müsste daher die Stelle in 250 sm Entfernung von der Basislinie als Festlandsockel eingeschätzt werden. Nach Art. 1 des Übereinkommens über den Festlandsockel von 1958 ist der Festlandsockel weniger exakt definiert: Er umfasst den Meeresboden und Meeresuntergrund außerhalb des Küstenmeeres bis zu einer Tiefe von 200 Metern oder darüber hinaus, soweit die Tiefe die Ausbeutung der Ressourcen gestattet. Diese weniger eindeutigen Vorgaben wird man – im Gegensatz zu den detaillierten Regeln der Seerechtskonvention von 1982 – als Gewohnheitsrecht einordnen können.[14]

Legt man diese Vorgaben zugrunde, ist davon auszugehen, dass der Festlandsockel Anamas zumindest bis zu einer Entfernung von 250 sm ab der Basislinie reicht. Nach der Definition des Art. 1 des Übereinkommens von 1958 liegt die Stelle, an der Luna tätig wird, im Festlandsockel Anamas, weil bis dahin der Festlandsockel sanft abfällt und die Wassertiefe die Ausbeutung noch gestattet. Von letzterem muss man ausgehen, weil die Forschungen Lunas gerade auf das Aufspüren von Erdölvorkommen abzielen.

Ergebnis: Die Forschungen Lunas verstoßen gegen Völkerrecht, da sie auf dem Festlandsockel Anamas stattfinden.

---

12 IGH, ICJ Reports 1969, 3 (22) – Nordsee Kontinentalsockel; *Seidl-Hohenveldern/Stein*, Völkerrecht, Rn. 1238.

13 Konsequenz ist dann, dass der Küstenstaat für die Ausbeutung des Festlandsockels jenseits der 200 sm Zahlungen nach Art. 82 Seerechtskonvention von 1982 an die Internationale Meeresbodenbehörde leisten muss. Es bleibt aber bei der alleinigen Forschungs- und Ausbeutungszuständigkeit des Küstenstaates.

14 S. *Seidl-Hohenveldern/Stein*, Völkerrecht, Rn. 1236.

D. Der Abbau der Manganknollen

Anama hat einer Gesellschaft in Anama die Genehmigung zum Abbau von Manganknollen erteilt. Dadurch könnte es gegen Völkerrecht verstoßen haben.

I. Nichteingreifen des Festlandsockelregimes

Zunächst ist festzuhalten, dass der Abbau nicht auf dem Festlandsockel Anamas erfolgt. Wäre die Abbaustelle auf dem Festlandsockel, dürfte – wie oben unter C. dargelegt – der Küstenstaat Anama über Erforschung und Ausbeutung der Ressourcen bestimmen. Die Abbaustelle ist jedoch in einer Entfernung von 360 Seemeilen von der Basislinie. Laut Sachverhalt tritt der Knick, also das stärkste Gefälle des Festlandsockels bei 280 sm ein. Das Abstellen auf den Knick des Festlandsockels zu dessen Begrenzung kann zwar nicht ohne weiteres als Bestandteil des Gewohnheitsrechts angenommen werden, auch wenn dieses Merkmal in der Definition des Festlandsockels aufscheint.[15] Dennoch muss hier davon ausgegangen werden, dass der Festlandsockel Anamas sich nicht bis in diese Entfernung erstreckt. Nach den Kriterien der Seerechtskonvention von 1982 wäre ein Festlandsockel unabhängig von der geologischen Formation nicht mehr anzuerkennen, wenn die Entfernung von der Basislinie 350 sm übersteigt, vgl. Art. 76 Abs. 5. Nimmt man die Regelung des Art. 76 Abs. 4 lit. a) ii), dann würde die Grenze des Festlandsockels in 60 sm Entfernung vom Punkt des stärksten Gefällewechsels des Festlandabhangs bemessen werden. Danach würde die Grenze des Festlandsockels bei 340 sm liegen. Die Aussage des Art. 1 des Übereinkommens über den Festlandsockel von 1958, wonach der Festlandsockel den Meeresgrund auch außerhalb einer Tiefe von 200 m erfasst, soweit die Wassertiefe eine Ausbeutung gestattet, kann demgegenüber nicht ins Feld geführt werden, weil dann mit den zunehmenden technischen Möglichkeiten nicht nur der Festlandsockel ausgedehnt würde (dies ist eine von dieser Festlegung durchaus nicht unbeabsichtigte Wirkung), sondern weil es dann, wenn der Abbau auch am und unter dem Meeresboden technisch möglich wird, kein Abgrenzungskriterium für die Bemessung des Festlandsockels mehr gibt. Wenn die technischen Möglichkeiten das Ausmaß des Festlandsockels bestimmen, wird eine Abgrenzung unmöglich. Daher kann dieser Aussage aus den fünfziger Jahren des letzten Jahrhunderts unter heutigen Umständen wegen Funktionslosigkeit kein rechtlicher Gehalt mehr entnommen werden. Der Anspruch auf Erstreckung des Festlandsockels auf eine Entfernung von 360 sm kann darauf nicht gestützt werden. Schließlich bedeutete das Abstellen auf die technischen Möglichkeiten in den fünfziger Jahren eine viel eingeschränktere Bestimmung des Festlandsockels als bei den heutigen Möglichkeiten. Die letztlich völlige Aufteilung des Meeresbodens unter den Küstenstaaten, die Folge einer Anwendung dieser Definition aus den fünfziger Jahren unter heutigen Umständen wäre, war kaum Absicht des Übereinkommens von 1958.[16]

Für die Entstehung einer gewohnheitsrechtlichen Rechtsregel, wonach der Festlandsockel Anamas auch noch in der Entfernung von 360 sm verläuft, etwa durch

---

15 Vgl. etwa *Colombos*, Internationales Seerecht, 1963, S. 48 § 84.
16 *Seidl-Hohenveldern/Stein*, Völkerrecht, Rn. 1186.

beständige Proklamation durch Anama oder durch entsprechende Anerkennung durch Nachbarstaaten, bestehen keine Anhaltspunkte. Dafür, dass in dieser Entfernung Meeresboden verläuft, der nicht mehr zum Festlandsockel gehört, spricht auch, dass Anama selbst nicht geltend macht, dass der Abbau noch auf seinem Festlandsockel stattfinde. Vielmehr behauptet es die Freiheit der Meeresbodenausbeutung und erkennt damit implizit an, dass es um Meeresboden und nicht mehr um seinen Festlandsockel geht.

Der Abbau der Manganknollen findet somit nicht auf dem Festlandsockel Anamas statt, sondern auf dem keiner bestimmten staatlichen Hoheitsgewalt zugeordneten Meeresboden. Der Abbau ist daher nicht schon aufgrund der Hoheitsgewalt Anamas über seinen Festlandsockel zulässig.

II. Freiheit des Meeresbodens und -untergrundes

Anama beruft sich auf die Freiheit der Ausbeutung des Meeresbodens und -untergrundes. Der Tiefseeboden wurde in der Seerechtskonvention von 1982 und auch in UN-Deklarationen wie der Meeresbodendeklaration als gemeinsames Erbe der Menschheit bezeichnet und demnach als jeder nationalen Hoheitsgewalt entzogen angesehen.[17] Das hätte auch zur Konsequenz, dass einzelnen Staaten keine Befugnis zur Ausbeutung zukommt.

Fraglich ist, ob diese Aussagen sich zu einer völkerrechtlich geltenden Norm verdichtet haben.

1. Völkervertragsrecht

Die Internationalisierung des Meeresbodens in Art. 137 iVm Art. 1 Abs. 1 Nr. 1 Seerechtskonvention von 1982 selbst ist für Anama nicht verbindlich, weil dieses Land die Konvention nicht ratifiziert hat. Art. 138 der Konvention bewirkt auch nichts anderes, wenn er die Staaten verpflichtet, sich in Bezug auf den Meeresboden entsprechend der Seerechtskonvention von 1982 zu verhalten. Denn eine solche Vertragsbestimmung kann Nichtvertragsparteien nicht binden. Es gilt das Verbot des Vertrages zu Lasten Dritter, vgl. Art. 35 Wiener Vertragsrechtskonvention (WVRK).[18] der Gewohnheitsrecht kodifiziert. Grundgedanke des Völkerrechts ist die Freiwilligkeit, wonach den Staaten grundsätzlich nur die Verpflichtungen obliegen, die sie übernommen haben. Zumindest im Vertragsrecht gilt das uneingeschränkt. Eine andere Bindung an die Seerechtskonvention, etwa als Signatarstaat und Ratifizierungswilliger gemäß Art. 18 WVRK, ist auch nicht gegeben. Insoweit fehlt es an tatsächlichen Voraussetzungen.

Die UN-Meeresbodendeklaration ist ebenso wenig verbindlich. Resolutionen der Generalversammlung sind nach der Satzung der Vereinten Nationen nur Empfehlungen an die Staaten und nicht bindend. UN-Deklarationen können auch nicht als eigener völkerrechtlicher Vertrag angesehen werden; dafür fehlt es an der Ab-

---

17 Vgl. auch *Verdross/Simma*, Universelles Völkerrecht, § 1116.
18 Abgedruckt in Sartorius II, Nr. 320.

schlussbefugnis und an dem Abschlusswillen der Staatenvertreter in der Generalversammlung.[19]

2. Völkergewohnheitsrecht

Die Seerechtskonvention von 1982 hat sich nicht zu Völkergewohnheitsrecht verdichtet, was die Bestimmungen über den Tiefseeboden im XI. Teil angeht. Dasselbe
gilt für die Meeresbodendeklaration der UN-Generalversammlung von 1970. Sie
stellt kein Gewohnheitsrecht dar. Es fehlt insoweit sowohl an einer hinreichend
verbreiteten Rechtsüberzeugung als auch an einer hinreichenden Staatenpraxis.
Man kann aus Resolutionen der Generalversammlung insbesondere nicht auf entsprechende Rechtsauffassungen der Völkerrechtsgemeinschaft schließen. Auch
die Stimmen, die sich dafür einsetzen, das Prinzip des gemeinsamen Erbes der
Menschheit als dem Völkergewohnheitsrecht zugehörig anzusehen, räumen ein,
dass sein Inhalt dann nur eine allgemeine Verpflichtung und keine konkrete
Rechtspflicht bedeutet, einseitige nationale Maßnahmen wie die Ausbeutung
von Meeresbodenressourcen zu unterlassen.[20]

3. Allgemeine Rechtsgrundsätze

Aus den allgemeinen Rechtsgrundsätzen als weiterer Quelle des Völkerrechts gemäß Art. 38 Abs. 1 lit. c) Statut des IGH[21] ergibt sich auch kein Verbot des Tiefseebergbaus. Denn die innerstaatlichen zivilrechtlichen oder öffentlich rechtlichen
Rechtssätze, die bei der Gewinnung von Rechtsgrundsätzen des Völkerrechts herangezogen werden, enthalten keinerlei Aussagen zu einem gemeinsamen Erbe
der Menschheit. Die internen Rechtsordnungen befassen sich mit diesen Fragen
nicht, weil sie sich ihr nicht stellen. Ebenso wenig ergibt sich ein Rechtsgrundsatz
des Völkerrechts über den Meeresboden als gemeinsames Erbe der Menschheit als
notwendiges Element internationaler Beziehungen.[22]

Nach dem geltenden Völkerrecht gibt es somit kein allgemeines Verbot der Ausbeutung des Meeresbodens und -untergrundes. Die Freiheit der Hohen See bein-
haltet die Freiheit der Meeresforschung und der Ausbeutung des Meeresbodens
jenseits des Kontinentalsockels.[23] Der bisherige Rechtszustand lässt die Nutzung
durch jedermann zu.[24] Denn die Freiheit der Schifffahrt auf der Hohen See wird
dadurch nicht beeinträchtigt.

---

19 Zur rechtlichen Einordnung von Resolutionen der Generalversammlung vgl. näher Fall
    11 unter B. I. 1.
20 Vgl. *Wolfrum*, ZaöRV 1983, 312 (335 f.).
21 Abgedruckt in Sartorius II, Nr. 2.
22 Allgemeine Rechtsgrundsätze können sich nicht nur aus einer Übernahme von Rechts-
    sätzen aus den nationalen Rechtsordnungen ergeben, sondern auch aus der Struktur der
    Völkerrechtsordnung.
23 *Beckert/Breuer*, Öffentliches Seerecht, 1991, Rn. 1711.
24 *Verdross/Simma*, Universelles Völkerrecht, § 1137.

4. Bindung des Staates Anama aufgrund einseitigen Verhaltens

Eine Ausnahme könnte sich hier für den Staat Anama daraus ergeben, dass der Staat als Mitinitiator der Meeresbodendeklaration sich bereits zu dem Prinzip des Meeresbodens als gemeinsamem Erbe der Menschheit bekannt hat. Der Staat hatte somit selbst diese Rechtsauffassung. Fraglich ist, ob er sich daran auch weiter binden lassen muss, was sein eigenes künftiges Verhalten angeht. Das Völkerrecht kennt staatliche Verpflichtungen, die aus einseitigen Handlungen erwachsen. So kann eine Resolution im Einzelfall für Staaten gelten, die bei der Stimmabgabe besondere Erklärungen abgeben, etwa dahin, dass sie die Resolution als rechtlich bindend betrachten.[25]

An solchen besonderen Erklärungen fehlt es hier. Für eine weiterhin bestehende Bindung an die Auffassung, die Ausbeutung des Meeresbodens stehe den Staaten nicht zu, spricht, dass Anama sich sonst zu eigenem früheren Verhalten in Widerspruch setzen würde (vgl. den Gedanken des *venire contra factum proprium*). Allerdings kann ein Staat eine früher eingenommene Haltung auch wieder ändern. Grenzen kann man dem nur dort setzen, wo der völkerrechtliche Verkehr tangiert ist. Dann lässt aber weniger ein Verbot sich widersprechenden Verhaltens, sondern eher der Gedanke des Vertrauensschutzes eine Beschränkung für die Verhaltensfreiheit eines Staates entstehen. Im Völkerrecht gibt es dafür das Prinzip des *estoppel*: Danach ist ein Staat an Erwartungen gebunden, die er durch sein Verhalten erweckt hat und auf die ein anderer Staat nach Treu und Glauben vertrauen konnte. Der Staat ist dann gehindert (*estopped*), später eine gegenteilige Haltung einzunehmen, wenn dies zu einem Nachteil für den anderen Staat führte. Die Geltung des *estoppel*-Prinzips als allgemeiner Rechtgrundsatz wurde vom IGH festgehalten.[26]

Der Staat Anama hat dadurch, dass er nicht nur der Meeresbodendeklaration zustimmte, sondern sie auch mitinitiierte, bei anderen Staaten die Erwartung geweckt, dass Anama sich für den Meeresboden als gemeinsames Erbe der Menschheit einsetzen würde. Allerdings wäre die Freiheit Anamas zu einer Änderung seiner Auffassung nach dem oben Ausgeführten erst dann eingeschränkt, wenn sich ein anderer Staat im Vertrauen darauf zu einem rechtlich erheblichen Handeln hat verleiten lassen, das ihm einen Schaden einbrächte, sollte der erstere Staat später einen anderen, gegenteiligen Standpunkt einnehmen können. An letzterem fehlt es. Zwar hat Anama durch seinen Einsatz für die Meeresbodenkonvention den Eindruck erweckt, sich künftig gegen eine Freiheit zur Ausbeutung des Meeresbodens einzusetzen und erst recht keine eigenen Aktivitäten in dieser Richtung zu entfalten. Doch bedarf es, damit durch dieses einseitige Verhalten eine rechtliche Bindung eintritt, noch eines anderen Staates, der im Vertrauen darauf eine rechtlich erhebliche Handlung vorgenommen hat. Dies könnte man etwa dann bejahen, wenn ein Nachbarstaat seinerseits die Ausbeutung bestimmter Bodenschätze im Meeresboden unterlassen hat, weil er auf dessen Unterbleiben auch durch Anama vertraute und nun dadurch einen Nachteil erleidet, dass Anama einseitig eine

---

25 *Müller*, Vertrauensschutz im Völkerrecht, 1971, S. 251.
26 Vgl. *Verdross/Simma*, Universelles Völkerrecht, § 615. Für die Einordnung des estoppel-Prinzips als allgemeiner Rechtsgrundsatz des Völkerrechts auch *Müller*, Vertrauensschutz im Völkerrecht, S. 9.

neue Situation schafft und eine an sich beiden Staaten zugängliche Ausbeutung vornimmt, indem die aus dem Vertrauen folgende Untätigkeit des anderen ausgenützt wird. Dafür bestehen vorliegend jedoch keine Anhaltspunkte. Der andere Staat, Blenda, trägt insoweit nichts vor, was auf das Entstehen eines schutzwürdigen Vertrauens in die Haltung von Anama hindeuten könnte. Der bloße Umstand, dass Anama sich nun anders verhält, als nach seinem früheren Verhalten in der UN-Generalversammlung zu erwarten war, begründet noch kein schutzwürdiges Vertrauen anderer Staaten. Es entspricht vielmehr der staatlichen Souveränität, eine Meinung oder Rechtsansicht auch einmal zu ändern. Das ist ohne weiteres möglich, solange insoweit noch keine völkerrechtliche Bindung eingetreten ist.

Somit lässt sich auch aus dem *estoppel*-Prinzip keine Verpflichtung Anamas herleiten, die Ausbeutung des Meeresbodens zu unterlassen. Es bleibt damit für Anama bei der geltenden Regel, dass die Freiheit der See die Freiheit der Ausbeutung des Meeresbodens für jeden umfasst. Die Genehmigung des Abbaus von Manganknollen verstößt nicht gegen Völkerrecht.

E. Die Verfolgung des Schmugglerschiffes

Das Schiff der Küstenwache Anamas hat das Schmugglerschiff, das unter der Flagge Lunas fuhr, auch auf Hoher See verfolgt und ihm geboten anzuhalten. Ferner gelang es der Küstenwache erst im Küstenmeer Blendas, das Schmugglerschiff anzuhalten. Dadurch könnte gegen die Hoheitsrechte Lunas und Blendas verstoßen worden sein. Nachfolgend soll zunächst die Aufforderung und die bloße Verfolgung des Schiffes (unter I.) und dann das Anhalten des Schiffes im Küstenmeer Blendas (unter II.) je separat untersucht werden.

I. Verletzung der Souveränität Lunas durch die Verfolgung des Schiffes und die Aufforderung anzuhalten?

Die Hoheitsrecht Lunas könnten verletzt sein, weil das Schiff unter seiner Flagge fuhr und somit dem Rechte Lunas unterstand. Im Völkerrecht gilt für die Zuordnung eines Schiffes zu einem Staat ausschließlich das Flaggenprinzip. Demnach ist das Schiff dem Staat zugehörig, unter dessen Flagge es fährt. Nach Art. 91 Abs. 1 S. 2 kommt es nur darauf an, ob das Schiff die Flagge zu recht führt, also ob die nationalen Voraussetzungen für eine Eintragung im Schiffsregister erfüllt waren. Streitig ist, ob darüber hinaus nähere Anforderungen wie bei natürlichen Personen bestehen, nämlich dahingehend, dass ein *genuine link* zwischen dem Staat und dem Schiff bestehen muss, damit völkerrechtlich die Flaggenführung und die Eintragung ins Schiffsregister anerkannt werden muss. Da die Staatenpraxis die Üblichkeit von Billigflaggen und Zweitregistern belegt, ist zweifelhaft, ob solche Anforderungen bestehen. Dort können sich beliebige Schiffe registrieren lassen und sind infolgedessen zur Flaggenführung berechtigt, ohne dass irgendwelche qualifizierten Voraussetzungen daran gebunden wären.

Allerdings sieht Art. 91 Abs. 1 S. 3 Seerechtskonvention von 1982 wie schon Art. 5 des Übereinkommens über die Hohe See von 1958 vor, dass zwischen dem Schiff und dem Staat eine echte Verbindung bestehen muss. Wäre damit ein dem genuine link bei der Bestimmung der Staatsangehörigkeit natürlicher Personen vergleichbare Verbindung gemeint, dann dürfte völkerrechtlich die Führung einer Flagge bei einem Schiff nur dann zugelassen werden, wenn – über die Eintragung im Schiffsregister hinaus – eine hinreichende Nähebeziehung zwischen Schiff und Staat vorläge. Nur bei solch einer Nähebeziehung wäre das nationale Recht, das die Voraussetzungen der Schiffsregistereintragung regelt, mit dem Seerecht vereinbar. Diese Nähebeziehung könnte etwa durch die Staatsangehörigkeit der Schiffeigner oder des leitenden Personals auf dem Schiff hergestellt werden. Vorliegend fehlt es bei dem Schmugglerschiff indessen an solchen Anknüpfungspunkten. Außer der Eintragung in das Schiffsregister Lunas bestand hier keine Verbindung mit Luna. Daher stellt sich die Frage, wie die »echte Verbindung« nach Art. 91 Abs. 1 S. 3 auszulegen ist. Nach dem – verbindlichen – englischen Wortlaut (Art. 320 UN-Seerechtskonvention von 1982) findet hier mit dem Begriff »genuine link« derselbe Terminus Verwendung, so dass man von einem Gleichlauf der Inhalte ausgehen kann. Dagegen spricht aber, dass in der Staatenpraxis auch seit Inkrafttreten der Seerechtskonvention im Jahre 1996 weiterhin Billigflaggen und Zweitregistern fortbestehen, so dass manche an der Rechtswirkung dieser Norm Zweifel äußern.[27] Andere behaupten, dass bereits der bloße Eintrag in ein nationales Schiffsregister gemäß den rein nationalen, von völkerrechtlichen Vorgaben nicht weiter beeinflussten Gesetzen nach der Staatenpraxis als solche echte Verbindung genügt.[28] Diese Staatenpraxis wäre mit maßgeblich nach Art. 31 WVRK für die Auslegung des Begriffs des genuine links. Dann würde das genuine link im Seerecht etwas gänzlich anderes bedeuten als im Recht der Staatsangehörigkeit bzw. – zugehörigkeit von natürlichen oder juristischen Personen. Davon kann man indes nicht ohne weiteres ausgehen, da das Konzept des genuine link im Völkerrecht tief verankert ist. Die Registrierung des Schiffes und damit das Bestehen eines genuine link soll dazu dienen, dass der Flaggenstaat seine Pflichten nach Art. 94 Seerechtskonvention von 1982 hinsichtlich der verwaltungsmäßigen, technischen und sozialen Aufsicht über das Schiff ausüben kann. Interessanter weise knüpft die Seerechtskonvention aber an eine unzureichende Kontrolle und Ausübung der Aufsicht nur die Pflicht der Staaten, dem Flaggenstaat dahingehend Mitteilung zu machen, so Art. 94 Abs. 6 Seerechtskonvention. Solche Probleme der unzureichenden Kontrolle bestehen gerade oder zumindest typischerweise dort, wo das registrierte Schiff über die Registrierung hinaus keine besondere Nähebeziehung zum Flaggenstaat unterhält. Die Seerechtskonvention knüpft daher an das Fehlen einer hinreichenden Kontrolle und damit einer Nähebeziehung nicht die Konsequenz, dass der andere Staat die Flaggenführung nicht anerkennen darf. Das Internationale Seegericht hat aus diesen Regelungen gefolgert, dass man unterscheiden muss zwischen der Frage des Bestehens eines genuine link und der Frage, welche Rechtsfolgen bei seinem Nichtbestehen eintreten, insbesondere ob daraus ein Recht auf Nichtanerkennung bei fehlendem genuine link für andere Staaten folgt. Unter Hinweis auf Art. 94 Abs. 6 Seerechtskonvention folgerte der Seegerichtshof, dass bei fehlendem genuine link zwischen Schiff und Flaggenstaat dennoch ein Drittstaat

---

27 *Seidl-Hohenveldern, Völkerrecht Stein*, Rn. 1354 spricht von einer lex imperfecta.
28 *Beckert/Breuer*, Öffentliches Seerecht, 1991, Rn. 452.

kein Recht auf Nichtanerkennung der Flagge hat.[29] Denn das Erfordernis eines genuine link diene dem Interesse an der Sicherung effektiver Aufsicht, sei aber nicht Voraussetzung für die Gültigkeit der Registrierung für andere Staaten. Man wird daher davon ausgehen können, dass das genuine link zwar eine völkerrechtliche Anforderung zumindest der Seerechtskonvention an den Flaggenstaat ist, nur solchen Schiffen die Registrierung zu ermöglichen, die eine hinreichende Nähebeziehung haben, so dass Staaten, die auf eine solche Beziehung nicht achten, sich wohl völkerrechtswidrig verhalten.[30] Andererseits folgt daraus nicht, dass ein anderer Staat die Anerkennung der Flagge verweigern darf.[31]

Die UN-Seerechtskonvention gewährt somit kein Recht, die Flaggenführung wegen eines fehlenden genuine link nicht anzuerkennen. Das gilt damit erst recht für das allgemeine Völkergewohnheitsrecht. Für die Beurteilung des Verhaltens Anamas gilt damit: Luna hat zwar seinerseits gegen Völkerrecht verstoßen, weil es das Schiff unter seiner Flagge fahren ließ, ohne dass eine Nähebeziehung bestand. Diese Völkerrechtsverletzung berechtigt aber andere Staaten nicht dazu, der Flagge die Anerkennung zu verweigern. Andere Staaten müssen das Schiff somit als Schiff unter der Flagge Lunas behandeln.

Nach dem Flaggenprinzip gilt auf dem Schiff das Recht des Flaggenstaates. Das Schiff untersteht nur seiner Rechtsordnung, so dass Hoheitsgewalt auf und gegenüber dem Schiff grundsätzlich, v. a. auf Hoher See, nur vom Flaggenstaat ausgeübt werden kann, Art. 92 Abs. 1 Seerechtskonvention von 1982.[32] Ein Schiff darf daher grundsätzlich nicht hoheitlichen Anordnungen eines anderen Staates ausgesetzt sein, wie es bei der Aufforderung anzuhalten und die Durchsuchung zu dulden der Fall war. Davon gibt es jedoch Ausnahmen. Anama hatte vorliegend das Recht, Hoheitsakte dem Schmugglerschiff gegenüber zu setzen:

Das Schmugglerschiff befand sich zunächst in der Bucht Anamas. Diese ist ein Eigengewässer Anamas (s. oben A.). Anamas Hoheitsgewalt erstreckt sich daher auf dieses Gebiet. Das hat zur Folge, dass jedes Schiff, das in die Bucht einfährt, das Recht des Staates Anama zu achten hat. Die Hoheitsträger Anamas, wie etwa Zoll und Küstenwache, dürfen Hoheitsgewalt als Ausfluss der Souveränität Anamas in diesem Bereich ausüben. Das Anhalten und Durchsuchen des Schmugglerschiffes in der Bucht wäre kein Völkerrechtsbruch gewesen. Gleiches gilt für den Bereich des Küstenmeeres, da das Schmugglerschiff sich nicht auf ein Recht auf friedliche Durchfahrt berufen kann, vgl. Art. 19 Abs. 2 lit. g) Seerechtskonvention von 1982, Art. 17 Genfer Übereinkommen über das Küstenmeer und die Anschlusszone von 1958.

---

29 Internationales Seegericht, Urteil vom 1. 7. 1999, Tz. 82 – Saiga II (erhältlich unter www.itlos.org).

30 Das Seegericht hat sich insoweit nicht eindeutig geäußert, ob der Staat, der auf ein genuine link für die Registrierung des Schiffes verzichtet, sich völkerrechtswidrig verhält. Es stellte nur ab auf das fehlende Recht eines anderen Staates, der Registrierung die Anerkennung zu verweigern, vgl. Tz. 82–85.

31 Wegen der klaren Aussage der Seerechtskonvention über die Konsequenzen fehlender Aufsicht kann man nicht auf die Figur der Repressalie zugreifen und dem anderen Staat die Möglichkeit geben, auf die Nichtwahrung des genuine link mit einer Verweigerung der Anerkennung zu reagieren.

32 S. nur *Beckert/Breuer*, Öffentliches Seerecht, 1991, Rn. 605.

Auch die Verfolgung des Schiffes auf der Hohen See war zulässig. Ein Verstoß gegen die Freiheit der Schifffahrt auf Hoher See, die sich mit der Ausübung von Hoheitsgewalt durch einen Staat nicht verträgt, besteht nicht. Denn die Küstenwache Anamas übte insoweit eine rechtlich zulässige Nacheile aus: Die Küstenwache durfte Grund zu der Annahme haben, dass das Schiff die Gesetze Anamas verletzte. Das ergab sich bereits aus dem Umstand, dass es der Durchsuchung durch das Küstenwacheschiff durch Flucht zu entkommen suchte. Die Verfolgung war im Eigengewässer begonnen und ununterbrochen bis zur Hohen See beibehalten worden. Das Recht auf Nacheile folgt unter diesen Umständen aus dem Gewohnheitsrecht formulierenden Art. 23 Abs. 1 des Genfer Übereinkommens über die Hohe See von 1958[33] bzw. Art. 111 der Seerechtskonvention von 1982. Die formellen Anforderungen an eine rechtmäßige Nacheile nach Art. 111 Abs. 4 und 5 Seerechtskonvention von 1982 liegen auch vor. Die zitierten Regeln geben alle Gewohnheitsrecht wieder.

Die aus dem Flaggenprinzip folgenden Hoheitsrechte des Staates Luna wurden somit durch die Verfolgung des Schiffes und die Aufforderung anzuhalten nicht verletzt.

II. Verletzung der Hoheitsrechte Blendas und Lunas durch das Anhalten im Küstenmeer Blendas

Das Schmugglerschiff konnte allerdings erst in dem Küstenmeer des Staates Blenda zum Anhalten gebracht werden. Im Küstenmeer Blendas genießen alle Schiffe das Recht auf friedliche Durchfahrt. Hoheitsgewalt kann dort nur vom Küstenstaat Blenda ausgeübt werden. Das Anhalten des Schmugglerschiffes durch die Küstenwache Anamas im Hoheitsgebiet Blendas verstieß gegen die Hoheitsrechte des Küstenstaates Blenda. Anders wäre das nur, wenn das Recht auf Nacheile es auch umfasste, die Nacheile bis in das Küstenmeer eines anderen Staates fortzusetzen. Das ist jedoch nicht der Fall. Nach Gewohnheitsrecht endet das Recht auf Nacheile, wenn das verfolgte Schiff das Küstenmeer eines dritten Staates oder des eignen (Flaggen)Staates erreicht, vgl. Art. 111 Abs. 3 Seerechtskonvention von 1982, Art. 23 Abs. 2 Genfer Übereinkommen über die Hohe See von 1958. Damit wird die Nacheile insoweit unzulässig, so dass dadurch auch Hoheitsrechte des Flaggenstaates Luna verletzt wurden. Anamas Küstenwache hätte die Verfolgung vor dem Küstenmeer Blendas einstellen müssen. Durch die Weiterführung der Verfolgung verletzte Anama Völkerrecht. Die Hoheitsrechte Blendas und Lunas als Flaggenstaat wurden missachtet.

III. Ergebnis

Durch das Verfolgen des Schmugglerschiffes im Küstenmeer Blendas hat Anama Völkerrecht verletzt. Die Hoheitsrechte sowohl Blendas als auch des Flaggenstaates Luna wurden missachtet. Luna selbst hat das Völkerrecht jedenfalls nicht in einer Weise gebrochen, die andere Staaten zur Nichtanerkennung der Flagge berechtigt.

---

33 Abgedruckt in *Randelzhofer*, unter Nr. 20.

Fall 13: Ein undiplomatischer Kurier

Der Staat Anama unterhält in der Bundesrepublik ein Konsulat. Der anamische Staatsangehörige Male ist dort als Konsularagent bestellt. Die deutschen Geheimdienste erhalten aus dem Ausland Hinweise, wonach Male für den Geheimdienst von Anama tätig sei. Er soll Industriespionage organisieren und dem Aufenthaltsort von in Europa untergetauchten Oppositionspolitikern aus Anama nachspüren. Der BND hört daraufhin die Telefonleitungen ab, die zum Konsulat führen, um Beweise gegen Male zu erhalten.

Unterdessen ereignet sich an der Grenze zwischen Polonia und der Bundesrepublik folgender Zwischenfall: Den deutschen Grenzbeamten fällt bei der Einreise des Herrn Pele, eines von Anama in Polonia als diplomatischer Kurier ad hoc für eine Spezialmission in Polonia akkreditierten Gesandten anamischer Staatsangehörigkeit, auf, dass sein als diplomatisches Kuriergepäck gekennzeichnetes größeres Gepäckstück Geräusche von sich gibt und sich leicht bewegt. Pele befand sich gerade auf der Rückreise von der Spezialmission in Polonia nach Anama und musste dabei durch Deutschland reisen. Die deutschen Grenzbeamten hielten Pele an und forderten ihn zur Öffnung des Gepäckstücks auf. Pele verweigert dies unter Hinweis auf seinen diplomatischen Status und die Kennzeichnung des Gepäcks als Kuriergepäck und fordert die Freigabe der Weiterreise. Als die deutschen Grenzer ihn daran hindern, steigt er aus und schlägt auf einen der Grenzbeamten ein. Zwei seiner Kollegen eilen dem Grenzbeamten sogleich zu Hilfe und halten Pele fest, um ihn von weiteren Schlägen abzuhalten. Die Beamten lassen Pele sogleich los, als es ihnen gelungen war, ihn von ihrem Kollegen wegzuziehen. Pele öffnet dann unter Protest das Gepäckstück. Der verschnürte Karton enthält einen schwer verletzten Oppositionsführer aus Anama, der vor einiger Zeit ins politische Exil nach Polonia gegangen war.

Die deutsche Staatsanwaltschaft hat auch Interesse an Herrn Pele. Sie hat Hinweise bekommen, dass Pele im Jahre 1988, damals war er als Diplomat seines Landes in der Deutschen Demokratischen Republik (DDR) akkreditiert, an einem Bombenattentat in Berlin (West) im Auftrag seines Landes mitgewirkt haben soll. Deswegen wird ein Ermittlungsverfahren gegen Pele eingeleitet. Anama rügt diese Missachtung des Diplomatenstatus des Pele. Er sei derzeit Kurier ad hoc; als früherer Gesandter sei er darüber hinaus bezüglich seiner dienstlichen Tätigkeiten auch noch heute immun. Diese Immunität gelte auch der Bundesrepublik gegenüber, weil sie in die entsprechende Verpflichtung der DDR eingetreten sei. Das Ermittlungsverfahren verstoße daher in mehrfacher Hinsicht gegen Völkerrecht. Die Bundesregierung wendet ein, dass die Verpflichtung der DDR nicht für sie gelte, wie Art. 12 des Einigungsvertrages mit der DDR belege. In einem Rundbrief des Auswärtigen Amtes vom 24. 8. 1990 waren die in der DDR akkreditierten Diplomaten jedoch darüber informiert worden, dass die Bundesrepublik davon ausgehe, dass ihre Immunität mit der Wiedervereinigung entfalle.

Anama hat infolge erheblicher wirtschaftlicher Probleme seit mehreren Monaten die Gehaltszahlungen an seine Diplomaten und Konsularbeamte eingestellt. Als Male das Geld ausgeht, wendet er sich an die zuständigen deutschen Behörden und beantragt Sozialhilfe. Das lehnen die Behörden ab. Male beschreitet daraufhin den Weg zum Gericht. Der zuständige berichterstattende Richter überlegt nun, ob die deutsche Gerichtsbarkeit zuständig ist. Ferner erwägt er, ob der Status des Male als Konsularbeamter mit der Leistung von Sozialhilfe vereinbar ist.

Vermerk für den Bearbeiter:

In einem umfassenden Gutachten sind folgende Fragen zu beantworten:

1. Durfte die Botschaft abgehört werden?

2. Hat Deutschland durch die Vorgänge an der Grenze bei der Einreise des Herrn Pele gegen Völkerrecht verstoßen?

3. Ist das Ermittlungsverfahren gegen Herrn Pele zulässig?

4. Sind die Überlegungen des deutschen Richters hinsichtlich des Sozialhilfebegehrens des Herrn Male richtig?

Die beteiligten Staaten haben die Wiener Übereinkommen über diplomatische bzw. konsularische Beziehungen ratifiziert.

Art. 12 des Einigungsvertrages vom 31. 8. 1990 zwischen der Bundesrepublik Deutschland und der Deutschen Demokratischen Republik (BGBl. 1990, Teil II, 889) lautet:

»Art. 12 Verträge der Deutschen Demokratischen Republik

(1) Die Vertragsparteien sind sich einig, dass die völkerrechtlichen Verträge der Deutschen Demokratischen Republik im Zuge der Herstellung der Einheit Deutschlands unter den Gesichtspunkten des Vertrauensschutzes, der Interessenlage der beteiligten Staaten und der vertraglichen Verpflichtungen der Bundesrepublik Deutschland sowie nach den Prinzipien einer freiheitlichen, demokratischen und rechtsstaatlichen Grundordnung und unter Beachtung der Zuständigkeiten der Europäischen Gemeinschaften mit den Vertragpartnern der Deutschen Demokratischen Republik zu erörtern sind, um ihre Fortgeltung, Anpassung oder ihr Erlöschen zu regeln beziehungsweise festzustellen.

(2) Das vereinte Deutschland legt seine Haltung zum Übergang völkerrechtlicher Verträge der Deutschen Demokratischen Republik nach Konsultationen mit den jeweiligen Vertragspartnern und mit den Europäischen Gemeinschaften, soweit deren Zuständigkeiten berührt sind, fest.

(3) Beabsichtigt das vereinte Deutschland, in internationale Organisationen oder in sonstige mehrseitige Verträge einzutreten, denen die Deutsche Demokratische Republik, nicht aber die Bundesrepublik Deutschland angehört, so wird Einvernehmen mit den jeweiligen Vertragspartnern und mit den Europäischen Gemeinschaften, soweit deren Zuständigkeiten berührt sind, hergestellt.«

§ 120 des Bundessozialhilfegesetzes lautet:

»(1) Für Personen, die nicht Deutsche i. S. v. Art. 116 GG sind, sich aber im Geltungsbereich dieses Gesetzes aufhalten, sind Leistungen nach diesem Gesetz zu gewähren. Ausgeschlossen sind Personen, die sich nur deshalb in den Geltungsbereich dieses Gesetzes begeben, um Leistungen nach diesem Gesetz zu erhalten.

(2) Die Regelungen des über- und zwischenstaatlichen Rechts bleiben unberührt.«

Lösung zu Fall 13: Ein undiplomatischer Kurier

A. Frage 1

Das Abhören könnte gegen das Wiener Übereinkommen über konsularische Beziehungen (WÜK)[1] verstoßen, das zwischen den Staaten gilt. Male gehört als Konsularagent zur Klasse der Leiter konsularischer Vertretungen nach Art. 9 Abs. 1 lit. d) WÜK. Die Vorrechte und Befreiungen nach dem WÜK für die Berufskonsularbeamten gelten für ihn.

I. Verstoß gegen die Immunität von der Gerichtsbarkeit, Art. 43 WÜK

Nach Art. 43 Abs. 1 WÜK genießt der Konsularbeamte für Handlungen, die in Wahrnehmung konsularischer Aufgaben vorgenommen worden sind, Immunität von Eingriffen der Verwaltungsbehörden des Empfangsstaats. Die Immunität ist als Ausfluss der Staatenimmunität funktionell beschränkt auf Diensthandlungen. Diese Immunität könnte durch das Abhören der Telefonate des Herrn Male verletzt sein.

Fraglich ist zunächst, ob die Immunität für Amtshandlungen eingreift. Denn dann müssten die Telefonate, die Herr Male im Rahmen der angeblichen Spionagetätigkeiten führt, dienstliche Handlungen sein. Die konsularischen Aufgaben, die zulässigerweise wahrgenommen werden dürfen, sind in Art. 5 WÜK aufgelistet. Die Spionagetätigkeit zählt nicht dazu. Das Handeln eines Konsularbeamten als Spion ist damit rechtswidrig; Herr Male verstößt gegen Rechtsvorschriften des Empfangsstaates, die er nach Art. 55 Abs. 1 WÜK zu beachten hat. Dennoch ist davon auszugehen, dass auch seine Spionage-Telefonate im Rahmen der dienstlichen Aufgaben des Herrn Male erfolgen. Denn die für die Spionage verwertbaren Informationen gewinnt Male im Rahmen seiner Kontakte zu deutschen Stellen und Einrichtungen. Diese Kontakte entsprechen den konsularischen Aufgaben und erfolgen in ihrem Rahmen, weil der Verkehr mit Angehörigen des Entsende- und auch Empfangsstaates und regelmäßige Berichte darüber an den Entsendestaat Teil seiner Aufgaben ist.[2] Die Spionagetätigkeit steht daher mit der dienstlichen Tätigkeit in einem inneren Zusammenhang.[3] Die Rechtswidrigkeit von Betätigungen wie hier der Spionage schließt deren Zurechnung zu den Amtshandlungen nicht aus (vgl. auch Art. 7 der Staatenverantwortlichkeitsresolution).[4] Die Immunität soll auch bei angeblichen oder wirklichen Rechtsverstößen bestehen bleiben. Hinzu kommt, dass alle Telefonate des Herrn Male abgehört werden. Denn es lässt sich naturgemäß nicht zu Beginn eines Telefonates erkennen, ob es im Rahmen seiner Spionagetätigkeit geführt wird. Deswegen muss der gesamte Fernsprechverkehr

---

1 Abgedruckt in Sartorius II, Nr. 326.
2 Vgl. *Verdross/Simma*, Universelles Völkerrecht, § 921.
3 Das genügt nach BGH, ZaöRV 1990, 790 (793) für die funktionelle Immunität.
4 Abgedruckt in Sartorius II, Nr. 6.

des Herrn Male abgehört werden. Damit werden auch Handlungen erfasst, die unstreitig zu seinen rein konsularischen Aufgaben zählen.

Fraglich ist sodann, ob es sich beim Abhören um einen Eingriff der deutschen Verwaltungsbehörden in die Immunität handelt. Der deutsche Wortlaut des Abkommens scheint dies recht eindeutig zu bejahen, weil er jede Art von Ausübung von Hoheitsgewalt und von behördlicher Betätigung darunter zu fassen scheint. Der deutsche Wortlaut ist jedoch nicht verbindlich, vgl. Art. 79 WÜK. Der englische Wortlaut von Art. 43 WÜK formuliert:»Consular officers . . . shall not be amenable to the jurisdiction of the judicial or administrative authorities . . .«. Nach diesem Wortlaut geht es um Hoheitsausübungen in Form der *jurisdiction*. Der englische Begriff wäre aber mit Gerichtsbarkeit nur unzureichend übersetzt. Er erfasst mehr als die Fälle hoheitlicher Streitschlichtung, sondern durchaus ähnlich dem deutschen Text jede hoheitliche Betätigung, sei es judikativer oder exekutiver Art. Das belegt auch der systematische Aspekt, dass Art. 44 WÜK die Zeugnispflicht in Gerichts- und Verwaltungsverfahren zum Gegenstand hat. Ferner weisen Sinn und Zweck des Art. 43 darauf hin, dass mit dieser Norm alle Hindernisse gegen die Wahrnehmung der konsularischen Aufgaben beseitigt werden sollten. Daher könnte man in jeder Ausübung staatlicher Hoheitsgewalt einen Eingriff in die Amtshandlung sehen[5], so dass eine Verletzung des Art. 43 Abs. 1 vorläge.

Andererseits ist zu berücksichtigen, dass durch das Abhören die Amtshandlung nicht behindert wird. Es geht nicht darum, dass der Empfangsstaat einen inhaltlichen Einfluss auf die Amtshandlungen ausübt oder sie überprüft. Es bleibt bei einer bloßen Kenntnisnahme. Hinzu kommt, dass die an sich umfassendere Immunität des Diplomaten nach Art. 31 Abs. 1 Wiener Übereinkommen über diplomatische Beziehungen (WÜD)[6] Immunität von der Gerichtsbarkeit gewährt, nicht aber allgemein von Eingriffen von Verwaltungsstellen.

Eine unzulässige Ausübung von *jurisdiction* ist daher nur dann anzunehmen, wenn die Amtshandlung einer inhaltlichen Überprüfung unterzogen oder zum Anknüpfungspunkt von Zwangsmaßnahmen gemacht wird.[7] Die Richtigkeit dieser einschränkenden Auslegung wird durch ein systematisches Argument gestützt: Das Abhören von Konsulaten ist eher eine Frage der Unverletzlichkeit der Räume des Konsulats und der Kommunikationsfreiheit. Dafür existieren spezielle Regelungen nach Artt. 31, 35 WÜK. Die Immunität von der Gerichtsbarkeit sollte daher um der Abgrenzung willen nicht zu weit ausgedehnt werden.[8]

Ergebnis: Ein Verstoß gegen Art. 43 WÜK scheidet aus.

II. Verstoß gegen die Schutzpflicht nach Art. 40 WÜK

Die Abhöraktion könnte gegen die Verpflichtung verstoßen, die Konsularbeamten mit gebührender Achtung zu behandeln und Angriffe auf ihre Person, Freiheit

---

5 Das legt BGH, ZaÖRV 1990, 790 (793) zugrunde.
6 Abgedruckt in Sartorius II, Nr. 325. Im englischen Wortlaut ist aber eigentlich wortlautidentisch von »immunity from its . . . administrative jurisdiction« die Rede.
7 *Polakiewicz*, ZaÖRV 1990, 761 (768).
8 Vgl. auch *Polakiewicz*, ZaÖRV 1990, 761 (768).

und Würde zu verhindern. Denn wenn der Empfangsstaat die Angriffe anderer, v. a. Privater, abwehren muss, bedeutet das erst recht für ihn ein Verbot, solche Angriffe selbst zu führen.

Fraglich ist, ob ein Abhören der Telefonate ein Eingriff in die Würde des Konsularbeamten ist. Bei der Auslegung dieses Begriffes ist zu berücksichtigen, dass es bei den Immunitäten für die Konsularbeamten – wie auch bei Diplomaten – nicht um Vorrechte für einzelne geht, sondern um die wirksame und effektive Aufgabenwahrnehmung für den Entsendestaat. Die Aufgabenwahrnehmung wird durch die Abhöraktion wie gesehen nicht beeinträchtigt, zumal noch andere Möglichkeiten der Kommunikation offen stehen. Diese Überlegung bedeutet für den Schutz des Konsularbeamten, dass nicht jede Beeinträchtigung sogleich als Angriff auf Würde und Ansehen seiner Person aufgefasst werden kann. Denn dann würden auch die Tatbestandsvoraussetzungen der einzelnen, die Immunitäten näher festlegenden Normen überspielt. Da durch das Abhören die Integrität der Person nicht beeinträchtigt wird, liegt ein Verstoß gegen Art. 40 WÜK nicht vor.

III. Verstoß gegen die Unverletzlichkeit der konsularischen Räumlichkeiten nach Art. 31 WÜK

Art. 31 WÜK legt die Unverletzlichkeit der konsularischen Räume fest. Dazu gehört ein grundsätzliches Betretungsverbot für die Behörden des Empfangsstaats. Die Räumlichkeiten sind exterritorial, d. h. unterliegen nicht der Hoheitsgewalt des Empfangsstaates (Se gehören aber weiterhin zu dessen Territorium). Die Immunität gegenüber Beschlagnahme ist eigens festgehalten. Darin allgemein den Schutz einer eingriffsfreien Aufgabenwahrnehmung in den Räumlichkeiten zu sehen,[9] geht jedoch zu weit. Zwar hat der Empfangsstaat wiederum gemäß Art. 31 Abs. 3 WÜK eine Schutzpflicht, um ein Eindringen und eine Beschädigung zu verhindern und die Gefährdung des Friedens in der Mission und ihrer Würde abzuwehren, so dass dem Staat selbst das auch untersagt ist. Doch wurde die Abhöraktion gerade ohne Eindringen in das Konsulat ermöglicht. Es wurden die Telefonleitungen von außen angezapft und nicht die räumliche Integrität des Gebäudes verletzt, etwa durch das Anbringen von Wanzen zum Mithören. Es geht bei Art. 31 um die Unverletzlichkeit der Räumlichkeiten, nicht aber um die Unverletzlichkeit aller darin durchgeführter Handlungen.[10] Art. 31 WÜK schützt vor dem physischen Eindringen. Dieses auf physische Eingriffe beschränkte Verständnis wird auch bei Art. 22 WÜD angelegt, der die Immunität einer diplomatischen Mission regelt.[11]

Ergebnis: Das Abhören durch Anzapfen der Telefonleitungen außerhalb des Konsulats verstößt nicht gegen Art. 31 WÜK.

---

9 So BGH, ZaÖRV 1990, 790 (792).
10 *Polakiewicz*, ZaöRV 1990, 761 (771).
11 *Polakiewicz*, ZaöRV 1990, 761 (772).

IV. Verstoß gegen die Freiheit des Verkehrs nach Art. 35 Abs. 1 WÜK

Art. 35 Abs. 1 schützt den freien Verkehr der konsularischen Vertretung für amtliche Zwecke, insbesondere konsularisches Kuriergepäck und amtliche Korrespondenz. Es geht – wie der englische Wortlaut deutlich macht – um die Freiheit der Kommunikation. Die Unverletzlichkeit wird dabei nur für die amtliche Korrespondenz, also die Post, und das konsularische Kuriergepäck explizit in Art. 35 Abs. 2 bis Abs. 7 WÜK angeordnet. Da die Schutzgegenstände ausdrücklich aufgezählt sind, kann man aus dem Fehlen der Erwähnung des Telefonverkehrs schließen, dass insoweit eine Unverletzlichkeit nicht garantiert ist. Art. 35 Abs. 1 garantiert zwar, dass das Konsulat sich aller geeigneten Mittel (zur Kommunikation) bedienen kann. Damit wird dem Empfangsstaat verwehrt, dem Konsulat diese Möglichkeiten zu beschneiden. Da das Abhören dem Konsulat nicht die Möglichkeit nimmt, Telefone zu nutzen, könnte man einen Verstoß gegen Art. 35 Abs. 1 verneinen.

Andererseits wird dem Konsulat die Arbeit erschwert, wenn die notwendige Vertraulichkeit nicht gewahrt wird. Das Konsulat hat zwar noch die technische Möglichkeit, Telefongespräche zu führen, wird aber, wenn ein Abhören des Telefonverkehrs zulässig ist, darauf verzichten, zu diesem Mittel zu greifen. Die Konsequenz ist, dass dem Konsulat dann entgegen Art. 35 Abs. 1 WÜK nicht alle geeigneten Mittel zur Verfügung stehen, zumindest nicht uneingeschränkt. Mit einer Freiheit des Verkehrs ist aber bereits eine Behinderung nicht vereinbar.[12]

Gegen eine Auslegung des Art. 35 Abs. 1 WÜK, die ein Abhören von Telefonaten als Einschränkung des freien Verkehrs ansieht, kann man auch nicht überzeugend auf eine entgegenstehende Staatenpraxis verweisen.[13] Denn zum einen gilt, dass eine nachfolgende Praxis als solche den Vertrag nicht ändert. Die nachfolgende spätere Übung kann nur dann die Auslegung leiten, wenn sie eine Übung ist, die in Anwendung des Vertrages erfolgt und sich aus ihr die Übereinstimmung der Vertragsparteien über die Auslegung ergibt, vgl. Art. 31 Abs. 3 lit. b) Wiener Übereinkommen über das Recht der Verträge[14]. Dass Staaten Missionen abhören oder ihre Diplomaten vor dem Abgehörtwerden warnen, belegt nicht, dass das für rechtmäßig gehalten und nicht als Verletzung der WÜK angesehen wird. Schon gar nicht zeigt sich darin eine Übereinstimmung der Vertragsparteien über die Auslegung.

Ergebnis: Das Abhören des Konsulats verstößt gegen Art. 35 Abs. 1 WÜK.

V. Rechtfertigung

Geht man mit der hier vertretenen Meinung von der Völkerrechtswidrigkeit der Abhörung aus, dann bleibt die Frage, ob dieser Völkerrechtsbruch etwa als Re-

---

12 Für ein Verbot der Abhörung (bei diplomatischen Missionen; Art. 27 WÜD ist gleichlautend) *Dahm/Delbrück/Wolfrum*, Völkerrecht, Band I/1, S. 273; *Dembinski*, The Modern Law of Diplomacy, 1988, S. 174; *Denza*, Diplomatic Law, 1976, S. 119. *Polakiewicz*, ZaöRV 1990, 761 (774 f.).

13 So aber *Polakiewicz*, ZaöRV 1990, 761 (775 ff.).

14 Abgedruckt in Sartorius II, Nr. 320.

pressalie, also als Reaktion auf einen anderen Völkerrechtsbruch, gerechtfertigt werden kann. Als Völkerrechtsbruch des Staats Anama zu lasten der Bundesrepublik könnte die staatliche Spionage anzusehen sein. Unabhängig von der Frage, ob die Spionage allgemein als Völkerrechtsbruch beurteilt werden kann, kann man zumindest darin einen Bruch des Völkerrechts sehen, dass die konsularische Immunität dazu benutzt, ja missbraucht wird, Spionage zu betreiben und gegen das die Spionage untersagende deutsche Recht zu verstoßen.[15] Ein Völkerrechtsbruch auf Seiten des Staates Anama liegt damit vor. Dennoch scheidet die Repressalie als Rechtfertigung aus. Denn das Konsularrecht ist wie das Diplomatenrecht ein in sich geschlossenes System gegenseitiger Rechte und Pflichten, das ein Instrument für Reaktionen bei Verstößen bereithält und das den Rückgriff auf andere, allgemeine Reaktionsweisen untersagt (sog. *self-contained regime*).[16] Der Empfangsstaat kann nämlich Konsularbeamte, die er der Spionage verdächtigt, gemäß Art. 23 WÜK zur *persona non grata*, also zur unerwünschten Person, erklären und damit den Entsendestaat zum Abzug veranlassen. Die gewohnheitsrechtliche Reaktionsmöglichkeit der Repressalie ist damit ausgeschlossen. Das Konsularrecht regelt die Reaktionsmöglichkeiten bei Verstößen abschließend. Ein Rückgriff auf andere nicht ausdrücklich im Diplomaten- oder Konsularrecht benannte Reaktionsmöglichkeiten auf Vertragsverstöße ist ausgeschlossen.

Ergebnis: Das Abhören der Telefonate verstößt gegen die Verkehrsfreiheit nach Art. 35 Abs. 1 WÜK. Deutschland durfte nicht abhören (a. A. vertretbar).

B. Frage 2:

Bei den Ereignissen im Rahmen der Einreise des Herrn Pele könnte die Bundesrepublik zum einen durch die Behandlung des Kuriergepäcks, also durch die Aufforderung, es zu öffnen, zum anderen durch die Behandlung des Herrn Pele, insbesondere als er von den Grenzbeamten festgehalten wurde, Völkerrecht verletzt haben.

I. Öffnung des Kuriergepäcks

Durch das Öffnen des Kuriergepäcks könnte gegen Art. 27 Abs. 3 WÜD verstoßen worden sein. Danach darf diplomatisches Kuriergepäck weder geöffnet noch zurückgehalten werden. Das Kuriergepäck wurde zwar nicht von den deutschen Grenzbeamten selbst geöffnet, sondern von Herrn Pele. Jedoch bestanden die Beamten auf dem Öffnen. Herr Pele hat das Kuriergepäck nicht freiwillig geöffnet, sondern widerwillig und unter Protest. Er leistete der hoheitlichen Anordnung der Beamten Folge. Unter diesen Umständen war die Öffnung des Gepäcks nicht Ausdruck einer freiwilligen Bereitschaft, auf die Behandlung des Gepäcks als diplomatisches Kuriergepäck zu verzichten. Herrn Pele hätte der Verzicht auf die Immunität auch gar nicht zugestanden, da die Vorrechte für diplomatisches Kuriergepäck nicht dem begleitenden Diplomaten zustehen. Vielmehr wird die Im-

---

15 Vgl. *Berg*, ZaöRV 1982, 295 (301); *McClanahan*, Diplomatic Immunity, 1989, S. 161.
16 IGH, ICJ Reports 1980, 3 (38 ff. Tz. 83, 86) – Teheraner Geiselfall.

munität zugunsten des zwischenstaatlichen Verkehrs gewährt. Wie Art. 32 WÜD zeigt, ist für den Verzicht auf die Immunität ausschließlich der Entsendestaat zuständig, nicht ein begleitender Kurier. Dieser Gedanke gilt über den Wortlaut von Art. 32 WÜD hinaus auch für die Vorrechte für das diplomatische Kuriergepäck. Selbst ein freiwilliges Öffnen des Kuriergepäcks durch Herrn Pele auf höfliches Ersuchen der deutschen Beamten hin hätte an dem Verstoß gegen Art. 27 Abs. 3 WÜD nichts geändert.

Ein Verstoß gegen Art. 27 Abs. 3 WÜD erfordert noch, dass die Bundesrepublik als Drittstaat, in dem das diplomatische Kuriergepäck nur auf Durchreise ist, an die Immunität gebunden ist und dass es sich auch um diplomatisches Kuriergepäck handelte.

Was die Stellung der Bundesrepublik als Durchreisestaat angeht, so regelt Art. 40 Abs. 3 S. 2 WÜD, dass dritte Staaten in Bezug auf diplomatisches Kuriergepäck im Durchgangsverkehr die gleiche Unverletzlichkeit und den gleichen Schutz wie der Empfangsstaat zu gewähren haben. Die Immunität gemäß Art. 27 Abs. 3 WÜD gilt auch für den Durchreisestaat.

Äußerst fraglich ist jedoch, ob es sich bei dem verschnürten Paket wirklich um diplomatisches Kuriergepäck handelte. Diplomatisches Kuriergepäck ist nach Art. 27 Abs. 4 jedes als solches gekennzeichnete Gepäck, das diplomatische Schriftstücke oder für den amtlichen Gebrauch bestimmte Gegenstände enthält. Das Gepäckstück war ordnungsgemäß als Kuriergepäck gekennzeichnet. Der Inhalt weicht aber vom Zulässigen ab. Schließlich ist ein Mensch kein für den amtlichen Gebrauch bestimmter Gegenstand. Anama hat damit seine diplomatische Freiheit missbraucht und zu vom WÜD nicht vorgesehenen Zwecken entfremdet. Dieser Missbrauch könnte dazu führen, dass die diplomatische Immunität des Kuriergepäcks gar nicht eingreift. Schließlich gilt die Immunität nur für amtliche Gegenstände. Andererseits zeigt die Regelung in Art. 35 Abs. 3 S. 2 WÜK, die ein Öffnen des konsularischen Kuriergepäcks zulässt, wenn triftige Gründe für die Annahme bestehen, dass das Gepäck etwas anderes als Korrespondenz, Schriftstücke oder amtliche Gegenstände enthält, dass auch solches Gepäck zunächst einmal unter die Immunität fällt. Sonst hätte man nicht in Art. 35 Abs. 3 S. 2 WÜK diese Ausnahmeregelung vorsehen müssen, wäre bereits begrifflich das Vorliegen von Kuriergepäck ausgeschieden. Ferner zeigt Art. 35 Abs. 3 S. 2 WÜK, dass es selbst im konsularischen Verkehr, also in einem Bereich, in dem im Vergleich zum Diplomatenrecht etwas niedrigere Schutzstandards gelten, im Missbrauchsfalle keine Befugnis zur Öffnung durch die Behörden des Empfangs- oder Durchreisestaats gibt, sondern nur das Recht, ein Öffnen durch einen Berechtigten des Entsendestaates in Gegenwart von Behörden des Empfangs- oder Durchreisestaats zu verlangen. Wird das verweigert, ist das Gepäck zurückzusenden. Im Konsularrecht führt ein Missbrauch eines Vorrechts nicht zum Entfallen der Immunität. Umso mehr muss das im Diplomatenrecht gelten. Denn der diplomatische Schutz ist umfassender. So genießen Diplomaten absolute Immunität (Artt. 29, 31 WÜD), während bei Konsularbeamten Einschränkungen vorgesehen sind, vgl. Art. 41 WÜK; die diplomatische Mission wird ohne die in Art. 22 WÜK vorgesehenen Einschränkungen für konsularische Räume geschützt.

Das Öffnen des diplomatischen Kuriergepäcks ist damit strikt untersagt. Das gebietet auch die Rechtssicherheit, weil sonst Staaten unter Berufung auf angeblichen Missbrauch von Rechten die für den internationalen Verkehr wichtigen Immunitäten und Vorrechte für Gesandte unterlaufen könnten. Die Gefahr, dass die Möglichkeit, eine Ausnahme von der diplomatischen Immunität zu machen, wenn diese missbraucht wurde, wäre dann ebenso groß wie derzeit die Gefahr des Missbrauchs der diplomatischen Immunität und würde das Problem nur verlagern. Zwar liegt der Sachverhalt hier recht eindeutig. Der Missbrauch war ziemlich offensichtlich erkennbar: Ein Gepäckstück gibt normalerweise keine Geräusche von sich und bewegt sich nicht. Doch findet sich auch in solchen Fällen, gerade wenn man die Regelung in Art. 35 WÜK heranzieht, kein Anhaltspunkt für eine Ausnahme vom Schutz der Immunitäten, die ein Öffnen durch die Behörden eines Durchgangsstaats zuließe. Ein Entwurf der International Law Commission bestärkt überdies die absolute Unverletzlichkeit des diplomatischen Kuriergepäcks gegen jede Art von Untersuchung durch elektronische oder technische Maßnahmen.[17]

Der Verstoß gegen die Immunität des diplomatischen Kuriergepäcks könnte schließlich durch Notstandsrechte gerechtfertigt sein. Denn die Immunitäten dürfen gewohnheitsrechtlich dann verletzt werden, wenn dies unmittelbar für den Schutz höherer Rechtsgüter unerlässlich ist, etwa bei konkreter Gefahr für Leben und Gesundheit anderer Personen.[18] Notstandsrechte sind im Völkerrecht explizit anerkannt (vgl. Art. 25 der Staatenverantwortlichkeitsresolution).[19] Allerdings sind die Grenzen eng zu halten und können im Anklang an den Caroline-Fall damit umschrieben werden, dass es um die Abwehr einer plötzlich eintretenden, überwältigenden, d. h. erheblichen Gefahr geht, deren Beseitigung keine andere Wahl zulässt.[20] Art. 25 der Staatenverantwortlichkeitsresoution fordert den Schutz eines wesentlichen Interesses des Staates vor einer schweren Gefahr. Solches könnte hier vorliegen, da Leib und Leben des Oppositionsführers akut bedroht war. Allerdings lässt sich anzweifeln, ob seiner Rettung ein wesentliches Interesse der Bundesrepublik ist. Art. 25 fordert ferner, dass der Notstand nicht ein wesentliches Interesse der anderen Staaten beeinträchtigt. Zwar wird hier die diplomatische Immunität des Kuriergepäcks verletzt und damit zugleich eine wichtige Grundlage der zwischenstaatlichen Beziehungen durchbrochen. Aber das Interesse des Staates Anama wie der internationalen Gemeinschaft überhaupt an der Wahrung der Immunität kann in einem solch schweren Missbrauchsfall nicht groß sein. Daher kann hier von einer Rechtfertigung ausgegangen werden.

Im Ergebnis stellt das Öffnen des Kuriergepäcks keinen Bruch des Völkerrechts dar (a. A. vertretbar).

---

17 Art. 28 des Entwurfs der ILC über den Status des diplomatischen Kuriers und des nicht von einem diplomatischen Kuriers begleiteten Gepäcks (UN-Doc A/44/10 (1989)) hält grundsätzlich an der Unverletzlichkeit fest. Vgl. *Richtsteig*, Wiener Übereinkommen über diplomatische und konsularische Beziehungen, 1994, S. 59 f.

18 *Richtsteig*, Wiener Übereinkommen über diplomatische und konsularische Beziehungen, 1994, S. 65. *Kokott*, FS Bernhardt, 1995, S. 135 (147) nimmt demgegenüber Verwirkung der Immunität an.

19 Vgl. dazu *Verdross/Simma*, Universelles Völkerrecht, § 1290.

20 S. auch *Seidl-Hohenveldern/Stein*, Völkerrecht, Rn. 1679.

II. Das Anhalten des Herrn Pele

Die deutschen Grenzbeamten haben Herrn Pele angehalten. Damit könnten sie gegen seine diplomatische Immunität aus Art. 27 Abs. 6 i. V. m. Abs. 5 S. 2 WÜD verstoßen haben, wonach auch ein Kurier ad hoc persönliche Unverletzlichkeit genießt und keiner Festnahme oder Haft irgendwelcher Art unterliegt.

Nach Art. 40 Abs. 3 S. 2 WÜD haben Durchgangsstaaten wie die Bundesrepublik als Drittstaat, in dem der diplomatische Kurier ad hoc Pele nicht akkreditiert war, die gleiche Unverletzlichkeit und den gleichen Schutz zu gewähren.

Herr Pele ist als Kurier ad hoc, also als mit einer speziellen Aufgabe betrauter Gesandter, gegenüber Polonia akkreditiert worden. Die Immunitäten gelten auch noch und sind nicht etwa nach Art. 27 Abs. 6 erloschen, weil Herr Pele das Kuriergepäck noch nicht an den Empfänger ausgehändigt hat.

Persönliche Unverletzlichkeit bedeutet, dass der Kurier keiner Zwangsgewalt des Empfangsstaats unterliegt. Die hoheitliche Aufforderung anzuhalten ist eine Beschränkung seiner Bewegungsfreiheit und macht den Kurier zu einem Adressaten eines Hoheitsaktes. Dies muss zunächst einmal solange zulässig sein, solange den Grenzbeamten die diplomatische Stellung noch nicht bekannt war. Das Anhalten eines Fahrzeugs ist zumindest solange unbedenklich, als der diplomatische Status noch nicht angezeigt wurde. Doch auch wenn nach den Umständen, etwa wegen des besonderen Verkehrskennzeichens, erkennbar war, dass es sich um das Fahrzeug einer diplomatischen Mission handelt, ist das Anhalten nicht sogleich ein Bruch des Völkerrechts. Zumindest in dem hier vorliegenden Fall, in dem es um die Abwehr erkennbarer Gefahren für Dritte geht, muss man mit der oben II. dargelegten Argumentation aufgrund einer Rechtfertigung wegen Notstands einen Bruch des Völkerrechts im Ergebnis verneinen.

Das Anhalten des Herrn Pele verletzte das Völkerrecht nicht.

III. Das Festhalten des Herrn Pele

Die deutschen Grenzbeamten könnten durch das Festhalten von Herrn Pele wiederum gegen seine Unverletzlichkeit nach Art. 27 Abs. 5 WÜD verstoßen haben.

Zu prüfen ist daher, ob ein kurzzeitiges Festhalten des ad – hoc Kuriers Pele durch die Grenzbeamten die persönliche Unverletzlichkeit beeinträchtigte. Er darf nicht festgenommen oder verhaftet werden. Das kurzzeitige Festhalten des Herrn Pele beeinträchtigt ihn in seiner Bewegungsfreiheit. Andererseits erfolgte das kurze Festhalten nicht als erste Maßnahme eines Freiheitsentzugs, um Herrn Pele in Haft zu nehmen. Es geschah auch nicht zum Zwecke der Strafverfolgung. Vielmehr ging es nur darum, Herrn Pele davon abzuhalten, weiter auf den Grenzbeamten einzuschlagen. Das Eingreifen der Grenzbeamten war nur eine präventive Maßnahme, um weitere Verletzungen zu verhindern. Die Abwehr solcher unmittelbaren rechtswidrigen Angriffe gegen andere ist keine Festnahme und keine Haft.[21]

---

21 Vgl. auch IGH, ICJ Reports, 1980, 3 (40 Tz. 86) – Teheraner Geiselfall; *Dahm/Delbrück/Wolfrum*, Völkerrecht Band I/1,S. 275; *Polakiewicz*, ZaöRV 1990, 761 (769).

Eine andere Beurteilung wäre allein dann anzustellen, wenn das Festhalten über das zur Abwehr Erforderliche hinausgegangen wäre. Darauf deutet aber nichts hin. Die Grenzbeamten ließen Herrn Pele sogleich, nachdem sie ihn von ihrem Kollegen weggezogen hatten, wieder los.

Da das kurze Festhalten weder den Tatbestand der Festnahme noch der Haft erfüllt, ist auch kein Verstoß gegen die persönliche Unverletzlichkeit gegeben. Denn hinsichtlich der zwangsweisen Beeinträchtigung der persönlichen Bewegungsfreiheit ist ein Eingriff in die diplomatische Immunität eben erst dann erreicht, wenn sie den Charakter einer Festnahme oder Haft annimmt. Diese Schwelle ist bei einem kurzzeitigen Festhalten zur Abwehr unmittelbarer Gefahren nicht erreicht. Der Rückgriff auf die pauschale Formulierung »persönliche Unverletzlichkeit« verbietet sich daher aus systematischen Erwägungen.

Das kurzzeitige Festhalten zur Verhinderung der weiteren Verletzung anderer Personen ist daher kein Eingriff in die persönliche Unverletzlichkeit, keine Festnahme und keine Haft. Ein Verstoß gegen Art. 27 Abs. 5 WÜD liegt nicht vor.

IV. Gesamtergebnis zu Frage 2:

Die Bundesrepublik hat durch das Handeln ihrer Organe, der deutschen Grenzbeamten, bei der Einreise des Herrn Pele nach Deutschland das Völkerrecht nicht gebrochen.

C. Frage 3

Die zuständige Staatsanwaltschaft in Deutschland leitete ein Ermittlungsverfahren gegen Herrn Pele wegen seiner angeblichen Beteiligung an einem Bombenattentat im damaligen West-Berlin im Jahr 1988 ein. Dadurch könnte zum einen gegen die diplomatischen Vorrechte aufgrund seiner aktuellen Position als Kurier ad hoc, zum anderen gegen die Immunität aus seiner damaligen Stellung als in der DDR akkreditierter Diplomat verstoßen worden sein. Die Anwendbarkeit des deutschen Strafrechts für die Tat ergibt sich aus §§ 3, 9 StGB. Nach diesen Normen ist die Tat eine Inlandstat.

Nach § 18 GVG muss eine Person, gegen die ein Verfahren eingeleitet werden soll, der deutschen Gerichtsbarkeit unterliegen. Das ist dann nicht der Fall, wenn diplomatische Vorrechte eingreifen. Diplomatische Immunität ist ein Verfahrenshindernis. Es darf dann nicht einmal ein staatsanwaltschaftliches Ermittlungsverfahren gegen den Diplomaten eingeleitet werden.[22] Die Reichweite der diplomatischen Immunitäten des Herrn Pele ist daher zu untersuchen.

---

22 *Kleinknecht/Meyer-Goßner*, StPO 43. Aufl. 1997, Anm. 2 zu § 18 GVG.

I. Verstoß gegen die Immunität als Kurier ad hoc

Herrn Pele steht, wie bereits erwähnt, die persönliche Unverletzlichkeit als Kurier ad hoc gemäß Art. 27 Abs. 6 i. V. m. Abs. 5 WÜD zu. Das Einleiten eines Ermittlungsverfahrens könnte gegen die persönliche Unverletzlichkeit verstoßen.

Zur Klärung dieser Frage empfiehlt sich ein Blick auf die Vorrechte von ständigen Diplomaten. Für sie ist die persönliche Unverletzlichkeit in Art. 29 S. 1 WÜD geregelt. Die Immunität von der Strafgerichtsbarkeit, die anerkanntermaßen auch die Immunität von strafrechtlichen Ermittlungsverfahren einschließt, ist in Art. 31 Abs. 1 S. 1 WÜD festgelegt. Diese Aufspaltung belegt, dass die Immunität von der Gerichtsbarkeit nicht vom Begriff der persönlichen Unverletzlichkeit umfasst ist. Wenn für den Kurier ad hoc somit einerseits die persönliche Unverletzlichkeit und Freiheit von Festnahme und Haft – wie nach Art. 20 WÜD für den Diplomaten – niedergelegt ist, ein Hinweis auf die Immunität von der Gerichtsbarkeit aber fehlt, dann bedeutet das, dass der Kurier von der Gerichtsbarkeit nicht ausgenommen ist, jedenfalls insoweit, als damit nicht Festnahme und Haft einhergehen. Dafür spricht auch, dass die Aufgabenerfüllung des Kuriers durch ein gerichtliches Verfahren nicht unmittelbar beeinträchtigt wird. Schließlich sind auch einem auf der Durchreise befindlichen (ständigen) Diplomaten gemäß Art. 40 Abs. 1 S. 1 WÜD vom Durchreisestaat nur die für die sichere Durchreise erforderlichen Immunitäten und die Unverletzlichkeit zu gewähren. Diese Rechte umfassen nicht alle diplomatischen Immunitäten, insbesondere nicht die Immunität von der Gerichtsbarkeit, solange dadurch nicht die Durchreise beeinträchtigt wird. Untersuchungs- und Strafverfahren dürfen stattfinden.[23] Das belegt, dass die Formulierung »Unverletzlichkeit« bei Diplomaten nicht die Immunität von der Gerichtsbarkeit umfasst.

Die zuständige Staatsanwaltschaft verletzte daher nicht die Rechte von Herrn Pele als Kurier ad hoc, indem sie ein Ermittlungsverfahren gegen ihn einleitete.

II. Verstoß gegen die fortdauernde Immunität als früher bei der DDR akkreditierter Diplomat

Nach Art. 39 Abs. 2 S. 2 WÜD bleibt die Immunität eines Diplomaten »in Bezug auf die . . . in Ausübung ihrer dienstlichen Tätigkeit . . . vorgenommenen Handlungen« weiterhin bestehen, also auch nach Ausreise und Beendigung seines Amtes. Wie bereits erwähnt, genießt der Diplomat nach Art. 31 WÜD Immunität von der Strafgerichtsbarkeit des Empfangsstaats. Diese Immunität lässt nicht einmal ein Ermittlungsverfahren zu. Nach Art. 39 Abs. 2 WÜD wirkt bei dienstlichen Handlungen diese Immunität fort. Dagegen könnte die Bundesrepublik verstoßen haben. Denn Herr Pele war im fraglichen Zeitraum Diplomat. Von einer ordnungsgemäßen Akkreditierung bei der DDR darf man ausgehen. Diese Diplomatenstellung besteht heute nicht mehr. Dennoch könnte die Immunität gemäß Art. 39 WÜD mit dem Inhalt nachwirken, dass Herr Pele für seine angebliche Beteiligung

---

23 *Dahm/Delbrück/Wolfrum*, Völkerrecht Band I / 1, S. 285 f.; *Denza*, Diplomatic Law, 1976, S. 260; *Hardy*, Modern Diplomatic Law, 1989, S. 88 Fn. 5.

an der Tat in seiner Zeit als Diplomat nicht nachträglich zur Verantwortung gezogen werden darf.

Das setzt mehreres voraus: Zum einen muss es sich bei der Beteiligung an dem Bombenattentat um eine dienstliche Handlung gehandelt haben (dazu 1.). Zum anderen muss die Immunität von der Strafgerichtsbarkeit des Empfangsstaates, also damals der DDR, nun entweder nach dem Recht der Staatennachfolge oder aufgrund einer *erga omnes*-Wirkung des Art. 39 Abs. 2 S. 2 WÜD auch für die Bundesrepublik gelten (dazu 2.).

1. Beteiligung an dem Bombenattentat als dienstliche Handlung

Was unter einer dienstlichen Handlung zu verstehen ist, ist nach dem Zweck der Vorschrift des Art. 39 Abs. 2 WÜD zu ermitteln, vgl. Art. 31 Abs. 1 Wiener Konvention über das Recht der Verträge.[24] Da die Handlungen eines Diplomaten der Vertretung des Entsendestaates dienen, sind dienstliche Handlungen alle Tätigkeiten, die der Diplomat für seinen Entsendestaat als dessen ausführendes Organ und somit diesem zurechenbar ausübt.[25] Dazu zählen dann auch alle im Auftrag des Entsendestaates wahrgenommenen Tätigkeiten, selbst wenn diese rechtwidrig sein sollten. Denn erst dann macht die den Diplomaten gewährte Immunität Sinn. Als dienstliche Handlungen sind daher nicht nur solche zu verstehen, die sich im Rahmen der Aufgaben der Mission nach Art. 3 WÜD halten, was für Straftaten nie zuträfe. Auch rechtswidriges Verhalten im Auftrag des Entsendestaates ist eine Amtshandlung. Die im Auftrag des Entsendestaates durchgeführte Beteiligung des Herrn Pele an dem Bombenattentat ist daher eine dienstliche Handlung, für die die fortwährende Immunität eingreift.

2. Bindung der Bundesrepublik an die fortwährende Immunität?

Diese Immunität müsste die Bundesrepublik verpflichten.

a) Bindung infolge einer *erga omnes* Wirkung

Das könnte zum einen über eine *erga omnes* Wirkung des Art. 39 Abs. 2 WÜD herbeigeführt werden. Das bedeutet, dass die fortwährende Immunität von allen Vertragsstaaten zu respektieren wäre und nicht nur vom Empfangsstaat. Denn Art. 39 stellt im Gegensatz zu Art. 31 WÜD nicht auf die Gerichtsbarkeit »des Empfangsstaats« ab. Allerdings ist nicht einzusehen, warum die Immunität im Dienst auf die Gerichte des Empfangsstaats beschränkt ist und sich nach dem Ausscheiden aus dem diplomatischen Dienst auf alle Staaten ausweiten soll. Art. 39 WÜD kann nur die zeitliche Verlängerung der bereits im aktiven Dienst bestehenden Immunitäten festlegen, aber nicht ihre Wirkung auf andere Völkerrechtssubjekte erweitern. Darüber hinaus ergeben sich die Pflichten von Drittstaaten aus Art. 40 WÜD; diese Norm enthält keine diesbezügliche Aussage, was auch gegen eine

---

24 Abgedruckt in Sartorius II, Nr. 320.
25 BVerfG, NJW 1998, 50 (51 f.).

erga omnes-Wirkung spricht. Die Auslegung des WÜD ergibt damit, dass Art. 39 Abs. 2 S. 2 WÜD keine *erga omnes* Wirkung hat.

Fraglich ist, ob sich eine solche Regel, wonach die Immunität auch für Drittstaaten gilt, aus Völkergewohnheitsrecht folgern lässt. Wie die letzte Begründungserwägung im Vorspruch des WÜD zeigt, bleibt die Entwicklung von neben dem Vertragsrecht stehenden Gewohnheitsrecht nicht ausgeschlossen. Für die Existenz eines diesbezüglichen Satzes des Völkergewohnheitsrechtes bedürfte es neben einer ausreichenden Staatenpraxis, d. h. einer dauernden und einheitlichen Übung unter bezogen auf die gesamte Völkerrechtsgemeinschaft repräsentativer Beteiligung,[26] noch zusätzlich einer hinter dieser Praxis stehenden Rechtsüberzeugung. Eine insoweit bestehende rechtliche Überzeugung lässt sich nicht belegen. Vielmehr ist das Diplomatenrecht ein ganz typischer Bereich der Gegenseitigkeit. Die Einbeziehung von Drittstaaten ist dabei nicht vorgesehen. Die Immunitäten gelten im jeweiligen Empfangsstaat, der andererseits die Möglichkeit hat, den Diplomaten zur *persona non grata* zu erklären. Diese Reaktionsverbundenheit wäre beim Einbezug von Drittstaaten nicht aufrecht zu erhalten. Denn diese sind bei der Gewährung der diplomatischen Immunität nicht beteiligt, so dass sie keinen Einfluss auf die Bestellung der diplomatischen Vertreter hatten. Die gerichtliche Staatenpraxis schließlich zeigt, dass Drittstaaten Diplomaten wiederholt keine Immunität gewährt haben.[27]

b) Bindung infolge des Eintritts der Bundesrepublik in völkerrechtliche Verpflichtungen der DDR aufgrund des Beitritts

Eine Verpflichtung der Bundesrepublik aus der fortwährenden Immunität könnte sich schließlich aus dem Umstand ergeben, dass die Bundesrepublik die DDR, genauer: die fünf neuen Bundesländer, aufgenommen hat. Damit könnten die völkerrechtlichen Verpflichtungen der DDR aus den von ihr eingeräumten diplomatischen Immunitäten auf die Bundesrepublik übergegangen sein. Das bestimmt sich nach den völkerrechtlichen Regeln über die Staatennachfolge in Verträge. Art. 12 des Einigungsvertrages enthält keine abschließende Regelung, sondern überlässt die Weitergeltung von Verträgen der DDR weiteren Erörterungen und Verhandlungen, die über Fortgeltung, Anpassung oder Erlöschen zu bestimmen haben. Die Bundesrepublik und die DDR konnten diese Frage auch nicht mit Wirkung für Dritte regeln, weil das bei einer nachteiligen Abweichung vom Völkerrecht ein Vertrag zu Lasten Dritter gewesen wäre. Ein solcher ist unzulässig, wie Art. 34 der Wiener Konvention über das Recht der Verträge belegt.

Das Recht der Staatennachfolge in Verträge ist bislang allenfalls Gewohnheitsrecht.[28] Die Kodifikation der Wiener Konvention über das Recht der Staatennach-

---

26 BVerfGE 94, 315 (332).

27 Vgl. BVerfG NJW 1998, 50 (54); daran zweifelnd *Faßbender*, AJIL 1998, 74 (76 f.).

28 Zu den Schwierigkeiten einer Ableitung einheitlicher Regeln über die Staatennachfolge in Verträge aus der Staatenpraxis *Papenfuß*, Die Behandlung der völkerrechtlichen Verträge der DDR im Zuge der Herstellung der Einheit Deutschlands, 1997, S. 17 f; *Magnus*, JuS 1992, 456 (458 f. m. w. N.).

folge in Verträge[29] ist zwar in Kraft, hat aber keine weite Verbreitung gefunden, und zwar nicht zuletzt deswegen, weil sie keine bloße schriftliche Fixierung des geltenden Gewohnheitsrechts ist. Diese Konvention stellt eher den Versuch einer fortschreitenden, also die rechtliche Entwicklung vorantreibenden Kodifikation dar.[30] Sowohl nach den gewohnheitsrechtlichen Erkenntnissen als auch nach der Konvention ist für die Frage der Staatennachfolge in Verträge nach den verschiedenen Fallkonstellationen der Staatensukzession mit unterschiedlichen Folgen für die Fortgeltung von Verträgen zu unterscheiden. In diese unterschiedlichen Varianten ist die deutsche Wiedervereinigung erst einmal einzuordnen.[31]

Im Falle einer *Gebietsabtretung* gilt das Prinzip der beweglichen Vertragsgrenzen, so dass die Abkommen des Staates, der Gebiet hinzugefügt bekam, sich auf das neue Territorium erstrecken, während die Verträge des abgebenden Staates nur mehr für das verkleinerte Staatsgebiet gelten.[32] Im Falle der *Fusion*, also bei einem Zusammengehen zweier Staaten mit dem Ziel, einen ganz neuen Staat zu bilden, gilt nach Art. 31 der Konvention über die Staatennachfolge in Verträge das Prinzip der Vertragskontinuität,[33] so dass die Verträge der untergegangenen Staaten für den Neustaat weiter gelten. Das gilt auch, wenn sich Staaten zu einem *Bundesstaat* zusammenfinden und als Gliedstaaten zumindest partielle Völkerrechtsfähigkeit behalten; dann gelten die bisherigen Verträge für das jeweilige Gebiet des betreffenden Gliedstaats weiter.[34] Eine andere Fallkonstellation ist die, dass ein Staat sich einem anderen, bereits bestehenden Staate anschließt und selbst als Völkerrechtssubjekt untergeht (*Inkorporation*). Dann ist davon auszugehen, dass die Verträge des untergehenden Staates mit diesem erlöschen,[35] es sei denn, es handelt sich um sog. radizierte, also auf ein bestimmtes Gebiet bezogene Verträge nicht hochpolitischer Art.[36]

---

29 Der Text der Wiener Konvention über die Staatennachfolge in Verträge vom 23. 8. 1978 ist abgedruckt in AJIL 1978, 971 ff. = ZaÖRV 1979, 279 ff.

30 *Drobnig*, DtZ 1991, 76 (79); *Heintschel von Heinegg*, Beilage 23 zu BB 1990, S. 9 (13 f.). So fand zum Beispiel das Prinzip des reinen Tisches (clean slate) in Art. 16 bei der Loslösung eines Neustaates im Wege der Dekolonialisierung keine allgemeine Zustimmung. Danach sollten die neuen Staaten an die bisherigen Verträge nicht gebunden sein.

31 Vgl. nur *Blumenwitz*, Die Staatennachfolge und die Einigung Deutschlands, 1992, S. 25.

32 Vgl. Art. 15 der besagten Konvention und für diese Aussage als Gewohnheitsrecht *Herber*, Beilage 37 zu BB 1990, S. 1(4); *Seidl-Hohenveldern/Stein*, Völkerrecht, Rn. 1395.

33 Art. 31 Abs. 1 lautet:»Wenn sich zwei oder mehr Staaten vereinigen und so einen Nachfolgestaat bilden, bleibt jeder Vertrag, der zum Zeitpunkt der Staatennachfolge in bezug auf jeden von diesen in Kraft war, für den Nachfolgestaat weiterhin in Kraft, sofern nicht . . .«

34 *Blumenwitz*, Die Staatennachfolge und die Einigung Deutschlands, 1992, S. 28 f., 46. Dies erfolgte etwa bei der Gründung des Deutschen Reiches durch den Norddeutschen Bund und die süddeutschen Länder, s. insoweit *Dannemann*, DtZ 1991, 130 (132 f.).

35 *Papenfuß*, Die Behandlung der völkerrechtlichen Verträge der DDR im Zuge der Herstellung der Einheit Deutschlands, 1997, S. 18 spricht vorsichtig von einer dahingehenden Vermutung. Eindeutig ist das Erlöschen jedenfalls für politische Verträge, *von Hoffmann*, IPrax 1991, 1 (6); *Oeter*, ZaöRV 1991, 349 (362 f.).

36 *Blumenwitz*, Die Staatennachfolge und die Einigung Deutschlands, Teil I, 1992, S. 116. Als zwar radizierte, aber hochpolitische Abkommen würden z. B. Abkommen über militärische Stützpunkte in der DDR die Bundesrepublik nicht binden.

Fraglich ist, welcher dieser Fallgruppen die Staatensukzession durch Einverleibung im Falle der deutschen Wiedervereinigung zuzuordnen ist. Gegen die erstgenannte Fallgruppe, nämlich die Abtretung eines Gebietsteiles, spricht eindeutig, dass das Weiterbestehen des abtretenden Staates vorausgesetzt ist. Man kann daher nicht unter Hinweis darauf, dass der Beitritt der DDR sich als Beitritt der fünf neuen Länder gemäß Art. 23 a. F. GG vollzog, den Fall der Gebietsabtretung annehmen,[37] denn die DDR besteht nicht mehr. Außerdem präjudiziert dieser staatrechtliche Vorgang nicht die völkerrechtliche Bewertung und Einordnung.

Eine Fusion fand ebenfalls nicht statt. Denn sie setzte das Entstehen eines neuen Völkerrechtssubjektes voraus.[38] Nach dem Einigungsvertrag ist aber von einem Beitritt der DDR, genauer: der fünf neuen Länder, zur bereits bestehenden Bundesrepublik die Rede. Ein neues Völkerrechtssubjekt wurde nicht gegründet.[39] Die Regelung des Art. 31 der Konvention über die Staatennachfolge in Verträge kann daher schon aus diesem Grund für die Einordnung der Wiedervereinigung nicht herangezogen werden.[40] Im übrigen ist durchaus fraglich, ob im Falle einer Fusion zweier Staaten zu einem neuen Völkerrechtssubjekt schon gewohnheitsrechtlich die Kontinuität der bestehenden Verträge gilt; Art. 31 scheint kein Gewohnheitsrecht wiederzugeben.[41]

Gegen die dritte Lösung, nämlich den Beitritt der DDR unter Beibehaltung partieller Völkerrechtsfähigkeit, spricht, dass die DDR als solches untergegangen ist.[42] Zwar kommt den neuen Bundesländern als Gliedstaaten eine partielle Völkerrechtsfähigkeit zu, vgl. Art. 32 Abs. 3 GG. Doch ändert dies nichts am Untergang der DDR. Der Umstand des Fortbestehens[43] der neuen Länder und des Entstehens partieller Völkerrechtsfähigkeit könnte allenfalls ein Fortgelten der von diesen Ländern abgeschlossenen Verträge,[44] nicht aber der Verträge der DDR herbeiführen. Außerdem wäre es völlig unpraktikabel, die Verträge der DDR nur für das Gebiet der neuen fünf Bundesländer gelten zu lassen.[45] Das zeigt nicht zuletzt die

---

37 So mit Recht *Dannemann*, DtZ 1991, 130 (132).
38 Vgl. *Dörr*, Die Inkorporation als Tatbestand der Staatensukzession, 1995, S. 132.
39 *Dannemann*, DStZ 1991, 130 (132).
40 *Heintschel von Heinegg*, Beilage 23 zu BB 1990, S. 9 (13); *von Hoffmann*, IPrax 1991, 1 (7); *Magnus*, JuS 1991, 456 (459). *Enderlein/Graefrath*, Beilage 6 zu BB 1991, S. 8 (10); *Silagi*, Staatsuntergang und Staatennachfolge, 1996, S. 87 f.: die ILC sei davon ausgegangen, dass diese Bestimmung auch den Beitritt erfasse. Das belegt indes noch nicht ihre gewohnheitsrechtliche Geltung.
41 *Oeter*, ZaöRV 1991, 349 (358 f.) sieht in Art. 31 der Konvention kein Gewohnheitsrecht kodifiziert. *Dannemann*, DtZ 1991, 130 (132) geht bei einer Fusion vom Erlöschen der zuvor abgeschlossenen Verträge aus.
42 *Blumenwitz*, Die Staatennachfolge und die Einigung Deutschlands, 1992, S. 47.
43 Von einem Fortbestehen kann man nicht ausgehen, weil die traditionelle Ländergliederung in Zeiten der DDR aufgehoben war. Erst durch Gesetz der Volkskammer vom 22. 7. 1990, GBl. 1990, Teil I, 955 wurden die Länder in der DDR in Vorbereitung des Beitritts wieder errichtet.
44 Dieses Problem stellt sich nicht, weil es keine völkerrechtlichen Abkommen der neuen Länder aus DDR-Zeiten gibt.
45 So *Herber*, Beilage 37 zu BB 1990, 1 (4).

vorliegende Problematik: Eine räumlich beschränkte fortwährende Immunität hat kaum Sinn.

Es bleibt damit, die deutsche Wiedervereinigung in die letztgenannte Fallgruppe des friedlichen Anschlusses, auch Inkorporation genannt, einzuordnen. Nach Völkergewohnheitsrecht gilt dafür bislang das Prinzip der Diskontinuität. Danach erstrecken sich die Verträge des einverleibenden Staates auf das neue Gebiet (Grundsatz der beweglichen Vertragsgrenzen), während die Verträge des untergehenden Staates mit diesem erlöschen.[46] Die jeweils betroffenen Vertragsparteien haben es dann in der Hand, über die Weitergeltung zu entscheiden. Dem Prinzip, dass im Völkerrecht Verpflichtungen nur unter Zustimmung/mit Einwilligung übernommen werden, und damit dem Schutz der souveränen Entscheidungsfreiheit wird auf diesem Wege zum Vorrang verholfen.[47] Für die von der DDR übernommenen Verpflichtungen aus dem Diplomatenrecht ist das auch deswegen sinnvoll, weil diplomatische Beziehungen zu einem Staat, der untergegangen ist, keinen Sinn machen. Deswegen spricht gerade im Falle des WÜD alles dafür, dass die Verpflichtungen der DDR aus diesem Abkommen nicht auf die Bundesrepublik erstreckt werden. Dagegen kann man nicht einwenden, das Prinzip der Diskontinuität müsse dann in den Hintergrund treten, wenn es sich um mehrseitige Verträge handelte, die nur legislative Funktion hätten und eine Rechtsvereinheitlichung schaffen wollten.[48] Denn – unbeschadet der Frage, ob das WÜD ein solches legislatives Abkommen ist – hier geht es nicht um die Fortgeltung des Abkommens als solchem, sondern um eine daraus entstandene Verpflichtung der DDR. Das WÜD gilt für die Bundesrepublik zweifellos auch im Bereich der neuen fünf Länder aufgrund des Prinzips der beweglichen Vertragsgrenzen.

Die Bundesrepublik konnte die Weitergeltung vertraglicher Pflichten somit nach eigenem Ermessen regeln. Was den diplomatischen Status angeht, so hat die Bundesrepublik die in der DDR akkreditierten Diplomaten nach dem Beitritt der DDR zur Bundesrepublik zum Verlassen aufgefordert. In der Rundnote des Auswärtigen Amtes vom 24. 8. 1990 wurde der Wegfall der Immunität dieser Diplomaten für die Zeit nach der Wiedervereinigung festgehalten. Die Bundesrepublik ging demnach davon aus, dass die diplomatischen Immunitäten und damit die von der DDR eingegangenen Verpflichtungen aus dem WÜD nicht fort gelten, sondern mit dem Untergang der DDR erlöschen. Sie befand sich damit im Einklang mit geltendem Gewohnheitsrecht.[49] Diese Einschätzung wird letztlich auch von Art. 12 Abs. 1 des Einigungsvertrages unterstützt, weil dort die Tendenz zugrunde gelegt ist, dass die Verträge nicht bereits ipso iure weiterhin gelten, sondern dass ihr Fortgelten oder Erlöschen je im Einzelfall geregelt werden kann.[50]

---

46 *Oeter*, ZaöRV 1991, 349 (368 f.).

47 *Dahm/Delbrück/Wolfrum*, Völkerrecht Band I/1, S. 161; *Seidl-Hohenveldern/Stein*, Völkerrecht, Rn. 435a, 1399.

48 Vgl. dazu *von Hoffmann*, IPrax 1991, 1 (6, 8).

49 Vgl. auch BVerfG, NJW 1998, 50 (55); *Papenfuß*, Die Behandlung der völkerrechtlichen Verträge der DDR im Zuge der Herstellung der deutschen Einheit, 1997, S. 197 ff.; *Oeter*, ZaöRV 1991, 349 (377).

50 *Enderlein/Graefrath*, Beilage 6 zu BB 1991, S. 8 (11), die wegen Art. 12 des Einigungsvertrages von der grundsätzlichen Fortgeltung der Verträge der DDR ausgehen. Aufgrund

Doch selbst wenn man entsprechend Art. 31 der Konvention über die Staatennachfolge in Verträge die Regel zugrunde legen wollte, dass der Nachfolger an die Verträge des aufgenommenen Staates gebunden ist,[51] führte dies vorliegend nicht weiter, weil es nicht um die Geltung des WÜD als solchem geht – dieses gilt für die Bundesrepublik als Vertragsstaat ohnehin –, sondern um die Fortwirkung einer einzelnen aus ihm resultierenden Verpflichtung. Dieses Argument mag auch den denkbaren Hinweis entkräften, dass das WÜD ohnehin Gewohnheitsrecht sei und die Frage der Weitergeltung kraft Staatennachfolge daher unerheblich wäre.

Schließlich kann auch aus dem Gedanken des völkerrechtlichen Vertrauensschutzes[52] nichts anderes resultieren. Denn dieser erfordert es allenfalls, eine bestehende Position zu perpetuieren und eine Schlechterstellung zu vermeiden. Hier geht es aber um eine Besserstellung: Die fortwährende Immunität des früheren Diplomaten Pele hatte, solange die DDR und die Bundesrepublik als separate Staaten bestanden, keine Wirkung für die Bundesrepublik. Herr Pele hätte nach bundesdeutschem Strafrecht auch schon damals bestraft werden können. Infolge der Wiedervereinigung verlangt er nun eine Ausweitung der fortwährenden Immunität auch auf die Strafverfolgungsorgane der Bundesrepublik, also eine Besserstellung. Das ist vom Vertrauensschutz nicht gefordert.

c) Ergebnis zu 2: Die Bundesrepublik ist an die fortwährende Immunität des Herrn Pele nicht gebunden.

III. Ergebnis

Die zuständige Staatsanwaltschaft kann ein Ermittlungsverfahren gegen Herrn Pele einleiten. Seine Immunität wird unter keinem denkbaren Aspekt verletzt.

D. Frage 4:

Der berichterstattende Richter zweifelt in zweierlei Hinsicht an der Erfolgsaussicht der Klage des Konsularbeamten Male. Zum einen hält er die Klage für unzulässig, weil die deutsche Gerichtsbarkeit gar nicht gegeben wäre. Zum anderen findet er, dass die Klage unbegründet sei, weil er die konsularischen Vorrechte und die entsprechende Stellung des Male mit der nach § 120 Abs. 1 BSHG grundsätzlich möglichen Gewährung von Sozialhilfe für nicht vereinbar erachtet.

I. Zuständigkeit der deutschen Gerichte

Nach § 19 GVG sind die Mitglieder von konsularischen Vertretungen nach Maßgabe des WÜK von der deutschen Gerichtsbarkeit befreit. Der Zugang bestimmt

---

der unklaren Formulierung dieser Norm und der Tatsache, dass sich daraus keine Pflichten für Dritte ergeben können, kann das auf sich beruhen.

51 So *Enderlein/Graefrath*, Beilage 6 zu BB 1991, S. 8 (10 f.); vgl. auch *Dahm/Delbrück/Wolfrum*, Völkerrecht, Band I/1, S. 163 f.

52 Zum Vertrauensschutz im Rahmen der Staatennachfolge vgl. *Drobnig*, DtZ 1991, 76 (80).

sich somit danach, wieweit Konsularbeamte für die Gerichtsbarkeit des Empfangsstaates gemäß den Regelungen des WÜK immun sind. Gemäß Art. 43 WÜK unterliegen Konsularbeamte wegen dienstlicher Handlungen keiner Gerichtsbarkeit des Empfangsstaates. Der Streit um die Gewährung von Sozialhilfe kann nicht als dienstliche Angelegenheit eingeschätzt werden. Denn insoweit handelt Male nicht als Vertreter des Entsendestaates, sondern wie jeder Antragsteller als natürliche Person, der im eigenen Interesse Mittel für den Lebenshalt benötigt. Doch braucht diese Frage letztlich nicht weiter geklärt zu werden. Denn die Immunität von der Gerichtsbarkeit als Vorrecht des Konsularbeamten bedeutet nur, dass er nicht angeklagt oder verklagt werden kann. Gänzlich anders ist die Situation, wenn der Konsularbeamte selbst Klage erhebt. Das ergibt sich aus Art. 45 Abs. 3 WÜK, wonach sich ein Konsularbeamter, der ein Gerichtsverfahren anstrengt, in Bezug auf eine Widerklage nicht auf die Immunität berufen kann. Das zeigt, dass es dem Konsularbeamten freisteht, selbst als Kläger aufzutreten. Das braucht dann auch nicht als Verzicht auf die Immunität angesehen werden, der dem Konsularbeamten nach Art. 45 Abs. 1 WÜK ohnehin nicht zusteht, sondern nur vom Entsendestaat ausgehen kann.

Die Klage des Herrn Male auf Gewährung der Sozialhilfe ist daher nicht unzulässig. Der Konsularbeamte genießt keine Immunität von der deutschen Gerichtsbarkeit, sofern er selbst eine Klage erhebt.

II. Vereinbarkeit einer Gewährung von Sozialhilfe mit dem Status als Konsularbeamter

Die Nichtanwendbarkeit des § 120 Abs. 1 BSHG gemäß dessen Abs. 2 für Konsularbeamte könnte sich bereits aus Art. 48 WÜK ergeben, wonach die Mitglieder konsularischer Vertretungen von den im Empfangsstaat geltenden Vorschriften über die soziale Sicherheit befreit sind. Allerdings gilt das nur hinsichtlich seiner Dienste für den Entsendestaat. Der Empfangsstaat kann den Konsularbeamten Male daher nicht in ein gesetzliches Zwangssystem sozialer Sicherheit einbeziehen und etwa seine Bezüge, die er vom Entsendestaat erhält, diesen Zwangsabgaben unterwerfen. Das hat aber nichts zu tun mit einer allgemeinen Regelung wie der des BSHG, die für jede Person das Existenzminimum garantieren will. Diese Sozialleistung ist kein Teil des sozialen Sicherungssystems, das an die Arbeitsleistung anknüpft. Vielmehr geht es um nicht weniger als die Gewährung des für ein menschenwürdiges Dasein Lebensnotwendigen. Die Regelung belastet daher nicht, sondern gewährt einen Anspruch. Art. 48 WÜK ist gegen Belastungen und Verpflichtungen gerichtet, weil nur davon »befreit« werden kann, nicht aber gegen Normen des Sozialrechts, die Vergünstigungen einräumen.

Art. 48 WÜK schließt daher die Gewährung von Sozialleistungen an Konsularbeamte nicht aus.[53]

Die Gewährung von Sozialhilfe könnte schließlich mit der Stellung und den Aufgaben eines Konsularbeamten allgemein nicht vereinbar sein. Die Aufgaben eines

---

53 Vgl. OVG Münster, NJW 1992, 2043 (2044); dies für Art. 33 WÜD offenlassend BVerwG, DöV 1996, 835 (836).

Konsulats ergeben sich aus Art. 5 WÜK. Danach hat das Konsulat die Interessen des Entsendestaats und seiner Angehörigen im Empfangsstaat zu schützen und die Entwicklung der Beziehungen zwischen Entsende- und Empfangsstaat zu fördern. Die Konsularbeamten sind Organe des Entsendestaates,[54] weil sie ihre Aufgaben im Namen des Entsendestaats ausüben, vgl. den fünften Erwägungsgrund in der Präambel des WÜK und dessen Art. 1 Abs. 1 lit. d). Aus diesem Grund sind dem Konsularbeamten Vorrechte und Befreiungen zuerkannt und ist seine Person unverletzlich. Diese Aufgabenstellung erfordert es, dass der Konsularbeamte seine Aufgaben in völliger Unabhängigkeit vom Empfangsstaat wahrnimmt. Damit verträgt es sich nicht, dass der Lebensunterhalt des Konsularbeamten von Sozialleistungen des Empfangsstaats abhängt.[55] Denn dadurch können Abhängigkeiten begründet werden, die eine wirksame Interessenvertretung des Entsendestaates und seiner Angehörigen im Empfangsstaat erschweren können. Anders ist es nur dann, wenn der Konsularbeamte aus dem konsularischen Dienst ausscheidet. Dazu zählt, wenn die Erfüllung konsularischer Aufgaben eingestellt wird. Male ist aber weder aus dem konsularischen Dienst ausgeschieden, noch hat er die Aufgabenwahrnehmung im Namen seines Entsendestaates Anama eingestellt. Solange er jedoch als Organ seines Entsendestaates auftritt und tätig wird, verträgt sich eine Alimentierung durch den Empfangsstaat nicht mit seiner Stellung. Zwar ist der Empfangsstaat gemäß Art. 40 WÜK verpflichtet, den Konsularbeamten mit der gebührenden Achtung zu behandeln und alle Angriffe auf Person, Freiheit und Würde zu verhindern, was dem Empfangsstaat gerade eine Schutzpflicht auferlegt. Jedoch folgt daraus nur, ihn vor Angriffen von privater Seite und vor Nachstellungen durch die eigenen Organe des Empfangsstaats zu schützen. Eine Verpflichtung, den Konsularbeamten vor einer mangelnden Versorgung durch seinen Entsendestaat zu bewahren, besteht nicht. Für die Funktionsfähigkeit der konsularischen Vertretung Sorge zu tragen, ist Aufgabe des Entsendestaates.

Ergebnis: Die Bedenken des berichterstattenden Richters treffen hinsichtlich der Begründetheit der Klage zu: Die Gewährung von Sozialhilfe ist mit dem WÜK nicht vereinbar.

---

54 *Verdross/Simma*, Universelles Völkerrecht, § 919.
55 So für Diplomaten BVerwG, DöV 1996, 835 (836).

Fall 14: Die unsichere Investition

Zwischen der Bundesrepublik und dem Staate Anama besteht seit 1975 ein »Allgemeines Abkommen zum Schutz und zur Förderung von Direktinvestitionen«. Dieses Abkommen enthält unter anderem folgende Bestimmungen:

»Art. 3

Die Hohen vertragsschließenden Parteien sind sich einig, die weitere Verflechtung ihrer Volkswirtschaften zu fördern und insbesondere Kapitalanlagen und Investitionen zu ermöglichen.

Art. 4

Die Hohen vertragsschließenden Parteien verpflichten sich, Investitionen aus dem anderen Staat nicht weniger günstig zu behandeln als solche der eigenen Staatsangehörigen.

Art. 10

Die Republik Anama sichert der Bundesrepublik zu, dass die von deutschen Staatsangehörigen getätigten Investitionen weder enteignet noch nationalisiert werden. Dies schließt nicht den gezielten hoheitlichen Entzug einzelner Vermögensobjekte durch den Staat zugunsten öffentlicher Infrastrukturmaßnahmen aus.«

Die Silva AG, eine deutsche Gesellschaft mit Sitz in Frankfurt, die über eine weltweite Geschäftstätigkeit verfügt, führt Anfang der achtziger Jahre eine größere Investition durch und errichtet im Staat Anama Anlagen zum Abbau von Silber.

Im Jahre 1995 schließt die Regierung von Anama mit dem Nachbarstaat Blenda einen Vertrag zur Grenzbegradigung. In diesem Vertrag vereinbaren die Staaten den Austausch von Territorium. Dadurch erhält Blanda das Stück Land, auf dem die Abbauanlagen der Silva AG stehen. Nach einem politischen Umsturz in Blenda im Herbst 1998 enteignet die neue Regierung von Blenda per Gesetz alle Anlagen zum Abbau von Bodenschätzen und überführt sie in Staatseigentum. Die neue Regierung ist der Auffassung, dass die Erträge aus dem Abbau der Bodenschätze allen Einwohnern des Landes zukommen sollen und nicht nur einigen ausländischen oder inländischen Gesellschaften. Auch soll der als Raubbau bezeichnete schnelle Abbau der Bodenschätze verhindert und eine langfristige Verwertungsstrategie eingeschlagen werden. Die Enteignungen betrafen Inländer wie Ausländer gleichermaßen. Vor Durchführung der Enteignungen hatte Blenda allen ausländischen Staatsangehörigen, die Investitionen in Blenda getätigt haben oder Anlagen in Blenda mittelbar oder unmittelbar, insbesondere vermittelt durch Kapitalanteile an später enteigneten Gesellschaften, besaßen, per Gesetz die Staatsangehörigkeit Blendas verliehen. Versuche der Silva AG, die Verstaatlichung der Anlage vor einem Gericht Blendas anzugreifen, gingen fehl, weil die Gerichte die Klage mit der Begründung bereits als unzulässig abwiesen, dass ein Rechtsweg gegen ein Gesetz nicht vorgesehen sei.

Entschädigungszahlungen für die Enteignung lehnt die Regierung von Blenda ab. Die Regierung erklärt, die Gesellschaften und Geldgeber hätten durch die Ausbeutung der Bodenschätze schon genug Profite erzielt. Völkerrechtliche Standards würden auch nicht verletzt, weil ausländische Staatsangehörige und Inländer gleichbehandelt würden. Ein besonderer Investitionsschutz für Ausländer aufgrund Völkervertragsrecht greife nicht, da Blenda keine solchen Abkommen abgeschlossen hat. Im übrigen seien keine ausländischen Investitionen enteignet worden, da alle Personen anderer Staatsangehörigkeit infolge der Verleihung der Staatsangehörigkeit Blendas zugleich auch Bürger von Blenda gewesen waren.

Herrn Miller, einem Staatsangehörigen des Staates Elida, gehören seit dem Jahre 1996 55% der Aktien der Silva AG. Die übrigen Anteile sind in der Hand zahlreicher Aktionäre deutscher Staatsangehörigkeit.

Die deutschen Aktionäre begehren eine volle Entschädigung. Sie wollen, dass Blenda den Wert der der Silva AG enteigneten Anlagen ersetzt und fordern die Bundesrepublik auf, Entschädigungszahlungen für die Anlagen der Silva AG von Blenda zu fordern. Schließlich habe Blenda nicht nur gegen Völkergewohnheitsrecht, sondern auch gegen den Vertrag aus dem Jahre 1975 verstoßen. Der Schutz der Investitionen vor Enteignung und Nationalisierung gemäß dem Vertrag mit Anama habe aufgrund des Gebietsübergangs insoweit auch Blenda gebunden. Die Bundesregierung lehnt die Geltendmachung von Ansprüchen ab, um die derzeit schwierigen Beziehungen mit Blenda nicht zu gefährden. Außerdem sei sie für die Gewährung diplomatischen Schutzes gegenüber Blenda nicht mehr zuständig, da die Aktionäre nunmehr auch Staatsangehörige Blendas seien.

Herr Miller wiederum macht seinen Einfluss bei seiner Regierung geltend und erreicht, dass Elida gegen den eklatanten Völkerrechtsbruch protestiert. Ferner erlässt Elida ein Gesetz, wonach Staatsangehörigen Elidas gegen jeden, der mit den von Blenda auf Kosten der Staatsangehörigen Elidas enteigneten Gegenständen, also den Anlagen, Maschinen oder dem zum Zeitpunkt der Enteignung bereits abgebauten Silber, Handel treibt, ein Schadensersatzanspruch zusteht. Blenda sieht dieses Gesetz als völkerrechtswidrig an: Elida weite seine Hoheitsgewalt zu sehr auf Auslandssachverhalte aus.

Vermerk für den Bearbeiter:

In einem Gutachten ist zu folgenden Fragen Stellung zu nehmen:

1. Wie sind die Enteignungen durch Blenda zu bewerten? Besteht eine Verpflichtung Blendas, Entschädigung zu zahlen?

2. Können die Bundesrepublik und Elida diplomatischen Schutz ausüben? Ist die Bundesrepublik dazu verpflichtet?

3. Verstößt das von Elida erlassene Gesetz gegen allgemeines Völkerrecht?

Lösung zu Fall 14: Die unsichere Investition

A. Frage 1

I. Völkerrechtswidrigkeit der Enteignungen Blendas

Die von Blenda im Herbst 1998 durchgeführten Enteignungen, durch die auch die Silva AG ihre Anlagen in Blenda verlor, könnten gegen den völkerrechtlichen Schutz von Auslandseigentum, also gegen völkerrechtliches Fremdenrecht, verstoßen haben.

Zwar obliegt die Ausgestaltung der Wirtschafts- und Eigentumsordnung jedem Staat in eigener Entscheidung. Das ist Ausfluss seiner Souveränität, die sich gerade auch auf die interne Ordnung von Staat und Gesellschaft bezieht. Diesen Bereich kann man weitgehend der domaine reservé zuordnen. Enteignungen und Nationalisierungen sind daher grundsätzlich zulässig. Allerdings sind dabei bestehende völkerrechtliche Verpflichtungen zu beachten.

1. Völkervertragsrecht

Verpflichtungen des Staates können sich – auch das ist Folge staatlicher Souveränität – aus Verträgen ergeben, in denen sich ein Staat verpflichtet, ausländisches Eigentum auf seinem Boden nicht zu enteignen. Blenda selbst ist eine diesbezügliche vertragliche Verpflichtung nicht eingegangen. Allerdings besteht ein Vertrag zwischen der Bundesrepublik und Anama über den Schutz von Auslandsinvestitionen, der in Art. 10 vorsieht, dass die von Deutschen getätigten Investitionen weder enteignet noch nationalisiert werden dürfen. Die Enteignung ist die direkte Entziehung einzelner Vermögensobjekte, während die Nationalisierung die Verstaatlichung ganzer Produktionszweige meint.[1] Hier dürfte es sich bei der Verstaatlichung der ganzen Industrie zum Abbau der Bodenschätze um eine Nationalisierung gehandelt haben. Dieser Vertrag untersagt die vorliegende Nationalisierung der Anlagen der Silva AG. Der Vertrag erfasste auch die Investition der Silva AG, da diese zunächst auf dem Territorium des Staates Anama durchgeführt wurde. Die Frage, ob es sich bei der Investition um eine solche eines deutschen Staatsangehörigen handelt, soll dabei noch offen gelassen werden; dieses Problem besteht, weil die Silva AG zwar eine Gesellschaft nach deutschem Recht ist, jedoch zumindest seit 1996 von Herrn Miller, einem Staatsangehörigen Elidas, kontrolliert wird.

Durch die Abtretung eines Gebietsteils Anamas wurde das Territorium zum Gebiet Blendas. Dieser Vorgang könnte zur Folge haben, dass das früher mit Anama bestehende Abkommen Blenda insoweit bindet, als es um deutsche Investitionen auf dem abgetretenen Gebietsteil geht. Dann wäre Blenda an den grundsätzlichen Enteignungsverzicht nach Art. 10 dieses Abkommens gebunden.

---

1 S. nur *Häde*, AVR 1997, 181 (186 Fn. 32).

Fraglich ist damit, wie sich eine Gebietsabtretung auf die Geltung von völkerrecht-lichen Verträgen auswirkt. Dies regelt das Recht über die Staatennachfolge in Ver-träge. Hinsichtlich der Staatennachfolge durch eine Gebietsabtretung bestehen recht eindeutige gewohnheitsrechtliche Regeln: Die bisherigen Verträge der Staa-ten gelten für die veränderten Staatsgrenzen und vollziehen jede Veränderung der Staatsgrenzen nach. Dieses Prinzip der beweglichen Vertragsgrenzen führt dazu, dass Anama an das Investitionsschutzabkommen für das nun veränderte Territo-rium gebunden ist. Ein eventuelles Investitionsschutzabkommen Blendas wie-derum gälte für das neue Territorium. Ein solches Investitionsschutzabkommen besteht laut Sachverhalt jedoch nicht. Damit Blenda an den zwischen Anama und Deutschland abgeschlossenen Vertrag gebunden wäre, müsste dieser Vertrag zumindest insoweit auf Blenda übergegangen sein.

Das Prinzip der beweglichen Vertragsgrenzen bedeutet auch, dass Verträge als sol-che gerade nicht übergehen. Eine Ausnahme gilt jedoch für den Fall, dass es um Verträge geht, die einen spezifischen Bezug zu dem abgetretenen Territorium ha-ben. Solche sog. radizierten Verträge liegen vor, wenn es sich um Vereinbarungen handelt, die sich auf eine bestimmte Region oder einen bestimmten Ort beziehen und keine politische Bedeutung haben. Solche Verträge müssen mit dem Territo-rium, auf das sie sich beziehen, übergehen, weil der Verbleib dieser Verpflichtung bei dem bisherigen Staat keinen Sinn hat. Das Investitionsschutzabkommen zwi-schen Anama und Deutschland ist aber kein radizierter Vertrag. Denn das Abkom-men zum Schutz von Direktinvestitionen bezieht sich nicht auf eine bestimmte In-vestition oder Region. Sein Fortgelten für Anama ist weiterhin sinnvoll, weil der Vertrag die übrigen deutschen Investitionen dort schützt. Der Investitionsschutz-vertrag bindet somit Blenda nicht.

Die Nationalisierung durch Blenda verstößt somit nicht gegen Völkervertrags-recht.

2. Völkergewohnheitsrecht

Das Völkergewohnheitsrecht stellt Schranken für die Zulässigkeit von Enteignun-gen bzw. Nationalisierungen ausländischer Staatsangehöriger auf. Danach darf eine Enteignung bzw. Nationalisierung nur erfolgen, wenn dies im öffentlichen In-teresse erfolgt, eine unterschiedliche Behandlung von In- und Ausländern oder eine sonstige Diskriminierung etwa zwischen Staatsangehörigen verschiedener ausländischer Staaten nicht erfolgt und Ausländern eine Entschädigung bezahlt wird.[2] Diese drei kumulativen Voraussetzungen, die das Völkerrecht an die Zuläs-sigkeit von Enteignungen bzw. Nationalisierungen fremder Staatsangehöriger stellt, sind hier nicht alle erfüllt.

Zwar erfolgte die Nationalisierung des Abbaus der Bodenschätze im öffentlichen Interesse. Denn Blenda wollte damit sicherstellen, dass alle Einwohner davon pro-fitieren. Ferner ging es um ein langfristiges Haushalten mit den unwiederbring-lichen Schätzen. Im übrigen ist auch zu beachten, dass die Enteignerstaaten bei

---

2 *Schäfer*, RIW 1998, 199 (200 f.). Insoweit gebietet das Völkerrecht eine unterschiedliche Behandlung von Inländern und Ausländern.

der Festlegung des öffentlichen Zwecks einen weiten Einschätzungsspielraum haben.[3] Die Nationalisierung war ferner diskriminierungsfrei erfolgt. Sowohl heimische als auch ausländische Investoren mussten ihre Anlagen zum Abbau der Bodenschätze dem Staat überlassen.

Doch verweigerte Blenda die notwendige Entschädigung. Das Völkerrecht macht die Zulässigkeit einer Enteignung von Ausländern (nicht bei Inländern) von der Zahlung einer noch näher (s. u. II.) zu bestimmenden Entschädigung abhängig. Das gilt unabhängig von der Frage, ob die Investoren etwa durch günstige Konzessionsabgaben hohe Gewinne erzielt hatten, so dass sich ihre Investition bereits amortisiert hat. Solche Erwägungen über »Übergewinne« können allenfalls bei der Bemessung der Höhe der Entschädigung einfließen.

Allerdings könnten diese Grundsätze des völkerrechtlichen Fremdenrechts vorliegend keine Anwendung finden, weil sie nur für die Enteignung bzw. Nationalisierung von ausländischen Investitionen gelten, nicht aber für die Enteignung von Inländern. Die Enteignung von Inländern ist als rein interne Angelegenheit des enteignenden Staates anzusehen und kann von diesem beliebig gehandhabt werden. Blenda hatte den Investoren vor der Enteignung die Staatsangehörigkeit Blendas verliehen. Damit waren die Aktionäre der Silva AG auch Inländer geworden. Die eine Frage, die sich daraus ergibt, ist die, ob die Doppelstaatlichkeit dazu führt, dass die Mindeststandards des völkerrechtlichen Fremdenrechts nicht gelten. Die andere Frage ist die, ob die Zuerkennung der Staatsangehörigkeit durch Blenda völkerrechtlich Bestand hat.

Die erste Frage nach der Geltung des völkerrechtlichen Mindeststandards bei Doppelstaatlern wirft letztlich das Problem auf, wer von den beiden Staaten, denen die Person angehört, diplomatischen Schutz ausüben kann. Nach einer früheren, wohl überwundenen Auffassung steht die Ausübung diplomatischen Schutzes in der Beziehung zwischen den beiden Staaten keinem der beiden Staaten zu.[4] Für diese Meinung spricht, dass das Verhältnis eines Staates zu seinen eigenen Angehörigen zur inneren Angelegenheit des Staates zählt. Diese Auffassung hätte zur Folge, dass die völkerrechtlichen Mindeststandards für Fremde für Doppelstaatler nicht gälten, soweit es um Enteignungen in den beiden Staaten geht, deren Staatsangehörigkeit sie haben. Die Doppelstaatler zählen insoweit stets als Inländer. Jedoch setzt sich in neuerer Zeit die Ansicht durch, dass auch im Verhältnis zwischen den beiden Heimatstaaten auf die effektive Staatsangehörigkeit abzustellen ist.[5] Danach wäre die Enteignung nur im effektiven Heimatstaat von der Geltung des völkerrechtlichen Mindeststandards freigestellt. Effektiver Heimatstaat ist dabei der Staat, zu dem die engere Beziehung besteht, insbesondere bedingt durch den gewöhnlichen Aufenthaltsort. Für diese Meinung spricht, dass das moderne Völkerrecht zunehmend die Tendenz aufweist, Staatsangehörige auch gegen ihren eigenen Staat in Schutz zu nehmen, etwa durch menschenrecht-

---

3 *Kreß/Herbst*, RIW 1997, 630 (637).
4 *Gloria* in: Ipsen, Völkerrecht, § 24 Rn. 34.
5 Vgl. etwa bei *Hailbronner*, Diplomatischer Schutz bei mehrfacher Staatsangehörigkeit, in: Ress/Stein (Hrsg.), Der diplomatische Schutz im Völkerrecht und im Europarecht, 1996, S. 27 (31 f.); *Gloria* in Ipsen, Völkerrecht, § 24, Rn. 16 ff.

liche Mindeststandards.[6] Zu prüfe nwäre dann hier, welche Staatsangehörigkeit effektiv ist, d. h. zu welchem Staat die nähere Beziehung besteht. Stellt man auf die (deutschen) Aktionäre der Silva AG ab, dann bestehen hier keinerlei Hinweise, dass Blenda als der effektive Heimatstaat anzusehen ist. Die einzige Beziehung der Aktionäre ist die, dass sie Anteilsinhaber an einer AG sind, die Investitionen in Blenda tätigte. Demgegenüber haben sie, was Geburtsort, Lebensmittelpunkt, Aufenthalt und ähnliche Kriterien angeht, keinen Bezug zu Blenda, sondern zu Deutschland. Als die effektive Staatsangehörigkeit wäre nicht diejenige Blendas anzusehen, so dass diplomatischer Schutz vom Heimatstaat gegenüber Blenda ausgeübt werden kann. Für die Geltung des völkerrechtlichen Fremdenstandards bedeutet das, dass – selbst wenn die Zubilligung der Staatsangehörigkeit Blendas völkerrechtlich Bestand hätte – dennoch der völkerrechtliche Standard zu gewähren wäre. Hinzu kommt, dass die Silva AG als juristische Person, die unmittelbar von den Enteignungen betroffen war, nicht die Staatszugehörigkeit Blendas hat, sondern gleichfalls als Ausländerin zu behandeln ist.

Eine nähere Betrachtung zeigt außerdem, dass die Einbürgerung durch Blenda, die vor der Nationalisierung erfolgte, keinen Bestand hat und nicht anzuerkennen ist. Die Einbürgerung ausländischer Staatsangehöriger ohne deren Zustimmung verstößt gegen Völkerrecht, zumal wenn sie nur mit der Absicht erfolgt, den völkerrechtlichen Mindeststandard zu umgehen.[7] Das Völkerrecht stellt verschiedene Kriterien zur Verfügung, kraft derer ein Staat einer Person seine Staatsangehörigkeit gewähren darf. Dazu gehört es etwa, auf einen inländischen Geburtsort (sog. *ius soli*), auf die Staatsangehörigkeit eines Elternteiles (*ius sanguinis*) oder auf die Eheschließung abzustellen. Diese Kriterien sind Ausdruck des Bestrebens, die Zuordnung einer Person zu einem Staat von einem echten Band (*genuine link*) oder einer näheren tatsächlichen Beziehung zwischen Staat und Person abhängig zu machen.[8] Eine Einbürgerung muss diesen Kriterien entsprechen. Nur dann ist sie völkerrechtlich wirksam. Das einzige verbindende Element zwischen den Aktionären der Silva AG und dem Staat Blenda ist der Umstand, dass die Silva AG, deren Anteilhalter die Aktionäre sind, im Staat Blenda über Eigentum verfügt. Dieser Bezug ist sehr entfernt. Denn die Aktionäre können diese Beziehung jederzeit durch Veräußerung ihrer Aktien zunichte machen. Die Zubilligung der Staatsangehörigkeit sollte nicht von solchen leicht veränderlichen Kriterien abhängen. Hinzu kommt, dass die Einbürgerung gegen den Willen der Aktionäre erfolgte.

Ergebnis zu I.: Die Nationalisierung durch Blenda verstößt gegen Völkerrecht.

II. Bestehen und Höhe einer Entschädigungsverpflichtung Blendas

Wie aus dem oben Ausgeführten deutlich wird, sieht das Völkerrecht für die Nationalisierung bzw. Enteignung von ausländischen Investitionen eine Entschädi-

---

6 Vgl. die Begründung durch das Iran / US Claims Tribunal, wiedergegeben bei *Hailbronner*, Diplomatischer Schutz bei mehrfacher Staatsangehörigkeit, in: *Ress/Stein* (Hrsg.), Der diplomatische Schutz im Völkerrecht und im Europarecht, 1996, S. 27 (34).

7 Vgl. *Seidl-Hohenveldern/Stein*, Völkerrecht, Rn. 1314, 1601.

8 *Verdross/Simma*, Universelles Völkerrecht, § 1194. Zum *genuine link* vgl. IGH, ICJ Reports 1955, 1 (23) – Nottebohm, der von *genuine connection* spricht.

gungsverpflichtung vor. Dies beruht auf dem Gedanken des Schutzes wohlerworbener Rechte, nach neuerer Meinung auf der ungerechtfertigten Bereicherung.[9] Dass damit eine Bevorzugung gegenüber dem Inländer herbeigeführt wird, lässt sich dadurch rechtfertigen, dass die eigenen Staatsangehörigen zu ihrem Staat in einer engeren Beziehung stehen und die aus der Nationalisierung dem Staat erwachsenden Vorteile auch ihnen wieder in der einen oder anderen Weise zugute kommen. Da die Nationalisierung der Silva AG eine Investition aus dem Ausland trifft, ist Blenda verpflichtet, eine Entschädigung zu zahlen. Problematisch ist dabei die Bestimmung des Inhalts des Anspruchs.

Nach einer nach dem US-amerikanischen Außenminister Hull bezeichneten sog. Hull-Formel hat die Entschädigung prompt, effektiv und adäquat zu sein. Prompt bedeutet dabei, dass die Zahlung unverzüglich gewährt wird. Effektiv heißt, dass die Entschädigung in konvertierbarer und transferierbarer Währung ausbezahlt wird.[10] Es muss sich um einen für den Enteigneten wirklich verwertbaren finanziellen Ausgleich handeln. Die Entschädigung wurde dann als adäquat angesehen, wenn der volle Marktwert der enteigneten Anlagen erstattet wurde. Gerade um die Höhe der zu zahlenden Entschädigung gab und gibt es Streit. Eine Entschädigungsverpflichtung zum vollen Marktwert führt dazu, dass eine Enteignung, zumindest eine Nationalisierung ganzer Branchen, gar nicht mehr erfolgen könnte, weil die zu leistenden Entschädigungen sehr hoch würden. Damit wäre die freie Wahl der Eigentums- und Wirtschaftsordnung der Staaten als Ausfluss ihrer Souveränität unmöglich gemacht. Die Entwicklungsländer insbesondere haben daher bei Enteignungen nur eine angemessene Entschädigung angeboten, die unterhalb des Wertes der Anlagen blieb. Die Staatenpraxis belegt, dass eher Globalentschädigungen statt voller Wertersatz bezahlt werden. Andererseits ist diese Praxis mehr ein Zugeständnis an die begrenzte Leistungsfähigkeit von Staaten denn Ausdruck einer Rechtsansicht. Da die Staaten, deren Angehörige Opfer von Enteignungen wurden, kaum rechtliche Handhabe haben, völkerrechtlich zustehende Ansprüche einzutreiben, werden sie sich notgedrungen mit der angebotenen Entschädigungssumme zufrieden geben müssen.

Die zahlreichen bilateralen Investitionsschutzabkommen belegen, dass die westlichen Staaten, die infolge ihrer wirtschaftlichen Potenz als Geldgeber fungieren, zumindest überwiegend versuchen, eine Entschädigung nach Marktwert in den Verträgen zu verankern.[11]

Betrachtet man die neuere Schiedsgerichtspraxis, lässt sich feststellen, dass dort zwar die Formulierung »appropriate compensation« verwendet wird, die in Richtung auf eine nur angemessene Entschädigung weist. Ein näherer Blick zeigt aber, dass die Staaten regelmäßig zu einer Entschädigung des vollen Wertes verurteilt wurden. Die flexiblere Formulierung der »angemessenen« Entschädigung lässt die Berücksichtigung der Interessen sowohl der investierenden als auch der enteignenden Staaten zu, weil sich diese Formel nicht von vornherein und für alle Fälle auf den vollen Wert festlegt. So kann man bei Nationalisierungen größeren

---

9 Vgl. *Streinz*, Jura 1987, 310 (315).
10 *Häde*, AVR 1997, 181 (186); *Verdross/Simma*, Universelles Völkerrecht, § 1217.
11 *Häde*, AVR 1997, 181 (195).

Stils Rücksicht nehmen auf die Leistungsfähigkeit eines Landes oder auf Übergewinne, die eine verstaatlichte Gesellschaft zuvor gemacht hat, weil der Staat ein großes Entgegenkommen zeigte und zB. günstige Konzessionsbedingungen einräumte; ein dadurch ermöglichter Wertzuwachs der Gesellschaft sollte nicht zum Nachteil des Staates ausschlagen. Solche Kriterien können zu einem Abzug vom vollen Wertausgleich zumindest bei großen Nationalisierungen führen, die ohnehin erhebliche Entschädigungszahlungen auslösen.[12]

Als Ergebnis ist festzuhalten, dass eine angemessene Entschädigung unter gewöhnlichen Umständen daher den Ersatz des vollen Wertes bedeutet.[13] Abstriche vom vollen Wertersatz kann man bei größeren Nationalisierungen erwägen, wie sie hier erfolgten.

Die Entschädigungsverpflichtung ergibt sich vorliegend auch aus der Überlegung, dass die Nationalisierungen völkerrechtswidrig erfolgten und daher ein völkerrechtliches Delikt Blendas vorliegt. Die Rechtfolge eines völkerrechtlichen Delikts ist ein Anspruch auf Wiedergutmachung. Das bedeutet entweder die Wiederherstellung des früheren Zustandes (*restitutio in integrum*) oder einen Schadensersatz, wobei ersteres vorrangig zu erfolgen hat, ferner für immaterielle Schäden Genugtuung.[14] Die Wiederherstellung des früheren Zustandes bedeutet die Rückübertragung der enteigneten Anlagen an die Silva AG und den Ausgleich der bis dahin entstandenen weiteren Schäden (etwa entgangenen Gewinn). Da Blenda dann jedoch – unter Zahlung einer Entschädigung gemäß den oben dargelegten Grundsätzen – die Anlagen sogleich wieder enteignen könnte, macht die Wiederherstellung des vorherigen Zustandes keinen Sinn. Deswegen ergibt sich trotz der Überlegung, dass auch ein völkerrechtliches Delikt vorliegt, nur ein Schadensersatzanspruch, der dem oben erläuterten Entschädigungsanspruch entspricht.[15]

B. Frage 2

Die deutschen Aktionäre der Silva AG und der Mehrheitsaktionär Miller beanspruchen diplomatischen Schutz durch ihre jeweiligen Heimatstaaten. Das stellt zunächst die Frage, welche Staaten diplomatischen Schutz für eine juristische Person ausüben dürfen. Für die Bundesrepublik ist ferner unter staatsrechtlichen Aspekten zu prüfen, ob sie zu diplomatischem Schutz verpflichtet ist.

---

12 Vgl. *Streinz*, Jura 1987, 310 (315).
13 Vgl. *Schäfer*, RIW 1998, 199 (203 f.).
14 Die Rechtsfolgen völkerrechtlicher Delikte sind nunmehr detailliert geregelt in den weitgehend Gewohnheitsrecht wiedergebenden Staatenverantwortlichkeitsregeln (Sartorius II, Nr. 6), dort Art. 34 ff.
15 S. insoweit auch *Meng*, ZaöRV 1997, 269 (301). Insoweit finden die Regeln über die Staatenverantwortlichkeit keine Anwendung (s. Art. 55), sondern treten hinter die Entschädigungsregeln für Enteignungen als dem spezielleren Recht zurück.

I. Die Ausübung diplomatischen Schutzes durch die Bundesrepublik und Elida

Der diplomatische Schutz dient dem Schutz von Personen vor völkerrechtswidrigen Handlungen fremder Hoheitsträger durch den eigenen Staat. Vorliegend geht es um die Abwehr von Eingriffen ausländischer Staaten in die völkerrechtlich den Fremden zu gewährenden Mindestrechte, sog. völkerrechtliches Fremdenrecht. Dazu zählt auch und gerade[16] der Schutz der Vermögensrechte.[17] Denn die oben ermittelten völkerrechtlichen Ansprüche können nicht vom Unternehmen oder von natürlichen Personen selbst geltend gemacht werden, sondern nur von einem Staat. Die Einzelpersonen können nur vor den jeweiligen nationalen Gerichten gegen ihre Behandlung vorgehen (was auch erforderlich ist, s. zum Grundsatz der local remedies rule unten 2. b)), nicht aber auf völkerrechtlicher Ebene. Denn Staaten sind Völkerrechtssubjekte und treten im zwischenstaatlichen Verkehr auf, nicht aber Einzelne. Juristische und natürliche Personen werden durch den Staat mediatisiert. Sie sind nur ganz ausnahmsweise Völkerrechtssubjekte.[18] Wenn der Staat diplomatischen Schutz ausübt, tut er das, weil die Standards des völkerrechtlichen Fremdenrechts zum Nachteil seiner Staatsangehörigen verletzt wurden, also zum Schutz einer ihm als Staat zustehenden Rechtsposition.[19] Fraglich ist, welcher Staat vorliegend zur Ausübung des Schutzes berufen ist, insbesondere, ob der diplomatische Schutz gleichzeitig durch mehrere Staaten erfolgen darf.

1. Maßgebliche Staatszugehörigkeit

Enteignet wurde die Silva AG mit Sitz in Frankfurt. Ihr als juristischer Person gemäß § 1 Abs. 1 S. 1 AktG gehörten die verstaatlichen Anlagen. Die Bestimmung der Staatszugehörigkeit bei juristischen Personen kann nach verschiedenen Kriterien erfolgen, nämlich nach dem Sitz, nach dem Recht ihrer Gründung, nach dem Tätigkeitsschwerpunkt und schließlich danach, wer die Kontrolle ausübt. Stellt man nach der Sitztheorie auf das Land ab, in dem die Gesellschaft ihren satzungsgemäßen Sitz hat, dann ist das die Bundesrepublik. Stellt man auf das Land ab, das die Rechtsordnung zur Verfügung stellt, nach dem die Gesellschaft gegründet

---

16 Für den Schutz sonstiger Rechte von einzelnen greift der Menschenrechtsschutz ein, den zu verteidigen nicht nur Sache des Heimatstaats des Opfers ist. Das Eigentumsrecht zählt nicht zu diesen Menschenrechten, vgl. *Seidl-Hohenveldern*, Die Entwicklung der diplomatischen Protektion für juristische Personen, 1991, S. 2.

17 *Seidl-Hohenveldern*, Der diplomatische Schutz für juristische Personen und Aktionäre, in *Ress/Stein*, Der diplomatische Schutz im Völkerrecht und Europarecht, 1996, S. 115 (115).

18 Vgl. *Verdross/Simma*, Universelles Völkerrecht, §§ 423 ff. Einzelne sind Völkerrechtssubjekte, wenn sie Rechte erhalten, die sie vor völkerrechtlichen Gremien geltend machen können (Individualbeschwerderecht nach der EMRK; Streitschlichtung im Rahmen des Investitionsschutzabkommens, Sartorius II, Nr. 475). Ferner erhalten multinationale Gesellschaften Völkerrechtssubjektivität, wenn sie mit Staaten Verträge abschließen, die dem Völkerrecht zugeordnet werden (strittig), vgl. *Streinz*, Jura 1987, 310 (311 f.); *Seidl-Hohenveldern* in: *Neuhold/Hummer/Schreuer* (Hrsg.), Österreichisches Handbuch des Völkerrechts, Rn. 1246; *Fischer*, ebda., Rn. 2394, 2403. Zu »quasi-völkerrechtlichen« Verträgen, die dem Völkerrecht im engeren Sinne nicht zugeordnet werden, *Verdross/Simma*, Universelles Völkerrecht, §§ 682, 1220.

19 Daher kann ein privater Investor nicht durch einen Vertrag mit dem Staat, in dem die Investition vorgenommen werden soll, auf den diplomatischen Schutz verzichten (sog. Calvo-Klauseln). Dieses Recht steht nicht zur Disposition des einzelnen.

wurde, dann ist die Silva AG ebenfalls der Bundesrepublik zuzuordnen. Ferner ist es möglich, auf den Schwerpunkt der Tätigkeit der Gesellschaft abzustellen. Das gibt bei einer multinationalen Gesellschaft wie der Silva AG, die über eine weltweite Geschäftstätigkeit verfügt, kein eindeutiges Bild. Schließlich kann man gemäß dem Kontrollprinzip danach fragen, welche Staatsangehörigkeit die natürlichen Personen haben, die eine Gesellschaft beherrschen. Die Aktionäre der Silva AG stammten zum Zeitpunkt der Nationalisierung aus Deutschland und Elida. Beherrscht wurde die Gesellschaft von dem elidischen Staatsangehörigen Miller. Er verfügte über den Mehrheitsanteil. Es ist daher davon auszugehen, dass er den bestimmenden Einfluss auf die Gesellschaft ausübte. Herr Miller erhielt zwar noch die Staatsangehörigkeit Blendas vor der Nationalisierung der Silberabbauanlagen zuerkannt. Oben unter A. wurde bereits nachgewiesen, dass diese Staatsangehörigkeit nicht anerkannt werden kann, weil ihre Verleihung gegen Völkerrecht verstößt. Es bleibt somit dabei, dass die Kontrolltheorie auf Elida verweist. Allerdings wird auch geltend gemacht, dass die Kontrolltheorie nicht nur das Abstellen auf die beherrschenden Aktionäre zulässt, sondern dass jeder Staat, der Staatsangehörige hat, die Aktionäre sind, zur Ausübung des diplomatischen Schutzes berechtigt ist, sozusagen in der Form anteilmäßigen Geltendmachens der Interessen der Aktionäre.[20] Diese Lösung vermeidet die Alles-oder-Nichts Konsequenz der Kontrolltheorie und auch ihren Nachteil, dass jede Änderung der Mehrheitsverhältnisse die Staatsangehörigkeit der Gesellschaft verändert. Andererseits führt diese Lösung dazu, dass jeder Heimatstaat eines Aktionärs zum Schutz berufen ist. Diese Lösung entbehrt der Praktikabilität, weil sich die Stellung als Anteilseigner noch schneller ändern kann als die Mehrheitsverhältnisse. Ferner würden Staaten wohl kaum für wenige, gar nur einen einzigen ihrer Staatsbürger, der Kleinaktionär ist, diplomatischen Schutz ausüben. Daher ist im Rahmen der Kontrolltheorie vorzugswürdig, auf die Staatsangehörigkeit nur der die Gesellschaft beherrschenden Aktionäre abzustellen.

Die völkerrechtlich zulässigen Kriterien zur Bestimmung der Staatsangehörigkeit der juristischen Person Silva AG gelangen somit zu unterschiedlichen Ergebnissen: Die Sitztheorie und die Gründungstheorie streiten für Deutschland, die Kontrolltheorie für Elida. Das wirft die Frage auf, ob diese Kriterien den gleichen Geltungsanspruch haben.[21] Dies ist deswegen fraglich, weil die Sitz- und Gründungstheorie wie auch das Abstellen auf den Schwerpunkt der Tätigkeit die Gesellschaft als eigene Rechtsperson achten, während die Kontrolltheorie sozusagen den Schleier lüftet und auf die hinter einer Gesellschaft stehenden Individuen abstellt. Das Kriterium der Kontrolle missachtet damit die eigenständige Rechtspersönlichkeit der Gesellschaft. Hinzu kommt, dass unmittelbares Opfer der Enteignung/Nationalisierung die juristische Person wurde. Die Aktionäre selbst wurden nicht in ihren Rechten beeinträchtigt, sondern in ihren wirtschaftlichen Inter-

---

20 In diese Richtung *Seidl-Hohenveldern*, Der diplomatische Schutz für juristische Personen und Aktionäre in: *Ress/Stein*, Der diplomatische Schutz im Völkerrecht und Europarecht, 1996, S. 115 (121 ff.).

21 Mit der Konsequenz, dass alle Staaten, die aufgrund schon eines der Kriterien die Staatszugehörigkeit einer Gesellschaft für sich beanspruchen können, diplomatischen Schutz ausüben dürfen, vgl. *Seidl-Hohenveldern*, Die Entwicklung der diplomatischen Protektion für juristische Personen, 1991, S. 9 f.

essen. Außerdem führt das Kontrollprinzip zu Unsicherheiten. Nicht nur, dass die Mehrheitsbeteiligung durch Verkauf von Aktien leicht veränderbar ist; es ist oft auch schwierig zu bestimmen, wer eine Gesellschaft beherrscht, da dafür unterschiedliche Anteile genügen können.[22] Das Lüften des Schleiers sollte daher im Interesse der Respektierung der eigenen Rechtspersönlichkeit der Gesellschaft eingeschränkt werden und auf bestimmte Sonderfälle beschränkt bleiben, in denen ein Abstellen auf die eigenständige Rechtspersönlichkeit der Gesellschaft zu unbilligen Ergebnissen führt, etwa wenn ein Staat bestimmte Vorteile nur eigenen Angehörigen einräumen will; eine Gesellschaft, die in der Hand ausländischer Aktionäre ist, sollte dann nicht in deren Genuss gelangen.[23] Die Kontrolltheorie ist auch geeignet, wenn die Gesellschaft erloschen ist.

Es bleibt somit hier bei den klassischen Kriterien wie Sitz und Gründung der Gesellschaft. Diese lassen vorliegend eine eindeutige Zuordnung zur Bundesrepublik zu.[24] Daher ist nur die Bundesrepublik zur Ausübung diplomatischen Schutzes zuständig, nicht aber Elida.

2. Weitere Voraussetzungen

a) *clean hands*

Die Wahrnehmung diplomatischen Schutzes ist nach einer Meinung nur zulässig, wenn die Gesellschaft, für die der diplomatische Schutz ausgeübt wird, sich ihrerseits nicht rechtswidrig verhalten hat, sondern saubere Hände (*clean hands*) vorweisen kann.[25] Ob dieses Prinzip gewohnheitsrechtliche Geltung hat und daher Voraussetzung der Ausübung diplomatischen Schutzes ist, ist indes zweifelhaft. Denn der Bruch des Völkerrechts durch Blenda kann nicht durch Rechtsverstöße der enteigneten Gesellschaften gerechtfertigt werden. Zumindest müsste man ein rechtsbrüchiges Verhalten fordern, das in direktem Zusammenhang mit der Enteignung stünde.[26] Weiterhin müsste die Gesellschaft gegen internationales Recht verstoßen haben. Die bloße Verletzung innerstaatlichen Rechts könnte kaum Rechtfertigung für die Völkerrechtsverletzung sein.[27]

Außerdem kann zumindest für vorliegenden Sachverhalt feststellt werden, dass keine Hinweise auf ein unkorrektes Verhalten der Silva AG gegenüber Blenda bestehen.

---

22 Vgl. *Seidl-Hohenveldern/Stein*, Völkerrecht, Rn. 1348.
23 Näher IGH, ICJ Reports 1970, 3 (39 Tz. 56) – Barcelona Traction. Zur fehlenden völkerrechtlichen Anerkennung der Kontrolltheorie *Meng*, ZaöRV 1997, 269 (294).
24 Auch der IGH hat im Fall Barcelona Traction (s. letzte Fn.) die Kontrolltheorie nicht herangezogen. Hätten die klassischen Kriterien kein einheitliches Ergebnis geliefert, wäre – wie bei Doppelstaatlern – auf die effektive Staatsangehörigkeit abzustellen gewesen, also darauf, welchem Staat die Gesellschaft enger verbunden ist.
25 So *Berber*, Lehrbuch des Völkerrecht 3. Band, 1977, S. 22.
26 So *Tomuschat/Himmelreich/Kuhl*, Jura 1988, 324 (327).
27 Vgl. IGH, ICJ Reports 1970, 3 (51 Tz. 102) – Barcelona Traction.

b) *local remedies rule*

Voraussetzung für das Geltendmachen von Ansprüchen durch den Staat für eine Gesellschaft ist gewohnheitsrechtlich ferner, dass die Gesellschaft den innerstaatlichen Rechtsweg erschöpft hat, der eine vernünftige Aussicht auf effektive Abhilfe bieten muss (*local remedies rule*), vgl. etwa die Kodifizierung in Art. 295 UN Seerechtskonvention von 1982.[28] Denn dadurch können vor Beschreiten der völkerrechtlichen Ebene die besonderen örtlichen Verhältnisse berücksichtigt werden, und die Privilegierung des Fremden wird gemildert. Die endgültige Nichtabhilfe durch die nationalen Gerichte ist materielle Voraussetzung für das Entstehen des völkerrechtlichen Wiedergutmachungsanspruches.[29] Ein Rechtsweg gegen die per Gesetz angeordnete Nationalisierung bestand im vorliegenden Fall nicht. Die von der Silva AG angerufenen Gerichte wiesen die Klage als unzulässig ab.

Die streitige Frage, ob die local remedies rule auch dann Anwendung findet, wenn es um Ansprüche geht, die nicht nur vom Staat für seine Bürger geltend gemacht werden, sondern die zugleich auch vom Staat im eigenen Interesse eingefordert werden,[30] stellt sich hier nicht. Denn bei den vorliegend geforderten Ansprüchen handelt es sich nicht um Ansprüche, die in doppelter Weise zugeordnet werden können, wie es etwa bei Art. 111 Abs. 8 UN-Seerechtskonvention von 1982 der Fall ist. Hier geht es eindeutig um diplomatischen Schutz

c) Nationalitäts- bzw. Kontinuitätsregel[31]

Die Geltendmachung von diplomatischen Schutzrechten durch einen Staat setzt grundsätzlich voraus, dass der Geschädigte Angehöriger des Schutzstaates ist sowohl zu dem Zeitpunkt des schädigenden Ereignisses als auch zum Zeitpunkt der Geltendmachung des Schadensersatzanspruchs und bis zum Abschluss des diplomatischen Tätigwerdens.[32] Diese Voraussetzungen sind vorliegend erfüllt.

Ergebnis zu I:

Die Bundesrepublik kann diplomatischen Schutz ausüben, nicht jedoch Elida.

II. Verpflichtung der Bundesrepublik, diplomatischen Schutz auszuüben

Das unter I. gefundene Ergebnis ist nur die völkerrechtliche Seite des diplomatischen Schutzes. Die Bundesrepublik ist nach Völkerrecht befugt, diplomatischen Schutz für die Silva AG auszuüben. Verpflichtet ist die Bundesrepublik aber dazu unter völkerrechtlichem Blickwinkel nicht. Ob die Bundesrepublik diploma-

---

28 Sartorius II, Nr. 350.
29 *Herdegen*, Diplomatischer Schutz und die Erschöpfung von Rechtsbehelfen, in: *Ress/ Stein*, Der diplomatische Schutz im Völkerrecht und Europarecht, 1996, S. 63 (64).
30 So IGH, ICJ Rep 1989, 15, Tz. 51 – ELSI. Demnach unterliegen Ansprüche, die im Wege diplomatischen Schutzes geltend gemacht werden, insgesamt der local remedies rule, vgl. *Dörr*, Kompendium völkerrechtlicher Rechtsprechung, 2004, S. 569. Anders das Internationale Seegericht, Entscheidung vom 1. 7. 1999, Tz. 97 – Saiga II, wonach die local remedies rule nicht gilt, wenn eine Norm *auch* individuelle Rechte gewährt.
31 Vgl. auch Art. 44 lit. a) der Staatenverantwortlichkeitsresolution.
32 *Epping* in: Ipsen, Völkerrecht, § 24, Rn. 34 f.

tischen Schutz ausüben muss, ist daher eine Frage, die unter verfassungsrecht-lichen Aspekten zu betrachten ist. Denn aufgrund verfassungsrechtlicher Bewer-tungen kann sich eine Verpflichtung der Bundesrepublik ergeben, von den ihr nach Völkerrecht zustehenden Möglichkeiten zum Schutz einzelner auch Ge-brauch zu machen.

Ein solche Verpflichtung ergibt sich aus der verfassungsrechtlichen Schutzpflicht des Staates, für die Wahrung der Grundrechte des einzelnen Sorge zu tragen. Der Staat hat die Grundrechte nicht nur zu achten, sondern auch zu schützen, vgl. Artt. 1 Abs. 1 S. 2, 6 Abs. 1 GG. Die Verfassung bringt in Art. 1 Abs. 1 S. 2 GG zum Aus-druck, dass die Grundrechte einen Schutzauftrag an den Staat richten.[33] Dieser Schutzauftrag gilt wie der Achtungsauftrag für alle die Menschenwürde konkre-tisierenden Grundrechte. Daher resultiert eine Schutzpflicht aus allen Grundrech-ten. Den Grundrechten Schutzpflichten für Einwirkungen Dritter zu entnehmen, ist auch notwendig, weil es zu kurz greifen würde, eine Gefährdung des grund-rechtlichen Freiheitsraumes nur in hoheitlichen Eingriffen der Bundesrepublik zu sehen. Eine Gefährdung erfolgt ebenso durch Dritte,[34] ferner durch reine Natur-gefahren[35] und kann sogar vom Grundrechtsträger selbst ausgehen.[36]

Die dogmatische Begründung der Schutzpflichten ist durchaus unterschiedlich. Die wohl h. M. stützt sich für die grundrechtlichen Schutzpflichten auf die Wert-ordnungslehre[37]. Schutzpflichten werden jedoch auch als Annex der Abwehr-rechte eingeschätzt[38], gar aus den Abwehrrechten abgeleitet[39] oder als Folge eines leistungsrechtlichen Verständnisses der Grundrechte[40] angesehen.[41] Im Hinblick

---

33 Für die Begründung der Schutzpflichten verweist auch das BVerfG auf Art. 1 Abs. 1 S. 2 GG, vgl. BVerfGE 39, 1 (41), 46, 160 (164); 88, 203 (251 f.), wobei es in ersterer die Schutz-pflicht bereits aus Art. 2 Abs. 2 S. 1 GG ableitet. Die grundrechtlichen Schutzpflichten sind dennoch nicht auf den Würdeschutz im eigentlichen Sinn beschränkt, vgl. BVerfGE 88, 203 (251).

34 Umstritten ist, ob Dritte auch fremde Staaten sein können, vgl. *Hesse*, FS Mahrenholz, S. 541 (543 Fn. 6). Da die Schutzpflicht sich gegen Beeinträchtigungen aller Art wendet, muss dies auch für Staaten gelten. Nur bei der Frage nach dem Inhalt der Schutzpflicht sind die geringeren Einwirkungsmöglichkeiten der Bundesrepublik auf andere Staaten zu berücksichtigen, BVerfGE 77, 381 (402 ff.).

35 Zu Naturkatastrophen vgl. Artt. 11 Abs. 2, 13 Abs. 3 GG. Vgl. auch *Sachs* in: Stern, Staats-recht III/1, 1988, S. 735.

36 *Dietlein*, Die Lehre von den grundrechtlichen Schutzpflichten, 1992, S. 103; *Robbers*, Men-schenrecht auf Sicherheit, 1987, S. 221; *Sachs* in: *Stern*, Staatsrecht III/1, 1988, S. 736 m. w. N., insbesondere für den Schutzanspruch des Selbstmörders vor sich selbst; sehr streitig.

37 Das BVerfG bezieht sich auf die aus der Menschenwürde fließende objektive Wertord-nung, die sich aus den Grundrechten als objektive Normen ergibt, s. nur BVerfGE 33, 303 (330), 35, 202 (221), 36, 321 (331), 39, 1 (41).

38 *Seewald*, Gesundheit als Grundrecht, 1982, S. 64, der die Schutzpflicht den Grundrechts-schranken entnehmen will. Dagegen *Hermes*, Das Grundrecht auf Schutz von Leben und Gesundheit, 1987, S. 127.

39 *Schwabe*, Probleme der Grundrechtsdogmatik, 1977, S. 213 ff., differenzierend aber S. 220, abgemildert bei *Murswiek*, Die staatliche Verantwortung für die Risiken der Technik, 1985, S. 102 ff., insb. S. 109: Er spricht von einer eher komplementären Zuordnung.

40 *Sailer*, DVBl. 1976, 521 (528 ff.); *Loschelder*, ZBR 1977, 337 (339).

41 Begründungsmodelle in der Literatur und Kritik hieran finden sich bei *Unruh*, Zur Dog-matik der grundrechtlichen Schutzpflichten, 1997, S. 37 ff.

auf den diplomatischen Schutzanspruch wird zum Teil nicht auf die Grundrechte verwiesen, sondern auf das durch die Staatsangehörigkeit begründete Loyalitäts- und Schutzverhältnis.[42]

Im Ergebnis herrscht jedoch Einigkeit: Die Grundrechte verpflichten den Staat zum Schutz vor Gefahren durch Dritte. Das bedeutet, dass die Bundesrepublik verfassungsrechtlich zur Ausübung auch des diplomatischen Schutzes *verpflichtet* ist. Begründet man dies wie hier mit der verfassungsrechtlichen Schutzpflicht aus den Grundrechten,[43] gilt das zumindest bei Grundrechtsbeeinträchtigungen. Vorliegend wurde durch die Nationalisierungen in das Eigentum der Gesellschaft, also in ihren durch Art. 14 i. V. m. Art. 19 Abs. 3 GG gesicherten Freiheitsraum, eingegriffen.

Dieser Schutzpflicht korrespondiert ein subjektiver Anspruch auf Schutzgewährung. Der verfassungsrechtliche Schutzanspruch geht aber nur darauf, dass die Staatsorgane das ihnen bei der Wahrnehmung der Schutzpflicht zukommende Ermessen[44] in einer pflichtgemäßen Weise ausüben. Die Staatsorgane können nicht von Verfassung wegen in Richtung auf ein bestimmtes Verhalten verpflichtet sein. Denn sie müssen widerstreitende Interessen, etwa das Interesse der Silva AG an Entschädigung einerseits, das Interesse anderer Bürger an normalisierten Beziehungen mit Blenda andererseits, miteinander in Einklang bringen. Die Gestaltung auswärtiger Verhältnisse und Geschehensabläufe kann nicht allein vom Willen der Bundesrepublik bestimmt werden, sondern ist vielfach von Umständen abhängig, die sich ihrer Bestimmung entziehen.[45] Es besteht somit nur ein Anspruch auf fehlerfreie Entscheidung der deutschen Staatsorgane über das Ob und Wie einer Schutzgewährung.[46]

Die deutschen Staatsorgane haben hier die Geltendmachung der Ansprüche gegenüber dem Staat Blenda unter Hinweis auf die schwierigen Beziehungen mit Blenda und die Absicht, diese nicht weiter zu gefährden, abgelehnt. Ferner verweisen sie darauf, dass sie für die Gewährung diplomatischen Schutzes nicht mehr zuständig wären, weil eine doppelte Staatsangehörigkeit vorliege. Letzteres Argument geht fehl. Wie bereits oben unter A. dargelegt wurde, ist die Verleihung der Staatsangehörigkeit Blendas nicht anzuerkennen.

Dennoch war die Ausübung des Ermessens durch die deutschen Staatsorgane rechtmäßig. Denn die schwierigen Beziehungen mit Blenda und das Bemühen, weitere zweiseitige Störungen zu vermeiden, sind Aspekte, die von den Bundesorganen stärker gewichtet werden können als die Interessen der Silva AG.

---

42 Vgl. BVerfGE 37, 217 (241); *Klein*, Anspruch auf diplomatischen Schutz?, in: *Ress/Stein*, Der diplomatische Schutz im Völkerrecht und Europarecht, 1996, S. 125 (128).

43 *Klein*, Anspruch auf diplomatischen Schutz?, in: *Ress/Stein*, Der diplomatische Schutz im Völkerrecht und Europarecht, 1996, S. 125 (129) sieht in den grundrechtlichen Schutzpflichten zumindest die zweite verfassungsrechtliche Wurzel des diplomatischen Schutzanspruches.

44 Vgl. BVerfGE 46, 160 (164 f.).

45 BVerfGE 55, 349 (365).

46 *Klein*, Anspruch auf diplomatischen Schutz?, in: *Ress/Stein*, Der diplomatische Schutz im Völkerrecht und Europarecht, 1996, S. 125 (128 f., 131).

Ergebnis zu II:

Zwar besteht eine Verpflichtung der Bundesrepublik, diplomatischen Schutz zu gewähren. Diese Verpflichtung ist aber nur gerichtet auf die fehlerfreie Ausübung des Ermessens. Vorliegend bestehen keine Anzeichen für eine ermessensfehlerhafte Handhabung.

C. Frage 3

Hier geht es um das Problem, wie weit die Hoheitsbefugnisse von Staaten reichen, insbesondere ihre Befugnis, Sachverhalte zu regeln oder über sie zu urteilen. Denn der Staat Elida nimmt für sich in Anspruch, per Gesetz jedem seiner von den Nationalisierungen des Staates Blenda betroffenen Staatsangehörigen einen Schadensersatzanspruch gegen jeden einzuräumen, der mit von Blenda konfisziertem Eigentum Handel treibt. Dadurch könnte Elida seine Staatsgewalt überdehnt und gegen die völkerrechtlichen Grenzen der Ausübung staatlicher Hoheitsgewalt verstoßen haben.

I. Verstoß gegen Völkerrecht

Grundsätzlich kann jeder Staat Hoheitsgewalt ausüben, sofern er nicht gegen völkerrechtliche Regeln verstößt. Grenzen der sog. »Jurisdiktionsgewalt« ergeben sich aus der Souveränität anderer Staaten. Bei der Regelung von Sachverhalten mit Auslandsberührung ist die Freiheit der Staaten daher beschränkt.[47] Exterritoriale Jurisdiktion ist völkerrechtlich problematisch, weil dadurch letztlich Verhalten im Ausland gesteuert werden soll.[48]

Grundlegend ist die Unterscheidung zwischen »jurisdiction to enforce« und »jurisdiction to prescribe«. Bei ersterer geht es um die Anordnung bzw Durchsetzung von hoheitlichem, insbesondere exekutivem Handeln direkt im Ausland. Solche Auslandsvollstreckung[49] ist stets unzulässig, es sei denn ausnahmsweise haben ausländische Staaten ihr Gebiet durch völkerrechtliche Verträge für ausländische Hoheitsakte geöffnet. Bei letzterer geht es um die Hoheitsgewalt, Sachverhalte zu regeln, also um die Grenzen für legislatives Tätigwerden. Reine Inlandssachverhalte dürfen uneingeschränkt vom Staat geregelt werden. Das ist Folge der Territorialitätsherrschaft. Problematisch sind Sachverhalte mit Auslandsbeziehungen.[50] Um einen solchen Fall einer Auslandsanknüpfung geht es hier, da das Gesetz an eine im Ausland erfolgte Enteignung und daran sich anschließende Geschäfte auch im Ausland anknüpft, um mit Geltung und Durchsetzbarkeit für das Inland bestimmte Rechtsfolgen (nämlich das Bestehen eines Schadensersatzanspruchs) zu bestimmen.

---

47 *Herdegen*, Internationales Wirtschaftsrecht, § 2 Rn. 54.
48 *Meng*, ZaöRV 1997, 269 (290).
49 Dazu *Meng*, ZaöRV 1997, 269 (290 f.).
50 Dies kann so aussehen, dass entweder der Tatbestand einer Norm eine Rechtsfolge an einen Auslandssachverhalt anknüpft (Auslandsanknüpfung), oder dass eine Norm Rechtsfolgen für das Ausland statuiert (Auslandsregelung).

Um die Zuständigkeit eines Staates zur Jurisdiktion zu begründen, stellt das Völkerrecht bestimmte Anknüpfungen zur Verfügung. Das Völkerrecht lässt stets die Ausübung von Herrschaft über eigene Staatsangehörige und Aufenthaltsberechtigte[51] gemäß dem Personalitätsprinzip zu. Die Ausübung von Hoheitsgewalt innerhalb des Hoheitsgebiets ist zulässig gemäß dem Territorialitätsprinzip, das somit Bezug nimmt auf die Belegenheit einer Sache, den Handlungs- oder den Erfolgsort einer Handlung. Auch die Wahrung essentieller, wesentlicher Interessen des Staates rechtfertigt die Ausübung von Hoheitsgewalt (Schutzprinzip). Schließlich darf ein Staat Hoheitsakte auch an im Ausland entstandene Sachverhalte anknüpfen, die sich auf dem Territorium des Staates auswirken (sog. Wirkungs- oder Auswirkungsprinzip).[52] Das Personalitäts- und das Wirkungsprinzip führen dazu, dass sich im Einzelfall eine exterritorial wirkende Hoheitsausübung einstellen kann. Schwierigkeiten bereitet dabei insbesondere, dass das Wirkungsprinzip auch Verhalten erfassen und zum Anknüpfungspunkt für Regelungen machen kann, das ganz im Ausland stattfindet. Daher gibt es Versuche, das Wirkungsprinzip darauf zu beschränken, dass die Auswirkungen auf das Inland erheblich und vorhersehbar sein müssen.[53]

Diesen Kriterien bzw. Prinzipien ist gemeinsam, dass sie eine hinreichend enge Beziehung zwischen dem Sachverhalt und dem regulierenden Staat zu begründen versuchen, in dem sie letztlich auf die auf das Territorium bezogene Hoheitsgewalt abstellen oder an die Staatsangehörigkeit anknüpfen.[54]

Die im Gesetz von Elida anzutreffende Anknüpfung muss diesen Kriterien entsprechen, um als noch völkerrechtskonforme Ausübung von Hoheitsgewalt angesehen werden zu können. Daran bestehen Zweifel, weil es an einer hinreichenden Beziehung zum Staat Elida fehlen könnte. Schließlich knüpft das Gesetz eine Rechtsfolge, nämlich einen Schadensersatzanspruch, an Vorgänge, die von Ausländern im Ausland vorgenommen werden. Das ist zumindest der häufigste Anwendungsfall für das Gesetz.[55] Das Gesetz stellt daher einen eindeutigen Fall einer Hoheitsgewaltausübung in Bezug auf Auslandssachverhalte dar.[56]

---

51 Die Hoheitsausübung über Aufenthaltsberechtigte wird zunehmend dem Personalitätsprinzip zugeordnet, so dass dieses Prinzip nicht nur an die Staatsangehörigkeit, sondern auch an den inländischen Wohnsitz bzw. die inländische Aufenthaltsberechtigung anknüpfen kann, vgl. *Hedegen*, Internationales Wirtschaftsrecht, § 2 Rn. 54; *Meng*, ZaöRV 1997, 269 (293).

52 *Herdegen*, Internationales Wirtschaftsrecht, § 2 Rn. 55 ff.

53 *Herdegen*, Internationales Wirtschaftsrecht, § 2 Rn. 58, 64. Diese Anforderung kann aber noch nicht als geltendes Völkerrecht angesehen werden, vgl. *Meng*, ZaöRV 1997, 269 (290 Fn. 92, 302 f.).

54 Zu recht sieht *Herdegen*, Internationales Wirtschaftsrecht, § 2 Rn. 55, das Wirkungsprinzip als weite Ausdehnung des Territorialitätsprinzips.

55 Das Gesetz gewährt generell einen Schadensersatzanspruch, findet daher Anwendung, wenn Inländer in Elida mit von Blenda enteigneten Gegenständen Handel treiben, aber auch, wenn dies durch Ausländer im Ausland geschieht, was deswegen der häufigste Fall sein wird, weil die Gegenstände sich einmal in Blenda befanden.

56 Vgl. zum US-amerikanischen Helms-Burton-Act von 1996, dem der vorliegende Sachverhalt insoweit nachempfunden wurde, *Meng*, ZaöRV 1997, 269 (302). Das Gesetz erlaubt US-Bürgern, ausländische Firmen zu verklagen, wenn sie in Geschäfte verwickelt sind, die vom kubanischen Staat beschlagnahmtes Eigentum betreffen. Nähere Informa-

Das Schutzprinzip kann hier zur Rechtfertigung dieser Anknüpfung nicht angeführt werden. Es geht im öffentlichen Wirtschaftsrecht nicht um essentielle staatliche Souveränitätsinteressen, den allein das Schutzprinzip dient.[57] Als solche grundlegenden Interessen können nur für den Bestand der staatlichen Ordnung wesentliche Fragen aufgefasst werden.[58] Bei dem Schutz von Ersatzansprüchen für die Bürger Elidas handelt es sich nicht um solche Fragen.

Auch das Wirkungsprinzip kann nicht zur Rechtfertigung herangezogen werden. Dass Ausländer im Ausland mit den von Blenda nationalisierten Gegenständen Handel treiben, entfaltet keine Auswirkungen auf das Territorium Elidas.[59] Zwar kann für die Staatsangehörigen Elidas durch solche Handelsgeschäfte die Durchsetzung von Schadensersatz-, insbesondere Wiederherstellungs- und Herausgabeansprüchen bezüglich – nach völkerrechtlichen Kriterien (s. o. A.) – zu Unrecht konfiszierter Gegenstände erschwert werden. Die Zubilligung eines Schadensersatzanspruches vermag daran jedoch nur mittelbar etwas zu ändern. Schon gar nicht führt die Zubilligung zu einem Territorialbezug der aus der Völkerrechtswidrigkeit der Nationalisierungen resultierenden Ansprüche.[60]

Das Territorialitäts- und das Personalitätsprinzip sind nur dann einschlägig, wenn das Handeltreiben mit den konfiszierten Gegenständen von Bürgern Elidas ausgeht oder auf dem Territorium Elidas stattfindet. Insoweit ist die gesetzliche Einräumung eines Schadensersatzanspruches von der Hoheitsgewalt Elidas gedeckt. Anders ist es aber bei den eigentlich relevanten Fällen, nämlich dann, wenn Staatsangehörige anderer Staaten, etwa Bürger Blendas, im Ausland solche Geschäfte vornehmen.

Somit greifen die völkerrechtlich zulässigen Anknüpfungspunkte für Regelungen von Auslandssachverhalten nicht ein. Eine weitere Überlegung stützt die Einschätzung, dass Elida durch das Gesetz das Völkerrecht verletzt hat: Die Schadensersatzverpflichteten verlieren Vermögensgegenstände bzw. Werte, ohne dass ihnen eine Entschädigung zusteht. Daher kann man in dem Gesetz seinerseits eine völkerrechtswidrige Enteignung, nämlich der Schadensersatzverpflichteten, sehen. Enteignungen von Ausländern, die nach völkerrechtlichen Kriterien zu bewerten sind, bestehen nicht nur in dem unmittelbaren hoheitlichen Zugriff auf einen Gegenstand, sondern in jeder Maßnahme, etwa einer konfiskatorischen Besteuerung, die eine faktische Enteignung zur Folge hat, weil die wirtschaftliche Nutzung von Eigentum ausgeschlossen wird. Das kann hier zumindest dann vorliegen, wenn Schadensersatzansprüche, die nach dem Gesetz Elidas zugesprochen wurden, zwangsweise durchgesetzt werden sollen.[61]

Ergebnis: Elida hat mit der Einräumung eines Schadensersatzanspruches seine Jurisdiktionsgewalt überdehnt und gegen Völkerrecht verstoßen.

---

tionen zu diesem US-Gesetz unter http://usinfo.state.gov/regional/ar/us-cuba/helmsbur.htm (5. 2. 2005).
57 *Kreß/Herbst*, RIW 1997, 630 (635).
58 Vgl. *Meng*, Extraterritoriale Jurisdiktion im öffentlichen Wirtschaftsrecht, 1994, S. 517.
59 S. auch *Lowenfeld*, AJIL 1996, 419 (431).
60 Vgl. *Kreß/Herbst*, RIW 1997, 630 (635 f.); *Meng*, ZaöRV 1997, 269 (303 f.).
61 Zu dieser Überlegung *Kreß/Herbst*, RIW 1997, 630 (637).

II. Rechtfertigung

Der Völkerrechtsbruch Elidas könnte als Repressalie gerechtfertigt sein. Dies lässt sich indes nicht schon damit begründen, dass das Gesetz Elidas eine Antwort auf den vorangegangenen Völkerrechtsbruch durch Blenda in Form der entschädigungslosen Nationalisierungen (dazu oben A.) darstellt. Denn Repressalien dürfen nur gegen den Rechtsbrecher selbst gerichtet werden (vgl. Art. 49 Abs. 1 der Staatenverantwortlichkeitsresolution).[62] Die Figur der Repressalie wurde aus der Überlegung heraus entwickelt wurde, dass ein Staat die Möglichkeit haben muss, auf eine völkerrechtswidrige Handlung eines anderen Staates zu reagieren, um diesen anderen Staat zur Rücknahme rechtswidriger Maßnahmen und zur Wiederherstellung des früheren Zustandes anzuhalten.[63] Die Reaktion Elidas trifft aber jeden beliebigen dritten Staat bzw. dessen Staatsangehörige. Das Gesetz differenziert insoweit gerade nicht. Die Staatsangehörigen dritter Staaten dürfen über den Weg der Repressalie nicht für einen Völkerrechtsbruch eines anderen Staates haftbar gemacht werden.

Ein eigener Völkerrechtsbruch eines dritten Staates als Voraussetzung einer Repressalie kann auch nicht damit begründet werden, dass diese dritten Staaten ihrerseits die notwendigen Konsequenzen aus der Völkerrechtswidrigkeit der Nationalisierungen Blendas zu ziehen unterlassen haben. Denn völkerrechtswidrige Enteignungen und Nationalisierungen durch einen Staat müssen im innerstaatlichen Recht eines anderen Staates nicht als unwirksam behandelt werden.[64] Sowenig, wie die *acte of state – Doktrin*, wonach Staatsakte eines anderen Staates nicht hinterfragt werden dürfen, sondern von ihrer Geltung und Rechtswirkung auszugehen ist, ein anerkannte Rechtssatz des Völkerrechts geworden ist, sowenig besteht eine Verpflichtung für Staaten, Handel mit Gegenständen, die aus völkerrechtswidrigen Enteignungen stammen, zu untersagen oder solche Geschäfte als nichtig einzuordnen. Wie völkerrechtswidrige Enteignungen in einem Staat von anderen Staaten innerstaatlich behandelt werden, darüber bestimmt jeder Staat jeweils selbst. Die innerstaatliche Nichtigkeit völkerrechtswidriger Enteignungen ist nur ausnahmsweise vom Völkerrecht gefordert, nämlich wenn es um internationale Verbrechen oder einen Verstoß gegen zwingendes Völkerrecht, sog. *ius cogens*, geht.[65]

Die Repressalie knüpft somit, soweit die Maßnahme sich auch auf Drittstaaten auswirkt, an ein völkerrechtlich rechtmäßiges Verhalten dieser Drittstaaten an. Die Voraussetzungen für eine Repressalie sind daher nicht gegeben. Andere Rechtfertigungen sind nicht ersichtlich. Elida darf somit die Anerkennung der völkerrechtswidrigen Enteignungen und Nationalisierungen Blendas durch dritte

---

62 Sartorius II, Nr. 6.
63 Vgl. *Verdross/Simma*, Universelles Völkerrecht, §§ 66, 1342.
64 *Tomuschat*, ZaöRV 1996, 1 (11). A. A. die Mindermeinung etwa von F. A. Mann, NJW 1961, 705 (707). Umgekehrt gilt auch, dass rechtmäßige Auslandsenteignungen innerstaatlich nicht stets anerkannt werden müssen, außer bei Vorliegen von speziellem Völkervertragsrecht, vgl. *Meng*, ZaöRV 1997, 269 (301).
65 *Kreß/Herbst*, RIW 1997, 630 (638).

Staaten als innerstaatlich wirksam nicht auf dem Weg über eine deliktsrechtliche Sanktionierung relativieren und im Ergebnis korrigieren.[66]

Ergebnis zu C: Durch die Einräumung des Schadensersatzanspruches hat Elida gegen Völkerrecht verstoßen.

---

66 Vgl. zu dieser Bewertung des US-amerikanischen Helms-Burton-Acts (dazu bereits Fn. 56), *Kreß/Herbst*, RIW 1997, 630 (639).

Fall 15: Pfändung in Staatsvermögen

Die deutsche Amolo-Öl-Handelsgesellschaft hat mit der Oil-Export Company, einer Ölabbau- und -handelsgesellschaft des fernöstlichen Staates Arabia im Jahr 1991 einen langfristigen Öl-Bezugs-Vertrag abgeschlossen, wonach die Oil-Export Company verpflichtet ist, der Amolo jährlich 1.000.000 t Rohöl zu liefern. Die Oil-Export Company ist eine juristische Person arabianischen Privatrechtes, deren Anteile zu 100% der Staat Arabia hält. Ihr Aufgabe ist es, die arabianischen Ölquellen auszubeuten und das Öl oder veredelte Produkte ins Ausland zu verkaufen. Nach Art. 3 des arabianischen Erdölgesetzes ist sie Treuhänderin der Hoheitsgewalt der arabianischen Nation über die Erdölvorkommen. Im Jahre 2003 kommt es infolge eines Überfalls Arabias auf einen Nachbarstaat zu einer internationalen Krise, in deren Verlauf die Bundesrepublik im Sicherheitsrat der UNO Maßnahmen gegen Arabia beantragt. Als Gegenreaktion untersagt Arabia seinen Unternehmen jegliche Ausfuhren in die Bundesrepublik. Auch die Oil-Export Company stellt ihre Lieferungen an die Amolo ein. Der Vorstand von Amolo ist empört über diesen Vertragsbruch und macht Schadenersatzforderungen geltend. Zur Sicherung dieser Forderungen beantragen die Anwälte Amolos im Wege einstweiligen Rechtsschutzes einen Arrest über das Konto der Oil-Export Company bei der Scherzbank Frankfurt und lassen das Guthaben pfänden.

Auch Herr Verden, der Eigentümer des Missionsgebäudes Arabias in Berlin, hat Probleme mit Arabia, da der Staat sich seit Monaten weigert, die Miete für das Missionsgebäude zu bezahlen. Verden lässt für seine ausstehenden Zahlungsansprüche im Arrestwege das Guthaben der Mission Arabias und das Guthaben der Arabianischen Zentralbank bei der Kittibank Berlin pfänden und klagt gegen Arabia auf Räumung des Gebäudes. Der zuständige Richter legt einen Termin zur mündlichen Verhandlung auf den 10. 5. 2005 fest und lädt die Parteien vor.

Arabia sieht die einstweiligen Maßnahmen als völkerrechtswidrig an. Es sei ein Verstoß gegen die Staatenimmunität, so dass deutsche Gerichte überhaupt nicht hätten entscheiden dürfen. Die Tätigkeit der Oil-Export-Company sei hoheitlich, da eine staatliche Aufgabe wahrgenommen werde, wie aus dem ErdölG Arabias hervorgehe. Diese Wertung nicht zu berücksichtigen, bedeute eine völkerrechtswidrige Einmischung in innere Angelegenheiten. Ebenso dienten die Guthaben hoheitlichen Zwecken. Die Erlöse aus dem Verkauf von Öl, die auf dem Konto der Oil-Export Company zusammenfließen, würden zur Finanzierung des Staatshaushaltes von Arabia verwendet. Das Botschaftskonto sei für die Erfüllung der Aufgaben der Mission nötig. Die Pfändung behindere die Arbeit der Mission empfindlich. Und das Guthaben der Arabianischen Zentralbank stehe für Währungsinterventionen zur Stützung des arabianischen Petrodollars zur Verfügung. Außerdem wird eingewandt, dass, selbst wenn eine Zwangsvollstreckung zulässig wäre, dies doch nicht für einstweilige Sicherungsmaßnahmen gelte, da die nur kursorische Prüfung im einstweiligen Rechtsschutz nicht das Zurücktreten eines so hohen Gutes wie die Staatenimmunität rechtfertige. Gegen die Pfändung des

Zentralbankguthabens wird noch angeführt, dass dieses Guthaben in keinem Zusammenhang mit der geltend gemachten Mietzinsforderung stehe.

Die von Herrn Verden eingereichte Räumungsklage sei ebenfalls unzulässig, weil sie gegen die diplomatische Immunität verstoße. Daher sei bereits die Terminierung rechtswidrig.

Die mit der Sache befassten Gerichte verweisen demgegenüber darauf, dass die Staatenimmunität für Arabia nur eingeschränkt gelte, für die Oil-Export-Gesellschaft als eigenständiges Rechtssubjekt gar nicht. Soweit das Völkerrecht staatliche Immunität anerkenne, gelte dies nur für hoheitliche Tätigkeit, nicht für privatrechtliches Handeln. Der Mietvertrag zwischen Verden und Arabia als auch der Ölbezugsvertrag sei dem Privatrecht zuzuordnen.

Die Bundesregierung weist demgegenüber in einer Stellungnahme darauf hin, dass auch staatlichen Unternehmen, die mit öffentlichen Aufgaben betraut seien, eine Immunität zuzubilligen sei.

Die von den Anwälten der Oil-Export Company und Arabias eingelegten Rechtsmittel bleiben erfolglos, da die Gerichte keine entgegenstehende völkerrechtliche Position erkennen können. Die Anwälte Arabias weisen darauf hin, dass die Gerichte dem BVerfG hätten vorlegen müssen, da sie über das Bestehen oder Nichtbestehen völkerrechtlicher Regeln i. S. v. Art. 25 GG als Bundesrecht zu entscheiden gehabt hätten. Die Nichtvorlage sei daher verfassungswidrig. Da sie mit ihren Argumenten kein Gehör finden, legen sie nach Ausschöpfung des Rechtswegs Verfassungsbeschwerden gegen die Pfändungsbeschlüsse und die sie bestätigenden Rechtsmittelentscheidungen ein.

Vermerk für den Bearbeiter:

Folgende Fragen sind gutachtlich zu klären:

1. Haben die Verfassungsbeschwerden Aussicht auf Erfolg?

2. War die Terminierung im Verfahren auf die Räumungsklage hin rechtswidrig?

Lösung zu Fall 15: Pfändung in Staatsvermögen

A. Frage 1

Zunächst sollen die Erfolgsaussichten der Verfassungsbeschwerden geprüft werden, die von den Anwälten der Oil-Export Company (im folgenden OEC) und Arabias gegen die richterlichen Entscheidungen eingelegt wurden, die die Pfändung des Guthabens der OEC zugunsten der Amolo und die Pfändung der Guthaben der Zentralbank und der Mission Arabias zugunsten des Herrn Verden angeordnet bzw. bestätigt haben. Es ist jeweils die Zulässigkeit und Begründetheit zu prüfen.

I. Die Verfassungsbeschwerde wegen des Pfändungsbeschlusses über das Konto der OEC

Zuerst soll die Entscheidung über die Pfändung des Guthabens der OEC untersucht werden. Diese Entscheidung erging in Vollziehung der Arrestanordnung zugunsten der Amolo wegen der ihr angeblich zustehenden Schadenersatzforderungen nach §§ 928, 930 Abs. 1 S. 3, 829 ZPO.

1. Zulässigkeit der Verfassungsbeschwerde

Die Zulässigkeit der Verfassungsbeschwerde bestimmt sich nach Art. 93 Abs. 1 Nr. 4a GG, §§ 13 Nr. 8a, 90 ff. BVerfGG.

a) Beteiligtenfähigkeit

Der Beschwerdeführer ist fähig, am Verfahren beteiligt zu sein, wenn er »jedermann« im Sinne von Art. 93 Abs. 1 Nr. 4a GG, § 90 Abs. 1 BVerfGG ist. Dies ist jeder, der grundrechtsfähig ist, also »Träger« von Grundrechten bzw. von in Art. 93 Abs. 1 Nr. 4a GG benannten grundrechtsähnlichen Rechten sein kann.[1]

Beschwerdeführer ist die OEC, die als juristische Person ausländischen Rechtes grundrechtsfähig sein müsste. Die OEC ist keine inländische juristische Person, weil sie ihren Sitz im Ausland hat.[2] Auch sonstige, völkerrechtlich zulässige Kriterien für die Bestimmung der Staatszugehörigkeit, wie Tätigkeitsschwerpunkt oder Gründungsstaat bringen kein anderes Ergebnis. Für eine juristische Person der ausländischen Rechtes könnte man im Umkehrschluss aus Art. 19 Abs. 3 GG folgern, dass sie nicht Trägerin von Grundrechten sein kann, da dort nur inländische juristische Personen erwähnt sind. Dies ist allerdings nicht eindeutig, denn Art. 19 Abs. 3 GG ordnet nicht an, dass »nur« inländische juristische Personen

---

1 *Pestalozza*, Verfassungsprozeßrecht, S. 171, § 12 Rn. 18.
2 Im Rahmen des Art. 19 Abs. 3 GG wird für die Bestimmung der Staatszugehörigkeit einer juristischen Person auf den Sitz abgestellt, *Krüger/Sachs* in: Sachs (Hrsg.), GG, Art. 19 Rn. 54.

grundrechtsfähig sind. Das Wort »nur« fehlt eben. Andererseits will die Verfassung die Staatsorgane nicht verpflichten, ausländische juristische Personen wie inländische zu behandeln. Diese Inländerbehandlung soll offen bleiben, um im zwischenstaatlichen Bereich flexibel reagieren zu können, je nachdem, ob ein Staat seinerseits – im Rahmen der Gegenseitigkeit – die Grundrechtsfähigkeit deutscher juristischer Personen anerkennt. Die Staatsorgane haben dann Handlungsspielraum, um die Gegenseitigkeit herzustellen.[3] Ausländischen juristischen Personen (außerhalb der EU) stehen daher keine Grundrechte zu.

Unstreitig ist jedoch, dass die justiziellen Grundrechte der Artt. 101 Abs. 1, 103 Abs. 1 GG ausländischen juristischen Personen zustehen, auf die Art. 93 Abs. 1 Nr. 4 a GG auch Bezug nimmt.[4] Dies ergibt sich daraus, dass ausländische juristische Personen vor deutschen Gerichten verklagt werden können. Dann müssen ihnen konsequenterweise auch die Justizgrundrechte zukommen können.

b) Prozessfähigkeit

Prozessfähig ist, wer Verfahrenshandlungen selbst oder durch einen Vertreter wirksam vornehmen lassen kann. Die Prozessfähigkeit ergibt sich hier aus der Überlegung, dass die OEC bereits in den Ausgangsverfahren vor den Zivilgerichten prozessfähig war. Dann muss ihr auch Prozessfähigkeit vor dem BVerfG zukommen, wenn sie eine Verletzung ihrer Rechte in den Verfahren rügt, § 90 Abs. 1 BVerfGG.[5]

c) Postulationsfähigkeit

Darunter ist die Fähigkeit zu verstehen, dem prozessualen Handeln rechtserhebliche Erscheinungsform zu geben. Nach § 22 Abs. 1 S. 1 2. Hs BVerfGG ist die anwaltliche Vertretung des Beschwerdeführers spätestens in der mündlichen Verhandlung nötig. Eine anwaltliche Vertretung bestand hier von Anfang an.

d) Beschwerdegegenstand

Der Beschwerdeführer muss geltend machen, durch ein Verhalten der öffentlichen Gewalt in seinen grundrechtsähnlichen Rechten verletzt zu sein, Art. 93 Abs. 1 Nr. 4 a GG i. V. m. § 90 Abs. 1 BVerfGG. Die OEC macht geltend, durch die Nichtvorlage der Fachgerichte zum BVerfG in eigenen Rechten verletzt zu sein. Damit wird eine Verletzung durch die Judikative vorgetragen. Es läge ein zulässiger Beschwerdegegenstand vor, wenn die Judikative öffentliche Gewalt wäre und ein Unterlassen eine Verletzung darstellen könnte.

Als öffentliche Gewalt ist grundsätzlich nach Art. 1 Abs. 3 GG Judikative, Exekutive und Legislative zu verstehen. Da es hier um die Verletzung eines grundrechts-

---

3 Vgl. zu diesem Streit im Rahmen des Art. 19 Abs. 3 GG einerseits *Bethge*, AöR 1979, 54 (84), andererseits *Krebs* in: von Münch / Kunig, GG, Band I, Art. 19 Rn. 33.

4 *Krüger/Sachs* in: Sachs (Hrsg.), GG, Art. 19 Rn. 49, 53. Zu beachten ist aber, dass dies nicht ohne weiteres gilt für juristische Personen aus anderen EU-Staaten, vgl. *Krebs* (Fn. 3), Rn. 33a, b.

5 BVerfGE 13, 132 (139 f.), 64, 1 (11). Vgl. auch *Pestalozza*, (Fn. 1), S. 172, § 12 Rn. 21 m. w. N.

ähnlichen justiziellen Rechts geht (nur insoweit ist die OEC grundrechtsfähig), kann man nicht pauschal auf Art. 1 Abs. 3 GG abstellen, da dieser nur die Bindung der Grundrechte des Art. 1 bis 19 GG festlegt. Für die hier interessierenden Justizgrundrechte kann man aber die Bindung zumindest der Judikative unmittelbar aus Artt. 101 Abs. 1 S. 2, 103 Abs. 1 GG entnehmen.

Ein Unterlassen kann dann eine Verletzung sein, wenn eine Pflicht zum Handeln bestand.[6] Dass eine Unterlassung eine Verletzung darstellen kann, lässt sich §§ 92, 95 Abs. 1 BVerfGG entnehmen. Eine Handlungsverpflichtung ergibt sich für Instanzgerichte aus der Vorlagepflicht nach Art. 100 Abs. 2 GG zum BVerfG. Deren Verletzung ist somit Beschwerdegegenstand.

e) Beschwerdebefugnis

Beschwerdebefugt ist, wer behaupten kann, in einem seiner grundrechtsähnlichen Rechte verletzt zu sein, Art. 93 Abs. 1 Nr. 4 a GG, § 90 Abs. 1 BVerfGG. Die OEC müsste als möglich darlegen, dass sie in einem dieser Rechte verletzt worden ist.

aa) Zunächst muss die OEC geltend machen, Träger gerade des als verletzt gerügten Rechts zu sein.[7] Die OEC rügt, dass die Fachgerichte dem BVerfG nicht vorgelegt hatten, obgleich sie das hätten tun müssen. Damit trägt sie den Entzug des gesetzlichen Richters nach Art. 101 Abs. 1 S. 2 GG vor. Dieses grundrechtsähnliche Recht steht der ausländischen juristischen Person OEC zu, da sie als Partei vor deutschen Gerichten stehen können.[8]

bb) Ferner muss die OEC eine Verletzung dieses Rechtes behaupten. Die OEC rügt, dass die Gerichte dem BVerfG hätten vorlegen müssen. Damit weist sie auf die Vorlagepflicht nach Art. 100 Abs. 2 GG hin, wonach ein Gericht die Entscheidung des BVerfG einzuholen hat, wenn in einem Rechtstreit zweifelhaft ist, ob eine allgemeine Regel des Völkerrechts Bestandteil des Bundesrechts ist.[9] Die OEC hatte vor den Gerichten dargelegt, dass bei der Vollziehung des Arrestes über ihr Konto die völkerrechtliche Regel über die Staatenimmunität missachtet worden sei. Damit hat sie die Möglichkeit dargetan, dass für die Fachgerichte eine Vorlagepflicht nach Art. 100 Abs. 2 GG bestand. Das Unterbleiben dieser Vorlage könnte eine Verletzung des Art. 101 Abs. 1 S. 2 GG sein, weil dann der gesetzliche Richter entzogen worden sein könnte. Die OEC hat damit die Möglichkeit der Verletzung des ihr zustehenden Rechtes dargelegt.

cc) Die Beschwerdebefugnis setzt ferner voraus, dass die OEC selbst, gegenwärtig und unmittelbar verletzt ist.[10] Die OEC ist selbst betroffen, weil es hier nicht nur

---

6 *Pestalozza*, (Fn. 1), S. 173, § 12 Rn. 24.

7 *Pestalozza*, (Fn. 1), S. 171, § 12 Rn. 18, 33.

8 Vgl. BVerfGE 18, 441 (447); 64,1 (11).

9 Demgegenüber muss das Gericht nach Art. 100 Abs. 1 GG vorlegen, wenn die Vereinbarkeit eines Gesetzes mit einer nicht zweifelhaften (!) allgemeinen Regel des Völkerrechts, die gemäß Art. 25 S. 2 den Gesetzen vorgeht, in Streit steht, *Sturm* in: Sachs (Hrsg.), GG, Art. 100 Rn. 13, 25.

10 Zum Erfordernis des »selbst, unmittelbar und gegenwärtig«-Betroffenseins vgl. BVerfGE 43, 291 (386); 79, 1 (14); *Pestalozza*, (Fn. 1), S. 180, § 12 Rn. 35; *Pieroth* in: Jarass/Pieroth, GG, 7. Art. 93 Rn. 54 ff.

um ein Recht geht, das ihr überhaupt zusteht, sondern das ihr auch in diesen konkreten Verfahren vor den Fachgerichten zustand. Sie rügt nicht die Verletzung, die einen anderen traf, sondern gerade ihr wurde, legt man ihren Vortrag als richtig zugrunde, der gesetzliche Richter entzogen.

Sie ist gegenwärtig betroffen, weil sie noch jetzt den Rechtswirkungen der angegriffenen Unterlassung unterliegt.[11] Hätten die Fachgerichte ausgesetzt und vorgelegt, dann wäre die Entscheidung in der Sache vielleicht anders ausgefallen. Dann hätte das BVerfG eventuell eine andere völkerrechtliche Regel als Bestandteil des Bundesrechtes als die Fachgerichte angenommen.

Die mögliche Rechtsverletzung ist auch unmittelbar, da die rechtlichen Wirkungen direkt die OEC betreffen.

dd) Die Möglichkeit einer Verletzung eines eigenen grundrechtsgleichen Rechts ist damit dargetan.

f) Rechtswegerschöpfung

Nach § 90 Abs. 2 S. 1 BVerfGG ist die Verfassungsbeschwerde nur zulässig, wenn zuvor der Rechtsweg ausgeschöpft wurde. Dies ist laut Sachverhalt gegeben.

g) Die übrigen Zulässigkeitsvoraussetzungen bereiten keine Probleme; insbesondere ist vom Einhalten der Frist nach § 93 Abs. 1 S. 1 BVerfGG auszugehen. Die Verfassungsbeschwerde ist daher zulässig.

2. Begründetheit

Die Verfassungsbeschwerde wäre begründet, wenn die OEC in ihrem Grundrecht auf den gesetzlichen Richter nach Art. 101 Abs. 1 S. 2 GG verletzt worden wäre.

a) Dazu müsste das BVerfG überhaupt gesetzlicher Richter im Sinne von Art. 101 Abs. 1 S. 2 GG sein. Gesetzlicher Richter ist die durch ein Gesetz angeordnete abstrakt-generelle gerichtliche Zuständigkeit eines Gerichts.[12] Die Zuständigkeitsregel für das BVerfG ergibt sich hier aus Art. 100 Abs. 2 GG. Das BVerfG ist auch Gericht im Sinne von Art. 92 GG; es ist darin unmittelbar erwähnt Das BVerfG ist somit gesetzlicher Richter im Sinne von Art. 101 Abs. 1 S. 2 GG.[13]

b) Es müsste ferner ein Entzug dieses gesetzlichen Richters vorliegen. Dazu müssten die Voraussetzungen für eine Vorlage nach Art. 100 Abs. 2 GG, §§ 13 Nr. 12, 83 f BVerfGG bestanden haben.

Nach Art. 100 Abs. 2 GG hat ein Gericht die Entscheidung des BVerfG einzuholen, wenn in einem Rechtsstreit zweifelhaft ist, ob eine Regel des Völkerrechts Bestandteil des Bundesrechts ist und ob sie unmittelbar Rechte und Pflichten für den einzelnen erzeugt.

---

11 Die Unmittelbarkeit erfordert eine »Schon-« oder »Noch-jetzt- Betroffenheit«, vgl. *Pestalozza*, (Fn. 1), S. 182, § 12 Rn. 40.
12 Vgl. *Pieroth*, (Fn. 10), Art. 101 Rn. 6.
13 Vgl. BVerfGE 23, 288 (317 f.); 64, 1 (20 f.).

aa) Die mit dem Ausgangsstreit um die Anordnung eines Arrestes befassten Zivilgerichte sind Gerichte nach Art. 92 ff GG gewesen.

bb) Ein Rechtsstreit liegt vor, wenn ein gerichtliches Verfahren besteht.[14] Dies war bei der Entscheidung über die Vollziehung des Arrestes zugunsten der Amolo nach § 928 ZPO gegeben. Zweifelhaft könnte hier nur sein, ob im Rahmen eines einstweiligen Verfahrens eine Aussetzung und Vorlage zum BVerfG wegen der Natur des Eilverfahrens nicht generell unzulässig ist, so dass eine Vorlagepflicht nach Art. 100 Abs. 2 GG in dieser Art von Rechtstreit nicht bestehen kann.[15] Dagegen spricht, dass eine solche Einschränkung in Art. 100 Abs. 2 GG nicht erwähnt ist, und dass vor allem Sinn und Zweck des Art. 100 Abs. 2 GG, völkerrechtswidrige Entscheidungen der Gerichte zu verhindern, es nicht zulässt, Sicherungsmaßnahmen und einstweiligen Rechtsschutz von der Beachtung freizustellen. Denn auch einstweilige Maßnahmen können das Völkerrecht verletzen.[16]

cc) Vorlagegegenstand: Existenz einer allgemeinen Regel des Völkerrechts

Die Vorlage wäre nur nötig gewesen, wenn eine allgemeine Regel des Völkerrechts im Sinne von Art. 25 GG umstritten war. Mit allgemeinen Regeln des Völkerrechts ist in Art. 25 GG zumindest das universelle, weltweit geltende Völkergewohnheitsrecht gemeint, vgl. die Formulierung »allgemein«, nicht aber Völkervertragsrecht oder lokales/regionales Gewohnheitsrecht,[17] wobei es nicht darauf ankommt, ob die Bundesrepublik selbst die Regel anerkennt.[18] Die hier strittige Frage über Existenz und Reichweite der völkerrechtlichen Staatenimmunität ist mangels im konkreten Streit einschlägiger völkervertraglicher Kodifizierung[19] bislang eine Frage des Völkergewohnheitsrechts. Damit stellte sich in den Verfahren die Frage nach einer Norm im Sinne von Art. 25 GG.

Gegen das Bestehen einer Vorlagepflicht spricht ferner nicht, dass die umstrittene Norm über die Staatenimmunität aus ihrer Natur heraus nicht in der Lage ist, einem einzelnen Rechte und Pflichten zu gewähren, sondern nur für Staaten anwendbar ist.[20] Denn bestünde eine völkerrechtliche Immunität für die OEC, wäre die deutsche Gerichtsbarkeit nach § 20 GVG nicht zuständig, so dass die Entscheidungen nicht hätten ergehen dürfen. Solche Völkerrechtsverstöße zu vermeiden, ist Sinn des Verfahrens nach Art. 100 Abs. 2 GG. Man darf daher die Vorlage-

---

14 BVerfGE 75, 1 (11); *Pieroth*, (Fn. 10), Art. 100 Rn. 20.

15 So u. a. *Greger* in: Zöller, ZPO, 25. Aufl. 2005, § 148 Rn. 4; *Thomas* in: Thomas / Putzo, ZPO, 26. Aufl. 2004, § 148 Rn. 6.

16 Wie hier OLG Frankfurt RIW 1982, 439(440); implizit BVerfGE 64, 1 ff.

17 BVerfGE 15, 25 (32 f.); 23, 288 (317); 66, 39 (64 f.); *Streinz* in: Sachs (Hrsg.), GG, Art. 25 Rn. 32. Auf die umstrittene Frage, ob auch allgemeine Rechtsgrundsätze des Völkerrechts unter Art. 25 GG fallen, braucht nicht eingegangen zu werden. Letzteres bejaht BVerfGE 15, 25 (34); 16, 27 (33), vgl. auch *Pieroth*, (Fn. 10), Art. 25 Rn. 8; *Streinz* in: Sachs (Hrsg.), GG, Art. 25 Rn. 35.

18 BVerfGE 16, 27 (33).

19 Als Kodifizierung besteht bislang nur das Europäische Übereinkommen über die Staatenimmunität, das hier nicht anwendbar ist, da ein Beitritt nur Europaratsmitgliedern offen steht. Im übrigen bemüht sich die ILC seit vielen Jahren um eine Kodifizierung dieser Fragen.

20 BVerfGE 15, 25 (33 f.); 16, 27 (33); 46, 342 (362 f.).

pflicht nach Art. 100 Abs. 2 GG nicht auf individualbezogene Normen einengen. Damit würde die völkerrechtsfreundliche Haltung des GG übersehen, die bei der Auslegung der Bestimmungen zu berücksichtigen ist.[21] Außerdem wird auch Art. 25 GG nicht so verstanden, dass nur diejenigen allgemeinen Regeln des Völkerrechts Bestandteile des Bundesrechts wären, die Individualrechte begründen. So, wie Art. 25 auch Regeln ins Bundesrecht überführt, die keine Individualrechte begründen, erfasst auch Art. 100 Abs. 2 diese Regeln.[22]

dd) Vorliegen eines Zweifels

Ferner müsste in dem Rechtsstreit zweifelhaft gewesen sein, ob eine Regel des Völkerrechts Bestandteil des Bundesrechts nach Art. 25 GG ist.

Dagegen könnte sprechen, dass die zur Entscheidung berufenen Gerichte laut. Sachverhalt selbst keinerlei Zweifel über den Inhalt der Völkerrechtsnorm über die Staatenimmunität hatten. Art. 100 Abs. 2 GG stellt jedoch für das Vorliegen des Zweifels nicht auf die Einschätzung des Gerichtes ab. Dies ergibt sich aus dem Unterschied im Wortlaut zu Art. 100 Abs. 1 GG und aus Sinn und Zweck des Vorlageverfahrens, voneinander abweichende Gerichtsentscheidungen zu vermeiden und Rechtseinheitlichkeit herzustellen.[23] Ferner folgt das aus dem Zweck des § 83 Abs. 2 S. 2 BVerfGG, wonach die Verfassungsorgane Gelegenheit zur Äußerung haben. Es reicht somit aus, wenn objektiv Zweifel bestehen.[24] Diese bestehen insbesondere dann, wenn man von der Meinung eines Verfassungsorgans, hoher deutscher, ausländischer oder internationaler Gerichte oder anerkannter Völkerrechtslehrer abweichen will.[25] Eine Vorlage wäre hier daher wegen des Abweichens von der Stellungnahme der Bundesregierung nötig gewesen.[26]

Gegen das Vorliegen von Zweifeln im Sinne von Art. 100 Abs. 2 GG spricht auch nicht, dass nicht das Bestehen eines völkergewohnheitsrechtlichen Rechtsatzes über die Staatenimmunität als Bundesrecht überhaupt, sondern nur seine Tragweite streitig war. Denn die Gerichte verwiesen laut Sachverhalt auf die auf hoheitliche Tätigkeiten beschränkte Immunität und stritten damit das Bestehen der Regel nicht ab. Allerdings ist auch die Frage nach der Tragweite und Bedeutung einer solchen Norm, insbesondere ihrer Auslegung, eine Frage nach ihrem Bestehen, nämlich eine Frage dahingehend, ob die Norm in der einen oder in der anderen Formulierung bzw. mit dem einen oder dem anderen Inhalt existiert. Eine Vorlagepflicht besteht damit schon bei einem Zweifel über Umfang und Tragweite einer Norm.[27]

21 S. *Stern*, Staatsrecht I, 2. Aufl. 1984, S. 475 f.

22 BVerfGE 64, 1 (14); *Pestalozza*, (Fn. 1), S. 220, § 14 Rn. 9.

23 S. *Pestalozza*, (Fn. 1), S. 221, § 14 Rn. 11.

24 BVerfGE 64, 1 (14).

25 BVerfGE 23, 288 (319); 64, 1 (15).

26 Nach *Geiger*, NJW 1987, 1124 (1126), wäre eine Vorlage zum BVerfG stets notwendig, da die Unterscheidung zwischen hoheitlich und nicht hoheitlich nicht mehr gültig wäre. Dagegen ist einzuwenden, dass auch den Kodifikationen dem System nach diese Dichotomie zugrunde liegt.

27 BVerfGE 15, 25 (31 f.); 64, 1 (13); s. auch *Pestalozza*, (Fn. 1), S. 221, § 14 Rn. 10.

ee) Entscheidungserheblichkeit der Zweifel

Schließlich müssten die Zweifel entscheidungserheblich sein. Das wären sie, wenn die Tragweite der Regel des Völkerrechts für den konkreten Streit entscheidungserheblich war. Das ist der Fall, da je nachdem, wie die Reichweite der völkerrechtlichen Staatenimmunität festgelegt wird, sich unterschiedliche Ergebnisse einstellen. Zur Erledigung des Ausgangsrechtsstreits bedarf es der Klärung der Zweifel.[28] Legt man eine umfassende Staatenimmunität fest, die auch staatseigene Unternehmen erfasst, so fehlt es an der deutschen Gerichtsbarkeit, so dass der Arrestbefehl nicht hätte erlassen werden dürfen.

c) Im Ergebnis lässt sich feststellen, dass die Voraussetzungen für eine Vorlageverpflichtung nach Art. 100 Abs. 2 GG vorlagen. Die Gerichte hätten dem BVerfG vorlegen müssen. Das Unterbleiben der Vorlage stellt jedoch nur unter zwei weiteren Voraussetzungen eine Verletzung von Art. 101 Abs. 1 S. 2 GG dar. Erstens müsste die Nichtvorlage auf Willkür beruhen haben;[29] dies ergibt sich daraus, dass nicht jedes rechtswidrige Unterlassen der Vorlage einen Entzug des gesetzlichen Richters darstellen kann. Das BVerfG würde sonst zur Superrevisionsinstanz, die über die richtige Anwendung des Rechtes durch Fachgerichte zu wachen hätte; das ist aber deren Aufgabe. Zweitens müsste die Nichtvorlage entscheidungserheblich gewesen sein.[30]

d) Ob hier Willkür vorlag, kann dahingestellt bleiben, wenn es an der Entscheidungserheblichkeit fehlte. Dies wäre der Fall, wenn die Entscheidung der Fachgerichte im Ergebnis nicht auf dem Fehler beruhte, d. h. wenn in der Sache keine andere Entscheidung zu treffen war.[31] War die Entscheidung der Gerichte nämlich sachlich richtig, dann kann die unterbliebene Vorlage sich auf die Entscheidung nicht ausgewirkt haben. Die Nichtvorlage zum BVerfG wäre dann im Ergebnis kein Entzug des gesetzlichen Richters.

Daher ist zu prüfen, ob die Staatenimmunität die Pfändung unter diesen konkreten Umständen zulässt. Diese Feststellung kann von dem die Verfassungsbeschwerde entscheidenden Zweiten Senat[32] getroffen werden, da auch er es ist, der nach §§ 13 Nr. 12, 14 Abs. 2 BVerfGG zur Entscheidung über die Vorlage nach Art. 100 Abs. 2 GG berufen worden wäre.[33]

aa) Die früher allgemein geltende Aussage, wonach Staaten für die Gerichtsbarkeit anderer Staaten immun sind, weil ein Staat nicht über einen anderen zu Gericht sitzen soll, gilt im heutigen Völkergewohnheitsrecht nicht mehr uneinge-

---

28 BVerfGE 75, 1 (12).
29 BVerfGE 19, 38 (42 f.); 64, 1 (21).
30 S. *Pestalozza*, (Fn. 1), S. 217, § 14 Rn. 4.
31 Vgl. BVerfGE 64, 1 (21).
32 Dass der Zweite Senat des BVerfG für vorliegende Verfassungsbeschwerde zuständig ist, ergibt sich aus § 14 Abs. 4 BVerfGG i. V. m. Abschnitt A, Ziffer II Abs. 1. lit.a) des Beschlusses des Plenums des BVerfG vom 15. 11. 1993, BGBl. 1993 I 1473, abgedruckt in Sartorius I in Fn. 1 zu § 13 BVerfGG; vgl. auch *Ulsamer*, in Maunz/Schmidt-Bleibtreu/ Klein/Bethge, Bundesverfassungsgerichtsgesetz (Loseblattsammlung), § 14 BVerfGG, Rn. 17 f.
33 S. hierzu BVerfGE 64, 1 (21 f.).

schränkt.[34] Vielmehr ist danach zu unterscheiden, ob es sich um *acta iure imperii* oder um *acta iure gestionis* handelt, d. h. danach, ob es sich um eine hoheitliche Tätigkeit des Staates oder nur um eine privatrechtliche handelt.[35] Die Immunität des Staates vor der Gerichtsbarkeit gilt nach derzeitigem Völkergewohnheitsrecht allein für hoheitliche Tätigkeiten. Diese Beschränkung wurde wegen der zunehmenden Handelstätigkeit der Staaten und der vermehrten Kontakte unmittelbar zwischen ausländischen Staaten und Individuen, insbesondere international tätigen Gesellschaften nötig.[36]

Von dieser grundlegenden Unterscheidung machen neuere Entwicklungen im Völkerrecht eine Ausnahme, so in bezug auf die Gerichtsbarkeit für Schadenersatzforderungen gegen einen Staat für Delikte dieses Staates in einem anderen Staate (etwa wegen eines durch ein ausländisches Botschaftsfahrzeug verursachten Unfalls oder eines politischen Mordes, vgl. die Letelier-Affäre),[37] vgl. Art. 11 des Europäischen Übereinkommens über Staatenimmunität, BGBl. 1990, Teil II, 34 ff. Um einen solchen Fall handelt es sich hier aber nicht. Zum anderen finden sich Urteile, die anderen Staaten keine Immunität gewähren bei schwerwiegenden Menschenrechtsverletzungen. Dies ist indes abzulehnen, da dem ein fehlerhafter Schluss aus der Immunitätsausnahme bezüglich individueller Strafbarkeit zugrunde liegt.[38] Die Staatenimmunität wurde ferner vom Europäischen Gerichtshof für Menschenrechte am Maßstab des Art. 6 EMRK (Recht auf Zugang zu einem Gericht) gemessen. Für zivilrechtliche Klagen gegen ausländische Staaten bejahte der EuGMR die Befugnis der Staaten, infolge gewohnheitsrechtlicher Verpflichtungen aus der Immunität den Zugang zu Gerichten einzuschränken, nicht aber für Strafverfahren[39]

Beim vorliegenden Fall muss allerdings noch berücksichtigt werden, dass es sich um eine Pfändung, d. h. um eine Vollstreckungsmaßnahme handelt, gegen die die Beschwerdeführerin vor den Fachgerichten vorging. Das Vorliegen der deutschen Gerichtsbarkeit über eine Vollstreckungsmaßnahme in das Konto der OEC setzt zunächst voraus, dass schon hinsichtlich des dem Vollstreckungstitel zugrunde liegenden Anspruches die deutsche Gerichtsbarkeit gegeben war, also bereits im Erkenntnisverfahren.[40] Sodann setzt sie voraus, dass der Gegenstand, in den vollstreckt werden soll, selbst der deutschen Gerichtsbarkeit unterliegt.

---

34 *Geiger*, NJW 1987, 1124 (1124).
35 *Epping* in: Ipsen, Völkerrecht, § 26 Rn. 18; *Seidl-Hohenveldern/Stein*, Völkerrecht, Rn. 1472; *Steinberger*, (Fn. 26), S. 451 (461); *Verdross/Simma*, Universelles Völkerrecht, § 1169. Diese Trennung liegt z. B. dem Europäischen Übereinkommen über Staatenimmunität, BGBl. 1990 II 34 ff, zugrunde, vgl. Artt. 4 Abs. 2 lit.c), 7, und findet sich in Artt. 11, 22 des Kodifikationsentwurfs der International Law Commission der UNO wieder, vgl. YILC 1986 II 8 ff.
36 Vgl. *Geiger*, NJW 1987, 1124 (1125); *Seidl-Hohenveldern*, FS Beitzke, 1979, S. 1081 (1083 ff.).
37 Dazu *Heß*, Prax 1993, 110 ff.
38 Vgl. Fall 9 und *Epping* in: Ipsen, Völkerrecht, § 26, Rn. 22.
39 Dazu näher EuGMR, Fall Al Adsani v. UK, Applic. No. 35763/97, Urteil vom 21. 11. 2001; Quelle: http://www.echr.coe.int (8. 2. 2005).
40 S. die These 34 der 2. Studienkommission der Deutschen Gesellschaft für Völkerrecht, BerDGVR 8 (1968), 283 (290).

bb) Vorliegen der deutschen Gerichtsbarkeit über den geltend gemachten Anspruch

Zunächst zur Prüfung der deutschen Gerichtsbarkeit über den geltend gemachten Anspruch der Amolo, der durch die Pfändung gegen die OEC gesichert werden sollte. Dabei stellen sich hier zwei Probleme. Zum einen ist fraglich, ob die Regeln der Staatenimmunität auch für staatliche Gesellschaften gelten. Dies ist die Frage nach der persönlichen Immunität (nachfolgend (1)).

Zum anderen ist fraglich, ob in der Tätigkeit der OEC eine hoheitliche Tätigkeit zu sehen ist, da nur insoweit die Immunität eingreift. Dies ist die Frage nach der sachlichen Immunität (nachfolgend (2)).

(1) Persönliche Immunität

Nach klassischem Völkerrecht steht die Immunität nur Staaten bzw. den für sie handelnden Organen zu, nicht aber selbständigen, vom ausländischen Staat getrennten Rechtssubjekten wie z. B. Unternehmen. Eine Ausweitung auf eigenständige Rechtssubjekte des Auslandes kann sich nur dann begründen lassen, wenn ein Zusammenhang mit dem Staat selbst besteht. Immunität kann keinesfalls rein, d. h. formell und materiell privaten Unternehmen zukommen, da sie mangels Verbindung zum Staat mit der staatlichen Souveränität nichts zu tun haben. Es ist die staatliche Souveränität, die der völkerrechtlichen Staatenimmunität als Rechtsposition der Staaten zugrunde liegt, weil es um die Funktionsfähigkeit staatlichen Handelns nach außen geht.[41] Allenfalls eigenständige Rechtssubjekte, die im Eigentum des Staates stehen (etwa öffentliche Unternehmen), können von der Staatenimmunität profitieren. Dies lässt sich aus dem Gedanken rechtfertigen, dass es dem ausländischen Staat überlassen sein muss, wie er sich organisiert,[42] d. h. ob er seine Tätigkeiten durch staatliche Behörden, selbständige öffentliche Körperschaften oder gar selbständige juristische Personen des Zivilrechts ausübt. Andererseits kann nicht schon jede Handlung, die sich irgendwie auf den Staat zurückführen lässt, der Staatenimmunität unterfallen. Entscheidend muss sein, dass ein Zusammenhang zwischen der Staatensouveränität und der selbständigen Rechtsperson besteht. Weil die Immunität des Staates auf die Ausübung hoheitlicher Tätigkeit begrenzt ist, liegt dieser Zusammenhang nur dann vor, wenn die selbständige Person sich nicht nur im Eigentum des Staates befindet, sondern auch noch hoheitliche Aufgaben wahrnimmt und in dieser Funktion betroffen ist.[43] Das ist eine konsequente Weiterführung der Beschränkung der Staatenimmunität nach funktionellen Kriterien.[44]

Die OEC ist Eigentum des Staates Arabia. Nach dem arabianischen Ölgesetz ist sie Treuhänderin der Hoheitsgewalt Arabias über seine Ölvorkommen. Nach arabianischem Recht ist die Gesellschaft ein Unternehmen, das hoheitliche Aufgaben

---

41 S. näher *Gramlich*, RabelsZ 1981, 545 (568 ff.) und *Dahm/Delbrück/Wolfrum*, Völkerrecht, Band I S. 465.
42 Vgl. *Tomuschat*, FS Seidl-Hohenveldern, 1988, S. 603 (616 f.).
43 OLG Frankfurt, RIW 1982, 439 (440 m. w. N.); *Gloria*, (Fn. 17), S. 343 f., § 26 Rn. 28.
44 Vgl. zur Ausrichtung der Staatenimmunität auf funktionelle Kriterien *Tomuschat*, FS Seidl-Hohenveldern, 1988, S. 603 (615).

ausübt. Nach deutschem Recht ist die Ausbeutung von Bodenschätzen aber keine hoheitliche Aufgabe, sondern den Grundstückseigentümern überlassen. Dies führt daher zu dem Problem, ob es für die Einschätzung der hoheitlichen Tätigkeit auf die Beurteilung durch den Gerichtsstaat, hier also Deutschland, oder auf die durch den anderen Staat ankommt, oder ob das Völkerrecht selbst Kriterien vorgibt.[45] Zur Vorgabe von Kriterien durch das Völkerrecht ist zu sagen, dass, auch wenn sich Aussagen in völkerrechtlichen Texten finden lassen, die die Ausbeutung nationaler Ressourcen zu einem Kernbestandteil nationaler Souveränität zählen,[46] die genaue Handhabung und damit die Organisation der Ausbeutung jedem Staat überlassen bleibt.[47] Völkerrechtliche Kriterien könnte man daher entwickeln, indem man auf die in der Mehrheit der Staaten vorfindbare Einschätzung verweist.[48] Wäre bei der Mehrheit der Staaten die Ausbeutung von Bodenschätzen eine staatliche Aufgabe, so könnte man diese Bewertung als ausschlaggebend ansehen. Diese Vorgehensweise ist allerdings zum einen mit erheblichen Unsicherheiten verbunden, da es eine kaum lösbare Aufgabe darstellt, eine Mehrheitsmeinung in allen staatlichen Rechtsordnungen der Welt herauszufinden,[49] so dass die Rechtssicherheit für das Abstellen auf eine staatliche Rechtsordnung spricht.[50] Zum anderen erhält ein Ergebnis, zu dem man auf diesem Wege eventuell doch gelangt, noch nicht den Wert eines Völkerrechtssatzes. Das Völkerrecht nach Kriterien zu durchsuchen, ist daher auf die Fälle zu begrenzen, bei denen sich aus Völkergewohnheitsrecht bzw. -vertragsrecht eine eindeutige Einschätzung ermitteln lässt, was z. B. für das Diplomaten- und Konsularrecht aufgrund der bestehenden Verträge und des insoweit existierenden Völkergewohnheitsrechts der Fall ist. Weitere Bereiche wären etwa die militärische Gewalt, Gesetzgebung und die Ausübung von Rechtspflege und Polizeigewalt als Kernbereiche der Staatsgewalt.[51] Für die übrigen Bereiche ist eine Verweisung auf das nationale Recht anzunehmen.

Da für die vorliegend zu untersuchende Angelegenheit, nämlich die Ausbeutung von Bodenschätzen, keine eindeutigen völkerrechtlichen Vorgaben bestehen, kann man dem Problem nicht ausweichen, ob die Beurteilung des hoheitlichen Charakters einer Angelegenheit der Rechtsordnung des Gerichtsstaats, sog. *lex fori*, oder des anderen Staates, der Inhaber der handelnden Einrichtung ist, (im folgenden: Trägerstaat) zu entnehmen ist. Ausgehend von der Erwägung, dass die Frage, welche Aufgabe ein Staat als seine ansieht, diesem selbst zur Beantwortung freigestellt ist, müsste man auf die Einschätzung durch den Trägerstaat abstellen. Die Nichtanerkennung dieser Einordnung könnte die Nichtanerkennung seiner internen Organisation bedeuten. Andererseits bedeutet die Nichtanerkennung der inneren Aufgabenverteilung nicht sogleich eine völkerrechtswidrige Einmi-

---

45 Diese Frage wird in der Rechtsprechung nur selten ausdrücklich aufgeworfen, *Steinberger*, (Fn. 26), S. 451 (467).
46 Vgl. *Frowein*, ZaöRV 1976, 147 (161 f.); R. C. A. White, ICLQ 30 (1981), 1 (18).
47 So zu recht *Gramlich*, NJW 1981, 2618 (2619).
48 So die Thesen der 2.Studienkommission der Deutschen Gesellschaft für Völkerrecht. Nach These 25 lit.c) sei darauf abzustellen, ob die für die Handlung charakteristischen Merkmale nach internationalem Standard zu den spezifischen oder typischen Staatsaufgaben gehörten, vgl. BerDGV 8 (1968), 283 (289).
49 Vgl. auch *Epping* in: Ipsen, Völkerrecht, § 26 Rn. 24.
50 So mit Recht *Seidl-Hohenveldern/Stein*, Völkerrecht, Rn. 1476.
51 BVerfGE 16, 27 (63 f.).

schung in innere Angelegenheiten.[52] Denn dem Trägerstaat wird nicht untersagt, bestimmte Aufgaben als hoheitlich anzusehen, sondern dieser Einordnung wird nur die Außenwirkung versagt. Eine Einmischung in innere Angelegenheiten erforderte ferner, dass ein Druckmittel angewandt wird, um den Staat in der Ausgestaltung seiner politischen und wirtschaftlichen Ordnung zu beeinflussen.[53] Dies ist mit der bloßen Nichtanerkennung der Aufgabe als hoheitlich für Zwecke der Staatenimmunität noch nicht der Fall. Eine auf abweichender rechtlicher Qualifikation beruhende gerichtliche Maßnahme ist kein solches Druckmittel. Das Völkerrecht verpflichtet daher den Gerichtsstaat nicht dazu, die Einstufung einer Aufgabe als hoheitlich durch den anderen Staat zu übernehmen. Die Gerichte durften die Einschätzung nach deutschem Recht vornehmen.[54] Danach ist die Tätigkeit dem privaten Bereich zuzuordnen, so dass hier die Staatenimmunität schon deswegen abzulehnen ist, weil die OEC keine öffentliche Aufgabe wahrnimmt.[55]

(2) Sachliche Immunität

Doch auch wenn man anderer Auffassung ist und die Einschätzung des anderen Staates für entscheidend hält,[56] stellt sich dasselbe Ergebnis ein, wenn die sachliche Immunität fehlt.

Staaten sind nicht schlechthin immun, sondern nur, wenn sie in Ausübung hoheitlicher Tätigkeiten gehandelt haben. Das zu beurteilende Verhalten der OEC müsste hoheitlich sein. Der von der Amolo geltend gemachte Anspruch dürfte sich nicht aus einer privaten Tätigkeit ergeben. Vorliegend geht es um Schadenersatzansprüche aus der Nichterfüllung eines Vertrages zwischen OEC und Amolo. Über sie ist im Rahmen des Arrestverfahrens – vorläufig – zu erkennen.[57] Die Frage nach der sachlichen Immuniät ist zu stellen, da im Einzelfall auch Träger von Hoheitsgewalt privatrechtlich handeln können, wofür die Immunität wie gesehen dann nicht gilt.

Für die Frage, ob es sich bei dem Vertragsschluss um hoheitliches oder privatrechtliches Verhalten handelt, könnte man wiederum auf die Rechtsordnung des Gerichts- oder des Trägerstaates abstellen.

---

52 So aber *Gramlich*, RabelsZ 1981, 544 (593).
53 Vgl. BVerfGE 64, 1 (43); *Fischer* in: Ipsen, Völkerrecht, § 59, Rn. 50; *Seidl-Hohenveldern*, RIW 1983, 613 (615).
54 Auf das *lex fori* stellen ab BVerfGE 64, 1 (42), *Dahm/Delbrück/Wolfrum*, Völkerrecht, Band I/1 S. 468; *Epping* in Ipsen, Völkerrecht, § 26, Rn. 24; *Schaumann*, BerDGVR 8 (1968), 1 (123 f.). A. A. *Gramlich*, RabelsZ 1981, 544 (593); 2. Studienkommission der Deutschen Gesellschaft für Völkerrecht in These 25 a), BerDGVR 8 (1968), 283 (289).
55 BVerfGE 16, 27 (62), 64, 1 (43) stellten auf die Einschätzung durch den Gerichtsstaat ab. Dies bezog sich aber auf die Frage nach der sachlichen Immunität, da die Frage der persönlichen nicht aktuell war, da der Staat gehandelt hatte, und in E 64, 1 (23) die Frage bewußt offen blieb. So auch bei *Seidl-Hohenveldern*, FS Beitzke, 1979, S. 1081 (1087, 1100).
56 So wohl *Gramlich*, RabelsZ 1981, 545 (593).
57 Das Arrestverfahren stellt ein Erkenntnisverfahren dar, *Habscheid* BerDGVR 8 (1968) 159 (276); *Vollkommer* in: Zöller, ZPO, 25. Aufl. 2005, Vor § 916 Rn. 3. Es ist zu trennen von der nach Ergehen des Arrestbefehls erfolgenden Pfändung der Forderungen, die als vorläufige Sicherstellung eine Vollstreckungsmaßnahme ist, §§ 928, 930 ZPO.

Da das Völkerrecht für die Beurteilung dieser Frage keine Kriterien vorgibt und vorliegend auch keine ausdrückliche Vereinbarung besteht, ist der Gerichtsstaat nicht gehindert, seine Einschätzung als entscheidend heranzuziehen. Dem Einwand, dass dem Gerichtsstaat damit durch die Ausgestaltung der eigenen Rechtsordnung und die Ausdehnung des Zivilrechts es möglich ist, die Reichweite der Staatenimmunität zu bestimmen,[58] ist durch Bindung der Ausübung dieses Ermessens nach Treu und Glauben zu begegnen.[59] Außerdem lässt sich dieser Einwand umdrehen: der Trägerstaat könnte ebenso durch beliebige Zuordnung zum hoheitlichen Bereich den Anwendungsbereich der Staatenimmunität ausdehnen.[60]

Für die Zuordnung des aus einem Rechtsverhältnis geltend gemachten Anspruches zum hoheitlichen oder privaten Bereich ist auf die Natur der staatlichen Handlung bzw. des dem Anspruch zugrunde liegenden Rechtsverhältnisses abzustellen.[61] Dann könnte man, da sich der Streit aus der Nichterfüllung vertraglicher Verpflichtungen ergibt, das Vertragsverhältnis in das Privatrecht einordnen. Dafür spricht, dass es sich an sich um einen Vertrag zwischen zwei Gesellschaften und damit zwei Privatrechtssubjekten handelt. Die Form des Vertrags entspricht der zwischen Privatrechtssubjekten üblichen Form der rechtlichen Bindung. Nicht abstellen darf man auf das Motiv der Tätigkeit, das durchaus dem hoheitlichen Bereich zugeordnet werden könnte, wenn man der Einschätzung der Tätigkeit als hoheitlich folgt, vgl. oben I. 2. d) bb). Denn ein Abstellen auf einen hoheitlichen Zweck oder ein hoheitliches Motiv hätte eine sehr umfassende Staatenimmunität zur Folge, weil sich ein irgendwie gearteter Bezug zu hoheitlichen Aufgaben stets finden läßt.[62] Dies würde dann zu einer weitgehend absoluten Immunität führen, was der Beschränkung der Staatenimmunität im modernen Völkerrecht allein auf hoheitliche Bereiche gerade zuwiderliefe.[63]

Als Ergebnis ist daher festzuhalten, dass der geltend gemachte Anspruch gegen die OEC aus dem privaten Bereich stammt. Die deutsche Gerichtsbarkeit über den geltend gemachten Anspruch lag vor.

cc) Vorliegen der deutschen Gerichtsbarkeit für die Pfändung

Im folgenden wird das Vorliegen deutscher Gerichtsbarkeit für die Vollstreckung des Arrestes untersucht.

(1) Was die persönliche Immunität der OEC angeht, kann auf die oben I. 2. d) bb) (1) gemachten Ausführungen verwiesen werden.

(2) Soweit es die sachliche Immunität betrifft, ist bei Vollstreckungsmaßnahmen anders als im Erkenntnisverfahren darauf abzustellen, ob der Vermögensgegen-

---

58 Vgl. bei *Gloria*, (Fn. 17), S. 340, § 26 Rn. 18.
59 BVerfGE 16, 27 (63).
60 Vgl. *Schaumann*, BerDGVR 8 (1968), 1 (124).
61 BVerfGE 16, 27 (62); *Epping* in Ipsen, § 26 Rn. 24; *Seidl-Hohenveldern/Stein*, Völkerrecht, Rn. 1479.
62 So z. B. dadurch, dass die Erzielung von Einnahmen aus solchen Verträgen der Staatsfinanzierung dient.
63 Vgl. BVerfGE 16, 27 (61 ff.); *Steinberger*, (Fn. 26), S. 451 (467).

stand, in den vollstreckt werden soll, hoheitlichen Zwecken dient.[64] Es kann nicht auf die Natur des zugrunde liegenden Rechtsverhältnisses abgestellt werden. Dieser Unterschied zum Erkenntnisverfahren liegt darin begründet, dass der Trägerstaat seinem Vermögensgegenstand im Gerichtsstaat gar nicht einen öffentlich-rechtlichen Charakter nach Maßgabe des *lex fori* geben kann.[65] Ein Abstellen auf die Natur des Rechtsverhältnisses würde daher immer zu einer Einordnung als nicht hoheitlich führen. Das Kriterium des hoheitlichen Zweckes gilt auch für Sicherungsmaßnahmen wie die Vollstreckung eines Arrestes,[66] darum geht es hier.

Vorliegend geht es um die Sicherstellung der Forderungen der OEC aus dem bei der Scherzbank bestehenden Konto. Für die Einordnung als hoheitlich könnte man darauf abstellen, dass die Einnahmen aus den Ölverkäufen, die die OEC tätigt, der Finanzierung des Staatshaushalts dienten, also hoheitlichen Zwecken.[67] Andererseits ist zu berücksichtigen, dass die Forderung aus einem privatrechtlichen Verhältnis zwischen der Bank und der OEC als Kunde stammt. Ebenso wenig kommt es für die Einschätzung auf die Tätigkeit an, die zum Entstehen des Guthabens führte.[68]

Bei Vollstreckungsmaßnahmen ist vielmehr eine gegenständliche Betrachtung angezeigt, so dass die Frage danach zu beurteilen ist, ob der Vermögensgegenstand hoheitlichen Zwecken dient, da nur dann mit der Sicherstellung in die Ausübung von Hoheit eingegriffen wird, die dann zumindest behindert würde. Diese Bewertung kann für Forderungen aus Bankguthaben nicht dazu führen, sie als hoheitlich einzustufen. Denn das Geld dient nicht direkt hoheitlichen Zwecken.[69] Die Finanzierung des Staatshaushalts ist zur Wahrnehmung hoheitlicher Aufgaben zwar notwendig. Doch führt die Sicherstellung von Bankguthaben nicht dazu, dass der Staat seine Aufgaben nicht mehr wahrnehmen kann, weil Einnahmeausfälle nicht unüberbrückbar sind (z. B. im Wege der Umschichtung oder Kreditaufnahme) und sich kein hinreichender Zusammenhang zwischen dem Einnahmeausfall und einer bestimmten hoheitlichen Betätigung feststellen lässt.[70] Im übrigen bekommen diese Gelder auch nach dem Willen des fremden Staates ihre Zweckbestimmung erst, wenn sie sich in der Verfügungsgewalt der arabianischen Zentralbank befinden.[71] Die spätere Verwendung zu hoheitlichen Zwecken muss aber unbeachtlich bleiben. Entscheidend ist der Zeitpunkt des Beginns der Vollstreckungsmaßnahme.[72]

Daher führt die Einschätzung sowohl nach arabianischem Recht als auch nach deutschem Recht zum gleichen Ergebnis. Die Frage, ob auf die Sichtweise des Gerichtsstaats oder auf die der Trägerstaates abzustellen ist, ist daher hier nicht mit

---

64 BVerfGE 64, 1 (40); *Epping* in Ipsen, Völkerrecht, § 26, Rn. 30.
65 *Steinberger*, (Fn. 26), S. 451 (468).
66 Vgl. *Gramlich*, NJW 1981, 2618 (2619); BVerfGE 46, 342 (368 ff.).
67 Vgl. *Gramlich*, NJW 1981, 2618 (2619 f.).
68 BVerfGE 64, 1 (42).
69 Die bloße mittelbare Beziehung hebt auch BVerfGE 64, 1 (43) hervor.
70 Dies wäre allenfalls denkbar, wenn die sichergestellten Beträge eine solche Höhe erreichten, dass die Aufgabenerfüllung des Staates überhaupt unmöglich gemacht würde.
71 Hierauf stellt auch BVerfGE 64, 1 (42) ab; zustimmend *Seidl-Hohenveldern*, RIW 1983, 613 (615).
72 BVerfGE 46, 342 Leitsatz 8.

weiteren Problemen verknüpft. Da das Völkerrecht für Guthaben wie das vorliegende keine Kriterien angibt, wäre der Gerichtsstaat nicht gehindert, seine Einschätzung als maßgeblich anzusehen. Es läge hier noch viel weniger als oben bei der Frage der Beurteilung der Natur eines Anspruchs eine Einmischung in innere Angelegenheiten vor, da die Qualifikation des Bestimmungszwecks eines im Gerichtsstaat belegenen Vermögensgegenstandes keine ausschließlich innere Angelegenheit des Trägerstaates sein kann.[73]

Ergebnis: Das Bankguthaben ist kein der Immunität unterliegender Gegenstand.

dd) Besonderheiten bei einstweiligen Maßnahmen?

Fraglich ist schließlich noch, ob sich aus dem Umstand, dass es sich hier nicht um ein normales Erkenntnisverfahren, sondern um ein Verfahren im Rahmen einstweiligen Rechtsschutzes handelt, eine Abweichung ergibt. Einstweilige Maßnahmen seien generell unzulässig, so die Begründung der Verfassungsbeschwerde. Dagegen ist einzuwenden, dass schon die Anwendbarkeit einer Immunität auf die OEC und das Guthaben fraglich ist. Doch selbst wenn man das annimmt, muss man berücksichtigen, dass sich das von Arabia vorgetragene Argument nicht nachvollziehen lässt. Allein die nur kursorische Prüfung des Anspruchs spricht nicht gegen die Einschränkung einer Immunität. Zwar sind durch die Vollstreckung aus dem Arrestbefehl unmittelbar Vermögensgegenstände betroffen, weil sie der weiteren Verfügung vorläufig entzogen werden. Doch ist dies gerade Sinn der einstweiligen Maßnahme. Soweit eine Zwangsvollstreckung in einen Vermögensgegenstand zulässig ist, muss dies auch für Sicherungs- und Beschlagnahmemaßnahmen gelten.[74] Denn solche Maßnahmen sichern letztlich nur die – zulässige – Vollstreckung. Die vorläufige Sicherung einer späteren endgültigen Befriedigung ist im Vergleich zu der endgültigen Befriedigung ein weniger intensiver Eingriff.[75] Soweit sich im Einzelfall in Staaten nationale Regeln finden lassen, die für Sicherungsmaßnahmen den ausdrücklichen Verzicht bzw. die Zustimmung des betroffenen Staates für erforderlich halten,[76] liegt dem nicht die Überzeugung zugrunde, dies sei aus völkerrechtlichen Gründen notwendig.[77]

3. Ergebnis zu I

Der Pfändungsbeschluss ist rechtmäßig ergangen. Die Entscheidungen der Gerichte waren richtig und beruhten somit nicht auf der Nichtvorlage zum BVerfG. Die Prüfung der Willkür kann daher dahingestellt bleiben. Die Verfassungsbeschwerde ist unbegründet.

---

73 So BVerfGE 64, 1 (43).
74 S. *Crawford*, AJIL 1981, 820 (867).
75 *Habscheid*, BerDGVR 8 (1968), 159 (278).
76 So im US-amerikanischen Foreign Sovereign Immunities Act, Sec. 1610 (d) und in Sec. 13 (2) (a) (3) des britischen State Immunity Act. Die Texte sind abgedruckt in ILM 1976, 1388 und ILM 1978, 1123.
77 Vgl. BVerfGE 64, 1 (37).

II. Die Verfassungsbeschwerde wegen des Pfändungsbeschlusses über das Guthaben der Mission Arabias

Arabia als zuständiger Rechtsträger der Mission[78] hat ferner Verfassungsbeschwerde gegen die Pfändung des Guthabens der Mission Arabias bei der Kittibank Berlin in Vollziehung des Arrestes erhoben, der zugunsten des Herrn Verden wegen der Mietforderungen erging.

1. Zulässigkeit

Insoweit kann nach oben verwiesen werden. Auch Arabia als ausländischem Staat stehen die grundrechtsgleichen Rechte nach Art. 101 Abs. 1 S. 2 GG zu.

2. Begründetheit

Die Verfassungsbeschwerde wäre begründet, wenn Arabia der gesetzliche Richter entzogen worden wäre. Dazu wäre eine Verletzung der Vorlagepflicht nötig.

a) Die Vorlagepflicht bestand, da die Reichweite der Immunität Arabias streitig war.

b) Die Vorlage müsste willkürlich unterblieben sein. Dies könnte dahingestellt bleiben, wenn die Entscheidungen der Gerichte nicht auf der Nichtvorlage beruhten. Dies wäre der Fall, wenn das BVerfG zu keinem anderen Ergebnis in der Sache gekommen wäre. Zu prüfen ist daher, ob die Entscheidungen der Gerichte der Sache nach richtig sind.

c) Reichweite der Staatenimmunität

Daher ist die Reichweite der völkerrechtlichen Norm über die Staatenimmunität zu untersuchen. Weil sich die Verfassungsbeschwerde gegen den Pfändungsbeschluss richtet, ist erneut wie oben I. die Frage, ob die deutsche Gerichtsbarkeit schon hinsichtlich der Mietzinsforderung als Grundlage des Arrestvollzugs vorlag, von dem Problem zu trennen, ob der Gegenstand selbst, der per Pfändung sichergestellt wurde, der deutschen Gerichtsbarkeit unterlag.[79]

aa) Staatenimmunität hinsichtlich des Anspruchs

Bezüglich des geltend gemachten Mietzinsanspruches müsste die deutsche Gerichtsbarkeit vorgelegen haben.

(1) Die persönliche Immunität liegt vor, da der Anspruch gegen den Staat Arabia geltend gemacht wird. Die persönliche Immunität Arabias als Staat ist unstreitig.

---

78 Nicht die Mission selbst verfügt über Rechtsfähigkeit. Sie ist nur unselbständige Behörde des Staates.
79 Vgl. These 34 der 2. Studienkommission der Deutschen Gesellschaft für Völkerrecht, BerDGVR 8 (1968), 283 (290).

(2) Problematisch ist die sachliche Immunität. Die Immunität ist sachlich auf die hoheitliche Tätigkeit beschränkt, wobei für die Zuordnung auf die Natur des Rechtsverhältnisses abzustellen ist, das dem Anspruch zugrunde liegt. Herr Verden hat eine Mietzinsforderung geltend gemacht. Daher ist das Mietverhältnis zwischen Herrn Verden und Arabia über das Missionsgebäude einzuordnen.

Dieses Rechtsverhältnis könnte man, da es ein privatrechtliches Mietverhältnis nach §§ 535 ff BGB darstellt, für nicht-hoheitlich halten. Problematisch ist dies aber deswegen, weil es sich um das Mietverhältnis für eine diplomatische Mission handelt. Die diplomatische Vertretung ist aufgrund völkerrechtlicher Vorgaben dem hoheitlichen Bereich zuzurechnen. Andererseits ist nicht schon jedes Rechtsverhältnis, weil es mit der diplomatischen Vertretung zusammenhängt, wie z. B. das Arbeitsverhältnis der Putzfrau der Mission, eine hoheitliche Angelegenheit. Entscheidend ist gerade nicht der Zweck oder Bezug des Rechtsverhältnisses, sondern seine Natur. Die Natur des Rechtsgeschäfts bleibt aber zivilrechtlich. Für die Einordnung als hoheitlich könnte schließlich Art. 22 Abs. 3 Wiener Übereinkommen über Diplomatische Beziehungen vom 18. 4. 1961[80] (WÜD) sprechen, wonach das Missionsgebäude Immunität genießt.[81] Ausweislich des Wortlauts der Vorschrift geht es um die Befreiung von Durchsuchung, Beschlagnahme, Pfändung oder Vollstreckung. Damit wird klar, dass die Immunität auf das Gebäude selbst bezogen ist und Einwirkungen auf das Missionsgebäude abhalten will. Im Rahmen eines Erkenntnisverfahrens über einen Anspruch geht es nicht um eine Einwirkung auf das Missionsgebäude. Daher ist der geltend gemachte Mietzinsanspruch dem nicht-hoheitlichen Bereich zuzuordnen. Die Staatenimmunität greift nicht ein. Die deutsche Gerichtsbarkeit über den der Pfändung zugrunde liegenden Anspruch war gegeben.

bb) Staatenimmunität hinsichtlich des Vermögensgegenstands

Sodann ist zu prüfen, ob die deutsche Gerichtsbarkeit auch hinsichtlich des Vermögensgegenstandes, der gepfändet wurde, gegeben war. Gepfändet wurde das Bankguthaben der Mission Arabias bei der Kittibank in Berlin.

Problematisch ist wiederum die sachliche Immunität vor Vollstreckungsmaßnahmen. Sie läge vor, wenn der gepfändete Vermögensgegenstand hoheitlichen Zwecken diente. Es handelt sich hier um die Forderungen gegen die Kittibank aus dem Kontovertrag. Zwar sind auch diese Forderungen privatrechtlich, weil die rechtliche Beziehung zwischen der Bank und dem Kontoinhaber privatrechtlich ist. Doch kommt es darauf nicht an.[82] Der Zweck der Forderungen liegt in dem Unterhalt der Mission. Alle Zahlungen der Mission laufen über dieses Konto. Die Geldforderungen dienen damit unmittelbar hoheitlichen Zwecken. Der Unterhalt und damit die Aufrechterhaltung der völkerrechtlichen Vertretung ist aufgrund

---

80 Abgedruckt in Sartorius II, Nr. 325.
81 Entsprechendes gilt für das Konsularrecht, vgl. Artt. 33, 43 des Wiener Übereinkommens über konsularische Beziehungen vom 24. 4. 1963, abgedruckt in Sartorius II, Nr. 326.
82 Vgl. BVerfGE 64, 1 (42).

völkerrechtlicher Vorgaben[83] eine hoheitliche Tätigkeit. Anders als bei den Forderungen der OEC gegen die Scherzbank aus dem Kontoverhältnis handelt es sich hier nicht um einer generellen Einnahmeerzielung zugeordnete Forderungen, sondern um eine auf eine konkrete hoheitliche Tätigkeit, nämlich die Vertretung Arabias in Deutschland, bezogene Forderung. Die Erfüllung der mit der Vertretung zusammenhängenden Aufgaben wird behindert, wenn die Forderungen gepfändet werden. Damit wird der völkerrechtliche Satz *ne impediatur legatio*[84] verletzt.[85] Die deutsche Gerichtsbarkeit über den gepfändeten Vermögensgegenstand bestand nicht.

cc) Ergebnis

Das BVerfG hätte bei einer Vorlage anders entschieden und die Vollstreckung in Forderungen aus dem Konto der Mission bei der Kittibank Berlin für rechtswidrig erklärt. Die Entscheidungen beruhten daher auf der Verletzung des Art. 100 Abs. 2 GG.

d) Willkür

Schließlich ist noch zu untersuchen, ob die Nichtvorlage willkürlich geschehen ist. Ist der gesetzliche Richter durch Rechtssatz bestimmt, wie hier durch Art. 100 Abs. 2 GG, so stellt die fehlerhafte Anwendung dieser Bestimmung durch ein Gericht noch nicht einen Verfassungsverstoß dar. Eine bloß rechtsirrtümliche Nichtvorlage begründet keine Verletzung des Rechts auf den gesetzlichen Richter.[86] Vielmehr muss Willkür in der gerichtlichen Entscheidung hinzukommen. Um Willkür anzunehmen, ist erforderlich, dass die Nichtvorlage unter offensichtlicher Verkennung der Rechtslage oder aus sachwidrigen Erwägungen unterblieben ist.[87] Nach der Rechtsprechung des BVerfG liegt Willkür grundsätzlich vor, wenn die »zugrunde liegende Auslegung einer Norm bei verständiger Würdigung der das Gesetz beherrschenden Gedanken nicht mehr verständlich wäre oder sich derart weit von der auszulegenden Norm entfernte, dass sich der Schluss aufdrängte, sie beruhte auf sachfremden Erwägungen«.[88].

Da die Gerichte das Vorliegen völkerrechtlicher Einflüsse erkannten, aber glaubten, die Rechtsfrage selbst lösen zu können, haben sie das Merkmal »Zweifel« in Art. 100 Abs. 2 GG in dem Sinne ausgelegt, dass es auf die eigenen Zweifel des Gerichts ankäme. Die Auslegung dieses Merkmals durch die Rechtsprechung des BVerfG ist jedoch dahingehend geklärt, dass es nicht auf die Zweifel des Gerichts selbst ankommt, sondern auf das Vorliegen objektiver Zweifel. Die Vorlage ist da-

---

83 Vgl. *Seidl-Hohenveldern*, FS Beitzke, 1979, S. 1081 (1089). Daher kommt es hier nicht auf die Sichtweise des Gerichts- oder des Trägerstaates an, so dass die diesbezügliche Auseinandersetzung unerwähnt bleiben kann.

84 Übersetzung: »Die Gesandtschaft soll nicht behindert werden.«

85 Vgl. *Seidl-Hohenveldern*, FS Beitzke, 1979, S. 1081 (1089 f.); *Verdross/Simma*, Universelles Völkerrecht, § 1175.

86 BVerfGE 19, 38 (42 f.).

87 *Degenhart* in: Sachs (Hrsg.), GG, Art. 101 Rn. 18.

88 BVerfGE 4, 1 (67); 19, 38 (43).

her willkürlich unterblieben, weil die Auslegung des Begriffs »Zweifel« verkannt wurde. Die Nichtvorlage trotz objektiver ernsthafter Zweifel über das Bestehen einer allgemeinen Regel des Völkerrechts ist ein Verfassungsverstoß. Die Willkür liegt darin, dass die Vorlage, obgleich sie objektiv eindeutig geboten war, nicht erfolgte.[89] Insofern bestehen hier wegen der Vorlagepflicht in Art. 100 Abs. 2 GG strengere Anforderungen für die Beachtung der Garantie des gesetzlichen Richters als in anderen Fällen, so dass ein Verfassungsverstoß schneller angenommen wird.[90]

3. Ergebnis

Der gesetzliche Richter wurde Arabia entzogen. Die Verfassungsbeschwerde ist begründet.

III. Die Verfassungsbeschwerde wegen des Pfändungsbeschlusses über das Guthaben der Zentralbank Arabias

Die Verfassungsbeschwerde Arabias als Rechtsträger der Zentralbank wendet sich weiterhin gegen die Vollstreckung des Arrestbeschlusses in die Forderung, die der Zentralbank gegen die Kittibank Berlin zustand.

1. Zulässigkeit

Die Verfassungsbeschwerde ist zulässig. Es ergeben sich keine anderen Erwägungen als oben zu II.1.

2. Begründetheit

Die Verfassungsbeschwerde wäre begründet, wenn sich ein Entzug des gesetzlichen Richters feststellen ließe.

a) Die Voraussetzungen der Vorlagepflicht sind zu bejahen, s. o. II.

b) Die Entscheidung der Gerichte müsste auf der Nichtvorlage beruhen. Dies wäre der Fall, wenn das BVerfG in der Sache zu keiner anderen Aussage über die Reichweite der Staatenimmunität gekommen wäre. Die Staatenimmunität greift nach dem oben Dargelegten bei einer Vollstreckungsmaßnahme ein, wenn schon für den geltend gemachten Anspruch keine deutsche Gerichtsbarkeit vorgelegen hatte oder wenn der Vermögensgegenstand, in den vollstreckt wird, hoheitlichen Zwecken dient.

aa) Zu ersterem wurde bereits oben unter II. 2. c) aa) festgestellt, dass der geltend gemachte Anspruch auf die Mietzinsforderung der deutschen Gerichtsbarkeit unterliegt.

---

89 Vgl. BVerfGE 23, 288 (320); 64, 1 (20 f.); *Degenhart* in: Sachs (Hrsg.), GG, Art. 101 Rn. 20; *Pestalozza*, (Fn. 1), S. 217, § 14 Rn. 4.

90 *Degenhart* in: Sachs (Hrsg.), GG, Art. 101 Rn. 20. Gewöhnlich ist eine objektive Willkür erforderlich, um einen Verfassungsverstoß zu bejahen.

bb) Fraglich bleibt nur, ob der Vermögensgegenstand selbst, also das Konto der arabianischen Zentralbank bei der Kittibank in Berlin, der deutschen Gerichtsbarkeit unterliegt.

Die persönliche Immunität ist gegeben, da der Vermögensgegenstand dem Staat Arabia als Rechtsträger der Zentralbank gehört. Problematisch ist wieder die sachliche Immunität. Dafür kommt es darauf an, ob der Vermögensgegenstand hoheitlichen Zwecken dient. Die Forderungen Arabias gegen die Bank resultieren zwar aus einem privatrechtlichen Kontovertrag. Entscheidend ist aber der Zweck dieser Forderungen. Die Forderungen dienen dazu, Stützungskäufe für die arabianische Währung durchzuführen. Die Organisation des Währungswesens stellt einen Kernbereich hoheitlicher Betätigung der Staaten dar. Eine Vollstreckung in solche Guthaben ist somit nicht zulässig.[91] Im Gegensatz zu den Forderungen der OEC ist die unmittelbare Zweckbestimmung für eine hoheitliche Aufgabe vorliegend gegeben.

Nicht wesentlich ist die andere im Sachverhalt angesprochene Frage, nämlich ob das Völkerrecht für die Vollstreckung eines der Gerichtsbarkeit des Gerichtsstaats unterliegenden Anspruches einen Konnexitätsgrundsatz kennt, so dass nur mit dem zu sichernden Anspruch zusammenhängende Vermögenswerte verwertet werden dürften. Einen solchen Satz kennt das Völkerrecht nicht.[92]

Das BVerfG hätte somit bei einer Vorlage auch für diesen Fall anders entschieden und für die Pfändung von Forderungen der Zentralbank das Fehlen deutscher Gerichtsbarkeit festgestellt. Deshalb beruhten die Entscheidungen der Fachgerichte auf der Nichtvorlage.

c) Die Nichtvorlage ist auch willkürlich erfolgt, weil die Voraussetzungen der Vorlagepflicht objektiv vorlagen. Insoweit kann für die Voraussetzungen der Willkür nach oben II 2. d) verwiesen werden.

3. Ergebnis

Die Verfassungsbeschwerde gegen den Arrest in das Guthaben der Arabianischen Zentralbank bei der Kittibank Berlin ist wegen eines Entzuges des gesetzlichen Richters begründet.

B. Frage 2

Herr Verden hat Räumungsklage gegen Arabia erhoben. Diese Klage könnte wegen fehlender deutscher Gerichtsbarkeit unzulässig sein. Hier hat der mit der Sache befasste Richter einen Termin zur mündlichen Verhandlung bestimmt. Bereits diese Handlung könnte als Ausübung deutscher Gerichtsbarkeit völkerrechtswid-

---

91 Vgl. *Gramlich*, RabelsZ 1981, 545 (594 f.).
92 So BVerfGE 64, 1 (40); *Schaumann*, BerDGVR 8 (1968), 1 (148 f.). Auf das Bestehen einer solchen Konnexität hatte das OLG Frankfurt NJW 1981, 2650 (2651) abgestellt. Für ein Konnexitätserfordernis spricht sich *Martin*, Harv.Int. L. J. 1977, 429 f., 448 aus.

rig sein. Dann müsste die Staatenimmunität eine Räumungsklage verbieten und bereits die Terminbestimmung zur Ausübung von Gerichtsbarkeit gehören.

I. Staatenimmunität gegen Räumungsklage

Da es sich um ein Erkenntnisverfahren handelt, das auf Feststellung eines Anspruchs von Herrn Verden auf Räumung des Missionsgebäudes geht, ist auf die Natur des zugrunde liegenden Rechtsverhältnisses abzustellen. Wie bereits oben unter A. III dargelegt, ist das Rechtsverhältnis privatrechtlich. Das Mietverhältnis hat die Form eines zivilrechtlichen Vertrages. Von daher würde keine Immunität eingreifen. Doch muss beachtet werden, dass die Vollstreckung des Räumungsurteils dazu führen würde, dass deutsche Hoheitsgewalt in dem Missionsgebäude ausgeübt werden müsste. Dies ist nach Art. 22 Abs. 3 WÜD nicht zulässig, so dass eine Vollstreckung aus dem Räumungstitel unzulässig wäre. Dafür würde es letztlich an der deutschen Gerichtsbarkeit fehlen. Ein nicht vollstreckbares Urteil kann aber keinen Sinn haben. Zwar wäre Herrn Verden mit der Feststellung seines Räumungsanspruches gedient. Weil Herr Verden aber mit dem Räumungsurteil einen prinzipiell vollstreckbaren Titel in die Hand bekäme, ist wegen der zumindest abstrakten Möglichkeit einer Vollstreckung bereits das Erkenntnisverfahren unzulässig. Eine abstrakte Gefährdung der durch das Völkerrecht garantierten Rechtspositionen Arabias ist denkbar. Somit untersteht Arabia, insoweit es den Räumungsanspruch betrifft, nicht der deutschen Gerichtsbarkeit.

II. Terminbestimmung als Ausübung von Gerichtsbarkeit

Das muss aber nicht sogleich bedeuten, dass bereits die Terminierung eine unzulässige Ausübung von Gerichtsbarkeit darstellt. Zwar könnte man argumentieren, dass jedwede gerichtliche Tätigkeit die Ausübung von Gerichtsbarkeit darstellt. Andererseits genügt für die Beachtung der völkerrechtlichen Position Arabias, die Klage als unzulässig abzuweisen. Dafür spricht, dass nicht ausgeschlossen ist, dass Arabia auf seine Immunität explizit oder – etwa durch Einlassung zur Hauptsache – implizit verzichtet. Auch muss es möglich sein, vor Gericht erst einmal über das Vorliegen der Immunität zu verhandeln.[93] Wie sollte sonst auch eine Vorlage nach Art. 100 Abs. 2 GG zustande kommen, wenn bereits die Existenz eines Prozessrechtsverhältnisses völkerrechtswidrig wäre? Diese Erwägungen führen dazu, dass die Terminierung allein noch keine völkerrechtswidrige Ausübung von Gerichtsbarkeit ist.[94]

---

93 Vgl. *Habscheid*, BerDGVR 8 (1968), 159 (208).
94 So auch F. A. *Mann*, NJW 1990, 618 (618 f.). A. A. wegen der zahlreichen anderen Rechtsprechung, z. B. OLG München, NJW 1975, 2144 (2144); BGH NJW 1989, 678 (679) zur Zeugenvorladung, gut vertretbar.

Anhang

Vergleich Verfassungsvertrag /
bestehende Verträge*

Verfassungs-vertrag – Teil I	EU-Vertrag / EG-Vertrag
Art. 1	Art. 1 (und 49) EUV
Art. 2	Art. 6 § 1 EUV
Art. 3	Art. 2 (und 6 § 4) EUV und 2 EG
Art. 4	(Art. 12 EG)
Art. 5	Art. 6 § 3 EUV und 10 EG
Art. 6	–
Art. 7	Art. 281 EG
Art. 8	–
Art. 9	(Art. 6 § 2 EUV)
Art. 10	Art. 17 bis 21 EG
Art. 11	Art. 5 EG
Art. 12	–
Art. 13	–
Art. 14	–
Art. 15	(Art. 98 bis 130 EG)
Art. 16	(Art. 11 und 17 EUV)
Art. 17	–
Art. 18	Art. 308 EG
Art. 19	Art. 3 § 1 EUV und 7 § 1 EG
Art. 20	(Art. 189, 190, 192 und 197 EG)
Art. 21	Art. 4 EUV
Art. 22	–
Art. 23	Art. 202 und 203 EG
Art. 24	(Art. 203 EG)

Verfassungs-vertrag – Teil I	EU-Vertrag / EG-Vertrag
Art. 25	Art. 205 EG
Art. 26	Art. 201, 211, 213, 214 § 1 und 274 EG
Art. 27	Art. 214 und 217 EG
Art. 28	–
Art. 29	(Art. 220 bis 224 EG)
Art. 30	Art. 8 EG (Art. 105 bis 108, 110 und 112 EG)
Art.-31	Art. 246 EG (und Art. 247 und 248 EG)
Art. 32	Art. 7 § 2, 257, 258 und 263 EG
Art. 33	(Art. 249 EG und 13 und 34 EUV)
Art. 34	–
Art. 35	–
Art. 36	–
Art. 37	(Art. 202 EG)
Art. 38	Art. 253 EG
Art. 39	Art. 254 EG
Art. 40	(Art. 13, 16 und 21 bis 23 EUV)
Art. 41	Art. 17 EUV (und Art. 21 EUV)
Art. 42	Art. 29 EUV und 61 EG
Art. 43	–
Art. 44	(Art. 43 bis 43 b und 44 EUV und Art. 11 EG)
Art. 45	–
Art. 46	(Art. 1 EUV, 189 und 191 EG)
Art. 47	–
Art. 48	(Art. 138 und 139 EG)

*   Quelle: EG-Kommission

Verfassungs-vertrag – Teil I	EU-Vertrag / EG-Vertrag
Art. 49	(Art. 195 EG)
Art. 50	(Art. 255 EG)
Art. 51	Art. 286 EG
Art. 52	Erklärung Nr. 11 im Anhang des Vertrags von Amsterdam
Art. 53	Art. 268 und 270 EG (und 271, 274 und 280 EG)
Art. 54	Art. 269 EG
Art. 55	–
Art. 56	(Art. 272 EG)
Art. 57	–
Art. 58	Art. 49 EUV
Art. 59	Art. 7 EUV und 309 EG
Art. 60	–

Verfassungs-vertrag – Teil II	Charta der Menschenrechte
Art. 61	Art. 1
Art. 62	Art. 2
Art. 63	Art. 3
Art. 64	Art. 4
Art. 65	Art. 5
Art. 66	Art. 6
Art. 67	Art. 7
Art. 68	Art. 8
Art. 69	Art. 9
Art. 70	Art. 10
Art. 71	Art. 11
Art. 72	Art. 12
Art. 73	Art. 13
Art. 74	Art. 14
Art. 75	Art. 15
Art. 76	Art. 16

Verfassungs-vertrag – Teil II	Charta der Menschenrechte
Art. 77	Art. 17
Art. 78	Art. 18
Art. 79	Art. 19
Art. 80	Art. 20
Art. 81	Art. 21
Art. 82	Art. 22
Art. 83	Art. 23
Art. 84	Art. 24
Art. 85	Art. 25
Art. 86	Art. 26
Art. 87	Art. 27
Art. 88	Art. 28
Art. 89	Art. 29
Art. 90	Art. 30
Art. 91	Art. 31
Art. 92	Art. 32
Art. 93	Art. 33
Art. 94	Art. 34
Art. 95	Art. 35
Art. 96	Art. 36
Art. 97	Art. 37
Art. 98	Art. 38
Art. 99	Art. 39
Art. 100	Art. 40
Art. 101	Art. 41
Art. 102	Art. 42
Art. 103	Art. 43
Art. 104	Art. 44
Art. 105	Art. 45
Art. 106	Art. 46
Art. 107	Art. 47
Art. 108	Art. 48
Art. 109	Art. 49

Verfassungs- vertrag – Teil II	Charta der Menschenrechte
Art. 110	Art. 50
Art. 111	Art. 51
Art. 112	Art. 52
Art. 113	Art. 53
Art. 114	Art. 54

Verfassungs- vertrag – Teil III	EU-Vertrag / EG-Vertrag
Art. 115	–
Art. 116	Art. 3 § 2 EG
Art. 117	–
Art. 118	–
Art. 119	Art. 6 EG
Art. 120	Art. 153 § 2 EG
Art. 121	Protokoll über den Schutz und das Wohl-befinden der Tiere
Art. 122	Art. 16 EG
Art. 123	Art. 12 EG
Art. 124	Art. 13 EG
Art. 125	Art. 18 EG
Art. 126	Art. 19 EG
Art. 127	Art. 20 EG
Art. 128	Art. 21 EG
Art. 129	Art. 22 EG
Art. 130	Art. 14 und 15 EG
Art. 131	Art. 297 EG
Art. 132	Art. 298 EG
Art. 133	Art. 39 EG
Art. 134	Art. 40 EG
Art. 135	Art. 41 EG
Art. 136	Art. 42 EG
Art. 137	Art. 43 EG
Art. 138	Art. 44 EG

Verfassungs- vertrag – Teil III	EU-Vertrag / EG-Vertrag
Art. 139	Art. 45 EG
Art. 140	Art. 46 EG
Art. 141	Art. 47 EG
Art. 142	Art. 48 EG
Art. 143	Art. 294 EG
Art. 144	Art. 49 EG
Art. 145	Art. 50 EG
Art. 146	Art. 51 EG
Art. 147	Art. 52 EG
Art. 148	Art. 53 EG
Art. 149	Art. 54 EG
Art. 150	Art. 55 EG
Art. 151	Art. 23 bis 27 EG
Art. 152	Art. 135 EG
Art. 153	Art. 28 und 29 EG
Art. 154	Art. 30 EG
Art. 155	Art. 31 EG
Art. 156	Art. 56 EG
Art. 157	Art. 57 EG
Art. 158	Art. 58 EG
Art. 159	Art. 59 EG
Art. 160	(Art. 60 EG)
Art. 161	Art. 81 EG
Art. 162	Art. 82 EG
Art. 163	Art. 83 EG
Art. 164	Art. 84 EG
Art. 165	Art. 85 EG
Art. 166	Art. 86 EG
Art. 167	Art. 87 EG
Art. 168	Art. 88 EG
Art. 169	Art. 89 EG
Art. 170	Art. 90 bis 92 EG
Art. 171	Art. 93 EG

Verfassungs-vertrag – Teil III	EU-Vertrag / EG-Vertrag
Art. 172	Art. 95 EG
Art. 173	Art. 94 EG
Art. 174	Art. 96 EG
Art. 175	Art. 97 EG
Art. 176	–
Art. 177	Art. 4 EG
Art. 178	Art. 98 EG
Art. 179	Art. 99 EG
Art. 180	Art. 100 EG
Art. 181	Art. 101 EG
Art. 182	Art. 102 EG
Art. 183	Art. 103 EG
Art. 184	Art. 104 EG
Art. 185	Art. 105 EG
Art. 186	Art. 106 EG
Art. 187	Art. 107 EG
Art. 188	Art. 108 EG
Art. 189	Art. 109 EG
Art. 190	Art. 110 EG
Art. 191	(Art. 123 § 4 EG)
Art. 192	Art. 114 § 2 bis 4 EG
Art. 193	Art. 115 EG
Art. 194	–
Art. 195	–
Art. 196	–
Art. 197	Art. 122 § 1 und § 3 bis 5 EG
Art. 198	Art. 121 § 1, 122 § 2 und 123 § 5 EG
Art. 199	Art. 117 § 2 und 123 § 3 EG
Art. 200	Art. 124 § 1 EG
Art. 201	Art. 119 EG
Art. 202	Art. 120 EG

Verfassungs-vertrag – Teil III	EU-Vertrag / EG-Vertrag
Art. 203	Art. 125 EG
Art. 204	Art. 126 EG
Art. 205	Art. 127 EG
Art. 206	Art. 128 EG
Art. 207	Art. 129 EG
Art. 208	Art. 130 EG
Art. 209	Art. 136 EG
Art. 210	Art. 137 EG
Art. 211	Art. 138 EG
Art. 212	Art. 139 EG
Art. 213	Art. 140 EG
Art. 214	Art. 141 EG
Art. 215	Art. 142 EG
Art. 216	Art. 143 EG
Art. 217	Art. 144 EG
Art. 218	Art. 145 EG
Art. 219	Art. 146 bis 148 EG
Art. 220	Art. 158 EG
Art. 221	Art. 159 EG
Art. 222	Art. 160 EG
Art. 223	Art. 161 EG
Art. 224	Art. 162 EG
Art. 225	Art. 32 § 1 EG
Art. 226	Art. 32 EG
Art. 227	Art. 33 EG
Art. 228	Art. 34 EG
Art. 229	Art. 35 EG
Art. 230	Art. 36 EG
Art. 231	Art. 37 EG
Art. 232	Art. 38 EG
Art. 233	Art. 174 EG
Art. 234	Art. 175 und 176 EG

Verfassungs-vertrag – Teil III	EU-Vertrag / EG-Vertrag	Verfassungs-vertrag – Teil III	EU-Vertrag / EG-Vertrag
Art. 235	Art. 153 § 1 und § 3 bis 5 EG	Art. 265	Art. 62 EG
Art. 236	Art. 70 und 71 EG	Art. 266	Art. 63 § 1 und § 2 und Art. 64 § 2 EG
Art. 237	Art. 72 EG	Art. 267	Art. 63 § 3 und § 4 EG
Art. 238	Art. 73 EG	Art. 268	–
Art. 239	Art. 74 EG	Art. 269	Art. 65 EG
Art. 240	Art. 75 EG	Art. 270	Art. 31 § 1 a bis d EUV
Art. 241	Art. 76 EG	Art. 271	Art. 31 § 1 e EUV
Art. 242	Art. 77 EG	Art. 272	–
Art. 243	Art. 78 EG	Art. 273	Art. 31 § 2 EUV
Art. 244	Art. 79 EG	Art. 274	–
Art. 245	Art. 80 EG	Art. 275	Art. 30 § 1 EUV
Art. 246	Art. 154 EG	Art. 276	Art. 30 § 2 EUV
Art. 247	Art. 155 und 156 EG	Art. 277	Art. 32 EUV
Art. 248	Art. 163 EG	Art. 278	Art. 152 EG
Art. 249	Art. 164 EG	Art. 279	Art. 157 EG
Art. 250	Art. 165 EG	Art. 280	Art. 151 EG
Art. 251	Art. 166 EG	Art. 281	–
Art. 252	Art. 167 bis 170 und 172 Absatz 2 EG	Art. 282	Art. 149 EG
Art. 253	Art. 171 und 172 Absatz 1 EG	Art. 283	Art. 150 EG
Art. 254	–	Art. 284	–
Art. 255	Art. 173 EG	Art. 285	–
Art. 256	–	Art. 286	Art. 182 und 188 EG
Art. 257	(Art. 29 EUV und 61 EG)	Art. 287	Art. 183 EG
Art. 258	–	Art. 288	Art. 184 EG
Art. 259	–	Art. 289	Art. 185 EG
Art. 260	–	Art. 290	Art. 186 EG
Art. 261	(Art. 36 EUV)	Art. 291	Art. 187 EG
Art. 262	Art. 33 EUV und 64 § 1 EG	Art. 292	(Art. 3 und 11 EUV, 174 und 177 EG)
Art. 263	Art. 66 EG (und 34 § 1 EUV)	Art. 293	(Art. 13 § 2 EUV)
Art. 264	–	Art. 294	Art. 11 und 12 EUV
		Art. 295	Art. 13 EUV

Verfassungs-vertrag – Teil III	EU-Vertrag / EG-Vertrag
Art. 296	(Art. 18 § 1 und § 2 EUV)
Art. 297	Art. 14 EUV
Art. 298	Art. 15 EUV
Art. 299	Art. 22 EUV
Art. 300	Art. 23 EUV
Art. 301	(Art. 16 EUV)
Art. 302	Art. 18 § 5 EUV
Art. 303	(Art. 24 EUV)
Art. 304	Art. 21 EUV
Art. 305	Art. 19 EUV
Art. 306	Art. 20 EUV
Art. 307	Art. 25 EUV
Art. 308	Art. 47 EUV
Art. 309	Art. 17 EUV
Art. 310	–
Art. 311	–
Art. 312	–
Art. 313	Art. 28 EUV
Art. 314	Art. 131 EG
Art. 315	Art. 133 EG
Art. 316	Art. 177 EG
Art. 317	Art. 178 und 179 EG
Art. 318	Art. 180 EG
Art. 319	Art. 181 a EG
Art. 320	–
Art. 321	–
Art. 322	Art. 301 EG
Art. 323	(Art. 300 § 7 EG)
Art. 324	Art. 310 EG
Art. 325	Art. 300 EG
Art. 326	Art. 1 11 § 1 bis § 3 und 5 EG

Verfassungs-vertrag – Teil III	EU-Vertrag / EG-Vertrag
Art. 327	Art. 302 bis 304 EG
Art. 328	–
Art. 329	–
Art. 330	Art. 190 EG
Art. 331	Art. 191 § 2 EG
Art. 332	Art. 192 EG
Art. 333	Art. 193 EG
Art. 334	Art. 194 EG
Art. 335	Art. 195 EG
Art. 336	Art. 196 EG
Art. 337	Art. 197 und 200 EG
Art. 338	Art. 198 EG
Art. 339	Art. 199 EG
Art. 340	Art. 201 EG
Art. 341	–
Art. 342	Art. 204 EG
Art. 343	Art. 205 § 1 und § 3 und Art. 206 EG
Art. 344	Art. 207 EG
Art. 345	Art. 208 EG
Art. 346	Art. 209 EG
Art. 347	Art. 213 § 2 EG
Art. 348	Art. 215 EG
Art. 349	Art. 216 EG
Art. 350	Art. 217 EG
Art. 351	Art. 219 EG
Art. 352	Art. 212 und 218 § 2 EG
Art. 353	Art. 221 EG
Art. 354	Art. 222 EG
Art. 355	Art. 223 EG
Art. 356	Art. 224 EG
Art. 357	–
Art. 358	Art. 225 EG

Verfassungs-vertrag – Teil III	EU-Vertrag / EG-Vertrag
Art. 359	Art. 220 Absatz 2 und 225 a EG
Art. 360	Art. 226 EG
Art. 361	Art. 227 EG
Art. 362	Art. 228 EG
Art. 363	Art. 229 EG
Art. 364	Art. 229 a EG
Art. 365	Art. 230 EG
Art. 366	Art. 231 EG
Art. 367	Art. 232 EG
Art. 368	Art. 233 EG
Art. 369	Art. 234 EG
Art. 370	Art. 235 EG
Art. 371	Art. 46 e EUV
Art. 372	Art. 236 EG
Art. 373	Art. 237 EG
Art. 374	Art. 238 EG
Art. 375	Art. 239, 240 und 292 EG
Art. 376	(Art. 46 f und 47 EUV)
Art. 377	Art. 35 § 5 EUV
Art. 378	Art. 241 EG
Art. 379	Art. 242 und 243 EG
Art. 380	Art. 244 EG
Art. 381	Art. 245 EG
Art. 382	Art. 112 EG
Art. 383	Art. 113 EG
Art. 384	Art. 248 EG
Art. 385	Art. 247 § 2 bis 7 EG
Art. 386	Art. 263 EG
Art. 387	Art. 264 EG
Art. 388	Art. 265 EG
Art. 389	Art. 258 EG
Art. 390	Art. 259 EG

Verfassungs-vertrag – Teil III	EU-Vertrag / EG-Vertrag
Art. 391	Art. 260 EG
Art. 392	Art. 262 EG
Art. 393	Art. 266 EG
Art. 394	Art. 267 EG
Art. 395	Art. 250 EG
Art. 396	Art. 251 EG
Art. 397	Art. 218 § 1 EG
Art. 398	–
Art. 399	Art. 255 EG
Art. 400	Art. 210, 247 § 8 und 258 Absatz 4 EG
Art. 401	Art. 256 EG
Art. 402	–
Art. 403	Art. 272 § 1 EG
Art. 404	Art. 272 EG
Art. 405	Art. 273 EG
Art. 406	Art. 271 EG
Art. 407	Art. 274 EG
Art. 408	Art. 275 EG
Art. 409	Art. 276 EG
Art. 410	Art. 277 EG
Art. 411	Art. 278 EG
Art. 412	Art. 279 EG
Art. 413	–
Art. 414	–
Art. 415	Art. 280 EG
Art. 416	Art. 43 b, e und f EUV
Art. 417	Art. 43 h und 44 § 2 EUV
Art. 418	Art. 43 b (und 27 d) EUV
Art. 419	Art. 27 b EUV und 11 EG
Art. 420	Art. 27 e EUV und 11a EG
Art. 421	Art. 44 a EUV

Verfassungs-vertrag – Teil III	EU-Vertrag / EG-Vertrag
Art. 422	–
Art. 423	Art. 45 EUV
Art. 424	Art. 299 § 2, Absatz 2 und § 3 EG
Art. 425	Art. 295 EG
Art. 426	Art. 282 EG
Art. 427	Art. 283 EG
Art. 428	Art. 284 EG
Art. 429	Art. 285 EG
Art. 430	Art. 287 EG
Art. 431	Art. 288 EG
Art. 432	Art. 28 9 EG
Art. 433	Art. 290 EG
Art. 434	Art. 291 EG
Art. 435	Art. 307 EG
Art. 436	Art. 296 EG

Verfassungs-vertrag – Teil IV	EU-Vertrag / EG-Vertrag
Art. 437	–
Art. 438	–
Art. 439	–
Art. 440	Art. 299 EG (auf § 2, Absatz 2 und § 3)
Art. 441	Art. 306 EG
Art. 442	Art. 311 EG
Art. 443	Art. 48 EUV
Art. 444	–
Art. 445	–
Art. 446	Art. 51 EUV und 312 EG
Art. 447	Art. 52 EUV und 313 EG
Art. 448	Art. 53 EUV und 314 EG

Vergleich bestehende Verträge / Verfassungsvertrag

EU-Vertrag	Verfassungsvertrag
Art. 1	Art. I 1 (und I 46 § 3)
Art. 2	Art. I 3
Art. 3	Art. I 19 (und III 292)
Art. 4	Art. I 21
Art. 5	–
Art. 6 § 1	Art. I 2
Art. 6 § 2	Art. I 9
Art. 6 § 3	Art. I 5
Art. 6 § 4	(Art. I 3 § 5)
Art. 7	Art. I 59
Art. 11	Art. III 294 (und I 16 und III 292)
Art. 12	Art. III 294
Art. 13	Art. III 295 (und I 33, I 40 und III 293)
Art. 14	Art. III 297
Art. 15	Art. III 298
Art. 16	Art. I 40 § 5 (und III 301)
Art. 17	Art. I 41 und III 309 (und I 16)
Art. 18 § 1 und § 2	(Art. III 296)
Art. 18 § 3 und § 4	–
Art. 18 § 5	Art. III 302
Art. 19	Art. III 305
Art. 20	Art. III 306
Art. 21	Art. I 40 § 6, I 41 § 8 und III 304
Art. 22	Art. III 299 (und I 40 § 7)
Art. 23	Art. III 300 (und I 40 § 8)
Art. 24	Art. III 303
Art. 25	Art. III 307

EU-Vertrag	Verfassungsvertrag
Art. 26	–
Art. 27	–
Art. 27 a	(Art. I 44)
Art. 27 b	–
Art. 27 c	Art. III 419
Art. 27 d	(Art. III 418 § 2)
Art. 27 e	Art. III 420 § 2
Art. 28	Art. III 313
Art. 29	Art. I 42 und III 257
Art. 30 § 1	Art. III 275
Art. 30 § 2	Art. III 276
Art. 31 § 1 a bis d	Art. III 270
Art. 31 § 1 e	Art. III 271
Art. 31 § 2	Art. III 273
Art. 32	Art. III 277
Art. 33	Art. III 262
Art. 34	(Art. I 33 und III 263)
Art. 35	Art. III 377
Art. 36	Art. III 261
Art. 37	–
Art. 38	–
Art. 39	–
Art. 40	–
Art. 40 a	–
Art. 40 b	–
Art. 41	–
Art. 42	–
Art. 43	Art. I 44, III 416 und III 417
Art. 43 a	Art. I 44
Art. 43 b	Art. I 44 und III 418
Art. 44	Art. I 44 und III 417
Art. 44 a	Art. III 421
Art. 45	Art. III 423

EU-Vertrag	Verfassungsvertrag
Art. 46 a bis d	–
Art. 46 e	Art. III 371
Art. 46 f	Art. III 376
Art. 47	Art. III 308
Art. 48	Art. IV 443
Art. 49	Art. I 58 (und I 1 § 2)
Art. 51	Art. IV 446
Art. 52	Art. IV 447
Art. 53	Art. IV 448

**Vergleich EG-Vertrag /
Verfassungsvertrag**

EG-Vertrag	Verfassungsvertrag
Art. 1	–
Art. 2	Art. I 3
Art. 3 § 1	–
Art. 3 § 2	Art. III 116
Art. 4	Art. III 177
Art. 5	Art. I 11
Art. 6	Art. III 119
Art. 7 § 1	Art. I 19
Art. 7 § 2	Art. I 32
Art. 8	Art. I 30
Art. 9	–
Art. 10	Art. I 5
Art. 11	Art. I 44 und III 419
Art. 11 a	Art. III 420
Art. 12	Art. I 4 und III 123
Art. 13	Art. III 124
Art. 14	Art. III 130
Art. 15	Art. III 130
Art. 16	Art. III 122
Art. 17	Art. I 10

EG-Vertrag	Verfassungsvertrag
Art. 18	Art. I 10 und III 125
Art. 19	Art. I 10 und III 126
Art. 20	Art. I 10 und III 127
Art. 21	Art. I 10 und III 128
Art. 22	Art. III 129
Art. 23	Art. III 151
Art. 24	Art. III 151
Art. 25	Art. III 151
Art. 26	Art. III 151
Art. 27	Art. III 151
Art. 28	Art. III 153
Art. 29	Art. III 153
Art. 30	Art. III 154
Art. 31	Art. II I 155
Art. 32	Art. III 225 und III 226
Art. 33	Art. III 227
Art. 34	Art. III 228
Art. 35	Art. III 229
Art. 36	Art. III 230
Art. 37	Art. III 231
Art. 38	Art. III 232
Art. 39	Art. III 133
Art. 40	Art. III 134
Art. 41	Art. III 135
Art. 42	Art. III 136
Art. 43	Art. III 137
Art. 44	Art. III 138
Art. 45	Art. III 139
Art. 46	Art. III 140
Art. 47	Art. III 141
Art. 48	Art. III 142
Art. 49	Art. III 144
Art. 50	Art. III 145

EG-Vertrag	Verfassungsvertrag	EG-Vertrag	Verfassungsvertrag
Art. 51	Art. III 146	Art. 82	Art. III 162
Art. 52	Art. III 147	Art. 83	Art. III 163
Art. 53	Art. III 148	Art. 84	Art. III 164
Art. 54	Art. III 149	Art. 85	Art. III 165
Art. 55	Art. III 150	Art. 86	Art. III 166
Art. 56	Art. III 156	Art. 87	Art. III 167
Art. 57	Art. III 157	Art. 88	Art. III 168
Art. 58	Art. III 158	Art. 89	Art. III 169
Art. 59	Art. III 159	Art. 90	Art. III 170
Art. 60	(Art. III 160)	Art. 91	Art. III 170
Art. 61	Art. I 42 und III 257	Art. 92	Art. III 170
Art. 62	Art. III 265	Art. 93	Art. III 171
Art. 63 § 1 und § 2	Art. III 266	Art. 94	Art. III 173
Art. 63 § 3 und § 4	Art. III 267	Art. 95	Art. III 172
Art. 64 § 1	Art. III 262	Art. 96	Art. III 174
Art. 64 § 2	Art. III 266	Art. 97	Art. III 175
Art. 65	Art. III 269	Art. 98	Art. III 178
Art. 66	Art. III 263	Art. 99	Art. III 179
Art. 67	–	Art. 100	Art. III 180
Art. 68	–	Art. 101	Art. III 181
Art. 69	–	Art. 102	Art. III 182
Art. 70	Art. III 236	Art. 103	Art. III 183
Art. 71	Art. III 236	Art. 104	Art. III 184
Art. 72	Art. III 237	Art. 105	Art. I 30 und III 185
Art. 73	Art. III 238	Art. 106	Art. I 30 und III 186
Art. 74	Art. III 239	Art. 107	Art. I 30 und III 187
Art. 75	Art. III 240	Art. 108	Art. I 30 und III 188
Art. 76	Art. III 241	Art. 109	Art. I II 189
Art. 77	Art. III 242	Art. 110	Art. I 30 und III 190
Art. 78	Art. III 243	Art. 111	Art. III 326
Art. 79	Art. III 244	Art. 112	Art. I 30 und III 382
Art. 80	Art. III 245	Art. 113	Art. III 383
Art. 81	Art. III 161	Art. 114	Art. III 192

EG-Vertrag	Verfassungsvertrag
Art. 115	Art. III 193
Art. 116	–
Art. 117	Art. III 199
Art. 118	–
Art. 119	Art. III 201
Art. 120	Art. III 202
Art. 121	Art. III 198
Art. 122	Art. III 197 und III 198
Art. 123 § 3	Art. III 198 und III 199 (und III 191)
Art. 124	Art. III 200
Art. 125	Art. III 203
Art. 126	Art. III 204
Art. 127	Art. III 205
Art. 128	Art. III 206
Art. 129	Art. III 207
Art. 130	Art. III 209
Art. 131	Art. III 314
Art. 132	–
Art. 133	Art. III 315
Art. 134	–
Art. 135	Art. III 152
Art. 136	Art. III 209
Art. 137	Art. III 210
Art. 138	Art. III 211 (und I 48)
Art. 139	Art. III 212 (und I 48)
Art. 140	Art. III 213
Art. 141	Art. III 214
Art. 142	Art. III 215
Art. 143	Art. III 216
Art. 144	Art. III 217
Art. 145	Art. III 218
Art. 146	Art. III 219
Art. 147	Art. III 219

EG-Vertrag	Verfassungsvertrag
Art. 148	Art. III 219
Art. 149	Art. III 282
Art. 150	Art. III 283
Art. 151	Art. III 280
Art. 152	Art. III 278
Art. 153 § 1 und § 3 bis 5	Art. III 235
Art. 153 § 2	Art. III 120
Art. 154	Art. III 246
Art. 155	Art. III 247 § 1, 3 und 4
Art. 156	Art. III 247 § 2
Art. 157	Art. III 279
Art. 158	Art. III 220
Art. 159	Art. III 221
Art. 160	Art. III 222
Art. 161	Art. III 223
Art. 162	Art. III 224
Art. 163	Art. III 248
Art. 164	Art. III 249
Art. 165	Art. III 250
Art. 166	Art. III 251
Art. 167	Art. III 252
Art. 168	Art. III 252
Art. 169	Art. III 252
Art. 170	Art. III 252
Art. 171	Art. III 253
Art. 172 Absatz 1	Art. III 253
Art. 172 Absatz 2	(Art. III 252)
Art. 173	Art. III 255
Art. 174	Art. III 233 (und III 292)
Art. 175	Art. III 234
Art. 176	Art. III 234
Art. 177	Art. III 292 und III 316

EG-Vertrag	Verfassungsvertrag	EG-Vertrag	Verfassungsvertrag
Art. 178	Art. III 317	Art. 211	Art. I 26
Art. 179	Art. III 317	Art. 212	Art. I II 352
Art. 180	Art. III 318	Art. 213	Art. I 26 und III 347
Art. 181 a	Art. II I 319	Art. 214	Art. I 26 und I 27
Art. 182	Art. III 286	Art. 215	Art. III 348
Art. 183	Art. III 287	Art. 216	Art. III 349
Art. 184	Art. III 288	Art. 217	Art. I 27 und III 350
Art. 185	Art. III 289	Art. 218 § 1	Art. III 397
Art. 186	Art. III 290	Art. 218 § 2	Art. III 352
Art. 187	Art. III 291	Art. 219	Art. III 351
Art. 188	Art. III 286	Art. 220	Art. I 29 und III 359
Art. 189	Art. I 20 und I 46	Art. 221	Art. I 29 und III 353
Art. 190	Art. I 20 und III 330	Art. 222	Art. I 29 und III 354
Art. 191	Art. I 46 und III 331	Art. 223	Art. I 29 und III 355
Art. 192	Art. I 20 und III 332	Art. 224	Art. I 29 und III 356
Art. 193	Art. III 333	Art. 225	Art. III 358
Art. 194	Art. III 334	Art. 225 a	Art. III 359
Art. 195	Art. I 49 und III 335	Art. 226	Art. III 360
Art. 196	Art. III 336	Art. 227	Art. III 361
Art. 197	Art. I 20 und III 337	Art. 228	Art. III 362
Art. 198	Art. III 338	Art. 229	Art. III 363
Art. 199	Art. III 339	Art. 229 a	Art. III 364
Art. 200	Art. III 337	Art. 230	Art. III 365
Art. 201	Art. I 26 und III 340	Art. 231	Art. III 366
Art. 202	Art. I 23 und I 37	Art. 232	Art. III 367
Art. 203	Art. I 23 und I 24	Art. 233	Art. III 368
Art. 204	Art. III 342	Art. 234	Art. III 369
Art. 205	Art. I 25 und III 343	Art. 235	Art. III 370
Art. 206	Art. III 343	Art. 236	Art. III 372
Art. 207	Art. III 344	Art. 237	Art. III 373
Art. 208	Art. III 345	Art. 238	Art. III 374
Art. 209	Art. II I 346	Art. 239	Art. III 375
Art. 210	Art. III 400	Art. 240	Art. III 375

EG-Vertrag	Verfassungsvertrag
Art. 241	Art. III 378
Art. 242	Art. III 379
Art. 243	Art. III 379
Art. 244	Art. III 380
Art. 245	Art. III 381
Art. 246	Art. I 31
Art. 247	Art. I 31, III 385 und III 400
Art. 248	Art. I 31 und III 384
Art. 249	Art. I 33
Art. 250	Art. III 395
Art. 251	Art. III 396
Art. 252	–
Art. 253	Art. I 38
Art. 254	Art. I 39
Art. 255	Art. I 50 und III 399
Art. 256	Art. III 401
Art. 257	Art. I 32
Art. 258	Art. I 32, III 389 und III 400
Art. 259	Art. III 390
Art. 260	Art. III 391
Art. 261	–
Art. 262	Art. III 392
Art. 263	Art. I 32 und III 386
Art. 264	Art. III 387
Art. 265	Art. III 388
Art. 266	Art. III 393
Art. 267	Art. III 394
Art. 268	Art. I 53
Art. 269	Art. I 54
Art. 270	Art. I 53
Art. 271	Art. I 53 und III 406

EG-Vertrag	Verfassungsvertrag
Art. 272	Art. III 403 und III 404
Art. 273	Art. III 405
Art. 274	Art. I 26, I 53 und III 407
Art. 275	Art. III 408
Art. 276	Art. III 409
Art. 277	Art. III 410
Art. 278	Art. III 411
Art. 279	Art. III 412
Art. 280	Art. I 53 und III 415
Art. 281	Art. I 7
Art. 282	Art. III 426
Art. 283	Art. III 427
Art. 284	Art. III 428
Art. 285	Art. II I 429
Art. 286	Art. I 51
Art. 287	Art. III 430
Art. 288	Art. I II 431
Art. 289	Art. III 432
Art. 290	Art. III 433
Art. 291	Art. III 434
Art. 292	Art. III 375
Art. 293	–
Art. 294	Art. III 143
Art. 295	Art. III 425
Art. 296	Art. III 436
Art. 297	Art. III 131
Art. 298	Art. III 132
Art. 299	Art. III 424 und IV 440
Art. 300	Art. III 323 und III 325
Art. 301	Art. III 322
Art. 302	Art. III 327
Art. 303	Art. III 327

EG-Vertrag	Verfassungsvertrag
Art. 304	Art. III 327
Art. 305	–
Art. 306	Art. IV 441
Art. 307	Art. III 435
Art. 308	Art. I 18
Art. 309	Art. I 59

EG-Vertrag	Verfassungsvertrag
Art. 310	Art. III 324
Art. 311	Art. IV 442
Art. 312	Art. IV 446
Art. 313	Art. IV 447
Art. 314	Art. IV 448